Gütersloher Taschenbücher / Siebenstern 502

Ökumenischer Taschenbuchkommentar
zum Neuen Testament
Band 16
Herausgegeben von
Erich Gräßer und Karl Kertelge

Klaus Wengst

Der erste, zweite und dritte Brief des Johannes

Gütersloher Verlagshaus
Gerd Mohn

Echter Verlag

Für Hannelotte Reiffen

CIP-Titelaufnahme der Deutschen Bibliothek

Ökumenischer Taschenbuchkommentar zum Neuen Testament /
hrsg. von Erich Grässer und Karl Kertelge. – Orig. Ausg. –
Gütersloh: Gütersloher Verl.-Haus Mohn;
Würzburg: Echter-Verl.
 (Gütersloher Taschenbücher Siebenstern; 502)

NE: Grässer, Erich [Hrsg.]

Orig.-Ausg.
Bd. 16. Wengst, Klaus: Der erste, zweite und dritte Brief des
Johannes. – Orig.-Ausg., 2. Aufl. – 1990

Wengst, Klaus:
Der erste, zweite und dritte Brief des Johannes / Klaus Wengst. –
Orig.-Ausg., 2. Aufl. – Gütersloh: Gütersloher Verl.-Haus Mohn;
Würzburg: Echter-Verl., 1990
 (Ökumenischer Taschenbuchkommentar zum Neuen Testament; Bd. 16)
 (Gütersloher Taschenbücher Siebenstern; 502)
 ISBN 3-579-00502-2
NE: 2. GT

Originalausgabe

ISBN 3-579-00502-2
© Gütersloher Verlagshaus Gerd Mohn, Gütersloh und
Echter Verlag, Würzburg 1978

Das Werk einschließlich aller seiner Teile ist urheberrechtlich
geschützt. Jede Verwertung außerhalb der engen Grenzen des
Urheberrechtsgesetzes ist ohne Zustimmung des Verlages unzulässig
und strafbar. Das gilt insbesondere für Vervielfältigungen,
Übersetzungen, Mikroverfilmungen und die Einspeicherung und
Verarbeitung in elektronischen Systemen.

Gesamtherstellung: Clausen & Bosse, Leck
Umschlagentwurf: Dieter Rehder, B-Kelmis
Printed in Germany

Vorwort der Herausgeber

Das Taschenbuch als literarisches Hilfsmittel hat im heutigen Wissenschaftsbetrieb längst seinen festen Platz. Mit dem vorliegenden Band, der eine neue Kommentarreihe zum Neuen Testament fortsetzt, soll nun auch für diesen wichtigen Zweig exegetischer Arbeit das Taschenbuch zur Veröffentlichung und Verbreitung genutzt werden. Wir hoffen, daß wir damit einer wachsenden Nachfrage von Studenten, Lehrern, Pfarrern und interessierten Laien entgegenkommen, die sich über den heutigen Stand wissenschaftlicher Exegese des Neuen Testamentes in zuverlässiger Weise und in faßlicher und leicht zugänglicher Form informieren wollen. Bisher hatten Studenten, Lehrer und Pfarrer eigentlich nur zu wählen zwischen einem großen Kommentarwerk mit sehr detaillierten Ausführungen, das kostspielig war, und einer allgemeinverständlichen Auslegung mit zu knappen Textanalysen, die dafür dann preiswerter war. In diesem neuen Kommentarwerk wird angestrebt, die modernen exegetischen Erkenntnisse zu den einzelnen Schriften des Neuen Testamentes auf der Grundlage historisch-kritischer Auslegung so zur Darstellung zu bringen, daß das Zuviel und das Zuwenig gleicherweise vermieden werden.
Eine alte Tradition ist auch insofern durchbrochen, als die Mitarbeiter nicht mehr nur aus *einem* konfessionellen Lager kommen. Zu diesem Kommentarwerk haben sich Exegeten evangelischen und katholischen Bekenntnisses zusammengefunden, weil sie überzeugt sind, daß es neben dem Glauben an den gemeinsamen Herrn der Kirche vor allem die Heilige Schrift ist, die sie verbindet. Allzu lange hat die Bibel des Alten und Neuen Testamentes eher zur konfessionellen Abgrenzung und Selbstbestätigung herhalten müssen, als daß sie als verbindendes Element zwischen den Kirchen, christlichen Gruppen und theologischen Schulen empfunden wurde. Natürlich dürfen auch die konfessionell gebundenen Auslegungstraditionen in der heutigen Exegese nicht übersehen und überspielt werden. Vielmehr gilt es, die aus der Kirchengeschichte bekannten Kontrovers-

fragen hinsichtlich der Auslegung der Heiligen Schrift heute neu zu bedenken und – vielleicht – in einer entspannteren, gelasseneren und daher sachlicheren Form einer exegetisch verantwortbaren Lösung näherzubringen. Zu besonders relevanten Texten oder Schriften sollen diese Fragen daher in kurzen Erklärungen oder in Exkursen dargestellt und diskutiert werden. Dabei geht es darum, nicht den Schrifttext und die Lehrtradition gegeneinander auszuspielen, sondern die Probleme der Lehrtradition im Lichte der Schrifttexte zu erhellen und im exegetischen Gehorsam gegenüber der Schrift Verstehensschwierigkeiten, die sich oft aus einer zu starren Handhabung der Lehrtradition ergeben, zu überwinden. Hierdurch besonders, aber grundsätzlich auch schon durch die methodisch sachgerechte Auslegung der neutestamentlichen Schriften hoffen wir, einen Dienst für die Verständigung von Christen verschiedener Bekenntnisse untereinander und für das allen Christen aufgegebene Werk ökumenischer Vermittlung und Einheitsfindung leisten zu können.

Die Herausgeber

Inhalt

Vorwort der Herausgeber 5
Vorwort 11
Verzeichnis der zitierten außerbiblischen Schriften 13

LITERATUR 15
1. Allgemeinere Literatur 15
2. Kommentare 15
3. Literatur zu den Johannesbriefen 16

Der erste Brief des Johannes 19

EINFÜHRUNG 20
1. Bezeugung 20
2. Integrität 20
3. Die Hypothese einer Vorlage 21
4. Verhältnis zum Johannesevangelium 24
5. Situation 25
6. Literarische Form 27
7. Aufbau und Gliederung 28
8. Zeit und Ort der Abfassung 29

KOMMENTAR ZUM ERSTEN BRIEF DES JOHANNES . . 31
Die Briefeinleitung (1,1–4) 31
I. Die Wirklichkeit von Gottesgemeinschaft und Gotteserkenntnis in der Bruderliebe (1,5–2,17) 45

A. Wider die bloße Behauptung von Gottesgemeinschaft und Gotteserkenntnis (1,5–2,6) 46

  1. Gemeinschaft mit Gott als das Miteinander von Sündern, denen vergeben wird (1,5–2,2) 47
  2. Erkenntnis Gottes als das Halten seiner Gebote (2,3–6) . . . 65

B. Die Bruderliebe als die Wirklichkeit des Seins
   im Licht (2,7–11) 74
C. Zuspruch und Mahnung (2,12–17) 86

   1. Zuspruch: Euch ist vergeben, ihr habt erkannt, ihr habt den
      Bösen besiegt. (2,12–14) 86
   2. Mahnung: Liebt nicht die Welt! (2,15–17) 93

II. Die endzeitliche Bewährung der Hoffnung in tätiger
Liebe als Ziel des Festhaltens am Bekenntnis (2,18–3,24) . . . 101

A. Leugnung und Bewahrung des Bekenntnisses in der
   Endzeit (2,18–27) 103
B. Die Hoffnung der Kinder Gottes auf Freimut bei der
   Ankunft Jesu und auf Gleichheit mit ihm (2,28–3,3) . . . 118
C. Freimut gegenüber Gott in der Bruderliebe (3,4–24) . . . 130

   1. Die Unverträglichkeit des Christseins mit der Sünde (3,4–10) . 131
   2. Die Bruderliebe als konkrete Gestalt der Freiheit von der
      Sünde (3,11–17) 143
   3. Anklagen und Freimut (3,18–24) 154

III. Die Zusammengehörigkeit von Bekenntnis und Bruderliebe als Kriterium echten Christseins (4,1–5,12) 163

A. Präzisierung des die Geister scheidenden Bekenntnisses (4,1–6) 164
B. Entfaltung der die Gemeinde ausweisenden Liebe
   untereinander (4,7–21) 177

   1. Die Begründung der Liebe untereinander in der Liebe Gottes
      (4,7–13) 178
   2. Die Liebe Gottes als Gegenstand von Zeugnis, Bekenntnis
      und Glaube (4,14–16) 186
   3. Die Vollendung der Liebe im endzeitlichen Freimut (4,17f.) . 191
   4. Die Bruderliebe als Form der Liebe zu Gott (4,19–21) . . . 195

C. Glaube und Liebe als Sieg über die Welt und ewiges
   Leben (5,1–12) 199

   1. Der in der Liebe tätige Glaube als Sieger über die Welt
      (5,1–4) 200
   2. Ewiges Leben für den das bezeugte Bekenntnis Glaubenden
      (5,5–12) 205

Schluß (5,13) 214
Anhang (5,14–21) 215

Der zweite und dritte Brief des Johannes 227

EINFÜHRUNG 228
1. Bezeugung 228
2. Form und Zweck 229
3. Verhältnis der beiden Briefe zueinander 229
4. Verhältnis zum ersten Johannesbrief 230
5. Absender 231
6. Situation 232
7. Zeit und Ort der Abfassung 235

KOMMENTAR ZUM ZWEITEN BRIEF DES JOHANNES . 236
1. Das Präskript (1–3) 236
2. Das alte Gebot, einander zu lieben (4–6) 238
3. Warnung vor Irrlehrern (7–9) 240
4. Verhalten gegenüber Irrlehrern (10f.) 242
5. Der Briefschluß (12f.) 244

KOMMENTAR ZUM DRITTEN BRIEF DES JOHANNES . . 245
1. Das Präskript (1) 245
2. Bitte an Gaius zur weiteren Unterstützung von
   Missionaren (2–8) 245
3. Die Gegnerschaft des Diotrephes (9f.) 247
4. Mahnung an Gaius und Empfehlung des Demetrius (11f.) . . 250
5. Der Briefschluß (13–15) 251

Stellenregister 253

Vorwort

In einem Kommentar zu den Johannesbriefen wird der erste den meisten Raum einnehmen, da er die beiden anderen nicht nur in der Länge, sondern auch an theologischem Gewicht weit übertrifft. Daß er »ein außerordentlich schöner Text« ist (Luther), ist in der Kirchengeschichte immer wieder erkannt worden. In neuerer Zeit zeigt sich allerdings bei evangelischen Neutestamentlern die Tendenz, ihn gegenüber dem Johannesevangelium als »frühkatholisch« abzuqualifizieren. Doch wird eine solche Einstufung diesem Brief weder historisch noch theologisch gerecht. Sie verkennt, daß er an einen gegenüber der sich herausbildenden Großkirche eigenständigen Kreis gerichtet ist; dieser johanneische Kreis hat sich auch zur Zeit der beiden kleinen Briefe noch nicht in die Großkirche integriert, wenn sich dort auch der Weg dahin abzeichnet. Die Kennzeichnung des ersten Johannesbriefes als »frühkatholisch« verkennt weiter die konkreten historischen Auseinandersetzungen, in die sein Verfasser eingreift. Er sieht sich einer beginnenden Spaltung des johanneischen Kreises gegenüber und entdeckt dabei, daß der Antichrist *in* der Kirche ist, daß unter der Maske des Christlichen Welt in der Kirche Raum gewinnt – in der Verleugnung der Materialität der Liebe Gottes (»Jesus Christus im Fleisch«) und dementsprechend in Unbrüderlichkeit, die materielle Not für theologisch belanglos hält. Demgegenüber legt der Verfasser des ersten Johannesbriefes immer wieder und in großer Eindringlichkeit dar, *wovon* Kirche allein lebt: von der in Jesus Christus ein für allemal erwiesenen, irdisch manifest gewordenen Liebe Gottes. Und damit ist auch schon darüber entschieden, *wie* sie lebt: Lebt sie wirklich allein von der Liebe Gottes, wie sie es in ihrem Glauben bekennt, kann sie gar nicht anders Kirche sein, als daß sie dieser Wirklichkeit Gottes entspricht und selber liebt, daß sie der Liebe Gottes folgt in ihrem Widerspruch gegen Unrecht und Not und in ihrem Kampf für Brüderlichkeit. Orthodoxie und Orthopraxie sind unlösbar miteinander verbunden. Daß ein »richtiges« Bekenntnis auch zu Recht gesprochen wird, erweist sich in seiner praktischen Bewährung, die sich auf die Praxis Gottes in Jesus Christus mit ihrem unverkennbaren »Zug nach unten« einläßt. So bleibt der erste Johannesbrief eine ständige Herausforderung an alle Christen, wo immer und unter welchen Bedingungen sie auch leben; und er wird insbesondere für unsere Kirchen in der Bundesrepublik zur Frage, ob wir nicht in unserer Anpassung an die hier bestehenden politischen und ökonomischen Strukturen und Interessen anderswoher leben als von der Liebe Gottes, zur Frage, ob uns nicht – eingebunden in die Annehmlichkeiten dieser Lage – die Augen vernebelt sind für die Not der Brüder. Aber er wird zugleich auch zur Zu-Mutung, wirklich als Kirche zu leben und zu handeln, die *ganz* auf die Liebe Gottes setzt und *alles* von ihr erwartet. Im Bemühen um die Einheit von Lehre und Handeln, die dieser Brief so betont herausstellt, wird ökumenische Arbeit gewiß sein dürfen, auf dem richtigen Weg hin zur »Einheit der Kirche« zu sein.

Den Freunden, die mir bei der Arbeit an diesem Kommentar tatkräftig geholfen haben, sage ich meinen herzlichen Dank: der Pastorin i. R. *Hannelotte Reiffen* und den Vikaren *Sylvia* und *Peter Bukowski*. Sie haben das Manuskript beim Entstehen mitgelesen und mich mit Hinweisen, Ergänzungen, Korrekturen und Einwänden unterstützt.

Bonn, im April 1977 *Klaus Wengst*

Verzeichnis der zitierten außerbiblischen Schriften
(mit Angabe von Übersetzungen)

Judentum

PsSal: Die Psalmen Salomos. – *Kautzsch, E.*: Die Apokryphen und Pseudepigraphen des Alten Testaments II, Tübingen 1900, 127–148. – *Rießler, P.*: Altjüdisches Schrifttum außerhalb der Bibel, Augsburg 1928, 881–902.
4Esr: Das vierte Esrabuch. – *Kautzsch* 352–401. – *Rießler* 255–309.
syrBar: Die syrische Baruch-Apokalypse. – *Kautzsch* 413–446. – *Rießler* 55–113. – *Klijn, A. F. J.*: Die syrische Baruch-Apokalypse, in: Jüdische Schriften aus hellenistisch-römischer Zeit V, 2, hg. von *W. G. Kümmel*, Gütersloh 1976, 103–184.
Jub: Das Jubiläenbuch. – *Kautzsch* 39–119. – *Rießler* 539–666.
aethHen: Das äthiopische Henochbuch. – *Kautzsch* 236–310. – *Rießler* 355–451.
Test Rub, Lev, Jud, Iss, Gad: Die Testamente der zwölf Patriarchen (hier: Die Testamente Rubens, Levis, Judas, Issaschars und Gads). – *Kautzsch* 460–506. – *Rießler* 1149–1250. – *Becker, J.*: Die Testamente der zwölf Patriarchen, in: Jüdische Schriften aus hellenistisch-römischer Zeit III, 1, hg. von *W. G. Kümmel*, Gütersloh 1974.
1QS: Die Gemeinderegel aus Höhle I von Qumran. – *Lohse, E.*: Die Texte aus Qumran, Darmstadt 1964 (^{2}1971), 4–43.
ApokAbr: Die Apokalypse Abrahams. – *Rießler* 13–39.
Philo, spec. leg.: Philo von Alexandrien, Über die Einzelgesetze. – Philo von Alexandria, Die Werke in deutscher Übersetzung II, Berlin ^{2}1962, 13–312.

Urchristentum und Alte Kirche

Did: Didache. Die Lehre der zwölf Apostel. – *Knopf, R.*: HNT Ergänzungsband I, 1920, 1–40. – NTApo ^{2}1924, 560–565.
Barn: Der Barnabasbrief. – *Windisch, H.*: HNT Ergänzungsband III, 1920. – NTApo ^{2}1924, 504–518.
1Clem: Der erste Clemensbrief. – *Fischer, J. A.*: Die Apostolischen Väter. Schriften des Urchristentums I, Darmstadt 1956, 24–107.
2Clem: Der zweite Clemensbrief. – *Knopf, R.*: HNT Ergänzungsband I, 1920, 151–184. – NTApo ^{2}1924, 590–595.
IgnEph, Trall, Phld, Sm: Die Briefe des Ignatius von Antiochien (hier: an die Epheser, Tralliander, Philadelphier und Smyrnäer). – *Fischer* 142–225.
Pol2Phil: Der zweite Brief Polykarps von Smyrna an die Philipper. – *Fischer* 248–265.
Herm vis, mand, sim: Der Hirt des Hermas, Visionen, Gebote und Gleichnisse. – *Dibelius, M.*: HNT Ergänzungsband IV, 1923. – NTApo ^{2}1924, 333–384.

Diogn: Der Brief an Diognet. – Frühchristliche Apologeten und Märtyrerakten I, BKV 12, 1913. – NTApo ²1924, 619–623.
Justin, dial.: Justins Dialog mit dem Juden Tryphon. – BKV 33, 1917.
Canon Muratori. – NTApo ³1, 1959, 19f.
Martyrium Polykarps und andere Martyrien. – Frühchristliche Apologeten und Märtyrerakten II, BKV 14, 1913.
Irenäus, Haer.: Irenäus von Lyon, Gegen die Häresien. – BKV 3.4, 1912.
Euseb, KG: Eusebius von Cäsarea, Kirchengeschichte. – Hg. von *H. Kraft*, Darmstadt 1967.
Hieronymus, vir.inl.: Hieronymus, Liber de viris inlustribus.

Christliche Gnosis

ActThom: Die Thomasakten. – NTApo ³2, 1964, 309–372.
EV: Das Evangelium der Wahrheit. – Evangelium Veritatis, hg. von *M. Malinine, H.-C. Puech, G. Quispel*, Zürich 1956. – Supplementum, Zürich und Stuttgart 1961. – *Foerster, W.*: Die Gnosis II, Zürich und Stuttgart 1971, 63–84.
EvPhil: Das Evangelium nach Philippus. – *Leipoldt, J.*, und *Schenke, H. M.*: Koptisch-gnostische Schriften aus den Papyrus-Codices von Nag Hamadi, ThF 20, 1960, 38–65. – *Foerster* II, 92–124.
HA: Die Hypostase der Archonten. *Leipoldt/Schenke* 71–78. – *Foerster* II, 46–62.
ApcPl: Die Apokalypse des Paulus. – *Böhlig, A.*, und *Labib, P.*: Koptisch-gnostische Apokalypsen aus Codex V von Nag Hammadi im Koptischen Museum zu Alt-Kairo, WZ(H) Sonderband, 1963, 15–26.
1ApcJac: Die erste Apokalypse des Jakobus. – Ebd. 29–54.
ApcPt: Die Apokalypse des Petrus. – ThLZ 99, 1974, 575–584.
Protennoia: Die dreigestaltige Protennoia. – Ebd. 731–746.

Gnosis und Hellenismus

CH I: Corpus Hermeticum I. Traktat Poimandres. – *Foerster, W.*: Die Gnosis I, Zürich und Stuttgart 1969, 416–429.
Ginza: Der Schatz oder Das große Buch der Mandäer, übers. von *M. Lidzbarski*, Göttingen und Leipzig 1925.
Seneca, Ep.: Seneca, Briefe. – L. Annaeus Seneca: Philosophische Schriften. Lateinisch und deutsch. III. An Lucilius. Briefe über Ethik 1–69, hg. von *M. Rosenbach*, Darmstadt 1974.
Plinius, Briefe. Lateinisch–deutsch, hg. von *H. Kasten*, München 1968.
Plutarch, Solon. – Plutarch's Lives I, with an English Translation by *B. Perrin*, The Loeb Classical Library, London. Cambridge/Mass. 1959, 404–499.

Literatur

1. Allgemeinere Literatur

Bauer, W.: Rechtgläubigkeit und Ketzerei im ältesten Christentum, BHTh 10, 1934 (^{2}1964).
Campenhausen, H. von: Kirchliches Amt und geistliche Vollmacht in den ersten drei Jahrhunderten, BHTh 14, 1953.
Jonge, M. de: Ethiek in de Tussentijd. Enige notities over de verhouding van parenese, geloof en verwachting in het evangelie en de eerste brief van Johannes, in: Ad interim, Festschrift R. Schippers, Kampen 1975, 43–60.
Heise, J.: Bleiben. Menein in den Johanneischen Schriften, HUTh 8, 1967.
Lütgert, W.: Amt und Geist im Kampf. Studien zur Geschichte des Urchristentums, BFChTh 15,4/5, 1911.
Müller, U. B.: Die Geschichte der Christologie in der johanneischen Gemeinde, SBS 77, 1975.
Mußner, F.: ZŌĒ. Die Anschauung vom »Leben« im vierten Evangelium unter Berücksichtigung der Johannesbriefe, MThS.H 5, 1952.
Pribnow, H.: Die johanneische Anschauung vom »Leben«. Eine biblisch-theologische Untersuchung in religionsgeschichtlicher Beleuchtung, GThF 4, 1934.
Schulz, S.: Die Mitte der Schrift. Der Frühkatholizismus im Neuen Testament als Herausforderung an den Protestantismus, Stuttgart und Berlin 1976.
Schweizer, E.: Der Kirchenbegriff im Evangelium und den Briefen des Johannes, in: *Ders.:* Neotestamentica. Deutsche und englische Aufsätze 1951–1963, Zürich und Stuttgart 1963, 254–271.
Sevenster, G.: Remarks on the Humanity of Jesus in the Gospel and Letters of John, in: Studies in John. Festschrift J. N. Sevenster, Leiden 1970, 185–193.

2. Kommentare

Alexander, N.: The Epistles of John, New York 1962.
Asmussen, H.: Wahrheit und Liebe. Eine Einführung in die Johannesbriefe, UCB 22, 1939, Hamburg ^{3}1957.

Augustinus, A.: In epistolam Johannis ad Parthos tractatus decem, PL 35, 1977–2062 (Deutsche Übersetzung von *Hofmann, F.:* Gott ist die Liebe. Die Predigten des hl. Augustinus über den 1. Johannesbrief, Freiburg 1938).
Balz, H.: Die Johannesbriefe, NTD 10, 1973, 150–216.
Baumgarten, O.: Die Johannesbriefe, SNT IV, 1918, 185–228.
Belser, J. E.: Die Briefe des heiligen Johannes, Freiburg 1906.
Brooke, A. E.: Critical and exegetical Commentary on the Johannine Epistles, ICC, 1912.
Büchsel, F.: Die Johannesbriefe, ThHK XVII, 1933.
Bultmann, R.: Die drei Johannesbriefe, KEK XIV, 1967.
Calvin, J.: In Ioannis epistolam primam commentarii, in: *Ders.:* In Novum Testamentum commentarii, hg. von A. Tholuck, Band VII/3, Berlin 1834, 277–340.
Dodd, C. H.: The Johannine Epistles, MNTC, 1946.
Düsterdieck, F.: Die drei johanneischen Briefe, Göttingen 1852–1856.
Gaugler, E.: Die Johannesbriefe, Zürich 1964.
Haering, T.: Die Johannesbriefe, Stuttgart 1927.
Hauck, F.: Die Briefe des Jakobus, Petrus, Judas und Johannes. Kirchenbriefe, NTD 10, ⁵1949.
Haupt, E.: Der erste Brief des Johannes. Ein Beitrag zur biblischen Theologie, Colberg 1869.
Holtzmann, H. J.: Johanneische Briefe, HC IV, 1891, 209–246.
Houlden, J. L.: The Johannine Epistles, New York u. a. 1973.
Huther, J. E.: Die drei Briefe des Apostel Johannes, KEK XIV, ³1868.
Luther, M.: Vorlesung über den 1. Johannesbrief. 1527, WA 20, 1898, 599–801 (Deutsche Übersetzung in: Calwer Luther-Ausgabe IX, Siebenstern-Taschenbuch 112, München und Hamburg 1968, 113–215).
Michl, J.: Die Katholischen Briefe, RNT 8, 1953.
Rothe, R.: Der erste Brief Johannis praktisch erklärt, hg. von K. Mühlhäußer, Wittenberg 1878.
Schlatter, A.: Erläuterungen zum Neuen Testament III, Calw und Stuttgart 1910, 95–182.
Schnackenburg, R.: Die Johannesbriefe, HThK XIII/3, 1963 (⁴1970).
Schneider, J.: Die Briefe des Jakobus, Petrus, Judas und Johannes. Die Katholischen Briefe, NTD 10, 1961.
Vrede, W.: Der erste Brief des hl. Johannes. Der zweite Johannesbrief. Der dritte Johannesbrief, HSNT IX, ⁴1932, 143–192.
Weiß, B.: Die drei Briefe des Apostel Johannes, KEK XIV, 1888.
Windisch, H.: Die katholischen Briefe, HNT 15, ³1951 (mit Anhang von *H. Preisker*).

3. Literatur zu den Johannesbriefen
(soweit nicht auf engere Abschnitte bezogen)

Braun, H.: Literar-Analyse und theologische Schichtung im ersten Johannesbrief, in: *Ders.:* Gesammelte Studien zum Neuen Testament und seiner Umwelt, Tübingen 1962, 210–242.

Conzelmann, H.: »Was von Anfang war«, in: Neutestamentliche Studien für Rudolf Bultmann, BZNW 21, 1954, 194–201.

Eichholz, G.: Glaube und Liebe im 1. Johannesbrief, EvTh 4, 1937, 411–437.

– Erwählung und Eschatologie im 1. Johannesbrief, EvTh 5, 1938, 1–28.

– Der 1. Johannesbrief als Trostbrief und die Einheit der Schrift, EvTh 5, 1938, 73–83.

Haenchen, E.: Neuere Literatur zu den Johannesbriefen, in: *Ders.:* Die Bibel und wir. Gesammelte Aufsätze II, Tübingen 1968, 235–311.

Harnack, A.: Über den dritten Johannesbrief, TU 15,3b, 1897.

Herkenrath, J.: Sünde zum Tode, in: Aus Theologie und Philosophie. Festschrift F. Tillmann, Düsseldorf 1950, 119–138.

Käsemann, E.: Ketzer und Zeuge. Zum johanneischen Verfasserproblem, in: *Ders.:* Exegetische Versuche und Besinnungen I, Göttingen 1960, 168–187.

Klein, G.: »Das wahre Licht scheint schon.« Beobachtungen zur Zeit- und Geschichtserfahrung einer urchristlichen Schule, ZThK 68, 1971, 261–326.

Nauck, W.: Die Tradition und der Charakter des ersten Johannesbriefes. Zugleich ein Beitrag zur Taufe im Urchristentum und in der alten Kirche, WUNT 3, 1957.

O'Neill, J. C.: The Puzzle of 1 John. A new Examination of Origins, London 1966.

Piper, O. A.: 1 John and the Didache of the Primitive Church, JBL 66, 1947, 437–451.

Robinson, J. A. T.: The Destination and Purpose of the Johannine Epistles, in: *Ders.:* Twelve New Testament Studies, London 1962, 126–138.

Schenke, H. M.: Determination und Ethik im ersten Johannesbrief, ZThK 60, 1963, 203–215.

Seeberg, R.: Die Sünden und die Sündenvergebung nach dem ersten Brief des Johannes, in: Das Erbe Marin Luthers und die gegenwärtige theologische Forschung. Festschrift L. Ihmels, Leipzig 1928, 19–31.

Simpson, J. G.: The Message of the Epistles. The Letters of the Presbyter, ET 45, 1933/34, 486–490.

Suitbertus a S. Joanne a Cruce: Die Vollkommenheitslehre des ersten Johannesbriefes, Bib. 39, 1958, 319–333.449–470.

Wendt, H. H.: Die Johannesbriefe und das johanneische Christentum, Halle/S. 1925.

Wengst, K.: Häresie und Orthodoxie im Spiegel des ersten Johannesbriefes, Gütersloh 1976.

Wurm, A.: Die Irrlehrer im ersten Johannesbrief, BSt(F) VIII/1, 1903.

Wird ein hier verzeichneter Beitrag (oder ein Teil daraus) noch einmal vor einem Abschnitt angeführt, steht nur der Name des Verfassers (mit Seitenangabe).

Die Abkürzungen bei Literaturangaben richten sich nach: *Schwertner, S.:* Internationales Abkürzungsverzeichnis für Theologie und Grenzgebiete, Berlin und New York 1974.

Der erste Brief des Johannes

Einführung

1. Bezeugung

Der 1Joh wird schon in der ersten Hälfte des zweiten Jahrhunderts bezeugt. Polykarp, Bischof von Smyrna, bezieht sich 2Phil 7,1 deutlich auf 1Joh 4,2f. und zeigt an dieser Stelle auch Anklänge an 2,22 und 3,8. Nach Euseb berief sich Papias, ein Freund Polykarps und Bischof von Hierapolis, auf Zeugnisse aus dem 1Joh (KG III,39,17). Und in Justins Dialog mit dem Juden Tryphon liegt 123,9 aller Wahrscheinlichkeit nach eine Aufnahme aus 1Joh 3,1 vor. Gegen Ende des Jahrhunderts weist die Bezeugung des 1Joh bereits eine weite Verbreitung auf: Der aus Kleinasien stammende Irenäus, Bischof in Lyon, das *Canon Muratori* genannte römische Kanonsverzeichnis, Clemens von Alexandrien und Tertullian in Nordafrika kennen und zitieren ihn. Dementsprechend berichten Origenes und Euseb, daß er sich allgemeiner Anerkennung in der Kirche erfreut.

2. Integrität

Literatur: *Bultmann, R.:* Die kirchliche Redaktion des ersten Johannesbriefes, in: *Ders.:* Exegetica, Tübingen 1967, 381–393 (= In Memoriam Ernst Lohmeyer, Stuttgart 1951, 189–201). – *Nauck* 128–146.

In dem genannten Aufsatz und in seinem Kommentar hat Bultmann die These vertreten und durchgeführt, daß der überlieferte Text des 1Joh nicht der ursprüngliche ist, sondern Interpolationen aufweist, die er einer kirchlichen Redaktion zuschreibt. Hierbei handelt es sich a) um die Schlußverse (5,14–21), b) um Aussagen mit der traditionellen Eschatologie (2,28; 3,2; 4,17) und c) um Aussagen mit der Sühnevorstellung (1,7b; 2,2; 4,10). Doch ist die Annahme von Interpolationen innerhalb des Schreibens nicht hinreichend begründet. Bultmanns Argumentation geht hier entscheidend vom JohEv aus, wie er es interpretiert. Abgesehen davon, ob man dieser Interpretation zustimmt oder nicht, ist ein solches Vorgehen methodisch anfechtbar, da auch nach Bultmann der 1 Joh einen anderen Verfasser hat und später geschrieben ist als das JohEv. Die Auslegung wird zeigen, daß sich die betreffenden Stellen sehr wohl in den Gedankengang des Briefes einfügen und der Theologie seines Verfassers entsprechen. Dagegen hat Bultmanns Annahme einer sekundären Hinzufügung von 5,14–21 entscheidende Gründe für sich. Sie werden im einzelnen in der Auslegung entwickelt und dargelegt werden; doch sei vorab eine knappe Zusammenstellung gegeben: a) 5,13 hat deutlich Schlußcharakter. b) Die Möglichkeit einer Unterscheidung von »Sünde zum Tode« und »Sünde nicht zum Tode« (16f.) ist vom vorangehenden Brief her ausgeschlossen. c) Der Vers 5,17, der nach der Kennzeichnung jeder Ungerechtigkeit als Sünde beruhigend feststellt, daß es »Sünde nicht zum Tode« gibt, steht in direktem Gegensatz zu dem Vers 3,4, der jede Sünde als Gesetzlosigkeit bezeichnet. d) Mehrere Wendungen (»aus Gott gezeugt sein«, »in ihm sein«, »erkennen«), die im Brief immer nur in polemischer Abgrenzung gebraucht werden, weil es sich um von den Gegnern aufgenommene Begriffe handelt, erscheinen hier ohne eine solche Abgrenzung als Aussagen der Tradition. e) Die Schlußmahnung (21) ist vom Brief her völlig unverständlich; sie setzt eine andere Situation voraus als er. – Übrigens hielt schon der Orientalist *Johann Christoph Wilhelm Augusti* 5,14–21 »für einen Appendix«. »Ich gestehe aber, daß ich in diesen Sätzen eher eine fremde Hand, als unsern Apostel, erkenne.« Einige der genannten Gründe finden sich bereits bei ihm (Die Katholischen Briefe II, Lemgo 1808, 201).

3. Die Hypothese einer Vorlage

Literatur: *Bultmann, R.*: Analyse des ersten Johannesbriefes, in: *Ders.*: Exegetica, Tübingen 1967, 105-123 (= Festgabe für Adolf Jülicher, Tübingen 1927, 138-158). – *Braun* 210-220. – *Dobschütz, E. von:* Johanneische Studien, ZNW 8, 1907, 1-8. – *Haenchen* 242-246.250-255.260-264.267-273. – *Heise* 107-112.174-177. – *Nauck* 1-127. – *Piper* 446-451. – *Preisker* bei *Windisch* 168-171.

Nachdem bereits von Dobschütz in 1 Joh 2,28–3,12 eine Quelle und ihre Bearbeitung unterschieden hatte, unterzog Bultmann in seinem Aufsatz für die Jülicher-Festschrift den ganzen Brief einer stilkritischen Untersuchung. An deren Ergebnis hat er mit wenigen Änderungen auch in seinem Kommentar festgehalten. Er ist »der Meinung, daß dem Text von 1 Joh eine Vorlage (Quelle) zugrunde liegt, die vom Verfasser kommentiert worden ist« (Kommentar 10; Text der hypothetischen Vorlage: Analyse 121-123). Für diese Scheidung führt er vor allem stilistische, gelegentlich auch inhaltliche Gründe an. Auf der einen Seite stehen »festgefügte sentenzartige Formulierungen«, auf der anderen »locker gebaute homiletisch-paränetische Sätze« (Analyse 107; vgl. die ausführliche Kennzeichnung der Stile S. 108f.). So richtig die Beobachtung der Verschiedenheit des Stils ist und so gewiß sie erklärt werden muß, erheben sich doch gegen Bultmanns Lösung gewichtige Bedenken: a) Die Unsicherheit in der Abgrenzung betrifft nicht nur Nahtstellen, so daß sich der Verfasser hier und da »dem Stil seiner Vorlage anschmiegt« (Analyse 112), sondern Bultmann schreibt ganze Einheiten dem Verfasser zu, die nach seinen Stilkriterien der Quelle gehören müßten: 2,15; 4,2f.15.20; 5,1b. Hinzu kommen diejenigen Stellen, die er im Aufsatz von 1927 der Quelle zurechnete, im Kommentar aber für zweifelhaft hält oder dem Verfasser zuweist: 1,9; 3,6.10.14f.24; 4,12.16; 5,10. Wieso etwa 4,20 von 1,6 oder 2,4.9 »streng zu unterscheiden« ist (Analyse 109), bleibt völlig uneinsichtig, da genau dieselbe Struktur vorliegt: Behauptung einer positiven Gottesbeziehung – Gegenüberstellung mit einem widersprechenden Verhalten – Folgerung. Wenn aber der Verfasser nach Bultmann an einer Vielzahl von Stellen selbst in dem Stil formuliert, der für die Quelle charakteristisch sein soll, wieso müssen dann die übrigen Stellen, an denen dieser Stil begegnet, auf eine Quelle und nicht auf den Verfasser zurückgehen? Oder aber man zählt alle diese Stellen zur Vorlage, wie Braun es tut, der dafür eine inhaltliche Uneinheitlichkeit in Kauf zu nehmen bereit ist. Doch mit den Sätzen aus 4,2f. ist der zentrale Punkt in der Auseinandersetzung des Verfassers mit seinen Gegnern betroffen, so daß von hier aus eine Scheidung von Vorlage und Bearbeitung fraglich wird. Das führt zum zweiten Punkt. b) Die Polemik der Bultmannschen »Vorlage« zielt im ethischen Bereich mit denselben Mitteln gegen dieselben Gegner wie die Polemik des Verfassers. Und so benutzt Bultmann im Kommentar auch ohne weiteres Aussagen der »Vorlage« zur Erhellung der Situation des Briefschreibers (27.30.34.44). Dann aber ist wiederum nicht einzusehen, daß die in derselben Weise stilisierten Stellen dogmatischer Art, die dieselben Gegner im Blick haben, nicht oder nur in Umformulierung für die »Vorlage« veranschlagt werden – zumal ihr 2,23 belassen wird, ein Vers, der doch inhaltlich nicht anders verstanden werden kann als 4,15 und 5,1 in ihrer jetzigen Form. Briefschreiber und »Vorlage« stünden also in derselben Situation und hätten dasselbe Ziel, was wiederum fragen läßt, was dann eigentlich zur Unterscheidung zwingt. c) Zwischen Briefschreiber und »Vorlage« lassen sich nur bei Isolierung und Verabsolutierung einzelner Aspekte theologische Unterschiede feststellen. Die Richtigkeit dieses Urteils wird die Auslegung zu zeigen haben. Wie wenig Gewicht das Argument theologischer Unterschiede hier hat, sei an einer Differenz zwischen Bultmanns Aufsatz und Kommentar verdeutlicht. Der Aufsatz bezeichnete 2,1 f. »als eine falsche Exegese von 1,6–10« (107), wobei der Vers 1,9 eine tragende Rolle bei dem Versuch spielte, 1,6–10 und 2,1 f. inhaltlich voneinander zu scheiden (106 f.). Genau diesen Vers aber weist der Kommentar dem Briefschreiber zu, der ihn »durchaus im Sinne der Vorlage« eingeschoben haben soll (28)! Vgl. auch Kommentar 85 Anm. 1 zu 5,10, woraus die Belanglosigkeit des Analyse 120 zur selben Stelle gebrachten inhaltlichen Argumentes erhellt. Daß Nauck den Verfasser der »Vorlage« als identisch mit dem Briefschreiber erklärt, wird so zwar verständlich, macht aber die Ausgrenzung einer Vorlage nicht akzeptabler (vgl. dazu Haenchen 254 f.). d) Bei den der Vorlage zugewiesenen Sätzen handelt es sich ihrer logischen Struktur nach fast ausschließlich um Wenn-dann-Sätze. Ein solcher Text wäre in der Tat »ein sehr eigenartiges Gebilde« (Schnackenburg 12), für das Analogien fehlen. Das spräche gewiß nicht zwingend gegen eine Vorlage; aber ihre Existenz müßte erst einmal von der möglichen Funktion eines solchen Gebildes her wahrscheinlich gemacht werden, was zumindest schwerfallen dürfte. Dagegen läßt sich die Funktion der betreffenden Sätze innerhalb des Briefes klar bestimmen, wodurch sie als Formulierungen seines Verfassers verständlich werden. Denn die Wenn-dann-Sätze sind im Blick auf die im Brief bekämpften Gegner geschrieben, was eine nähere Betrachtung deutlich macht. Es lassen sich drei Typen unterscheiden: a) Das »Wenn« beschreibt ein Verhalten der Gegner, das der Verfasser ablehnt; das »Dann« legt den negativen Zusammenhang offen, in dem es steht (z. B. 1,8; 2,4). b) Die positive Antithese dazu: Das »Wenn« beschreibt ein vom Verfasser für richtig gehaltenes Verhalten, das »Dann« zeigt dessen positiven Zusammenhang auf (z. B. 1,9; 2,5 a). Dieser Typ kann seinen besonderen Akzent dadurch erhalten, daß die Beschreibung des »Dann« ein von den Gegnern beanspruchtes Sein aufnimmt, diese aber dem »Wenn« nicht entsprechen (z. B. 2,29; 4,7). c) Das »Wenn« nimmt einen von den Gegnern erhobenen Anspruch auf, das »Dann« bezeichnet das diesem Anspruch, wenn er zu Recht erhoben wird, notwendig entsprechende Verhalten, das die Gegner gerade nicht zeigen (z. B. 2,6; 3,6a). Sind also diese Sätze im Blick auf die Gegner formuliert, um der Gemeinde die von ihnen drohende Gefährdung aufzuzeigen, muß ihre Form als sehr naheliegend erscheinen, und es wird verständlich, daß der Stil in der direkten Zuwendung an die Gemeinde ein anderer ist (vgl. Schnackenburg 12.14). Dieser Wechsel des Stils setzt keinen begnadeten Dichter voraus, der der Briefschreiber offenkundig nicht ist; denn die Wenn-dann-Sätze sind keineswegs »poetisch«, sondern doch recht schlichte Bildungen, die zudem sehr verschieden stark durchstilisiert sind (vgl. etwa 2,4 mit 2,5; auch die anders stilisierten Sätze 2,22; 3,17; 5,5 gehören in diesen Zusammenhang).

4. Verhältnis zum Johannesevangelium

Literatur: *Conzelmann.* – *Dodd, C. H.:* The First Epistle of John and the Fourth Gospel, BJRL 21, 1937, 129–156. – *Haenchen* 238–242. – *Howard, W. F.:* The common Authorship of the Johannine Gospel and Epistles, JThS 48, 1947, 12–25. – *Klein.* – *Salom, A. P.:* Some Aspects of the grammatical Style of IJohn, JBL 74, 1955, 96–102. – *Soltau, W.:* Die Verwandtschaft zwischen Evangelium Johannis und dem 1. Johannesbrief, ThStKr 89, 1916, 228–233. – *Wilson, W. G.:* An Examination of the linguistic Evidence adduced against the Unity of Authorship of the first Epistle of John and the fourth Gospel, JThS 49, 1948, 147–156.

Zwischen Brief und Evangelium ist in sprachlicher und sachlicher Hinsicht eine außerordentlich große Nähe unverkennbar. Doch sind auch immer wieder unübersehbare Unterschiede genannt worden, die die traditionelle Ansicht, daß beide Schriften denselben Verfasser haben, in Frage stellen sollten. (Zu der ebenfalls traditionellen Ansicht, daß dieser Verfasser der Zebedaide Johannes sei, vgl. die Einleitung zum JohEv.) Gegenüber den Unterschieden in der Verwendung sprachlicher Eigentümlichkeiten und im Gebrauch oder Nicht-Gebrauch bestimmter theologischer Begriffe und Vorstellungen wurde zur Verteidigung der Verfasseridentität auf die verschiedene Länge, Form, Situation und Abzweckung der beiden Schriften hingewiesen, so daß eine eindeutige Entscheidung nicht möglich war. Sie ergibt sich erst dann, wenn man dem Brief und dem Evangelium gemeinsame Begriffe auf mögliche Unterschiede in ihrer jeweiligen Aussage hin untersucht, wie es Conzelmann und Klein getan haben und wie es auch in diesem Kommentar versucht wird. Die sich dabei zeigenden Differenzen zwingen zu der Folgerung, daß der Brief nicht nur später geschrieben ist als das Evangelium, sondern auch einen anderen Verfasser hat, der auf das Evangelium als auf Tradition zurückgreift, die es in einer bestimmten Situation neu auszulegen gilt.

5. Situation

Literatur: *Weiß, K.:* Die »Gnosis« im Hintergrund und im Spiegel der Johannesbriefe, in: Gnosis und Neues Testament, hg. von *K.-W. Tröger,* Gütersloh 1973, 341–356. – *Ders.:* Orthodoxie und Heterodoxie im 1. Johannesbrief, ZNW 58, 1967, 247–255. – *Wengst* 11–61.

Die Situation, die den 1 Joh veranlaßte und zu deren Bewältigung er geschrieben wurde, ist in 2,18f. deutlich gekennzeichnet. Dort nennt der Verfasser die von ihm durchweg im Brief bekämpften Gegner Antichristen und sagt von ihnen: »Von uns sind sie ausgegangen, aber sie gehörten nicht zu uns.« Die Gegner sind also nicht von außen eingedrungen, sondern entstammen dem Kreis, an den sich das Schreiben wendet, d. h., es spiegelt die beginnende Spaltung dieses Kreises wider. Ein Vergleich der aus dem 1 Joh zu erhebenden Gegneraussagen mit dem JohEv macht es wahrscheinlich, daß sich die Gegner – wie es ja auch der Briefschreiber tut – auf das JohEv beziehen. Der Kreis, um den es geht, ist also der johanneische Kreis, und in ihm gibt es einen grundsätzlichen – weil die Grundlagen des Christseins betreffenden – Streit um das rechte Verständnis der gemeinsamen Tradition. In diesem Streit versucht der 1 Joh Kriterien zu finden, die zwischen Rechtgläubigkeit und Ketzerei zu scheiden vermögen.

Die Gegner verstehen das JohEv von gnostischen Voraussetzungen her, d. h. von einer grundsätzlichen Wesensgleichheit des eigentlichen Menschen, des geistigen Selbst, mit dem jenseitigen Gott, womit eine radikale Abwertung alles Materiellen verbunden ist. Das bedingt ein bestimmtes Verständnis der Christologie – und hier liegt der für den Briefschreiber entscheidende Punkt: Daß in dem *Menschen* Jesus *Gott* auf den Plan tritt, ist für die Gegner von ihren Voraussetzungen aus schlechterdings nicht akzeptabel. Daher setzen sie Jesus außer Geltung (4,3) und bekennen nicht, daß Jesus Christus *»im Fleisch«* gekommen ist (4,2). Sie leugnen, daß der Gottessohn Jesus Christus »im Blut« gekommen (5,6), also eines gewaltsamen Todes gestorben ist. So fallen für sie der Mensch Jesus und ein himmlischer Christus und Gottessohn auseinander (2,22; 4,15; 5,1.5). Der Gottessohn ist »allein im Wasser« (5,6), also bei der Taufe Jesu durch Johannes auf diesen herabgekommen, hat ihn als

Mittel seiner Epiphanie auf Erden benutzt und ihn vor oder bei dessen Tod wieder verlassen, ohne von dessen Schicksal betroffen zu werden. Der Mensch Jesus ist theologisch völlig irrelevant; wichtig ist allein die durch ihn als Medium überbrachte Botschaft des himmlischen Christus und Gottessohnes. Diese Christologie entspricht derjenigen Kerinths, wie sie Irenäus referiert: Jesus »sei nicht aus der Jungfrau geboren; das schien ihm nämlich unmöglich zu sein. Er sei vielmehr der Sohn Josephs und Marias gewesen, allen übrigen Menschen gleich; nur habe er mehr als alle vermocht an Gerechtigkeit, Klugheit und Weisheit. Und nach der Taufe sei von dem Ursprung, der über allem ist, Christus auf ihn herabgestiegen in Gestalt einer Taube, und hierauf habe er den unbekannten Vater verkündigt und Wundertaten vollbracht. Am Ende aber sei Christus wieder von Jesus weggeflogen, und Jesus habe gelitten und sei auferstanden; Christus aber sei ohne Leiden geblieben, weil er geistig ist« (Haer. I,26,1). Allerdings kann man die im 1 Joh bekämpften Gegner nicht einfach mit Kerinth und seinen Anhängern identifizieren. Denn im Unterschied zu ihm, der zwischen einer weltschöpferischen Kraft und dem Vater des Christus eine strenge Trennung vornahm, fehlt bei ihnen eine ausgeführte Kosmogonie. Aber die in der Christologie vorgenommene Trennung ist doch nur dann sinnvoll, wenn auch ihnen die Welt als minderwertig galt. Hier ist in der Tendenz angelegt, was bei Kerinth ausgeführt wird. Sie stehen zwischen dem JohEv und Kerinth auf einer Linie, die von dem dieses Evangelium tragenden Traditionskreis über Kerinth in die christliche Gnosis führt.

Im Zusammenhang ihrer Grundvoraussetzung, der Wesensgleichheit des eigentlichen Menschen mit Gott, sind weitere Thesen der Gegner zu verstehen. So ihre Behauptung, sündlos zu sein (1,8.10; 3,9). Dem geistigen Selbst kommt Sünde, die sich im materiellen Bereich vollzieht, nicht zu; es erleidet sie nur, insofern es in die materielle Wirklichkeit verstrickt ist, von der es sich gerade zu lösen gilt. So kennen sie eine Liebe zu Gott, die die Liebe zu den Mitmenschen nicht einschließt (4,20), und eine Gerechtigkeit, zu der gerechte Taten nicht hinzugehören (3,7). Wer sich selbst in seinem innersten Wesen als göttlich erkannt hat, als vollkommen und ohne Sünde, als wesensgleich mit dem jenseitigen Gott, der mit der materiellen Welt schlechterdings nichts zu tun hat, der wird sich auch selbst dieser Welt überlegen wähnen und so die weltlich vermittelten mitmenschlichen und sozialen Bezüge als völlig gleichgültig ansehen. Eine solche Sicht verlangt keine Änderung der gewohnten Praxis, da die ja theologisch irrelevant ist. Sie ist am besten denkbar

bei Leuten, die sich um ihre materielle Absicherung keine Sorgen zu machen brauchen, die wohl zu unterscheiden wissen zwischen ihrem hohen geistigen Bewußtsein und ihren weltlichen Geschäften (3,17).
Das Auftreten dieser Gegner als innergemeindliches Problem ist die Situation, in die hinein der 1Joh geschrieben ist. Ihren Ansichten gegenüber, die im einzelnen bei der Auslegung der betreffenden Stellen anzuführen sind, und in Auseinandersetzung mit ihnen zeigt er auf, worin sich rechtes Christsein ausweist.

6. Literarische Form

Aus seiner Situation erklärt sich die eigenartige literarische Form des 1Joh. Nicht weniger als dreizehnmal sagt der Verfasser, daß er »schreibt«, wobei zwölfmal auch ein Objekt steht (»euch«). Das deutet darauf hin, daß dieses »Schreiben« als Brief verstanden sein will. Aber dem scheint entgegenzustehen, daß jeder briefliche Rahmen fehlt; es fehlt am Anfang die Angabe von Absender und Adressat sowie die Begrüßung, und es fehlen am Schluß die üblichen Grußbestellungen und guten Wünsche. Man hat deshalb, zumal auch nichts über konkrete Beziehungen zwischen Verfasser und Adressaten deutlich wird, dem 1Joh häufig überhaupt den Charakter eines Briefes abgesprochen und ihn als Manifest, Enzyklika, Lehrschrift oder Traktat bezeichnet. Aber einer solchen Charakterisierung widerspricht die konkrete Situation des Schreibens, die nur eine bestimmte Leser- und Hörerschaft betrifft, nämlich solche Christen, die als ihre Tradition das JohEv haben. Wenn es 2,19 von den Gegnern heißt: »Von *uns* sind sie ausgegangen«, so sind die »Wir« – wie die näheren Umstände des Streites zeigen – nicht die christliche Gemeinde allgemein und überhaupt, sondern der johanneische Kreis. Es gilt also eine Erklärung dafür zu finden, daß hier ein Absender an bestimmte Adressaten schreibt, daß also der Sache nach ein Brief vorliegt, dem aber der formelle Rahmen eines Briefes fehlt. Erkennt man, daß nicht nur die Einleitung des Briefes den Prolog des Evangeliums nachahmt, sondern auch der Schluß des Briefes (5,13) den ursprünglichen Schluß des Evangeliums (20,31), dann wird deutlich, daß damit der Briefschreiber den Eindruck erwecken will, mit dem Verfasser des Evangeliums identisch zu sein. Das Evangelium nennt keinen Verfasser, sondern hat im Prolog nur ein »Wir«. Dieses »Wir« nimmt der Briefschreiber in der Einleitung auf und meint damit die ursprünglichen Zeugen, denen er sich zugerechnet wissen will. Weil also das JohEv keinen Hinweis auf seinen Verfasser enthält und es offensichtlich zur Zeit des Briefes auch noch keine Tradition darüber gab, deshalb konnte der Verfasser des 1Joh, der sein Schreiben unter die Autorität des JohEv stellen wollte, keinen Namen nennen. Deshalb auch mußte diesem Schreiben der briefliche Rahmen fehlen. Man muß hier also von einer besonderen Art Pseudonymität sprechen, insofern der Verfasser zwar einerseits den unzutreffenden Eindruck erweckt, zum Kreis der ursprünglichen Zeugen zu gehören und mit dem Verfasser des Evangeliums identisch zu sein, aber andererseits keinen altehrwürdigen Namen nennt. Diese besondere Art Pseudonymität und mit ihr die eigenartige Form des Schreibens sind in seiner Situation begründet. Der 1Joh will vom selben Verfasser wie das JohEv geschrieben sein, um die Autorität des Evangeliums, die auch von den Gegnern anerkannt wird, gegen diese selbst zu wenden. Im Streit um die gemeinsame Tradition wird diese Tradition schon von der Form des Schreibens her für die in ihm vertretene Position beansprucht.

Damit wird allerdings nur ein formaler Anspruch erhoben, der aber die richtige Intention zum Ausdruck bringt, daß es christliche Wahrheitsfindung nur in der Bindung an das Zeugnis von der Selbstbekundung Gottes in Jesus Christus geben kann. Entscheidend ist nicht der formale Anspruch, den der Verfasser des 1Joh erhebt, sondern was er inhaltlich zu sagen hat. Auch er kann ja nicht einfach Aussagen der Vergangenheit wiederholen, sondern muß bei aller notwendigen Bindung an die Tradition diese in den Herausforderungen seiner Zeit neu bedenken und zur Sprache bringen.

7. Aufbau und Gliederung

Die Komposition des 1Joh ist recht locker; er unterliegt keinem straffen Gedankengang, sondern wenige Themen werden in leicht veränderter Weise immer wieder behandelt. Versuche, in ihm eine kunstvolle Gliederung wiederzufinden, müssen als gescheitert gelten. Andererseits geht der Verfasser aber auch nicht planlos vor, als ließe er sich von einem Gedanken zum anderen treiben. Zwischen der Einleitung (1,1-4) und dem Schluß (5,13) heben sich relativ deutlich drei Teile heraus, insofern sich 2,18 und 4,1 mit der ausdrücklichen Erwähnung der Gegner betonte Neueinsätze finden. Der erste Teil umfaßt 1,5-2,17. In Auseinandersetzung mit den Gegnern und in Zuspruch und Mahnung an die Gemeinde stellt er heraus, daß Gottesgemeinschaft und Gotteserkenntnis ihre konkrete Wirklichkeit in der Bruderliebe haben. Im zweiten Teil (2,18–3,24) versucht der Verfasser, das Auftreten der Gegner im Rahmen der Endzeiterwartung zu verstehen. Er ordnet sie als Antichristen ein, mahnt ihnen gegenüber zum Festhalten am Bekenntnis, zeigt die Hoffnungsdimension des Bekenntnisses auf und beschreibt die Rückwirkung der Hoffnung auf die Ethik. Im dritten Teil (4,1–5,12) ist die Zusammengehörigkeit von Glaube und Liebe das beherrschende Thema; der Verfasser beschreibt Bekenntnis und Bruderliebe als die zwei untrennbaren Aspekte des einen Kriteriums, an dem sich Gemeinde erweist. – Eine weitergehende Gliederung wird jeweils am Beginn der einzelnen Teile versucht.

8. Zeit und Ort der Abfassung

Für die Datierung des 1Joh sind relativ enge Grenzen vorgegeben. Er muß nach dem JohEv geschrieben sein und vor seiner ersten Bezeugung durch Polykarp von Smyrna. Durch den Fund von Papyrus 52, der einige Verse aus Joh 18 enthält und nach paläographischen Indizien im ersten Viertel des zweiten Jahrhunderts geschrieben wurde, ist es sichergestellt, daß das JohEv noch ins erste Jahrhundert gehört. Das andere Grenzdatum ist Pol2Phil. Überliefert ist nur ein Brief Polykarps an die Philipper, der aber zwei ursprünglich verschiedene enthält (vgl. *Fischer, J. A.*: Die Apostolischen Väter. Schriften des Urchristentums I, Darmstadt 1964, 233–237). Denn während 9,1 auf den bereits erfolgten Märtyrertod des Ignatius zurückblickt, bittet Polykarp in 13,2 die weiter westlich und also näher zu Rom lebenden Philipper, ihm Mitteilung über das Schicksal des Ignatius zu geben, wenn sie etwas Zuverlässiges erfahren haben. Kapitel 13 bildet also einen eigenständigen Brief, der bald nach der Abreise des Ignatius von Philippi geschrieben wurde; die Kapitel 1–12.14 sind ein späterer Brief. Das Martyrium des Ignatius fällt nach den ältesten Zeugnissen in die Regierungszeit des Kaisers Trajan (98–117). Es wird allgemein für wahrscheinlich gehalten, daß eher das Ende dieser Zeit in Frage kommt. Das Zitat aus 1Joh findet sich in 2 Phil. Da Polykarp in 1,1 auf den Aufenthalt des Ignatius und seiner Begleitung in Philippi auf der Todesfahrt nach Rom anspielt (»Ich habe mich mit euch in unserem Herrn Jesus Christus sehr gefreut, weil ihr die Abbilder der wahren Liebe aufgenommen und, wie es euch zukam, den Trägern der heiligen Fesseln, die die Diademe der in Wahrheit von Gott und unserem Herrn Auserwählten

sind, das Geleit gegeben habt«; vgl. 9,1), ist dieser Brief wahrscheinlich nicht allzu lange danach geschrieben. Daher kommt für den 1 Joh am ehesten eine Ansetzung zwischen 100 und 110 in Frage.
Wenn es für das JohEv wahrscheinlich ist, daß es aus Syrien stammt, so ist damit noch nicht zwingend über den Abfassungsort des 1 Joh entschieden. Für ihn weisen die Indizien eher in das westliche Kleinasien, wo die gesamte johanneische Tradition von der kirchlichen Überlieferung lokalisiert wird. Dafür spricht einmal der Zusammenhang der in ihm bekämpften Gegner mit dem Kleinasiaten Kerinth und zum anderen die schon sehr bald nach seiner Abfassung mehrfach bezeugte Benutzung in Kleinasien (Polykarp, Papias, Justin). Haben diese Gründe Gewicht, muß geschlossen werden, daß zumindest Teile des johanneischen Kreises und mit ihnen die johanneische Tradition von Syrien nach Kleinasien gelangt sind.

Kommentar zum ersten Brief des Johannes

Die Briefeinleitung (1,1–4)

1 Was von Anfang an war,
   was wir gehört haben,
   was wir mit unseren Augen gesehen haben,
   was wir geschaut und unsere Hände berührt haben
   betreffs des Wortes des Lebens –
2 Und das Leben ist offenbar geworden,
   und wir haben gesehen und bezeugen und verkündigen
                                         euch das ewige Leben,
   das beim Vater war und uns offenbar geworden ist.
3 Was wir gesehen und gehört haben,
   verkündigen wir auch euch,
   damit auch ihr Gemeinschaft habt mit uns.
Und die Gemeinschaft aber, die wir haben, ist eine mit dem Vater und mit seinem Sohn Jesus Christus. 4 Und das schreiben wir, damit unsere Freude vervollkommnet sei.

Literatur: *Conzelmann.* – *Guy, H. A.:* 1John i.1–3, ET 62, 1950/51, 285. – *Lee, G. M.:* 1John i.1–3, ebd. 125.

Mit diesen gewichtigen Sätzen der Einleitung seines Briefes läßt der Verfasser den Inhalt seiner *Botschaft* anklingen, stellt er seine vollmächtige *Zeugenschaft* heraus und gibt er seinen Lesern eine *Verheißung*. Der Inhalt seiner Botschaft ist unüberbietbar: Es geht um das, was von Anfang an war, um das ewige Leben; es geht um den Vater und seinen Sohn Jesus Christus. Darüber zu sprechen ist der Verfasser legitimiert. Er gehört zu denen, die gehört und gesehen haben, was sie verkündigen. Nur über die Gemeinschaft mit ihnen, über die Annahme ihres Zeugnisses, gibt es Gemeinschaft mit dem Vater und seinem Sohn Jesus Christus. Aber das ist auch die Verheißung des Briefes an seine Leser und Hörer: Sie sollen in diese Gemeinschaft mit den Zeugen aufgenommen werden; sie sollen Teilhaber des Lebens werden. Die Botschaft, ihre Zeugen und ihre Verheißung – das nimmt der Brief, unter verschiedenen Gesichtspunkten, immer wieder in den Blick; das klingt schon in der Einleitung machtvoll an.

»Was von Anfang an war« – der Beginn des 1 Joh mit diesen Worten erinnert unmittelbar an den Beginn des JohEv: »Im Anfang war das Wort.« – »Von Anfang an« – »im Anfang«, das scheint nicht mehr als ein bloßer stilistischer Unterschied zu sein. Doch die Beobachtung, daß das Wort »Anfang« im 1 Joh immer nur in der Wendung »von Anfang an« begegnet, fordert dazu auf, die betreffenden Stellen zu untersuchen und nach einem möglichen besonderen Sinn dieser Wendung zu fragen.

In 2,7 erwähnt der Verfasser »ein altes Gebot, das ihr von Anfang an hattet«, womit er das Gebot der Bruderliebe meint. Das haben die angeredeten Leser schon mit dem Beginn ihres Christseins erhalten. Auf diese Tatsache weist er sie hin, um ihnen jetzt wieder die Notwendigkeit und Richtigkeit des Gebotes einzuschärfen. Die Betonung des »Von-Anfang-an« hebt also das Überliefertsein vom Ursprung her hervor; der Hinweis darauf – und damit die Betonung der Traditionalität – hat hier die Funktion, die Rechtmäßigkeit des Gesagten auszuweisen. Genau derselbe Zusammenhang zeigt sich in 3,11. In 2,24 gibt die Wendung »von Anfang an« dem Traditionsgedanken in bezug auf das Vers 22 zitierte Bekenntnis Ausdruck. Der Hinweis, daß die Leser es von Anfang an gehört haben, hat die Funktion, die Richtigkeit dieses Bekenntnisses auszuweisen. Rechtgläubigkeit erweist sich hier unter Berufung auf die Tradition. Das, was von Anfang an war, ist das Gültige.
An den genannten Stellen ist mit der Angabe »von Anfang an« ein »kirchengeschichtliches« Datum im Blick, der Beginn des Christseins der angeredeten Leser, der Anfang der Gemeinde. Anders verhält es sich in 1,1. Indem das, »was von Anfang an war«, in den folgenden Versen mit Jesus Christus als dem ewigen Leben identifiziert wird, das beim Vater war, ist hier deutlich gemacht, daß es sich um einen vorzeitlichen Anfang handelt, um einen Anfang, vor dem es nicht wieder einen Anfang gibt. Dieser Anfang ist auch in 2,13f. im Blick, wo es zweimal heißt: »Ihr habt den von Anfang an (Seienden) erkannt.« – »Der von Anfang an (Seiende)« ist sicherlich niemand anders als »was von Anfang an war«, nämlich Jesus Christus als das ewige Leben, »das beim Vater war«.
Schließlich ist noch 3,8 zu nennen, wo es vom Teufel heißt, daß er »von Anfang an sündigt«. Seit es den Teufel gibt, sündigt er. Er kann nichts anderes tun, als was er immer getan hat. Um das Wesen des Teufels zu charakterisieren, wird also auf seinen Anfang hingewiesen; und dabei ist vorausgesetzt, daß das, was am Anfang geschah, was für den Anfang gilt, immer gilt.
Im JohEv hat die Wendung »von Anfang an« längst nicht diese Prägnanz. Nach 8,44 ist der Teufel »ein Mörder von Anfang an«. 15,27 sagt Jesus zu den Jüngern, daß sie über ihn Zeugnis ablegen, »weil ihr von Anfang an mit mir

seid«. Weil sie also immer dabei waren, können sie Zeugen sein. Diese Verwendung entspricht in etwa dem »kirchengeschichtlichen« Gebrauch im 1 Joh. Aber sie findet sich im Evangelium nicht in dieser Betonung. Nach 16,4 teilt Jesus seinen Jüngern etwas mit, was er ihnen gerade *nicht* »seit Anfang her« gesagt hat. Das zeigt, wie wenig, im Unterschied zum Brief, diese Wendung im Evangelium auf einen bestimmten Gebrauch festgelegt ist.
Dem 1 Joh sehr nahe stehen aber einige andere urchristliche Schriften. In Lk 1,2 heißt es, daß diejenigen, die »von Anfang an« Augenzeugen und Diener am Wort waren, überliefert haben, was geschehen ist. Hier ist die Wendung »von Anfang an« deutlich mit dem Traditionsgedanken verbunden: Die von Anfang an Augenzeugen waren, garantieren die Richtigkeit der Überlieferung. Die Herausstellung des Anfangs unter dem Gesichtspunkt der Traditionalität als dem Ausweis der Richtigkeit zeigt sich auch 1 Clem 19,2: »Laßt uns laufen nach dem uns seit Anfang her überlieferten Ziel des Friedens!« Dieses Ziel erweist sich eben durch sein Überliefertsein »seit Anfang her« als das richtige Ziel. Und 31,1 wird ein Schriftbeweis mit der Aufforderung eingeleitet: »Laßt uns das von Anfang an Geschehene bedenken!« Maßgeblich ist also das, was von Anfang an war, die Überlieferung, die am Ursprung begann. Dieser Zusammenhang zeigt sich schließlich auch bei Polykarp von Smyrna: »Laßt uns daher die Torheit der Vielen und die falschen Lehren verlassen und uns vielmehr dem uns seit Anfang her überlieferten Wort zuwenden!« (2Phil 7,2) Der falschen Lehre wird dasjenige Wort entgegengestellt, dessen Richtigkeit sich darin erweist, daß es das »seit Anfang her« überlieferte ist.
An diesen Stellen zeigt sich also ein dem 1 Joh analoger Gebrauch der Wendung »von Anfang an«. Das Gültige ist das von Anfang an Überlieferte; das Von-Anfang-an-Überliefertsein ist Ausweis der Richtigkeit. Allerdings treten auch Unterschiede hervor. Während sich bei den drei genannten Autoren im Kontext der Wendung »von Anfang an« Überlieferungsterminologie findet, ist das im 1 Joh nicht der Fall. Das hat seinen Grund darin, daß der Verfasser den Anspruch erhebt, nicht auf die Überlieferung anderer angewiesen zu sein, sondern selbst zu den ursprünglichen Zeugen zu gehören.

In Übereinstimmung mit anderen urchristlichen Autoren und im Unterschied zum JohEv gebraucht also der Verfasser des 1 Joh die Wendung »von Anfang an« ganz betont zur Traditionssicherung. Die mit ihr verbundenen Inhalte, das Bekenntnis und das Gebot der Bruderliebe, hat die Gemeinde seit ihrem Beginn, und deshalb sind sie verbindlich. Der »Anfang« von 1,1 aber geht über diese »kirchengeschichtliche« Verwendung weit hinaus. Hier nimmt der Briefschreiber der Sache nach auf, was die ersten Sätze des JohEv aussagen: »Im Anfang war das Wort, und das Wort war bei Gott, und Gott war das Wort; dieses war im Anfang bei Gott.« Hiermit will der Evangelist seiner bedrängten und verunsicherten Gemeinde von vornherein klarmachen, wer Jesus wirklich ist: Jesus ist – Gott. Gott war nie anders Gott, als der er im Menschen Jesus auf den Plan tritt; als Gottes einziges Wort war der Mensch Jesus nicht ein zufälliges geschichtliches Ereignis, irgendwann in der Zeit begonnen und wieder geendet – das war er natürlich auch, aber eben als dieses Wort, das er schon immer war. Der Evangelist treibt hier keine mythologische Spekulation, sondern um seiner Gemeinde zu verdeutlichen, daß sie es bei dem Menschen Jesus wirklich mit dem lebendigen Gott zu tun bekommt, nimmt er eine die letzte Konsequenz ziehende dogmatische Reflexion vor.

Diesen Sinn von Joh 1,1f. muß der Verfasser des 1Joh in anderer Frontstellung neu formulieren. Denn was der Evangelist nicht treibt, nämlich mythologische Spekulation, das tun die im 1Joh angegriffenen Gegner. Bei ihnen ist »der von Anfang an (Seiende)« wahrscheinlich eine Bezeichnung des himmlischen Christus (→ zu 2,13), den sie strikt von Jesus trennen und der diesen nur als Mittel seiner irdischen Epiphanie benutzt hat. Sie spekulieren, indem sie die ersten Sätze des JohEv nicht für Aussagen über den Menschen Jesus halten, sondern sie von ihm loslösen und so von einem Himmelswesen geredet finden, das mit Jesus nicht mehr zu tun hat, als daß es sich zeitweilig mit ihm verband. Hier ist die dogmatische Reflexion des Evangeliums in Spekulation verkehrt worden. Sie vor dieser Verkehrung zu sichern, das ist die Aufgabe, die der Verfasser des 1Joh übernimmt. Von der jeweiligen Abzweckung her läßt sich daher das Verhältnis von Brief und Evangelium so bestimmen: Während die Zielrichtung des JohEv in dem Aufweis besteht, daß in dem Menschen Jesus niemand anders auf den Plan tritt als *der lebendige Gott selbst*, geht es dem 1Joh darum sicherzustellen, daß dieser lebendige Gott nirgend anders auf den Plan tritt als in dem *Menschen Jesus*. Von hier aus wird auch der wesentliche Aspekt des Zusammenhangs von vorzeitlich-christologischem und »kirchengeschichtlichem« Gebrauch der Wendung »von Anfang an« deutlich. Denn genau dieser Sicherung der dogmatischen Aussage vor ihrer mythologisch-spekulativen Verkehrung dient die »kirchengeschichtliche« Verwendung: Kein anderer ist »der von Anfang an (Seiende)« als derjenige, von dem das traditionelle Bekenntnis »von Anfang an« bezeugt: »*Jesus* ist der Christus.« Der Zusammenhang ist also nicht so zu denken, daß der »kirchengeschichtliche« Anfang bis in die Vorzeit hinein erstreckt wird, sondern so, daß das kirchlich überlieferte Bekenntnis festhält, daß derjenige, der seinen Anfang vor aller Zeit bei Gott hat und den Gott geschickt hat, kein anderer ist als der Mensch Jesus.

Wenn die neutrische Formulierung »*was* von Anfang an war« mehr enthält als den Beginn einer *stilistischen* Steigerung vom unbestimmten Was über das ewige Leben bis zum höchst bestimmten Namen Jesus Christus, dann ist sie ein Hinweis darauf, daß der Verfasser an der *Sache* interessiert ist, an der Sache des Bekenntnisses nämlich. Doch geht es nicht an, Person und Sache gegeneinander auszuspielen. Dem Verfasser geht es um die Sache des Bekenntnisses, weil dieses Bekenntnis die Person, an der ihm alles liegt, in ihrer Bestimmtheit als Mensch Jesus festhält. Anders gesagt: Es geht ihm durchaus um die Person – aber eben um *die* Person, die im Bekenntnis bekannt wird.

»Was von Anfang an war« – worüber der Verfasser sprechen will, über Jesus Christus, hat nicht zuerst und vor allem einen Anfang in der Geschichte und damit auch ein Ende in ihr; er hat nicht einen Anfang, vor dem es wieder einen Anfang gab. Er hat einen Anfang, vor dem kein Anfang mehr gedacht werden kann, beim Ursprung schlechthin, bei Gott. Wenn der Verfasser von Jesus Christus spricht – einem Menschen, der einen Anfang und ein Ende in der Zeit gehabt hat –, dann spricht er eben damit von Gott und seiner Ewigkeit.

Aber gerade von dem, »was von Anfang an war«, gilt, was die folgenden drei Relativsätze aussagen: »Was wir gehört haben, was wir mit unseren Augen gesehen haben, was wir geschaut und unsere Hände berührt haben.« Der quantitativen Steigerung dieser Sätze entspricht eine inhaltliche, indem vom Hören über das Sehen bis zum Berühren fortgeschritten wird. Es handelt sich also um eine Steigerung in der Intensität sinnlicher Wahrnehmung. Wie ist sie verstanden?

Neben der Möglichkeit, daß das Hören, Sehen und Berühren eigentlich und wirklich gemeint ist und sich dann auf den leibhaftigen Umgang mit dem Menschen Jesus bezieht, gibt es die andere Möglichkeit eines übertragenen Verständnisses, wie es in bezug auf das Sehen im Prolog des JohEv begegnet: »Wir haben seine Herrlichkeit gesehen.« »Seine Herrlichkeit« – damit ist in Joh 1,14 der ganze Weg Jesu im Blick, wie er im Evangelium erzählt wird. Ein Weg, der in der äußersten Niedrigkeit am Kreuz endet. Aber weil gerade *dieser* Weg als Weg der Begegnung *Gottes* mit seiner Welt und seinen Menschen beschrieben wird, muß auch von Herrlichkeit gesprochen werden. Das Schauen *dieser* Herrlichkeit kann nur ein glaubendes sein. So sagt in Joh 14,9 gerade der in den Tod gehende Jesus: »Wer mich sieht, sieht den Vater.« Daher sind die in 1,14 sprechenden »Wir« alle diejenigen, die sich auf die Wirklichkeit dieses in Jesus offenbar gewordenen Gottes einlassen, die Glaubenden, die allein die »Herrlichkeit« Jesu »schauen« können, weil sie hier *Gott* wirken sehen und sich in dieses Wirken mit hineinnehmen lassen.

Daß das »Wir« in der Einleitung des 1Joh anders zu verstehen ist, darauf weisen die folgenden Unterschiede: a) Für die Einleitung charakteristisch ist das Gegenüber von »Wir« und »Ihr«. Die »Wir« berufen sich für ihr Zeugnis und ihre Verkündigung gegenüber den »Ihr« darauf, daß sie sinnlich wahrgenommen haben, auf eine Erfahrung, die sie voraushaben. Daß die angeredeten »Ihr« mit der Annahme des Zeugnisses der »Wir« dieselbe Erfahrung machen werden wie diese, so daß auch sie in derselben Weise sagen könnten: »wir haben gesehen«, ist durch nichts angedeutet. Zudem ist zu beachten, daß die angeredeten Leser schon Christen sind. Sie sollen auf ein Verständnis ihres Christseins festgelegt werden, wie es die »Wir« aus ihrer besonderen und nicht wiederholbaren Erfahrung heraus autoritativ verkünden. b) Im Vergleich zu Joh 1,14, wo vom Schauen seiner Herrlichkeit geredet wird, ist in 1 Joh 1,1 die sinnliche Wahrnehmung betont herausgestellt: das Hören, das Sehen mit den Augen, das Berühren der Hände. Sollen diese massiven Ausdrücke sinnlichen Wahrnehmens anders als eigentlich und wirklich verstanden werden?

Daß es allerdings grundsätzlich möglich ist, alle Arten der sinnlichen Wahrnehmung in einem übertragenen Sinn zu verstehen, zeigt der folgende gnostische Text: »Die Erkenntnis des Vaters und die Offenbarung seines Sohnes gab er (der Geist) ihnen (den Gnostikern) zu erkennen: denn als sie ihn gesehen und gehört hatten, gab er ihnen von sich zu schmecken und zu riechen und zu berühren den geliebten Sohn. Er ist erschienen, sie unterrichtend über den Vater, den unbegreiflichen« (EV 30, 24–29). Die Ausdrücke sinnlichen Wahrnehmens sind hier nur Illustration dessen, was mit der Erkenntnis des Vaters, die zugleich Selbsterkenntnis ist, schon gesagt ist. Sie drücken die Einheit des eigentlichen, des geistigen Selbst mit der himmlischen Lichtwelt aus. In solcher oder ähnlicher Weise sind aber die Aussagen des 1 Joh gewiß nicht zu verstehen, zumal sich hier die ausdrückliche Erwähnung der Augen und der Hände gegenüber einem geistigen Verständnis sperrt. Auch lassen sie sich nicht solchen Texten zuordnen, die die Zusammengehörigkeit einer Gemeinschaft mit ihren Vorfahren zum Ausdruck bringen, die zur Zeit der die eigene Geschichte begründenden Ereignisse lebten. So lautet eine rabbinische Aussage: »In jeder Zeit ist man verpflichtet, sich selbst so anzusehen, als wäre man selbst aus Ägypten ausgezogen; deshalb heißt es ja: Er hat *uns* herausgeführt aus Knechtschaft zur Freiheit« (zitiert bei Windisch 108). In 1 Joh 1,1 aber wird nicht über geschichtliche Räume hinweg zusammengefaßt, sondern »Wir« und »Ihr« werden gegenübergestellt, die Leser werden auf ein Zeugnis der »Wir« verwiesen, das auf eigener Zeugenschaft, Augen- und Ohrenzeugenschaft, beruht.

Hören, Sehen und Berühren sind also eigentlich und wirklich zu verstehen; und so sind die »Wir« die Zeitgenossen Jesu, die ursprünglichen Zeugen. Natürlich nicht alle Zeitgenossen und natürlich nicht bloße Berichterstatter, sondern *bestimmte* Zeitgenossen und *Zeugen*. Denn vor diesen drei Relativsätzen, die von den »Wir« handeln, steht der grundlegende andere, den kein Berichterstatter sagen kann: »Was von Anfang an war.« Was also die zeitgenössischen Zeugen Jesu hier verkünden, daß von ihm es gilt, was der erste Nebensatz sagt, ist *glaubendes* Zeugnis. Doch der Ton liegt darauf, daß es von dem *Menschen* Jesus gilt, mit dem die Zeugen vermittels ihrer Sinne Gemeinschaft hatten. »Was von Anfang an war«, was ganz zu Gott und seiner Ewigkeit gehört, was Geist ist und nicht Fleisch, das ist nicht ungreifbarer Geist geblieben, das ist kein über der Wirklichkeit schwebender Gedanke, sondern es ist handgreifliche Wirklichkeit mitten in der Welt geworden. Dafür stehen die ursprünglichen Zeugen ein. Auf sie beruft sich der Verfasser, indem er sich ihnen zurechnet.

Der Zusammenhang dieser Stelle mit dem Traditionsgedanken wird auch dadurch angedeutet, daß die ersten beiden Verben im Perfekt stehen. Das griechische Perfekt bezeichnet das gegenwärtig andauernde Ergebnis einer in der Vergangenheit liegenden Handlung, die fortbestehende Gültigkeit eines vergangenen Ereignisses. Wenn es hier heißt: »Was wir gehört haben, was wir mit unseren Augen gesehen haben«, so ist damit die gegenwärtige Gültigkeit und Geltung des einst Gesehenen und Gehörten gemeint. Was gesehen und gehört worden ist, gilt jetzt als in der Überlieferung Bewahrtes.

Das Gesehen- und Berührthaben wird in bezug auf die Leser nirgends ausgesagt. Das Sehen gilt erst für das zukünftige Offenbarwerden Jesu: »Wir *werden* ihn sehen, wie er ist« (3,2). Von ihrem Gehörthaben ist in unmittelbarem Zusammenhang mit der Wendung »von Anfang an« die Rede (2,7.24; 3,11; vgl. auch 2,18; 4,3). Damit werden sie auf ihre Tradition verwiesen. Und für diese Tradition stehen die ursprünglichen Zeugen ein, die Jesus selbst gehört und gesehen haben. So sagt der Verfasser von seiner Botschaft in 1,5: »Die wir von ihm gehört haben und euch weiterverkünden.« Die Leser, die nicht selbst Jesus gehört und gesehen haben, die ihn erst sehen werden, sind an die Botschaft gewiesen, die sie gehört haben, die Botschaft der ursprünglichen Zeugen.

Wo im JohEv von »Hören« und »Sehen« in einem theologisch relevanten Sinn die Rede ist, findet sich ein relativ fester Sprachgebrauch, der von dem des 1Joh charakteristisch unterschieden ist. Es lassen sich drei Anwendungsbereiche unterscheiden: a) Das Hören und Sehen Jesu, b) das Hören und Sehen seiner Jünger und c) das Nicht-Hören und Nicht-Sehen der ungläubigen Juden.

Jesus sagt das, was er beim Vater gehört und gesehen hat (3,32.34; 8,26.38.40; 15,15; vgl. auch 3,11; 6,46). Was er aber beim Vater gehört und gesehen hat, wird an keiner Stelle ausgeführt; es werden keine bestimmten Inhalte genannt. Der Inhalt ist immer wieder der, daß er der Gesandte Gottes ist. Die Aussage, daß Jesus das redet, was er beim Vater gehört und gesehen hat, hat

also die Funktion, ihn als den Gesandten Gottes herauszustellen, nicht aber die, bestimmte Inhalte als richtig zu erweisen. In denselben Zusammenhang gehört die zweite Gruppe, das Sehen und Hören der Jünger, das auf Jesus bezogen ist (14,9.24). Mit Jesus sehen und hören die Jünger Gott selbst; er ist der Gesandte Gottes. Dem entspricht auch der dritte Anwendungsbereich, das Verhalten der ungläubigen Juden (5,37f.; 6,36). Auch sie haben Jesus gehört und gesehen, aber sie erkennen nicht an, daß er der Gesandte Gottes ist. Deshalb hören und sehen sie zwar Jesus, aber zugleich sehen und hören sie ihn nicht, weil sie nicht ineins damit Gott hören und sehen.
Es zeigt sich also ein fester Sprachgebrauch, der der Legitimierung Jesu als des Gesandten Gottes dient. In einem anderen Zusammenhang steht das Gehört- und Gesehenhaben im 1 Joh. Mit ihm werden bestimmte inhaltliche Aussagen verbunden, nämlich vor allem das Gebot der Bruderliebe und das Bekenntnis. Sie werden durch die Betonung des Gehörthabens der Leser und des Gehört- und Gesehenhabens der »Wir« – und damit durch ihren Ausweis als rechte, auf den ursprünglichen Zeugen gründende Tradition – als richtig erwiesen. Das ist ein deutlicher Einzelbeleg dafür, daß der Brief in eine spätere Zeit gehört und einen anderen Verfasser hat als das Evangelium. Die Verwendung des Motivs vom Gehörthaben im 1 Joh hat ihre nächste Entsprechung in 2 Tim 1,13; 2,2.

Indem der Verfasser die ursprünglichen Zeugen mit ihrer sinnlichen Wahrnehmung anführt, die sich nur auf den *Menschen* Jesus beziehen kann, schützt er sofort am Beginn seines Briefes die Eingangsaussage »was von Anfang an war« vor ihrer mythologisch-spekulativen Verkehrung. Er stellt beides hart nebeneinander: Was von Anfang an war, was aller Zeit überlegen ist, von keinem Menschen gedacht, geschweige denn mit seinen Sinnen aus- und festgemacht werden kann – und was doch so sehr zeitlich-irdische Wirklichkeit war, so konkret-faßbar, daß es gehört, gesehen und berührt werden konnte. Beides muß der Verfasser sagen, will er wirklich von Jesus Christus reden. »Ich erfahre nichts über Gott als allein in dieser Menschheit« (Luther 605).
Doch nennt er diesen Namen jetzt noch nicht. Statt dessen kennzeichnet er die von ihm gemeinte »Sache« näher mit zwei Begriffen. Alles, was er bisher gesagt hat, gilt »betreffs des Wortes des Lebens«. Da dieses »Wort des Lebens« direkt auf die vorangehenden Aussagen von dem bezogen ist, »was von Anfang an war« und was von Zeugen sinnlich wahrgenommen worden ist, kann es nicht zuerst und vor allem die christliche Verkündigung meinen, sondern ist es zuerst und vor allem eine Kennzeichnung Jesu Christi selbst: *Er* ist »das Wort des Lebens«, das Wort, das Leben ist, hat und gibt.
Die engen Berührungen der Briefeinleitung zum Prolog des Evangeliums drängen zu der Annahme, daß der Verfasser des Briefes den

Begriff »das Wort« und sein personales Verständnis von dort aufgenommen hat: Jesus Christus ist das Wort, das im Anfang bei Gott war, durch das alles geworden ist, das Fleisch geworden ist; er ist Gottes Zugewandtsein zu etwas anderem, als er selbst ist, der Gott für uns, von Anfang an. Doch sind auch die Unterschiede zum Prolog unverkennbar: Dort wird »das Wort« absolut gebraucht, und es ist durchgehend der vorherrschende Begriff. In der Briefeinleitung begegnet es nur an dieser Stelle in der Verbindung mit dem Begriff »Leben«. Der tritt in Vers 2 in den Mittelpunkt. Auch er wird personal verstanden, und von ihm werden dort Aussagen gemacht, die sich im Prolog auf »das Wort« beziehen. An dem Begriff »Leben« hat der Briefschreiber offensichtlich ein größeres Interesse. Aber wenn er dennoch nicht nur schreibt »betreffs des Lebens«, sondern »betreffs des *Wortes* des Lebens«, dann scheint hier außer der Aufnahme aus dem Prolog noch ein weiterer Bedeutungsgehalt mitzuschwingen: Daß nämlich dieses Wort, das die ursprünglichen Zeugen wahrgenommen haben, an ihre Verkündigung gebunden ist, in ihrem Zeugnis wieder und weiter erklingt; daß es »das Wort des Lebens« für die Leser des Briefes nicht anders gibt als in ihrem Rückbezug auf die ursprüngliche Verkündigung. »Das Wort des Lebens« wird da laut, wo »sein Wort« (1,10; 2,5) bzw. »das Wort Gottes« (2,14) bleibt und bewahrt wird, das Wort, das die Leser von Anfang an gehört haben (2,7).

Weshalb aber tritt in der Briefeinleitung der Begriff »das Wort« gegenüber dem Begriff »das Leben« zurück, während es sich im Prolog umgekehrt verhält, wo nur in Vers 4 vom »Leben« die Rede ist? Der Verfasser des Briefes steht offensichtlich mit seinen Gegnern im Streit darüber, was wirklich »Leben« ist und wie man »leben« soll. Indem er gleich hier am Anfang seines Briefes Jesus Christus als »Leben« beschreibt (vgl. 5,11b am Schluß des Briefes), macht er deutlich: Er ist es, an dem man erkennt, was wirkliches Leben ist, und von daher muß dann auch geklärt werden, wie man leben soll.

Jesus Christus ist »das Leben« als das, »was von Anfang an war«, in seiner Einheit mit Gott und doch auch als das, was Zeugen sinnlich wahrgenommen haben, als leibhaftiger Mensch. Hier hält der Verfasser ein, indem er den Satz abbricht. Wie er ihn zu Ende zu führen gedachte, zeigt sich an Vers 3, wo er die Relativsätze von Vers 1 aufnimmt und dann fortfährt: »verkündigen wir auch euch«. Warum läßt er einen solchen Hauptsatz nicht schon in Vers 1 folgen? Daß ihm der Abbruch des Satzes aus Sorglosigkeit unterlaufen oder daß ihm beim Schreiben des Wortes »Leben« plötzlich eingefallen wäre, dazu müsse er noch schnell etwas sagen, ist angesichts des sorgfältigen Aufbaus des Anfangs wenig glaubhaft. Der Abbruch des Satzes ist vielmehr in der Sache begründet, die er hier aussagt: Daß das, was die Zeugen gesehen, gehört und berührt haben, nichts weniger ist als das, was von Anfang an war, der *ewige* Gott als Gegenstand *menschlicher* Zeugenschaft mit ihrer *sinnlichen* Wahrnehmung – das läßt ihn einhalten und neu beginnen mit einem Satz, der die Möglichkeit solcher unmöglichen Zeugenschaft als Wirklichkeit Gottes aufzeigt: »Und das Leben ist offenbar geworden« (2). Es war also nicht zu allen Zeiten zugänglich und faßbar, sondern ist es zu einem bestimmten Zeitpunkt erst geworden. Hier nimmt der Verfasser auf, was der grundlegende Satz im zweiten Teil des Prologs aussagt: »Und das Wort ist Fleisch geworden.« Gott ist in Jesus Christus geworden, was er selbst nicht ist, ohne doch aufzuhören, Gott zu sein. Was im Prolog das Wort »Fleisch« zum Ausdruck bringt, das ist in der Briefeinleitung schon im zweiten Teil von Vers 1 durch die Betonung der sinnlichen Wahrnehmung erfolgt. Das Leben ist so offenbar geworden, daß es sinnlich wahrnehmbar, daß es greifbar wurde. Es hat sich irdisch manifestiert, ist wirklich geworden mitten in der so anderen Wirklichkeit dieser Welt, die, wenn von irgend etwas, so nicht vom Leben, sondern vom Tod, vom Vergehen und Sterbenmüssen, geprägt ist. Hier und nirgend anders ist das Leben offenbar geworden.

Auch der Gebrauch des Begriffs »offenbaren« im 1Joh ist aufschlußreich für das Verhältnis zum JohEv. Theologisch prägnant findet sich »offenbaren« im 1Joh in drei verschiedenen Anwendungsbereichen: a) vom Offenbarwerden Jesu Christi in der Welt, also von der Inkarnation (1,2; 3,5.8; 4,9), b) vom Offenbarwerden Jesu Christi bei der Parusie (2,28), c) vom Offenbarwerden der Christen bei der Parusie (3,2). Dieser Sprachgebrauch ist der allgemein urchristliche. a) Für das Erscheinen Christi in der Welt sind hier zu nennen das Lied 1 Tim 3,16; der Vers 1 Petr 1,20, der wahrscheinlich ebenfalls einem Lied zugehört. Dasselbe gilt für IgnEph 19,3. Vgl. weiter Barn 5,6; 6;7.9.14; 12,10; 14,5. b) und c) Auf die Parusie Jesu ist bezogen 1 Petr 5,4: »Wenn der Erzhirte offenbar geworden ist, werdet auch ihr den unverwelklichen Kranz der Herrlichkeit erhalten.« Hier zeigt sich auch schon der dritte Aspekt, der Bezug auf die Christen. Beide Anwendungen finden sich Kol 3,4. Für den dritten Aspekt allein vgl. 2 Kor 5,10.

Dieser gemeinchristliche Sprachgebrauch, den der 1 Joh aufnimmt, findet sich im JohEv nicht. Daß das Offenbarwerden dort nicht auf die Parusie bezogen ist, nimmt nicht weiter wunder, da es diese Vorstellung bestenfalls am Rande aufnimmt, wenn nicht die betreffenden Stellen sekundär sind. Sodann werden das Kommen Jesu in die Welt und sein Offenbarwerden nicht miteinander identifiziert, sondern der Evangelist sieht hier einen differenzierten Zusammenhang. Das Kommen Jesu ist nicht als solches schon ein Offenbarwerden, sondern Jesus muß sich bzw. den Namen Gottes erst offenbar machen (2,11; 17,6; vgl. 1,31; 7,4; 9,3).

In der Weise der Greifbarkeit, so daß es sinnlich wahrgenommen werden konnte, mitten in der Wirklichkeit der Welt, ist das Leben offenbar geworden. Das, »was von Anfang an war«, hat, indem es irdisch manifest wurde, nicht aufgehört, es selbst zu sein. Sondern es ist als das offenbar geworden, als das bis zum Greifen wahrnehmbar geworden, was es selbst ist: als *Leben*, als Gottes Lebenswirklichkeit mitten in der Todeswirklichkeit dieser Welt.

Darin also ist die Möglichkeit dessen begründet, daß menschliche Zeugen, die nicht anders als in der Begrenztheit ihrer Sinne wahrzunehmen in der Lage sind, doch das bezeugen können, »was von Anfang an war«: Weil Gott sich selbst ihnen wahrnehmbar gemacht hat, weil er seine Wirklichkeit im Bereich menschlicher Wirklichkeit hat manifest werden lassen.

Weil es sich aber so verhält, kann im zweiten Hauptsatz von Vers 2 ausgeführt werden, was der Verfasser in Vers 1 unter Abbruch des Satzes noch zurückgehalten hatte: »Und wir haben gesehen und bezeugen und verkündigen euch das ewige Leben.« Das Gesehenhaben lenkt den Blick noch einmal auf Vers 1 zurück und nimmt die dort erwähnte sinnliche Wahrnehmung auf. Dann aber wird der Gedanke fortgeführt. *Dieses* Gesehenhaben, *dieses* Wahrgenommenhaben entläßt aus sich das *Bezeugen* (vgl. Joh 1,34; 3,32; 19,35); und dieses Bezeugen erfolgt nicht vor einer richterlichen Instanz, vor die der Zeuge, der gesehen hat, zitiert wird und die dann – sein Zeugnis abwägend – entscheidet. Dieses Bezeugen geschieht als ein *Verkündigen*; und die Verkündiger sind Boten, die ungefragt proklamieren, was Gegenstand ihrer Zeugenschaft ist.

Als Gegenstand des Gesehenhabens, Bezeugens und Verkündigens wird jetzt das *ewige* Leben genannt: Leben, das nicht verlorengeht, nicht dem Tode verfallen ist, Leben schlechthin. Und für dieses ewige Leben steht am Ende von Vers 3 der Name Jesus Christus – der Name eines Menschen, der gestorben ist. Dennoch wird hier im Blick auf ihn proklamiert: Wir haben das ewige Leben gesehen. »Wunderbare Rede: Menschliches wird gesehen und dennoch der Sohn Gottes und das Leben« (Luther 605). Das kann nur sagen, wer glaubt, daß hier *Gott* handelt, der durch den Tod hindurch bewahrt und Leben aus den Toten schafft, der als in Jesus Christus bis zur tiefsten Erniedrigung wahrnehmbar gewordener Gott doch *Gott* bleibt.

Das ewige Leben ist kein anderes Leben als das am Anfang von Vers 2 genannte. Die Hinzufügung von »ewig« ist nur eine Verdeutlichung und nähere Kennzeichnung. Denn durch den Bezug auf das, »was von Anfang an war«, ja seine Gleichsetzung damit, war auch »das Leben« sofort als Leben schlechthin herausgestellt worden. Und diese Gleichsetzung wird in anderen Worten nun auch in bezug auf das ewige Leben vorgenommen, wenn es von ihm heißt: »das beim Vater war«. In allem bisher in den ersten beiden Versen Gesagten war immer schon von Gott geredet, auch wenn er nicht ausdrücklich genannt wurde. Wo das jetzt zum erstenmal der Fall ist, geschieht es nicht mit dem Wort »Gott«, sondern es erscheint der Vater-Name. Der Gott, der in Jesus Christus als Leben offenbar geworden ist, ist kein abstrakter Begriff; er ist »der Vater«. Er ist der Vater seines Sohnes Jesus Christus (3), und durch ihn ist er unser Vater und sind wir seine Kinder (3,1f.).

Bei ihm war das ewige Leben, das niemand anders ist als Jesus Christus. Er hat seinen Ort bei Gott selbst; und nur deshalb ist er Leben, *ewiges* Leben. Er war als ewiges Leben *beim* Vater. Gott und das Leben, Gott und Jesus Christus sind nicht einfach miteinander identisch. In aller Einheit sind sie doch zwei und gehen nicht ineinander auf. Jesus Christus ist nicht eine bloße menschliche Hülle, die Gott für seine Erscheinung auf Erden benutzt hätte; er ist ein wirklicher Mensch, in dem aber ebenso wirklich Gott begegnet, gegenständlich wird und wahrgenommen werden kann. Und so wiederholt der zweite Teil des Relativsatzes den ersten Hauptsatz von Vers 2: das ewige Leben, das »uns offenbar geworden ist«. Der Gedanke schwingt somit zu seinem Ausgangspunkt zurück. Über den Versanfang hinaus heißt es jetzt am Versende: Das Leben ist *uns* offenbar geworden. Hier kommen wieder die »Wir« in den Blick, diejenigen, die gesehen haben und deshalb Zeugen und Verkündiger sind – im Unterschied zu den »Ihr«, denen sie in den Versen 2 und 3 gegenüberstehen, im Unterschied also zu denjenigen, die nicht gesehen haben und die deshalb auf deren Zeugnis und deren Verkündigung angewiesen sind. Damit wird noch einmal die autoritative Zeugenfunktion der hier Redenden gegenüber den Angeredeten betont: Sie – und nur sie – verkündigen das ewige Leben.

Das in den beiden ersten Versen Gesagte faßt Vers 3 zunächst in knapper Wiederholung zusammen: »Was wir gesehen und gehört haben, verkündigen wir auch euch«, um dann mit der Angabe des Zweckes solchen Verkündigens fortzufahren: »damit auch ihr Gemeinschaft habt mit uns«. Das Ziel der Verkündigung ist die Gemeinschaft der angeredeten Leser mit den ursprünglichen Zeugen.

In einem konfessionellen Streit werden die Leser auf das ursprüngliche Zeugnis verwiesen und damit an das von Anfang an Gehörte gebunden, die rechtmäßige Tradition. Gemeinde ist nur rechte Gemeinde in solcher Bindung. Sie bleibt Gemeinde in der Besinnung auf die Verkündigung der ursprünglichen Zeugen. Im Hören auf sie entsteht Gemeinschaft. Es ist das eine Gemeinschaft besonderer Art, die nicht durch ihre Mitglieder konstituiert wird, nicht auf ihrem Entschluß, Willen oder Gutdünken beruht. Die Gemeinsamkeit der Mitglieder besteht hier nicht in einem von ihnen selbst erstellten und änderbaren Programm, zu dessen Verwirklichung sie antreten, nicht in einer Idee, über die sie diskutieren und befinden könnten. Diese Gemeinschaft gründet vielmehr im Gegenstand des von den ursprünglichen Zeugen Verkündigten, und die Besonderheit der Gemeinschaft rührt von der Besonderheit dieses »Gegenstandes« her. Denn was hier verkündigt wird, ist ja das ewige Leben, das beim Vater war, Jesus Christus, der selbst die Gemeinschaft stiftet, das unveränderliche und unverfügbare »Wort des Lebens«, das sich selbst in die Verkündigung menschlicher Zeugen verfügt hat.

Daß so zu verstehen ist, zeigt der letzte Satz von Vers 3: »Und die Gemeinschaft aber, die wir haben, ist eine mit dem Vater und mit seinem Sohn Jesus Christus.« Dieser Satz ist eine Erläuterung, indem er ausführt, mit wem die hier redenden »Wir« schon Gemeinschaft haben, in die dann auch die Leser mit hineingenommen werden sollen. Es geht um die Gemeinschaft mit Gott. Nichts weniger als sie steht bei der Gemeinschaft mit den ursprünglichen Zeugen auf dem Spiel. Diese Gemeinschaft mit Gott ist aber auch die Verheißung, die die Einleitung den Lesern gibt. Sie haben die Gemeinschaft mit Gott nur in der Gemeinschaft mit den Zeugen, im Hören auf ihr Wort. Es gibt sie nicht anderswo und daran vorbei. Das ist kein mutwilliger Anspruch der hier redenden »Wir«, nicht die Usurpation einer Machtstellung über andere. Denn die Gemeinschaft mit Gott, um die es hier geht, ist weder die Gemeinschaft mit einem unbekannten Gott, die ernsthaften Gottsuchern vorbehalten wäre, noch die mit einem Allerwelts-Gott, den jeder für sich und seine Ziele und Zwecke einspannen könnte, sondern es ist die Gemeinschaft »mit dem Vater und mit seinem Sohn Jesus Christus«. Hier am Schluß von Vers 3 wird ein Name genannt. Hatte die Einleitung vorher etwas unbestimmt mit »Was« begonnen und dieses »Was« dann näher als »das Leben« gekennzeichnet, so schreitet sie hier fort zur Bestimmtheit eines einzigen Namens: Jesus Christus. Durch diese Nennung Jesu Christi und seine Bezeichnung als Sohn des Vaters wird deutlich, daß Er das ewige Leben ist, das beim Vater war, daß Er es ist, was von Anfang an war, daß Er das offenbar gewordene Leben ist. Und weil er das ist, gibt es Gemeinschaft mit Gott, dem Vater, nur in der Gemeinschaft mit diesem Sohn, durch den er Wirklichkeit in der Welt geworden ist. Und wiederum: weil er das nirgend anders geworden ist als in dem mit dem Namen Jesus Christus bezeichneten Menschen, gibt es die Gemeinschaft mit dem Vater und dem Sohn nur im Hören auf die Verkündigung der ursprünglichen Zeugen, die eben festhält, daß in Jesus Christus Gottes Wirklichkeit in der Welt manifest geworden ist. So ist das die Verheißung, die die Einleitung des 1 Joh gibt: Wer auf die ursprünglichen Zeugen hört – und das ist die Traditionslinie, die der Brief vertritt –, wer sich auf den Boden dieser Tradition stellt, der steht in der Wirklichkeit Gottes. Diese Wirklichkeit wird der Brief entfalten.

Mit einer weiteren Zweckangabe schließt Vers 4 die Einleitung ab: »Und das schreiben wir, damit unsere Freude vervollkommnet sei.«

Einige Handschriften sprechen statt von »unserer Freude« von »eurer Freude«, also von der Freude der Leser. Dann könnte hier eine Analogie zum Gruß des üblichen Präskripts eines Briefes vorliegen: Der Verfasser will mit seinem Schreiben die Vervollkommnung der Freude der Leser erreichen, die sich in ihrem Anschluß an die rechte Tradition einstellen wird. – Doch handelt es sich bei dieser Lesart sicherlich um eine Erleichterung.

Sprachen die Verse 2 und 3 vom Verkündigen, so spricht nun Vers 4 vom Schreiben. Der Brief will nichts anderes sein als Darlegung und Auslegung der in der Einleitung angeklungenen Verkündigung der ursprünglichen Zeugen. Und gab Vers 3 als Zweck der Verkündigung die Gemeinschaft zwischen den Redenden und Angeredeten an, so nennt Vers 4 als Zweck die Vervollkommnung der Freude der »Wir«, der Zeugen. Als diejenigen, die Gemeinschaft mit dem Vater und dem Sohn haben, haben sie Freude. Aber diese Freude gelangt erst zur Vollkommenheit im Vollzug ihrer Funktion als Zeugen, in der Verwirklichung und im Zum-Ziele-Kommen ihres Auftrags. Die Freude derjenigen, die Zeugen sind für Gottes Wirklichkeit in der Welt, kann so lange nicht vollkommen sein, wie die Welt sich dieser Wirklichkeit sperrt und in ihrer Scheinwirklichkeit beharrt; und ihre Freude wird noch mehr getrübt, wenn – was in der Situation des Briefes der Fall ist – Welt in der Gemeinde selbst wieder an Boden gewinnt und Gemeinschaft zerstört wird. So fallen beide angegebenen Zwecke zusammen: Die Gemeinschaft der angeredeten Leser mit den bezeugenden und verkündigenden Absendern und

damit die Gemeinschaft aller mit Gott, die der Brief erreichen will, macht ihrerseits ihre, der Absender, Freude vollkommen. Freude ist das Zeichen vollkommener Gemeinschaft.
In der Einleitung hat der Verfasser bereits wesentliche Themen seines Briefes anklingen lassen: die Botschaft, ihre Zeugen und ihre Verheißung. Diese Botschaft ist gebunden an die Verkündigung der Zeugen, weil das Ewige sich irdisch-zeitlich offenbart hat, weil das, was von Anfang an war, vor dem es keinen Anfang gibt, *ein* Anfang in der Zeit geworden ist, weil Gottes Wirklichkeit in der Welt den Namen Jesus Christus trägt. Deshalb gibt es wahre christliche Gemeinde nur in der Bindung an die Verkündigung der Zeugen, in der rechten Tradition, in der Besinnung auf den Ursprung. Solche Besinnung aber hat die Verheißung einer von Freude gekennzeichneten Gemeinschaft, die Verheißung des ewigen Lebens als des Stehens in der Wirklichkeit Gottes selbst.

I. Die Wirklichkeit von Gottesgemeinschaft und Gotteserkenntnis in der Bruderliebe (1,5–2,17)

Nach der Einleitung, in der der Verfasser vor allem die christologische Grundposition dargelegt hat, folgt nun als nicht davon abzulösende Kehrseite im ersten Teil sofort eine vorwiegend ethisch bestimmte Ausführung. Daß sie nicht isoliert von dem in der Einleitung Gesagten verstanden werden darf, zeigt sich nicht zuletzt daran, daß auch hier immer wieder theologische und christologische Aussagen begegnen, die die Angelpunkte der Argumentation bilden. Die Ethik ist kein eigener und eigenständiger Bereich, der für sich betrachtet, in dem für sich und isoliert Normen für das Verhalten und Handeln der Glaubenden aufgestellt werden könnten. Sie ist es deshalb nicht, weil – so sehr es um ein Tun der Glaubenden geht – doch auch hier zuerst und vor allem *Gott* der Täter ist, der die Glaubenden in sein Tun mit hineinnimmt.
Im einzelnen geht der Verfasser in diesem Teil so vor, daß er in zwei parallelen Abschnitten (1,5–2,2 und 2,3–6) den Ausgangspunkt bei Thesen seiner Gegner nimmt, die damit einen Anspruch für sich verbanden. Er widerlegt diesen Anspruch, indem er ihn mit einem Verhalten kontrastiert, das ihn als bloße und falsche Behauptung entlarvt: Gemeinschaft mit Gott und Lebensführung in Finsternis widersprechen sich ebenso, wie Erkenntnis Gottes und das Nicht-Halten seiner Gebote einander ausschließen. Damit deutet er zugleich an, in welchem Verhaltenskontext die Thesen eine zutreffende

und nicht fälschlich angemaßte Aussage machen. Der folgende Abschnitt 2,7–11 bringt die Präzisierung und Entfaltung dessen, worauf in den mehr polemischen Abschnitten 1,5– 2,2 und 2,3–6 schon hingezielt wurde. Er ist das Herzstück des ersten Teiles. Jetzt wird herausgestellt, daß *die* Gebote das *eine*, alte und neue Gebot der Bruderliebe sind. Lebensführung im Licht und Halten seiner Gebote erfolgt in der Bruderliebe, wie umgekehrt der Bruderhaß das Sein in der Finsternis und das Nicht-Halten seiner Gebote ausmacht. Wie sich in der Bruderliebe das Christsein manifestiert, so wird es im Bruderhaß verspielt. Von hier aus redet der Verfasser in den beiden letzten Abschnitten dieses Teiles seine Leser in Zuspruch und Mahnung an (2,12–17). Zunächst vergewissert er sie ihres Christseins: Ihnen ist vergeben, sie haben erkannt, sie haben den Bösen besiegt (2,12–14). Dieser Zuspruch enthält zugleich eine indirekte Mahnung: Gerade weil das gilt, sollen sie auch das sein und leben, wessen sie hier versichert worden sind. Und so folgt abschließend die ausdrückliche und direkte Mahnung, hier in der Form, nicht die Welt zu lieben (2,15–17). Dabei wird aus der Charakterisierung des Wesens der Welt deutlich, daß es im Gegensatz zur Bruderliebe steht.

Somit ergibt sich für den ersten Teil folgende Gliederung:
A. Wider die bloße Behauptung von Gottesgemeinschaft und Gotteserkenntnis (1,5–2,6)
  1. Gemeinschaft mit Gott als das Miteinander von Sündern, denen vergeben wird (1,5– 2,2)
  2. Erkenntnis Gottes als das Halten seiner Gebote (2,3–6)
B. Die Bruderliebe als die Wirklichkeit des Seins im Licht (2,7–11)
C. Zuspruch und Mahnung (2,12–17)
  1. Zuspruch: Euch ist vergeben, ihr habt erkannt, ihr habt den Bösen besiegt. (2,12–14)
  2. Mahnung: Liebt nicht die Welt! (2,15–17)

A. Wider die bloße Behauptung von Gottesgemeinschaft und Gotteserkenntnis (1,5–2,6)

In zwei Abschnitten nimmt der Verfasser hier Thesen seiner Gegner auf, die er wörtlich zitiert. Sie beanspruchten für sich, mit Gott Gemeinschaft zu haben und ohne Sünden zu sein; sie behaupteten von sich Erkenntnis Gottes. Es waren dies Ansprüche und Behauptungen des von der materiellen Lebenswirklichkeit isolierten religiösen Ich, das wähnte, mit und in seinem Geist Gott aus- und festmachen zu können. Der Verfasser entwindet den Gegnern ihre Thesen und rückt sie zurecht. Gottesgemeinschaft und Gotteserkenntnis als abstrakte, von der materiellen Lebenswirklichkeit abstrahierende Behauptungen sind falsche Behauptungen. *Formal* betrachtet nennt er eine bestimmte Wirklichkeit des Lebens und der Lebensführung als Bedingung für die Richtigkeit der aufgenommenen Thesen. Er kann das tun, weil es sich hier nicht um eine solche »Bedingung« handelt, die der Mensch zuvor erfüllen müßte, um dann Gottesgemeinschaft und Gotteserkenntnis zu haben, sondern diese »Bedingung«, um die es hier geht, diese *bestimmte* Lebenswirklichkeit, ist die schon von *Gott* erfüllte »Bedingung«, die von ihm bestimmte Lebenswirklichkeit, auf die die Glaubenden sich mit ihrem Glauben einlassen.

1. Gemeinschaft mit Gott als das Miteinander von Sündern, denen vergeben wird (1,5–2,2)

5 Und das ist die Botschaft, die wir von ihm gehört haben und euch weiterverkünden:
   Gott ist Licht,
   und Finsternis ist keine in ihm.
6 Wenn wir sagen: Gemeinschaft haben wir mit ihm,
   und in der Finsternis unser Leben führen,
      lügen wir
      und tun nicht die Wahrheit.
7 Wenn wir aber im Licht unser Leben führen –
   wie er selbst im Licht ist –,
      haben wir Gemeinschaft miteinander,
      und das Blut Jesu, seines Sohnes, reinigt uns von jeder Sünde.
8 Wenn wir sagen: Sünde haben wir nicht,
      täuschen wir uns selbst,
      und die Wahrheit ist nicht in uns.
9 Wenn wir unsere Sünden bekennen,
      ist er treu und gerecht,
         uns die Sünden zu vergeben
         und uns von jeder Ungerechtigkeit zu reinigen.
10 Wenn wir sagen: Wir haben nicht gesündigt,
      machen wir ihn zum Lügner,
      und sein Wort ist nicht in uns.
1 Meine Kinderchen, das schreibe ich euch, damit ihr nicht sündigt. Und wenn jemand sündigt, haben wir einen Beistand

beim Vater, Jesus Christus als Gerechten. 2 Und er ist Sühnung für unsere Sünden, nicht aber für unsere allein, sondern auch für die ganze Welt.

Literatur: *James, A. G.:* Jesus our Advocate. A free Exposition of I John II. 1,2, ET 39, 1928, 473-475. - *Rogers, L. M.:* I John i. 9, ET 45, 1933/34, 527. - *Schaefer, O.:* »Gott ist Licht«, 1 Joh 1,5. Inhalt und Tragweite des Wortes, ThStKr 105, 1933, 467-476. - *Thornton-Duesbery, J. P.:* I John i. 9, ET 45, 1933/34, 183 f.

Die Verse 1,5-2,2 bilden einen einheitlichen thematischen Zusammenhang. Wenn dennoch oft schon nach 1,10 eine Abgrenzung vorgenommen wird, so liegt darin eine gewisse Berechtigung. Denn der Verfasser macht in 2,1 durch die Anrede und durch die Reflexion auf sein Schreiben selbst einen Einschnitt kenntlich. Zudem ist ein Unterschied im Stil unverkennbar. Während die Verse 1,5-10 zu Kunstprosa durchstilisiert sind, handelt es sich bei 2,1 f. um einfache Prosa. Doch markiert der nicht zu bestreitende Einschnitt in 2,1 lediglich eine Unterteilung im selben Abschnitt, nicht aber den Beginn eines neuen. Denn thematisch gehören die ersten beiden Verse von Kapitel 2 unzweideutig mit den vorangehenden Ausführungen über Gottesgemeinschaft und Sünde zusammen und nicht mit den folgenden Erörterungen über Gotteserkenntnis. Die Beobachtung thematischer Zusammengehörigkeit bei formaler Unterschiedenheit läßt die Frage nach dem Verhältnis von 2,1 f. zu 1,5-10 vormerken.

In Vers 5 steht ein theologischer Aussagesatz voran (»Gott ist Licht«). Ihm folgen in den Versen 6-10 fünf mit »wenn« eingeleitete Sätze, deren erster Teil also jeweils ein Bedingungssatz ist. Muß man aus dieser Aufeinanderfolge nicht schließen, es sei Aufgabe dieser Sätze, den voranstehenden Aussagesatz in der Weise zu erläutern und zu entfalten, daß sie ausführen, unter welchen »Bedingungen« er mit Recht ausgesprochen wird und unter welchen nicht? Die fünf mit »wenn« anfangenden Sätze sind nicht willkürlich aneinandergereiht. Sie zeigen vielmehr eine deutliche Gliederung. Der erste, dritte und fünfte (6.8.10) beginnen einheitlich mit der ein Zitat einleitenden Wendung: »Wenn wir sagen«. Darauf folgt jeweils eine These der Gegner. Nur der erste Bedingungssatz ist zweigliedrig, indem der These ein ihr widersprechendes Verhalten entgegengestellt wird. In den beiden anderen Versen folgt sofort der Hauptsatz. Alle drei Hauptsätze sind zweigliedrig. Es handelt sich um Parallelismen. Dabei besteht einheitlich das jeweils erste Glied aus einer negativen

Aussage (lügen, sich selbst täuschen, zum Lügner machen) und das zweite aus einer verneinten positiven. Die drei Sätze in den Versen 6–10, die Gegnerthesen enthalten, sind also durchgehend negativ akzentuiert; sie sind polemisch. Dagegen sind die Verse 7 und 9 positiv akzentuiert. Die Bedingungssätze enthalten hier keine Zitate, sondern nennen ein vom Verfasser für richtig angesehenes Verhalten. In Vers 7 ist zwischen den Bedingungssatz und den ebenfalls zweigliedrigen Hauptsatz noch eine Parenthese eingeschoben. In Vers 9 steht nur ein kurzer Hauptsatz. Das Formschema des Parallelismus in den zweiten Vershälften wird hier durch einen noch angeschlossenen zweigliedrigen Folgesatz erfüllt.

Die Verse 6–10 sind also durchgehend stilisiert, besonders stark die drei negativ akzentuierten Sätze, die die beiden anderen, an zweiter und vierter Stelle stehenden, einrahmen. Der Verfasser läßt zwar schon anklingen, wie er positiv verstanden werden will, aber doch nur im Rahmen der Auseinandersetzung. Hier dominiert die Polemik. Nach diesem Blick auf die Gegner spricht er dann in betonter und ausdrücklicher Zuwendung seine Leser an. Diese Abfolge vom Blick auf die Gegner zur Zuwendung an die Gemeinde begegnet im Brief häufiger. Von daher läßt sich auch der stilistische Unterschied von 1,5–10 zu 2,1 f. erklären: Die Auseinandersetzung mit den Gegnern benutzt harte, geschliffene und zugespitzte Sätze, die Zuwendung zur Gemeinde erfolgt in liebevoller Anrede und »pastoralen« Ausführungen.

Der Anfang von Vers 5 knüpft an Aussagen der Einleitung an: »Und das ist die Botschaft, die wir von ihm gehört haben und euch weiterverkünden.« Auch hier reden noch die ursprünglichen Zeugen, die aufgrund ihres Gehörthabens den Lesern des Briefes eine Botschaft verkündigen. Verdeutlichend heißt es jetzt: *weiter*verkünden. Sie sind nichts als Zeugen, deren Aufgabe allein in der Weitergabe der Botschaft besteht, die nicht die von ihnen selbst *gemachte* Botschaft ist, sondern die von ihnen *gehörte*. Aber als solche Zeugen verlangen sie nun ihrerseits Gehör, nicht für sich, sondern für die von ihnen weiterverkündete Botschaft. Ihr Gehörthaben wird jetzt näher gekennzeichnet als ein Gehörthaben »von ihm«. Dieser »Er«, von dem die ursprünglichen Zeugen die Botschaft gehört haben, ist der am Schluß von Vers 3 genannte Jesus Christus. Das verbürgt die Richtigkeit und Verläßlichkeit ihrer Botschaft und unterstreicht die Notwendigkeit und Unentbehrlichkeit ihrer Zeugenfunktion.

Aber dient die Herausstellung des Gehörthabens »von ihm« lediglich der Autorität der Zeugen und der Garantie ihrer Botschaft? Diese Frage kann nur vom Inhalt der Botschaft her beantwortet werden: »Gott ist Licht.« Das ist – nicht nur in der religiösen Umwelt des 1 Joh – fast so etwas wie ein theologischer Allerweltssatz. Daß Gott Licht ist – davon kündet die Geschichte der Religionen immer wieder. In der Zeit des 1 Joh wurde dieser Satz besonders eindringlich von der Gnosis vertreten. »Licht und Leben ist der Gott und Vater« (CH I,21). »Licht, das da wohnt im Lichte, ist er« (Protennoia 36,32 f.). Und so ist er gewiß auch von den zu Gnostikern gewordenen Gegnern vertreten worden. Diese Aussage nimmt der Verfasser auf – nicht weil er seinen Gegnern an dieser Stelle recht geben wollte und so eine gemeinsame Ausgangsbasis suchte, sondern weil er schon um das Verständnis dieses Satzes selbst mit ihnen streiten will. Das tut er in den folgenden Versen, wo er weitere Aussagen der Gegner, die für sie in engstem Zusammenhang mit ihrer theologischen These vom Licht-Sein Gottes standen, aufnimmt und bestreitet und dabei seinerseits deutlich werden läßt, was diese theologische These wirklich impliziert, nämlich eine ganz bestimmte Lebensführung. Aber schon vor dieser ethischen Auslegung der theologischen These, auf die es ihm im Zusammenhang ankommt, deutet er einen grundsätzlichen Unterschied an, indem er sie als von *Jesus Christus* gehörte Botschaft einführt. Wieso betont er, ausgerechnet diesen Satz, den allüberall religiöse Propagandisten im Munde führten, von Jesus Christus gehört zu haben? Das bedeutet doch zumindest dies, daß er für ihn *kein* Allerweltssatz ist, sondern ein *besonderer*, ein *christlicher* Satz, weil nicht ohne Jesus Christus zu denken. Aber in welcher Weise gilt das? Sicherlich nicht so, daß hier ein Satz im Blick ist, den der historische Jesus ausgesprochen hätte. Denn abgesehen davon, daß ein solches Wort weder in den synoptischen Evangelien noch im JohEv überliefert ist, wäre es nicht einsichtig, wieso Jesus damit etwas anderes sagte, als tausend andere auch schon längst vor ihm gesagt haben, wäre diese Belehrung über Gott nicht davor geschützt, bloße metaphysische Spekulation zu sein. Wenn die in Vers 5 angeführte Botschaft als »von Ihm« gehörte gekennzeichnet wird, dann darf keinen Augenblick vergessen werden, was in den Versen 1–4 von »Ihm« gesagt worden war: Er ist das, was von Anfang an war, das ewige Leben, das doch handgreiflich-irdische Wirklichkeit geworden ist; Gottes ewiges Wesen manifest in einem zeitlichen Menschen. Wenn daher von *Ihm*, von Jesus Christus, die Botschaft gehört wurde, daß Gott Licht ist, dann nicht als eine allgemeine Theorie; sondern er bringt diese Botschaft so, daß sie in ihm *Ereignis* wird. Die Botschaft, daß Gott Licht ist, ist deshalb keine freie Spekulation, sondern Erkenntnis Gottes im Lichte seiner Selbstbezeugung in Jesus Christus (→ zu

2,8). Verhält es sich aber so, dann ist es auch eindeutig, daß der Satz »Gott ist Licht« nicht umgekehrt werden darf: »Das Licht ist Gott.« Mit der Beobachtung, daß es in Vers 7 im selben Sinne von Gott heißt, er sei »im Licht«, ist für dieses Umkehrverbot noch nichts gewonnen. Denn in diesen Variationen vermochte auch die Gnosis zu reden. Erst wenn klar ist, daß von Gottes Licht-Sein nur im Blick auf Jesus Christus die Rede sein kann, ist auch deutlich, daß Gott unumkehrbar Subjekt bleibt und jedwede Vergöttlichung irgendwelchen Lichtes ausgeschlossen ist. Ist das festgehalten, dann gilt aber auch: Gott *ist* Licht. Dann ist »Licht« ein Prädikat Gottes, eine Bezeichnung seiner Wirklichkeit. Weil wirklich *Er* Licht ist als derjenige, der sein Licht-Sein in Jesus Christus irdisch ereignet hat, damit irdische Wirklichkeit erhellend, überführend, herausfordernd und verwandelnd, können auch wir »im Licht« das Leben führen. Die Rede vom Licht-Sein Gottes ist mehr als Ausdruck für »ein Wie der menschlichen Existenz« (Bultmann 22); sie geht nicht auf in einer bestimmten Weise der Lebensführung. Der Verfasser redet nicht vom Licht, weil irgendeine wie auch immer geartete Erhelltheit des Daseins allgemeines Bedürfnis menschlichen Existierens ist, weil der Mensch sich, wie gut oder schlecht auch immer, zurechtfinden muß, sondern er redet davon, daß *Gott* Licht ist, weil er diese Botschaft »von ihm« gehört, weil er Gottes Licht-Sein in *Jesus Christus* erkannt hat. Und nur von daher weiß er auch: »Und Finsternis ist keine in ihm.« Diese Verneinung des Gegenteils ist wohl bewußt nicht in genauer Entsprechung formuliert: »Und Finsternis ist er nicht.« Es gibt keine Gleichgewichtigkeit zwischen Licht und Finsternis; die Finsternis ist kein eigenes »Prinzip« (Windisch 111) gegenüber dem »Prinzip« des Lichtes. Ein besonderer Akzent dieses zweiten, verneinenden Satzes liegt darin, daß der in Jesus Christus als Licht offenbar gewordene Gott *ganz* Licht ist, hier sein ewiges Wesen und damit sich selbst *ganz* als Licht offenbart hat, daß er damit hier auch ganz *offenbar* ist und nicht neben und abgesehen von dieser Offenbarung in Jesus Christus doch noch ein dunkler und finsterer Gott.

Vers 5 bildet die Ausgangsposition für die Argumentation in den Versen 6–10. Hier wird er in bestimmter Weise, nämlich ethisch, ausgelegt. Aber die Auslegung hebt nicht auf, macht nicht entbehrlich, was sie auslegen soll. Der Verfasser könnte seine Aussagen in den Versen 6–10 nicht allenfalls auch ohne Vers 5 machen. Er ist – in seinem Zusammenhang mit den Versen 1–4 – die Voraussetzung, von der er ausgeht. Dieses Verhältnis der Verse 6–10 zu Vers 5 macht deutlich, daß die ethischen Ausführungen nicht mehr und nicht weniger sind als ein entfaltetes Implikat der von der Christologie her verstandenen theologischen Aussage. Dieser Charakter der ethischen Ausführungen als Implikat einer theologischen Aussage macht von vornherein klar, daß sie nicht »Bedingungen« formulieren, die dem Menschen »Leistungen« für seinen Eintritt in die Gemeinschaft mit Gott abverlangen, sondern selbst Setzungen der Wirklichkeit Gottes sind.

Auch in den Versen 6–10 lautet das Subjekt »Wir«. Aber dieses »Wir« ist ein anderes als in den Versen 1–5 a. Ihm steht kein »Ihr« gegenüber. Jetzt schließt sich der Verfasser mit seinen Lesern zusammen. Nach der theologischen Aussage ist jetzt von *»uns«* die Rede. Von uns Menschen: Der theologische Satz wird auf der anthropologischen Ebene, und das heißt ethisch, entfaltet. Genauer: Es geht um solche Entfaltung auf der *ekklesiologischen* Ebene, da nicht der Mensch allgemein und überhaupt im Blick ist. Der Verfasser schließt sich ja mit seinen *christlichen* Lesern zusammen; und damit zielt er auf bestimmte Menschen, nämlich die von Gottes Licht-Sein bestimmten und ihm entsprechenden Menschen, die Glaubenden. Aber mit *diesem* »Wir« werden in den Versen 6, 8 und 10 *Gegneraussagen* eingeführt, die der Verfasser scharf verurteilt und verwirft. Er geht nicht so vor, daß er in den negativ akzentuierten Sätzen von »ihnen« spricht und nur – im Kontrast dazu – in den positiv akzentuierten Sätzen von »uns«. Gerade auch dort spricht er von »uns«. Wenn von »uns«, von der Gemeinde, die Rede ist, muß offensichtlich zugleich damit von zu Verwerfendem und zu Verurteilendem gesprochen werden. Die Gemeinde ist demnach kein scharf ausgegrenzter und ein für allemal gesicherter Kreis, der für sich beanspruchen könnte, dem Licht-Sein Gottes voll und ganz zu entsprechen, sondern auch die Gemeinde verleugnet diese Wirklichkeit Gottes immer wieder und bleibt hinter ihr zurück; sie ist immer auch eine Gemeinschaft von *Sündern*.

Mit diesem »Wir« führt der Verfasser in Vers 6 als These seiner Gegner ein: »Gemeinschaft haben wir mit ihm.« Nämlich mit dem Gott, der Licht ist. Sie verstanden darunter die direkte Verbindung des lichtgestaltigen, geistigen Selbst, des eigentlichen Menschen, mit dem jenseitigen, geistigen Licht-Gott über alle materielle Lebenswirklichkeit hinweg und unter betonter Absehung von ihr. Das Thema der Gemeinschaft mit Gott hatte der Verfasser schon in der Einleitung angesprochen (3) und dort herausgestellt, daß es sie nur in der Bindung an das Wort der ursprünglichen Zeugen gibt. Hier wird jetzt ein anderer Aspekt dieses Themas entfaltet.

Der Verfasser setzt den Fall, der für seine Gegner zutrifft und für die

Gemeinde nicht schlechthin ausgeschlossen ist, daß die Behauptung einer Gemeinschaft mit Gott einer Lebensführung in Finsternis kontrastiert: Wer sein Leben in Finsternis führt, entlarvt damit seinen Anspruch, mit dem Gott, der Licht ist, Gemeinschaft zu haben, als bloße Behauptung. Die theologische These »Gott ist Licht« schließt eine Lebensführung in Finsternis aus. Diese Argumentation ist von der gnostischen Position der Gegner aus nicht zwingend. Ihrem spekulativen Verständnis des Licht-Seins Gottes entspricht ja gerade eine Vergleichgültigung der konkreten Lebensführung. Die Argumentation von Vers 6 ist nur zwingend bei einem christologischen Verständnis des Licht-Seins Gottes: Der Verfasser weiß von Gottes Licht-Sein nur, weil es in Jesus Christus irdisch manifest geworden, weil es nicht eine ungreifbare, geistige Größe geblieben ist, sondern sich materialisiert hat. Deshalb ist der Bereich der Lebensführung, die Ethik, kein dem Gutdünken und der Beliebigkeit überlassener, sondern es gibt Gemeinschaft mit diesem Gott, dessen Licht-Sein irdisch Ereignis geworden ist und hier und nicht anderswo erkannt wird, nur in einer von diesem Licht bestimmten Lebensführung und nicht daneben und abgesehen von ihr.

Solches Verhalten, die Behauptung von Gottesgemeinschaft bei gleichzeitiger Lebensführung in Finsternis, nennt der Verfasser »lügen«. Er meint damit mehr als einen bloß verbalen Akt. Dieses »Lügen« verkennt die eigene Situation »in der Finsternis«. Die lügenhaft behauptete Gemeinschaft mit dem Gott, der Licht ist, ist das Errichten einer »geistigen« Schein-Wirklichkeit über der Welt, die den wirklichen Gott, seine in Jesus Christus irdisch manifest gewordene Wirklichkeit verleugnet.

Daß mit »lügen« mehr gemeint ist als ein bloßes Sprechen, macht das zweite Glied des Hauptsatzes von Vers 6 vollends deutlich, wenn es in Parallele zu »wir lügen« nicht heißt: »und *sagen* nicht die Wahrheit«, sondern: »und *tun* nicht die Wahrheit«. »Wahrheit« wird hier nicht von abstrakter Logik her bestimmt, sondern hat wesentlich Tatcharakter. Diese Wendung vom Tun der Wahrheit begegnet häufiger in alttestamentlich-jüdischer Tradition. Sie hat dort die Bedeutung »Treue erweisen«, »rechtschaffen handeln«, wie sich besonders auch daran zeigt, daß neben »Wahrheit« oft andere Begriffe stehen wie »Erbarmen«, »Gerechtigkeit«, »Recht«, »Demut«. Diese allgemein-jüdische Wendung ist im JohEv aufgenommen worden (3,21). Sie erhält hier ihren besonderen Akzent dadurch, daß »Wahrheit« die in Jesus mitten in der Welt auf den Plan getretene Wirklichkeit Gottes ist, die die Welt herausfordert und ihre Veränderung will und so diejenigen zu einem bestimmten Tun veranlaßt, die diese

Wahrheit erkannt haben – die damit die Wahrheit tun. Aus ihrer Verwendung im JohEv dürfte der Verfasser des 1 Joh die Wendung »die Wahrheit tun« aufgenommen haben. Wenn er die Lebensführung in Finsternis, die praktische Verleugnung des Licht-Seins Gottes, als Nicht-Tun der Wahrheit kennzeichnet, dann zeigt sich, daß auch bei ihm »Wahrheit« die Bedeutung der Wirklichkeit Gottes hat. Die Wahrheit, die Wirklichkeit des in Jesus Christus als Licht offenbar gewordenen Gottes, wird nicht getan, ihr wird nicht entsprochen von dem, der sein Leben in Finsternis führt. Zur Wahrheit des Sprechens, daß Gott Licht ist, gehört die davon bestimmte Lebensführung des Sprechers hinzu. Davon losgelöst ist dieses Sprechen fehlleitende Spekulation, Lüge. Der Verfasser abstrahiert nicht vom Sprecher und der konkreten Bestimmtheit seines Lebensvollzuges. Es geht ihm nicht um das Konstatieren allgemeiner Wahrheiten. Es ist für ihn vollkommen irrelevant, daß er sich mit seinen Gegnern auf den »rein« theologischen Satz »Gott ist Licht« einigen könnte. Eine solche Einigung, ohne Verständigung über dessen ethische Implikate, wäre ein fauler Frieden. Wahrheit ist konkret, und nur so ist sie ganze Wahrheit.

Nach der Abgrenzung in Vers 6 setzt Vers 7 positiv an: »Wenn wir aber im Licht unser Leben führen, wie er selbst im Licht ist.« Die letzten Worte nehmen die Aussage von Vers 5 auf, daß Gott Licht ist. Verschieden ist nur die Formulierung, nicht aber die gemeinte Sache. Wenn es jetzt heißt, daß Gott *im* Licht ist, so bedeutet das keinesfalls, daß das Licht noch etwas *anderes* bezeichnete, eine noch *andere* Wirklichkeit neben oder hinter Gott. Das schließt das Nebeneinander zur Aussage von Vers 5 ebenso aus wie die dort vorgenommene christologische Präzisierung. Gott geht nicht in einem Urlicht als einem Urprinzip auf noch ist er ihm entsprungen. In anderer Formulierung wird hier dasselbe gesagt wie dort: Gott *ist* Licht; Licht bezeichnet *seine* Wirklichkeit. Und dasselbe wird hier noch einmal gesagt, um ganz klar zu machen, daß Gottes Licht-Sein eine davon bestimmte Lebensführung derjenigen setzt, die diese Wirklichkeit Gottes erkennen und anerkennen. Denn Gottes Licht-Sein ist nicht in sich ruhendes Wesen geblieben, sondern in Jesus Christus irdisch Ereignis geworden, das neue Wirklichkeit in der Gemeinde setzt, in ihrer Lebensführung im Licht. Daneben steht allerdings die in Vers 6 angeführte »Möglichkeit« einer Lebensführung in Finsternis, die aber Gottes Wirklichkeit nicht unwirklich, die Ereignung seines Lichtes nicht ungeschehen machen, das Licht nicht verlöschen, sondern nur selbst die Augen davor verschließen kann und deshalb eine Möglichkeit im Unwirklichen ist.

Der erste Satz der Folgerung in Vers 7 läßt anklingen, was der Verfasser unter Lebensführung im Licht inhaltlich versteht: »Wir haben Gemeinschaft miteinander.« Es überrascht zunächst, daß es nicht in genauer Entsprechung zu Vers 6 heißt: »Wir haben Gemeinschaft mit ihm (= Gott).«

Diese Lesart wird in der Tat von einigen wenigen Handschriften geboten. Aber abgesehen von der schwachen Bezeugung handelt es sich dabei deutlich um eine Angleichung an Vers 6. Die Lesart »miteinander« entspricht auch dem im weiteren Brief Ausgeführten; vgl. bes. 4,11.20f.

Damit wird zum Ausdruck gebracht, daß es die Gemeinschaft mit dem Gott, der Licht ist, nicht anders gibt als in der Lebensführung im Licht, und das heißt jetzt genauer: in der Gemeinschaft miteinander. Das steht in Antithese zur »hochmütigen ›Geistlichkeit‹« (Gaugler 62) der gnostischen Gegner, denen soziale Bindungen und mitmenschliche Verpflichtungen und Beziehungen gleichgültig waren. Demgegenüber wird hier deutlich gemacht, daß die Gemeinschaft mit Gott keine Sache des »reinen Geistes« ist, sondern daß sie sich im Miteinander der Gemeinde, im sozialen Verhalten ihrer Glieder zueinander, realisiert. Dieses Miteinander ist das ethische Implikat der theologischen These, daß Gott Licht ist.
Die Wendung, die der Gedankengang anschließend nimmt, kommt nicht unbedingt erwartet: »Und das Blut Jesu, seines Sohnes, reinigt uns von jeder Sünde.«

Den weiteren religionsgeschichtlichen Hintergrund des Gedankens von der Sündenreinigung durch Jesu Blut bildet die Vorstellung, daß der Mensch, wenn er der Gottheit begegnen, also zum Kult in das Heiligtum eintreten will, »rein« sein muß. Um diese Reinheit zu erlangen, sind in vielen Religionen für mancherlei Anlässe verschiedene Reinigungsriten vorgeschrieben. Als ein besonders wirksames Reinigungsmittel gilt dabei oft die Darbringung vom Blut eines Opfertieres. Als ein Beispiel aus dem AT sei hier nur 3 Mose 16,2-19 genannt. Im Urchristentum ist außer 1 Joh 1,7 noch in Hebr 9,14 von der Reinigung durch das Blut Christi die Rede, und zwar in ausdrücklicher Gegenüber- und Entgegenstellung zu alttestamentlichen Reinigungsriten durch Blut. Dabei wird deutlich, daß das Blut Christi seine Lebenshingabe meint und der Gegensatz zum AT in der darin *einmal* und *ein für allemal* erwirkten Sündenvergebung besteht. Neben der Reinigung durch Jesu Blut wird in ganz ähnlicher Weise von der Heiligung durch sein Blut gesprochen (Hebr 10,29; 13,12), von der Besprengung durch sein Blut (Hebr 12,24; 1 Petr 1,2; Barn 5,1) und von der Erlösung durch sein Blut (Eph 1,7; Hebr 9,12; 1 Petr 1,18f.; Offb 1,5; 1 Clem 12,7). In Barn 5,1 wird »die Besprengung durch sein Blut« ausdrücklich als ein Gereinigtwerden »durch Vergebung der

Sünden« gekennzeichnet und in Eph 1,7 »die Erlösung durch sein Blut« als »die Vergebung der Übertretungen«. Daran zeigt sich, daß alle diese Stellen bereits die christliche Tradition der Interpretation des Todes Jesu als Sühne für die Sünden voraussetzen und aufnehmen. Sie hat ihren Ursprung im hellenistischen Judenchristentum und findet ihren ersten Ausdruck in der Dahingabeformel (z. B. Röm 8,32; Gal 2,20) und in der Sterbensformel (z. B. Röm 5,6.8), dann in der Formel von 1 Kor 15,3-5, die Sterbensformel und Auferweckungsformel miteinander kombiniert. An diese Deutung des Todes Jesu konnte das Motiv von der Reinigung angeschlossen werden. Das ist – jeweils auf die Dahingabeformel folgend – der Fall in Eph 5,25 f., verbunden mit dem Motiv der Heiligung, und in Tit 2,14, verbunden mit dem Motiv der Erlösung. Statt von Jesu Dahingabe konnte in derselben Bedeutung auch von der Dahingabe seines Blutes die Rede sein (1 Clem 21,6; 49,6). Das zeigt noch einmal ganz deutlich, daß das Blut Jesu im Urchristentum nicht als ein besonders wirksames kultisches Reinigungsmittel verstanden wird, sondern ein Ausdruck für seine Lebenshingabe ist. Daß auch der Verfasser des 1 Joh in dieser Weise versteht, ergibt sich aus dem einzigen anderen Zusammenhang, in dem er vom Blut redet: 5,6.8. Dort meint »Blut« neben dem das die Taufe Jesu bezeichnenden »Wasser« seinen gewaltsamen Tod am Kreuz. Und daß der Verfasser unter Reinigung die Sündenvergebung begreift, wird aus 1,9 deutlich, wo das Vergeben der Sünden und die Reinigung von jeder Ungerechtigkeit einen synthetischen Parallelismus bilden.

Die Reinigung durch das Blut Jesu meint den Zuspruch der Sündenvergebung, die aufgrund seines als Sühne für die Sünden verstandenen Todes erfolgt. Der Verfasser betont: das Blut Jesu, *seines Sohnes*. Es geht nicht um den bloßen, elenden oder auch heroischen, Tod eines Menschen, und sei er ein noch so edler, großartiger und vorbildlicher Mensch gewesen. Sondern es hängt alles daran, daß *dieser* Mensch, von dessen Tod hier gesprochen wird, *Sein Sohn* ist. Gott ist nicht ein Gott, den wir durch Darbringung fremder oder eigener Opfer versöhnen könnten, dürften oder müßten. Er ist es deshalb nicht, weil er selbst von sich aus die zerbrochene Gemeinschaft mit seiner Schöpfung neu gestiftet, weil er selbst in seinem Sohn die Versöhnung ein für allemal geschaffen hat. Deshalb kann *wirklich* Vergebung der Sünden zugesprochen werden. Deshalb hängt Vergebung der Sünden nicht an unserer Güte oder Härte, an unserer Vergebungsbereitschaft oder Verschlossenheit, sondern hat einen festen Grund in seiner versöhnenden Güte, die unsere Härte und Verschlossenheit überwindet.
Aber wie ist diese Aussage im Zusammenhang von Vers 7 zu verstehen? Zunächst ist daran zu erinnern, daß es sich bei den zweigliedrigen Hauptsätzen in den Versen 6, 8 und 10 und bei dem ihnen entsprechenden zweigliedrigen Folgesatz in Vers 9 durchweg um

synthetische Parallelismen handelt. Von daher liegt es nahe, auch die beiden Glieder des Hauptsatzes von Vers 7 engstens aufeinander zu beziehen. Dann ergibt sich, daß hier unter »Sünde« vor allem Verfehlungen in bezug auf die »Gemeinschaft miteinander« gemeint sein müssen, mit der die Lebensführung im Licht inhaltlich gekennzeichnet wurde. Ein solches Verständnis wird dadurch gestützt, daß als negatives Verhalten im 1Joh ausschließlich der Bruderhaß erscheint und als Gebot die Bruderliebe. Sodann macht Vers 7 deutlich, daß auch »wir«, die Christen, immer noch und wieder Sünder sind, nicht im Sinne eines allgemeinen Demutsbekenntnisses, sondern aktuell. Auch und gerade von *uns* gilt, daß *wir* immer noch und wieder lügen und nicht die Wahrheit tun (6), daß wir uns selbst täuschen (8) und Gott zum Lügner machen wollen (10), daß wir selbst *unsere* Wirklichkeit setzen und von Gottes Wirklichkeit nichts wissen wollen, daß wir dem Schein unserer eigenen Stärke erliegen, für uns selbst sein und für uns selbst behalten wollen, die Teilnahme und das Teilen und damit das Miteinander, die Gemeinschaft, verweigern und so Gemeinde zerstören. Über solches, zutiefst asoziales, Verhalten ist ein *vernichtendes* Urteil gesprochen. Aber weil es im Tode Jesu ein für allemal gesprochen *ist*, ist dieses vernichtende Urteil zugleich ein *gnädiges*, Vergebung zusprechendes Urteil. Und so ist die Reinigung von jeder Sünde die immer wieder erfolgende Einweisung in das Miteinander der Gemeinde, die die Gemeinde erhält und bewahrt, ihr Dauer gibt, ist die Vergebung der Sünden die Versetzung aus der Asozialität der Starken in die Solidarität der Schwachen.

Die beiden Hauptsätze von Vers 7 sagen also aus, daß es in der Wirklichkeit Gottes, von der der »Bedingungs«-Satz unter dem Aspekt unserer Lebensführung spricht, Gemeinschaft miteinander gibt als die Gemeinschaft von Sündern, denen vergeben wird. Diese Wirklichkeit Gottes, die Licht ist und unsere Lebensführung im Licht als Gemeinschaft miteinander will und setzt, erhält und bewahrt diese Gemeinschaft *gegen* unser Versagen und unsere Verzagtheit, *gegen* unsere Trägheit und unser Verfehlen. So hält Vers 7 fest, daß auch unsere Gemeinschaft miteinander, die Gemeinde und ihre Dauer, zuerst und vor allem *seine* Sache, Setzung seiner Vergebungswirklichkeit ist. Darum darf die Gemeinde sich nicht verwechseln mit einem elitären Kreis »perfekter« Menschen, wie es bei den vom Verfasser bekämpften Gegnern der Fall ist. Das wäre Selbsttäuschung und Verleugnung von Gottes *Vergebungs*wirklichkeit. Auf der anderen Seite darf es in der Gemeinde aber auch nicht ein resigniertes und faules Sichabfinden mit einer allgemeinen

Schlechtigkeit des Menschen geben. Das wäre falsche Demut und Verleugnung von Gottes Vergebungs*wirklichkeit*.

Der erste dieser beiden Aspekte kommt in Vers 8 ausdrücklich zur Sprache: »Wenn wir sagen: Sünde haben wir nicht, täuschen wir uns selbst, und die Wahrheit ist nicht in uns.« Der Verfasser nimmt hier wieder eine Gegenthese auf: »Sünde haben wir nicht.« Sie drückt das stolze Bewußtsein des gnostischen Geistmenschen aus, der mit der materiellen Welt, ihren Bedürfnissen und Bedingungen, den Bindungen und Beziehungen in ihr »fertig« ist, der sich deshalb der Welt überlegen weiß und von ihr nicht berührt werden kann und so selbst ein »fertiger«, ein »perfekter« Mensch ist. Mit einem Jesus, der als Sühne für Sünder gestorben sein soll, kann *er* bei bestem Willen nichts anfangen.

Diese These ist Ausdruck einer tiefgreifenden Selbsttäuschung, der hybriden Illusion, angesichts des Lichtes Gottes im Innersten selbst als göttliches Licht zu erstrahlen und so in Gemeinschaft mit diesem Licht-Gott der finsteren Welt überlegen zu sein. Sie ist Täuschung darüber, daß wir im Lichte Gottes, das in Jesus Christus Ereignis geworden ist, gerade als Sünder kenntlich werden. In der Befangenheit solcher Selbsttäuschung zeigt es sich, daß »die Wahrheit nicht in uns ist«. Die Wahrheit ist uns nicht gegenwärtig, daß Gottes Licht-Sein sich in Jesus Christus *irdisch* ereignet hat und damit uns in unserer irdischen Wirklichkeit als Sünder überführt, irdisch neue Wirklichkeit setzt und uns durch Vergebung unserer Sünden in diese Wirklichkeit hineinnimmt. Die These »Sünde haben wir nicht« verweigert in Täuschung über sich selbst der Wahrheit die Ehre, die Gottes Vergebungswirklichkeit ist.

Wie man dagegen dieser Wahrheit die Ehre gibt, sagt der Anfang von Vers 9: »Wenn wir unsere Sünden bekennen.« Das im griechischen Text gebrauchte Wort für »bekennen« (*homologein*) findet sich in diesem Sachzusammenhang (»Sünden bekennen«) nur an dieser Stelle im urchristlichen Schrifttum. Gebräuchlicher ist das ebenfalls mit »bekennen« zu übersetzende Kompositum (*exhomologeisthai*). In 1 Joh 1,9 ist *homologein* vielleicht deshalb gebraucht, um im Gegensatz zu der These von Vers 8 den Aspekt des Ein- und Zugeständnisses stärker zu betonen. Auf jeden Fall aber ist in *exhomologeisthai* wie in *homologein* – auch in seiner Verwendung in anderen Zusammenhängen (vgl. 1 Joh 2,23; 4,2.15) – das Moment der *Öffentlichkeit* enthalten. Diese Feststellung bedeutet nicht, daß 1 Joh 1,9 ein früher Beleg für die Existenz eines kirchlichen Bußinstituts wäre. Genausowenig kann diese Stelle jedoch für eine Sicht ins Feld geführt werden, die das Sündenbekenntnis für eine Angelegenheit hält, die der einzelne Glaubende zwischen sich und seinem Gott ausmacht. Wenn »bekennen« den Charakter des offenen Aussprechens und des öffentlichen Eingeständnisses hat, dann ist die »Öffentlichkeit«, in der das Sündenbekenntnis hier ausgesprochen wird, die Gemeinde. Werden nach Vers 7 unter Sünden vor allem Verfehlungen am Miteinander der Gemeinde verstanden, dann erfolgt hier das Bekenntnis der Sünden vor denjenigen, an denen sie auch begangen worden sind. Die Störung der Gemeinschaft ist nicht dadurch aus der Welt geschafft, daß man sie totschweigt. Sie muß ausgesprochen sein, soll sie überwunden werden. Und so wird das Sündenbekenntnis in und vor der Gemeinde zur Bitte, wieder in die Gemeinschaft aufgenommen zu werden, die man zerstört hat. Dieses offene und öffentliche Bekennen der Sünden ist zugleich und ineins damit Anerkenntnis von Gottes Vergebungswirklichkeit, wie es ja überhaupt nur auf ihrem Grund erfolgen kann. Von daher hat es auch die Gewißheit der Vergebung, die Gewißheit, daß die wieder erfolgende Einweisung in das Miteinander der Gemeinde zu Recht erfolgt. Und so ist das Bekenntnis der Sünden nicht nur Anerkenntnis, Eingeständnis und Bitte, sondern auch Lobpreis der Treue und Gerechtigkeit des Sünden vergebenden Gottes. Diesen Grund des Sündenbekenntnisses formuliert der Hauptsatz von Vers 9: »Er ist treu und gerecht.« Hier nimmt der Verfasser alttestamentliche Gottesprädikationen auf. Mit denselben Worten wird Gott in der Septuaginta Jer 49,5 »ein gerechter und treuer Zeuge« genannt (= 42,5 im hebräischen Text). Neben weiteren Prädikationen stehen diese Worte auch 5 Mose 32,4. Ein dem ganzen Vers 1 Joh 1,9 analoger Zusammenhang liegt 2 Mose 34,6f. vor (vgl. auch Spr 28,13). Gott bewahrt Treue, auch wenn sein Volk untreu ist; er hält durch alle Zeiten hindurch an seinen Verheißungen fest. So ist er nach 1 Clem 60,1 »der in allen Geschlechtern Treue« und nach 27,1 »der in seinen Verheißungen Treue«. Gott ist gerecht als der Richter, der Recht und Gerechtigkeit schafft. So heißt er in den beiden eben genannten Stellen jeweils unmittelbar anschließend: »der in seinen Gerichten Gerechte«. Nach 1 Joh 1,9 erweist sich Gottes Treue und Gerechtigkeit darin, »daß er uns die Sünden vergibt und uns von jeder Ungerechtigkeit reinigt«. Dieses Vergeben ist kein billiges Gewährenlassen, sondern das gnädige Handeln des Richters, der über das Unrecht ein vernichtendes Urteil schon gesprochen und Recht geschaffen hat, der als dieser Richter in seiner Treue die Gemeinde durch ihre Verfehlungen nicht in Finsternis zurückfallen läßt, sondern neu Recht schafft und sie so in seinem Licht erhält.

Wer angesichts dieses Gottes sagt: »Wir haben nicht gesündigt« (10), der macht ihn zum Lügner. Zwischen der Gegnerthese in Vers 8 und der in Vers 10 besteht nur in der Formulierung, nicht aber in der Sache ein Unterschied. Hatte Vers 8 gegenüber dieser Behauptung der Sündlosigkeit festgestellt: »Wir täuschen uns selbst«, so heißt es jetzt im Blick auf Gott noch schärfer: »Wir machen ihn zum Lügner«. Die Behauptung der Sündlosigkeit ist weniger deshalb »ein Frevel gegen Gott, weil dieser die allgemeine Sündverhaftung der Menschheit in der alttestamentlichen Offenbarung ausgesprochen hat« (Schnackenburg 88), sondern sie ist es vielmehr deshalb, weil sie Gottes Versöhnungstat in Jesus Christus, den sühnenden Tod seines Sohnes, als irrelevant abtut, weil sie Gott zum ebenso vorgeblichen und angemaßten wie vor allem dann auch noch überflüssigen Sündenvergeber erklärt, weil sie Gott »nicht als den anerkennt, der als der treue und gerechte von Vers 9 der vergebende Gott ist« (Bultmann 28), weil sie diesen in Jesus Christus handelnden Gott nicht Gott sein läßt, sondern ihn ins Unrecht setzt und den sich selbst täuschenden Menschen ins Recht und ihn damit zum Gott seiner selbst macht.

Wenn wir Gott mit der Behauptung unserer Sündlosigkeit zum Lügner machen, dann gilt auch, wie es am Schluß von Vers 10 heißt, daß »sein Wort nicht in uns ist«. Ganz ähnlich lautete es am Schluß von Vers 8: »Die Wahrheit ist nicht in uns.« Von dem dortigen Zusammenhang her war unter Wahrheit Gottes Vergebungswirklichkeit zu verstehen. Auch in Vers 10 ist deutlich der Sünden vergebende Gott im Blick. Wenn der Verfasser hier statt von »der Wahrheit« im selben Sinn von »seinem Wort« spricht, dann bringt er damit zum Ausdruck, daß »die Wahrheit« in dem Wort begegnet, das die Vergebung der Sünden zuspricht und zuwendet; *dieses* Wort ist »*sein* Wort«.

Das stilistisch und inhaltlich in sich abgerundete Stück 1, 5–10 hat der Verfasser in scharfer Antithese zu seinen Gegnern formuliert. Aber dabei hat er deutlich gemacht, daß die von ihm angeredeten Leser in diesem Gegenüber mit gemeint sind, daß die Gemeinde nicht ein Hort der Unanfechtbaren ist. Er hat seine Auseinandersetzung so gestaltet, daß er die Gefahren, denen seine Gegner so gründlich erlegen sind, gerade auch als Gefahren der Gemeinde darstellt, die eine Schar der Angefochtenen bleibt.

Inhaltlich hat er hier den theologischen Satz: »Gott ist Licht«, den auch seine Gegner im Munde führten, auf der anthropologisch-ekklesiologischen Ebene ausgelegt. »Gott ist Licht« – dieser Satz hat auf dieser Ebene als sein unverzichtbares Implikat die Lebensführung im Licht als das Miteinander von Sündern, denen vergeben ist und wird. »Gott ist Licht« – das bedeutet darum Anerkenntnis des Gottes, der in seinem Sohn das Unrecht gerichtet, der Recht und Gerechtigkeit geschaffen hat; das bedeutet Anerkenntnis des Sünden vergebenden Gottes.

In 2,1 wendet sich der Verfasser in direkter Anrede an seine Leser. Jetzt wird der Blick ausschließlich auf die Gemeinde gerichtet, die er als seine »Kinderchen« anredet. Diese Anrede ist für ihn charakteristisch. Mit demselben griechischen Wort *teknia* findet sie sich noch fünfmal. Daneben begegnet noch zweimal das bedeutungsgleiche griechische Wort *paidia*. Die in der urchristlichen Briefliteratur übliche Anrede mit »Brüder« steht im 1 Joh nur an einer Stelle (3,13). Sie erklärt sich dort durch den häufigen Gebrauch des Wortes »Bruder« im Kontext. Mit »(meine) Kinderchen« und »(mein) Kind« (vgl. Did 3,1.3–6; 4,1; 1 Tim 1,18; 2 Tim 2,1) redet der Lehrer seine Schüler an. Sie hebt seine Autorität und liebevolle Zuneigung hervor und kennzeichnet das Verhältnis seiner Schüler zu ihm als von Vertrauen und Respekt bestimmtes.

Nach dieser Anrede steht erstmals im Brief das Ich des Verfassers. Aus dem Kreis der in 1,1–5 genannten »Wir« tritt er nun als ein einzelner hervor, der in der Autorität dieser Zeugen zu den Lesern spricht. Er blickt auf das 1,5–10 Gesagte zurück und gibt dazu eine Erläuterung, eine Klarstellung: »Das schreibe ich euch, damit ihr nicht sündigt.« Nachdem er in der Auseinandersetzung mit seinen Gegnern, die von sich aufgrund ihrer vermeintlichen Gemeinschaft mit Gott Sündlosigkeit behaupteten, so stark herausgestellt hat, daß Gott ein Sünden vergebender Gott ist, der im Bekenntnis der Sünden anerkannt wird, warnt er nun vor einem möglichen Mißverständnis. Er warnt vor der entweder resignierten oder scheinbar demütigen Feststellung, die Sünde sei also offensichtlich unvermeidbar, und vor der falschen Folgerung, so könne man getrost sündigen, da Gott ja schon vergeben wird (vgl. Röm 3,8). Aber wer so versteht und argumentiert, hat die Sündenvergebung mit einem billigen Gewährenlassen verwechselt, hat nicht Ernst damit gemacht, daß Gott ein vernichtendes Urteil über die Sünde gesprochen hat. Er will nicht wahrhaben, daß die Gemeinde in ihrem Miteinander schon »im Licht« steht, in die Wirklichkeit Gottes versetzt und damit in einen Kampf gestellt worden ist gegen alle noch immer bestehende Finsternis. Was dieser Wirklichkeit in ihr selbst widerspricht, was sich der Gemeinschaft miteinander entgegenstellt, sie verletzt oder ihrer spottet, hat sie nicht in vorgeblicher Demut zu tragen, sondern zu bekämpfen. Daß die Gemeinde in diesem Kampf steht, ist Ausdruck dessen, daß es noch – auch und gerade in ihr selbst – Finsternis gibt.

Aber die Gemeinde wird nicht in einen aussichtslos verlorenen Kampf geschickt, sondern in einen schon gewonnenen. Deshalb heißt es trotz der Finsternis und gegen sie, trotz allen immer wieder erfolgenden Unterliegens und gegen es: »Und wenn jemand sündigt, haben wir einen Beistand beim Vater, Jesus Christus als Gerechten.« Vom Bedingungssatz zum Hauptsatz wechselt das Subjekt. Es heißt nicht: »Wenn jemand sündigt, hat *er* einen Beistand«, sondern: »Wenn jemand sündigt, haben *wir* einen Beistand«. Statt eines unbestimmten »jemand« steht im Hauptsatz das bestimmte Subjekt »Wir«, die Gemeinde. Damit bestätigt sich auch hier, daß der Verfasser bei »Sünden« vor allem an Verfehlungen gegen das Miteinander der Gemeinde denkt. *Sie* ist davon betroffen, »wenn jemand sündigt«; *sie* hat einen Beistand. Sie ist nicht auf sich allein gestellt. Sie steht, weil sie einen ständigen Beistand hat. Sie steht in der Gewißheit, daß Jesus Christus sie nicht nur hervorgerufen hat, sondern sie auch beständig erhält und bewahrt. Er ist ihr Beistand *beim Vater*. »Das ewige Leben, das beim Vater *war*« (1,2), »was von Anfang an *war*« (1,1), Jesus Christus, *ist* beim Vater und erwirkt die Erhaltung und Bewahrung der Gemeinde in Gottes Vergebungswirklichkeit.

Das mit »Beistand« übersetzte griechische Wort *paraklētos* begegnet im urchristlichen Schrifttum zuerst und am häufigsten im JohEv (14,16.26; 15,26; 16,7), und zwar in anderer Weise als im 1Joh. Der Paraklet ist im JohEv der von Jesus unterschiedene »heilige Geist« (14,26), »der Geist der Wahrheit« (14,17; 15,26; 16,13), den den Jüngern Jesu nach dessen Weggang zum Vater, nach seinem Tod, mit dem Gott sich identifiziert, geschickt wird (vgl. bes. 16,7 und 7,39). Da dem Tod Jesu im JohEv eine außerordentlich große Bedeutung zukommt als dem Zugleich von Gott und Erniedrigung, Gott und Leiden, Gott und Tod, Gott und Sünde und damit als der Überwindung von Erniedrigung, Leiden, Tod und Sünde in der Person Jesu, ist es die Funktion des nach diesem Tod geschickten Parakleten, die Wirkung und Wirksamkeit des Werkes Jesu, das in seinem Tod kulminierte, gegenwärtig zu machen und zu erhalten. Daß es nach Jesu Tod Menschen gibt, die sich auf die Wirklichkeit der in ihm erfolgten Überwindung einlassen, daß es also Glaubende, Gemeinde, gibt, das ist nicht der wilde Entschluß fanatisierter Anhänger Jesu, sondern das ist das Werk des Geistes, des Parakleten. Wenn er in 14,26 ein »*anderer* Paraklet« genannt wird, so ist damit zweierlei vorausgesetzt: Einmal, daß auch Jesus selbst, und das ist hier der irdische Jesus, als Paraklet, als Beistand und Helfer seiner Jünger gilt. Das ist aber eine völlig andere Vorstellung als in 1 Joh 2,1, wo Jesus Christus in der Gegenwart der Gemeinde Paraklet beim Vater ist. Für diese Zeit wird im JohEv gerade ein *anderer* Paraklet verheißen. Und das ist nun das Zweite, das diese Bezeichnung voraussetzt, daß der Geist die Funktion als Beistand der Jünger nach Jesu Weggang an dessen Stelle ausübt. Er ist Stellvertreter Jesu. Dementsprechend besteht seine Belehrung nach 14,26 nicht in etwas Neuem, sondern in der Erinnerung, in der Vergegenwärtigung Jesu, und legt er nach 15,26 über Jesus Zeugnis ab. Als Stellvertreter Jesu ist der Paraklet nicht nur ein Ersatz für Jesus oder gar nur ein unzureichender und mangelhafter Ersatz. Wenn der Evangelist in 16,7 betont, daß der Weggang Jesu, sein Tod, den Jüngern nützt, und wenn er diesen Nutzen mit dem Kommen des Parakleten erklärt, dann ist der Paraklet in einer Weise Beistand, in der es der irdische Jesus noch nicht sein konnte, nämlich in der Vergegenwärtigung der im Tod Jesu – aufgrund der Identifizierung Gottes mit ihm – erfolgten Überwindung.

Dieser Gebrauch des Begriffes »Paraklet« ist im Urchristentum singulär. An den noch übrigen Stellen seines Vorkommens hat er einen sehr allgemeinen Sinn. So erscheinen in Did 5,2/Barn 20,2 die »Helfer der Reichen« in einem Lasterkatalog und heißt es 2 Clem 6,9: »Wer wird unser Helfer sein, wenn wir nicht im Besitze frommer und gerechter Werke gefunden werden?« Wenn der 1 Joh, der doch immerhin in johanneischer Tradition steht, den Begriff »Paraklet« in einer Weise verwendet, die sich nicht mit seinem Gebrauch im JohEv ausgleichen und harmonisieren läßt, so ist das ein weiteres Argument für die Verschiedenheit der Verfasser von Evangelium und Brief.

In sachlich derselben Weise, wie der Verfasser des 1 Joh von Jesus Christus als dem Beistand spricht, tun das auch – ohne das Wort Paraklet zu gebrauchen – Paulus (Röm 8,34) und der Verfasser des Hebräerbriefes (7,25; 9,24). Und wie Jesus in Hebr 7,26 »heilig, ohne Falsch, unbefleckt, geschieden von den Sündern« genannt wird, so in 1 Joh 2,1 »gerecht«. Aus dem Vergleich dieser einander entsprechenden Stellen ergibt sich, daß »gerecht« hier wohl wesentlich im Sinn von »sündlos« verstanden wird. Als Sündloser ist Jesus Christus zum Beistand befähigt, der für die Sünder eintritt, indem er – wie es auch Hebr 7,25–28 zum Ausdruck bringt und wie es hier nun Vers 2 ausführt – alle Ungerechtigkeit auf sich genommen hat: »Und er ist Sühnung für unsere Sünden.«

Dieser Stelle liegt eine geprägte Formel zugrunde. Der Satz »Er ist Sühnung für unsere Sünden« ähnelt formal und sachlich der Dahingabeformel (»Der Sohn Gottes hat sich selbst für unsere Sünden dahingegeben«) als auch der Sterbensformel (»Christus ist für uns gestorben«). Daß 1 Joh 2,2 a ein Zitat vorliegt, zeigt sich auch daran, daß der Verfasser diesem Satz in Vers 2 b einen anderen Akzent hinzufügt: »nicht aber für unsere allein, sondern auch für die ganze Welt«. Bei durchgehend selbstständiger Formulierung hätte er sogleich »für die ganze Welt« schreiben können. In der Formel wird ursprünglich eine Bezeichnung wie »Jesus«, »Christus« oder auch »Sohn Gottes« Subjekt gewesen sein. Das jetzt in Vers 2 stehende »Er« dürfte auf den Verfasser zurückgehen, der ein solches »Er« im Brief häufiger setzt. Statt »er ist gestorben« und »er hat sich selbst dahingegeben« in den beiden genannten Formeln heißt es hier: »Er ist Sühnung.« Daß diese Formel in denselben Zusammenhang gehört wie jene, zeigt einmal deutlich die Wendung »für unsere Sünden« und ergibt sich zum anderen aus dem Wort »Sühnung« (*hilasmos*) selbst. *hilasmos* hat die Bedeutung »Sühnung« oder auch »Sühneopfer«. Da letztere aber nur selten belegt ist und die Formel nicht zwingend an Opfervorstellungen denken läßt, ist die einfache Bedeutung »Sühnung« vorzuziehen. In der Formel ist demnach an den Tod Jesu gedacht, der als Sühnung für die Sünden derer verstanden wird, die diese Formel sprechen. Sie entspricht damit auch der breiter ausgeführten Formel von Röm 3,25, die das *hilasmos* ähnliche Wort *hilastērion* (»Sühnemittel«) verwendet. Daß der Verfasser des 1 Joh die 2,2a aufgenommene Formel aber nicht nur speziell vom Tode Jesu versteht, sondern im Gesamtzusammenhang der Sendung des Sohnes, zeigt deutlich 4,10, wo er noch einmal auf sie anspielt: »Er (= Gott) hat uns geliebt und seinen Sohn gesandt als Sühnung für unsere Sünden.«

In der Aussage der hier zitierten Formel, mit der der Verfasser der Sache nach seine Ausführungen in 1,7 über die Reinigung durch Jesu Blut aufnimmt, sieht er den Grund für die in Vers 1 ausgesprochene Gewißheit, daß Jesus Christus unser Beistand ist, ein Beistand für Sünder: Er, der beim Vater war und beim Vater ist, ein Gerechter, hat unsere Sünden auf sich genommen. Damit greift der Verfasser einen Gedanken auf, der auch für das JohEv fundamental ist. Denn dort wird von dem Täuferwort am Anfang des Evangeliums in 1,29: »Siehe, das Lamm Gottes, das die Sünde der Welt trägt!« ein Bogen gespannt bis zu seinem Schluß, wenn der Evangelist in 19,14 die Verurteilung und Kreuzigung Jesu auf die Zeit der Schlachtung der Passalämmer datiert. Und der in Joh 1,29 ausgesprochene universale Aspekt wird nun auch vom Verfasser des Briefes über die Formel von Vers 2a hinaus betont herausgestellt: »Nicht aber für unsere allein, sondern auch für die ganze Welt.« Im Gegensatz zu seinen Gegnern, die sich als exklusiver und elitärer Kreis verstanden, hebt der Verfasser hier die universale Bedeutung Jesu Christi hervor. Er tut das, indem er die soteriologische Aussage der zitierten Sühneformel (»für unsere Sünden«) auslegt und damit die weltweite Dimension des Werkes Jesu Christi offenlegt. Jesus Christus ist nicht nur Sühnung für diejenigen, die sich für fromm und gerecht halten, aber auch nicht nur für diejenigen, die von den »Frommen« und »Gerechten« – zu Recht oder zu Unrecht – als ungerecht und unfromm eingestuft werden, sondern er ist Sühnung »für die ganze Welt«. Damit ist ein Urteil über alle gesprochen, über »Gerechte« und »Ungerechte«, über »Unfromme« und »Fromme«: Wenn Jesus Christus *Sühnung* für sie ist, dann sind sie *alle* Sünder, *wirkliche*

Ungerechte und Unfromme. Doch zugleich muß gesagt werden, daß dieses sein Werk – weil es in der Tat Sühnung *ist* – ihnen *allen* Vergebung zuspricht. Diesem Tatbestand – Jesus Christus ist Sühnung für die ganze Welt – wird im Miteinander der Gemeinde schon entsprochen; aus dieser Wirklichkeit lebt sie. Die »Welt« außerhalb der Gemeinde – das sind dann diejenigen, die sich dieser Wirklichkeit verweigern, sich gegen sie sperren und eine eigene, eine Schein-Wirklichkeit aufrichten, aber es damit doch nicht ungeschehen machen können, daß Jesus Christus Sühnung »für die *ganze Welt* ist«. So macht der Verfasser deutlich, daß das Werk Jesu Christi mehr umfaßt, als die Grenzen der Gemeinde angeben, und daß deshalb die Gemeinde sich nicht in diesen Grenzen einschließen darf, sondern über sie hinausgedrängt wird zum Zeugnis für die weltweite Dimension dieses Werkes. Bei aller notwendigen Unterscheidung zwischen Gemeinde und Welt, die auch der Verfasser des 1 Joh noch ausdrücklich vornehmen wird, bleibt festzuhalten: »Das Erste, was er von der Welt sagt, ist jedoch dies, daß sie unter der Gnade des Christus steht und das Kreuz mit seinem Segen ihr geschenkt ist und ihr für ihre Sünden die Vergebung bringt« (Schlatter 108).

Die ersten beiden Verse in Kapitel 2, die die Auseinandersetzung mit den Gegnern in 1,5–10 in der direkten Zuwendung zur Gemeinde erläutern und klarstellen, heben also den Ernst und den Trost hervor, in denen zugleich die Gemeinde im Lichte Gottes steht. Sie ist in einen Kampf gestellt, den sie ernstlich zu führen hat; es gibt noch Finsternis, auch und gerade in ihr selbst. Aber sie hat die Gewißheit des schon gewonnenen Kampfes, weil der Sieg nicht erst von ihr errungen werden muß. Diejenigen, die aus der Vergebungswirklichkeit Gottes leben, welche die Grenzen der Gemeinde weltweit überschreitet, haben schon – obwohl noch und immer wieder Sünder – bleibend Gemeinschaft miteinander und so Gemeinschaft mit Gott.

2. Erkenntnis Gottes als das Halten seiner Gebote (2,3–6)

3 Und daran erkennen wir, daß wir ihn erkannt haben, wenn wir seine Gebote halten.
4 Wer sagt: Ich habe ihn erkannt,
   und seine Gebote nicht hält,
     ist ein Lügner,
     und in dem ist die Wahrheit nicht.
5 Wer aber sein Wort hält, in dem ist die Liebe Gottes wirklich zur Vollendung gelangt. Daran erkennen wir, daß wir in ihm

sind! 6 Wer sagt, er bleibe in ihm, muß so, wie jener das Leben geführt hat, auch selbst das Leben führen.

Die Verse 3–6 bilden eine thematisch in sich geschlossene Einheit, die in sachlicher Parallelität zu dem Abschnitt 1,5–2,2 steht. Bestand der wesentliche Inhalt von 1,5–2,2 darin, daß der Satz »Gott ist Licht« als Lebensführung im Licht ausgelegt wurde, so geht der Verfasser in 2,3–6 mit anderer Begrifflichkeit in ganz ähnlicher Weise vor. Jetzt bindet er das Erkennen Gottes und das Sein und Bleiben in ihm zusammen mit dem Halten seiner Gebote und einer Lebensführung entsprechend der Lebensführung Jesu. Gotteserkenntnis ist keine vom konkreten Lebensvollzug, von der Praxis des Christen absehende allgemeine Theorie; sondern weil sie Erkenntnis der Praxis Gottes in Jesus Christus ist, stellt sie zugleich in bestimmte Lebensführung, und nur in dieser wird sie bewahrt.
Der Abschnitt ist so aufgebaut, daß Vers 3 die Aussage formuliert: Erkenntnis Gottes erweist sich im Halten seiner Gebote. Die Verse 4 und 5a sind einander antithetisch dieser Aussage zugeordnet. Vers 4 zeigt die Konsequenz ihrer Verneinung auf, Vers 5a die Konsequenz ihrer Bejahung. Vers 4 führt also aus, was es bedeutet, wenn Erkenntnis Gottes und Halten seiner Gebote auseinandergerissen werden, Vers 5a die Bedeutung dessen, wenn ihre Zusammengehörigkeit durch die Tat bejaht wird. Vers 5b variiert und bekräftigt – auf die Verse 3–5a zurückblickend und sie zusammenfassend – die These von Vers 3. Die Variation besteht darin, daß jetzt statt vom Erkannthaben Gottes vom Sein in ihm gesprochen wird. Das nimmt Vers 6, wiederum diesen Ausdruck zum »Bleiben in ihm« variierend, auf und schließt den Abschnitt damit ab, daß der Sache nach noch einmal das Halten der Gebote in anderer Formulierung (Lebensführung entsprechend der Lebensführung Jesu) eingeschärft wird.
Dieser Abschnitt ist nicht so durchstilisiert wie das Stück 1,5b–10. Lediglich Vers 4 zeigt eine genaue Entsprechung zu 1,6: Im einleitenden Partizipialsatz, der hier dieselbe Funktion erfüllt wie der Bedingungssatz in 1,6, wird eine These der Gegner mit einem – nach Meinung des Verfassers – dieser These widersprechenden Verhalten kontrastiert. Der zweigliedrige Hauptsatz besteht wie dort (vgl. auch 1,8.10) aus einem synthetischen Parallelismus – in der Weise, daß das zweite Glied die Verneinung des Gegenteils des ersten ist. Der positiv akzentuierte Satz in Vers 5a ist in formaler Hinsicht nicht mit den Sätzen in 1,7.9 gleichzusetzen, da hier lediglich je ein eingliedriger Relativ- und Hauptsatz aufeinanderfolgen. Bemer-

kenswert ist, daß sich die stärkste Stilisierung dort findet, wo der Verfasser in direkter Rede eine Gegneraussage zitiert. Das entspricht dem Befund in 1,5b–10.
In Vers 3 erscheint erstmals die im Brief häufige Wendung: »Daran erkennen wir.« Sie zeigt, daß es dem Verfasser in der von einer beginnenden Spaltung gekennzeichneten Situation seiner Gemeinde darauf ankommt, Kriterien für die Unterscheidung von rechtem und falschem Christsein zu gewinnen. Sie führt »Kennzeichen« (Büchsel 21) ein für rechtes Christsein. Der Verfasser spricht allerdings nicht wörtlich vom »rechten Christsein«, sondern er umschreibt das hiermit Gemeinte mit verschiedenen Formulierungen, die zugleich anzeigen, was rechtes Christsein inhaltlich ausmacht, was zu ihm gehört. So gehört nach 2,3 dazu, »daß wir ihn erkannt haben«.

Gegenstand der Erkenntnis ist hier Jesus Christus oder Gott. Eine eindeutige Entscheidung im Sinne eines Entweder-Oder läßt sich kaum vornehmen, und sie wäre auch sachlich falsch. Doch ist an dieser Stelle wahrscheinlich zunächst an die Erkenntnis Gottes gedacht, auch wenn dann der Übergang von »ihm« in Vers 2 (= Jesus Christus) zu »ihm« in Vers 3 (= Gott) nicht ausdrücklich kenntlich gemacht ist: a) 2,3–6 ist zu 1,5–2,2 parallel. Auch dort werden Gegneraussagen zitiert, unter ihnen die These: »Gemeinschaft haben wir mit ihm«, wobei klar ist, daß es um die Gemeinschaft mit Gott geht. Von daher kann man schließen, daß die Gegnerthese von 2,4 (»Ich habe ihn erkannt«) ebenfalls auf Gott bezogen ist. b) Wenn sonst im 1Joh von »seinen Geboten« (3,22.24; 5,2.3), »seinem Gebot« (3,23), »diesem Gebot« (4,21) und »einem Gebot« die Rede ist, das »er uns gegeben hat« (3,23), ist immer Gott das logische Subjekt.

Wenn auch in den Versen 3 und 4 wahrscheinlich Erkenntnis *Gottes* gemeint ist, so muß doch gleich dazu gesagt werden, daß es um die Erkenntnis des Gottes geht, der sich als liebender Gott erwiesen hat (4,16), und zwar hat er das in der Sendung seines Sohnes als Retter der Welt (4,14), der kein anderer ist als *Jesus* (4,15); und die Erkenntnis dieses Gottes erfolgt im Hören auf das Wort der Zeugen (4,6). Die Unsicherheit, wer in 2,3 f. Gegenstand des Erkannthabens ist, ob Gott oder Jesus Christus, ist deshalb nicht zuletzt Ausdruck dessen, daß es Erkenntnis Gottes nicht anders gibt als in der Erkenntnis seines Handelns in Jesus Christus, das die Zeugen verkündigen, und daß Erkenntnis Jesu Christi – weil Erkenntnis dessen, »was von Anfang an war« (1,1; vgl. 2,13 f.) – *Gottes*erkenntnis ist. Gotteserkenntnis und Christuserkenntnis sind dasselbe. Das in 2,3 f. gebrauchte griechische Perfekt bringt zum Ausdruck, daß das Erkannthaben nicht nur eine einmal in der Vergangenheit erfolgte

Erkenntnis meint, sondern ein Bewahren dieser Erkenntnis und ein ständiges Bestimmtsein von ihr.

Dieses Erkannthaben Gottes also gehört zum rechten Christsein hinzu; es gibt kein Christsein ohne Erkenntnis Gottes. Darin stimmt der Verfasser mit seinen Gegnern überein. Aber – und das ist die Streitfrage – woran erkennen wir, daß wir Gott erkannt haben? Was ist Kennzeichen und Kriterium dafür, daß das Erkannthaben wirklich Erkenntnis *Gottes* ist? Was unterscheidet die Aussage, Gott erkannt zu haben, von einer bloßen und willkürlichen Behauptung? Der Verfasser antwortet recht lapidar: Das Erkannthaben Gottes erweist sich im Halten seiner Gebote. Die Behauptung der Gotteserkenntnis ist eine wahre Aussage nur im Kontext eines bestimmten, von Gott gebotenen Tuns. Gotteserkenntnis ist kein theoretisches Wissen über Gott, sondern als Erkenntnis Jesu Christi eine solche Erkenntnis, die den Erkennenden in seiner ganzen Lebensführung dessen Lebensführung konform macht (2,6). Der Verfasser sagt hier noch nicht, was er unter »seinen Geboten« näherhin versteht. Worauf es ihm hier zunächst ankommt, ist die Herausstellung dessen, daß Gotteserkenntnis sich in der Tat, in einem bestimmten Handeln erweist, daß der erkannte Gott nicht ein solcher ist, dem man in »rein« geistiger Betrachtung distanziert gegenübertreten oder auch mit ihm sich »im Geist« enthusiastisch vereinigen könnte, sondern daß die Erkenntnis dieses Gottes durchschlägt in einen von ihr bestimmten Lebensvollzug.

Damit ist deutlich, daß das Halten der Gebote, auch wenn es in einem Bedingungssatz steht, nicht eine Vorbedingung für die Gotteserkenntnis angibt – so als müßten wir zuerst die Gebote erfüllen, um dann Gott erkennen zu können. Der einleitende Satz von Vers 3 hat deutlich gemacht, daß das Halten der Gebote nicht Bedingung, sondern »Kennzeichen« der Gotteserkenntnis ist, ihre konkrete Manifestation. Das Halten der Gebote ist der nach außen, zur Materialisierung drängende Aspekt der Gotteserkenntnis, ohne den sie nicht mehr wirkliche *Gottes*erkenntnis wäre. Zur Erkenntnis *dieses* Gottes gehört das Halten seiner Gebote unabdingbar hinzu. Und das ist deshalb so, weil er allein in seinem Handeln in Jesus Christus erkannt wird, einem ganz bestimmten Handeln, wie es der Brief noch näher kennzeichnen wird, das denjenigen, der hier Gott erkennt, in dieses Handeln mit hineinnimmt.

Auch im JohEv ist vom Halten der Gebote die Rede (14,15.21; 15,10), und zwar vom Halten der Gebote Jesu, die in dem einen Gebot der Bruderliebe bestehen. Und es ist häufig vom Erkennen die Rede, wobei sehr stark betont wird, daß es Erkenntnis des Vaters nur im Erkennen des Sohnes gibt (14,7; vgl. 10,38; 17,3). Aber beide Themen werden nicht aufeinander bezogen oder aneinander gebunden; das Halten der Gebote wird nicht zum Kriterium der Gotteserkenntnis. Daran zeigt sich die vom Brief unterschiedene Situation des Evangeliums. Denn was den Verfasser des Briefes veranlaßt, diese Aneinanderbindung vorzunehmen, wird in Vers 4 deutlich: »Wer sagt: Ich habe ihn erkannt, und seine Gebote nicht hält.« Er zitiert hier wieder eine Gegnerthese. Auch jetzt führt er sie nicht so ein, daß er ausdrücklich und ausschließlich seine Gegner Sprecher dieser These sein läßt. In Vers 3 hatte er von »uns« gesprochen. Jetzt heißt es unbestimmter: »wer sagt«. Hier wird ein Fall gesetzt, der – so gewiß er für die Gegner zutrifft – für die Gemeinde doch nicht schlechterdings ausgeschlossen, sondern ständige Bedrohung ist. Der Behauptung, Gott erkannt zu haben, steht das Nicht-Halten seiner Gebote entgegen. Daraus ist zu schließen, daß die Gotteserkenntnis der Gegner nicht zu einem Ernstnehmen der materiellen Lebenswirklichkeit führte – auf sie beziehen sich »seine Gebote«, wie der Brief noch zeigen wird –, sondern im Gegenteil von ihr ganz bewußt absah. Ihre Gotteserkenntnis führt nicht zu einem bestimmten, gestaltenden Handeln in der Welt, sondern macht demgegenüber radikal gleichgültig. Die Welt bleibt damit sich selbst und ihren vermeintlichen Sachzwängen überlassen, denen sich diese Erkenner Gottes, da sie ja auch noch in der Welt leben, aus der Distanz der Vergleichgültigung heraus durchaus fügen. Der Anfang von Vers 4 formuliert also die Verneinung der in Vers 3 aufgestellten These. Diese Verneinung ist kein bloß verbaler Akt, sondern eine grundsätzliche Lebenshaltung, die die Verweigerung veränderter und verändernder Praxis ebenso einschließt wie das – sicherlich sehr distanzierte – Weiter- und Mitmachen gewohnter Praxis. Aus dieser Verneinung zieht der Verfasser – auf dem Grund seiner These von Vers 3 – im Hauptsatz von Vers 4 die Konsequenz. Wer so Gotteserkenntnis und das Halten seiner Gebote auseinanderreißt, »ist ein Lügner, und in dem ist die Wahrheit nicht«. Hier werden Aussagen aus 1,6.8 aufgenommen. Wie dort die Behauptung, mit dem Gott, der Licht ist, Gemeinschaft zu haben, nur zusammen mit einer von diesem Licht erhellten und bestimmten Lebensführung des Sprechenden als eine wahre Aussage galt, so überführt hier das Nicht-Halten der Gebote Gottes die Behauptung, Gott erkannt zu haben, als Lüge und Abwesenheit von Wahrheit. Wahrheit hat ihr Kriterium nicht in abstrakter Logik, sondern in der konkreten Tat. Und in der Wahrheit, die die Wirklichkeit Gottes ist, steht nicht, wer zwar behauptet, Gott erkannt zu haben, sich aber im konkreten Lebensvollzug nicht auf die Wirklichkeit Gottes einläßt. Er stellt sich damit als Lügner bloß.

Hat Vers 4 die Konsequenz der Verneinung der in Vers 3 aufgestellten These aufgezeigt, so nun Vers 5a die Konsequenz ihrer Bejahung. Diese Bejahung wird in Antithese zu Vers 4 formuliert: »Wer aber sein Wort hält.« Statt vom Halten seiner Gebote spricht der Verfasser jetzt vom Halten seines Wortes. So gewiß beide Male dieselbe Sache gemeint ist, liegt hier doch mehr als eine nur stilistische Variation vor, nämlich eine besondere Akzentuierung der gemeinten Sache. Von seinem, nämlich Gottes, Wort war schon in 1,10 die Rede. Dort war damit das die Sündenvergebung zusprechende Wort gemeint. Ist das nun ein anderes Wort als das Wort in 2,5? Das eine Gottes vergebendes, das andere sein gebietendes Wort? Aber es gibt hier kein Nebeneinander zweier verschiedener Worte Gottes; und es ist auch nicht »das befehlende Gotteswort nur ein Teil seines allgemeinen Offenbarungswortes« (Hauck 125). Es ist beide Male das eine Wort Gottes. Sein vergebendes Wort ist zugleich und ineins damit sein gebietendes Wort; und sein gebietendes Wort ist zuerst und vor allem sein vergebendes Wort. Sündenvergebung ist nach 1,7 Einweisung in das Miteinander der Gemeinde. Von da aus leuchtet es unmittelbar ein, daß Gottes Wort zugleich vergebendes und gebietendes Wort ist: Das in das Miteinander der Gemeinde einweisende Wort ist vergebendes Wort, weil es dem Eingewiesenen Lebensraum gewährt und damit Leben schenkt; und es ist zugleich damit gebietendes Wort, weil es den Eingewiesenen nun zu *seinem* Leben in diesem Raum anweist, zum konkreten Vollzug des Miteinander anhält. Einerseits drängt so von hier aus, wie auch von 1,5 ff. her, alles darauf hin, das gebietende Wort Gottes, seine Gebote als das Gebot der Bruderliebe zu kennzeichnen, wie es dann auch in 2,7–11 geschieht. Und andererseits wird deutlich: Unserem Halten seiner Gebote, unserem Halten seines Wortes geht sachlich voraus, daß wir von seinem Wort gehalten sind und immer wieder durch den ständig neu erfolgenden Zuspruch der Vergebung (1,9; 2,1 f.) von ihm gehalten werden. Nur von dieser grundlegenden Voraussetzung aus kann überhaupt gesagt werden: »wer aber sein Wort hält«, kann also die These von Vers 3 von uns aus bejaht werden.

Wenn »seine Gebote« nichts anderes sind als das eine Wort Gottes in seinem gebietenden Aspekt, weshalb spricht der Verfasser dann überhaupt im Plural von den Geboten? Er bringt mit dem Wechsel von Singular und Plural zum Ausdruck, daß sich das eine gebietende Wort Gottes in konkreten Einzelforderungen manifestiert und daß der Gehorsam gegenüber Einzelforderungen nichts weniger ist als das Halten seines Wortes.

Ist es also bedeutsam, daß der Verfasser die in den Versen 3 und 4 genannten Gebote in Vers 5 a als »sein Wort« zusammenfaßt, so enthält auch der Hauptsatz von Vers 5, der die Konsequenz der Bejahung der Vers 3 genannten These aufzeigt, neue, vom Kontext her unerwartete Formulierungen, die besonders beachtet sein wollen: Wer die Zusammengehörigkeit von Gotteserkenntnis und Halten seiner Gebote bejaht – nämlich ganz praktisch dadurch, daß er die Gebote hält –, »in dem ist die Liebe Gottes wirklich zur Vollendung gelangt«. Es wird nicht noch einmal zurückgefolgert, daß dieser wirklich Gott erkannt hat, und es wird nicht in genauer antithetischer Entsprechung zu Vers 4 formuliert, daß in ihm die Wahrheit ist, sondern der Verfasser führt den Gedanken weiter und gibt ihm eine neue Wendung, indem er jetzt von der Vollendung der Liebe Gottes spricht. Aber was ist mit »Liebe Gottes« gemeint, vor allem: *wessen* Liebe ist gemeint, die Liebe Gottes zu uns oder unsere Liebe zu Gott? Oder wird von der göttlichen, der gottgemäßen Liebe gesprochen? Eine ganz enge Parallele zu 2,5 bildet 4,12: »Wenn wir einander lieben, bleibt Gott in uns, und seine Liebe ist in uns vollendet.« Hier ist es vom vorangehenden Kontext her ganz eindeutig, daß »seine Liebe« die Liebe Gottes meint, die er uns erwiesen hat (→ zu 4,12). Daher liegt es nahe, auch in 2,5 an die Liebe Gottes zu uns zu denken. Diese Annahme erfährt dadurch eine Bestätigung, daß »Liebe Gottes« in Vers 5 den Begriff »Wahrheit«, der ja die Wirklichkeit Gottes bezeichnet, aus der antithetischen Entsprechung in Vers 4 aufnimmt; und so kann diese Liebe nicht unsere, sondern nur Gottes eigene Liebe sein (Bultmann 31). Diese Liebe gelangt in demjenigen zur Vollendung, der sein Wort hält, der dem Wort, von dem er selbst gehalten ist, in seinem Tun entspricht. Gottes Liebe will nicht ohne uns sein, sondern mit uns, weil ihr Ziel unser Leben ist (4,9). So sucht sie unsere Zustimmung in unserem Tun und bewegt uns dazu. »Solange wir uns ihr verschließen, ist sie noch nicht vollkommen und noch nicht an ihrem Ziel« (Schlatter 109). Das bedeutet aber nicht, »die ›Vollendung‹ der Gottesliebe« sei »die Frucht des Zusammenwirkens von Gott und Mensch« (Schnackenburg 104). Es geht nicht um ein Zusammenwirken, sondern darum, daß wir in den Wirkkreis von Gottes Liebe hineingenommen und ihr konform gemacht werden und so nun allerdings auch selbst wirksam als Liebende handeln dürfen und sollen. Nicht wir vollenden eine etwa unvollkommene Gottesliebe, sondern Gott selbst, der in der Sendung seines Sohnes seine Liebe vollkommen erwiesen hat, bringt sie auch, indem er uns durch sein Wort in diese Liebe einschließt und uns sein Wort halten heißt und läßt, zur Vollendung.

Eine besondere Betonung gibt der Verfasser durch die Einfügung des Wortes »wirklich«. Möglicherweise setzt er hier einen polemischen Akzent gegen die Gegner, die Vollkommenheit in der liebenden Verbindung des geistigen Selbst des Menschen mit dem geistigen Gott erblickt haben dürften. Diese Vollkommenheit ist lediglich die Behauptung eines Scheins. Die Vollendung der Liebe Gottes ist da tatsächlich und wirklich, wo sein Wort gehalten wird, weil nur da die Wirklichkeit und Tatsächlichkeit des ganzen Lebens einbezogen ist.

In Vers 5b nimmt der Verfasser seine These aus Vers 3 auf und bekräftigt sie: »Daran erkennen wir, daß wir in ihm sind!« Das Halten seiner Gebote, das Halten seines Wortes, ist Kennzeichen rechten Christseins. Er wiederholt aber nicht einfach die Formulierung von Vers 3, sondern gibt für rechtes Christsein hier eine andere Umschreibung als dort: Sein in Gott. Er greift damit eine Vorstellung und Redeweise auf, die vom JohEv her seinen Gegnern und ihm gemeinsam ist (Joh 14,20; 17,21.23). Für die Gegner handelt es sich bei dieser ursprünglich mystischen Formulierung um eine Bestimmung ihres geistigen Seins, für den Verfasser um ein Bestimmtsein der konkreten Lebensführung. Das Sein in Gott erweist sich am Halten seiner Gebote. »Am Halten der Gebote wird deutlich, ob Gottes Offenbarung bis ins Fleisch gedrungen ist« (Gaugler 106). Das ist sie in Jesus Christus; und so zeigt sich unser Sein in Gott daran, daß wir dieser bis ins Fleisch gedrungenen Offenbarung Gottes entsprechen. Genau das führt, den Abschnitt abschließend, Vers 6 aus: »Wer sagt, er bleibe in ihm, muß so, wie jener das Leben geführt hat, auch selbst das Leben führen.« Hier werden jetzt das Bleiben in Gott und die Lebensführung entsprechend der Lebensführung Jesu genauso aufeinander bezogen wie vorher das Erkannthaben Gottes und das Halten seiner Gebote. Daß nämlich der hier erwähnte »Jener« Jesus ist, geht eindeutig aus den übrigen Stellen hervor, an denen dieses Wort im 1Joh gebraucht wird. Es bezieht sich immer auf Jesus. Mit der Wendung vom »Bleiben in ihm« nimmt der Verfasser ebenfalls eine ihm und seinen Gegnern gemeinsame, aus der johanneischen Tradition überlieferte Redeweise auf (Joh 15,4-7). Daß eine Gegnerbehauptung vorliegt, darauf weist die Einführung mit »wer sagt«, die der in Vers 4 genau entspricht, worauf hier allerdings indirekte Rede folgt. Im Kontext der gegnerischen Theologie betont das Bleiben die Dauer und Unaufhebbarkeit des Seins in Gott bzw. in Christus. Dagegen bindet der Verfasser das

Bleiben mit einem »Müssen« zusammen. Damit bekommt es ein aktives Element, nämlich das der Treue, des Treue Bewahrens. Das Bleiben in Gott, Treue gegenüber Gott erweist sich in einer Lebensführung entsprechend der Lebensführung Jesu.

Aber wird damit nicht eine bloße Vorbildethik aufgestellt? Und bedeutet dann nicht das »Müssen« einen gesetzlichen Zwang? Diese Fragen sind von daher zu beantworten, was der 1Joh über die Lebensführung Jesu inhaltlich sagt. Neben den Feststellungen, daß Jesus »gerecht« (2,1.29; 3,7) und »rein« (3,3) ist, heißt es in 3,16a: »Daran haben wir die Liebe erkannt, daß jener für uns sein Leben gegeben hat.« Die Lebensführung Jesu wird hier als Lieben, als Leben für andere bis zur Lebenshingabe gekennzeichnet. Daraus folgert Vers 16b: »Auch wir müssen für die Brüder das Leben geben.« An dieser Stelle begegnet ebenfalls das »Müssen«. Doch deutet sich hier schon an, daß es nicht um bloße Nachahmung geht. Denn nach der Einleitung von Vers 16 gilt ja die Lebenshingabe Jesu als der Ort, an dem »die Liebe« erkannt wird. Und diese Liebe ist nicht irgendein menschliches Vermögen, sondern sie ist *Gottes* Liebe, Bezeichnung seines Wesens und seiner Wirklichkeit. Das machen die Verse 4,9f. vollends deutlich, wenn sie die Sendung Jesu als Offenbarung der Liebe Gottes beschreiben. Und so heißt es in 4,11, wo zum dritten Male das »Müssen« erscheint: »Wenn so Gott uns geliebt hat, müssen auch wir einander lieben.« Unser Lieben steht auf dem Grund, daß Gott sich selbst im Leben und in der Lebenshingabe Jesu als Liebe bestimmt hat, und allein in der Konsequenz und Folge davon gilt unser »Müssen«, aber hier *gilt* es dann auch. So gewiß also der Verfasser in 2,6 zur Nachahmung der Lebensführung Jesu auffordert, so gewiß gibt er mit ihr zugleich die Begründung unserer Lebensführung an. So enthält ja das in 2,6 gebrauchte griechische Wort für »wie« (*kathōs*) auch das Moment der Begründung. Das Bleiben in Gott, die Treue zu ihm, erweist sich also deshalb in unserer Entsprechung zur Lebensführung Jesu, weil es ein Bleiben in der Konformität mit dem Gott ist, der sich in Jesus als liebender Gott offenbart hat, weil es ein Bleiben in seiner Liebe ist, die er uns erwiesen hat.

Analog zu dem Abschnitt 1,5–2,2 streitet der Verfasser in 2,3–6 gegen die bloße Behauptung seiner Gegner, Gott erkannt zu haben. Er bindet demgegenüber Gotteserkenntnis, das Sein in Gott und das Bleiben in ihm zusammen mit dem Halten seiner Gebote, mit einer Lebensführung entsprechend der Lebensführung Jesu. Er macht damit klar: Gotteserkenntnis ist keine spekulative Theorie; wenn sie Theorie ist, dann allein Theorie der Praxis Gottes – der Praxis, die er in Jesus Christus gezeigt und in der er seine Wirklichkeit in der Welt manifestiert hat. Und die Erkenntnis dieses Gottes zwingt in die Konformität mit seiner Praxis gegen alle ihr entgegenstehende Wirklichkeit und ihre vermeintlichen Sachzwänge, wie umgekehrt nur in solcher Konformität diese Gotteserkenntnis festgehalten und bewahrt werden kann.

B. Die Bruderliebe als die Wirklichkeit des Seins im Licht (2,7–11)

7 Geliebte, nicht ein neues Gebot schreibe ich euch, sondern ein altes Gebot, das ihr von Anfang an hattet. Das alte Gebot ist das Wort, das ihr gehört habt. 8 Andererseits schreibe ich euch ein neues Gebot; das ist wahr bei ihm und bei euch: Die Finsternis vergeht, und das wahre Licht scheint schon.
9 Wer sagt, er sei im Licht,
   und seinen Bruder haßt,
     ist in der Finsternis bis jetzt.
10 Wer seinen Bruder liebt,
   bleibt im Licht,
   und ein Anstoß ist nicht an ihm.
11 Wer aber seinen Bruder haßt,
   ist in der Finsternis
   und führt sein Leben in der Finsternis;
und er weiß nicht, wohin er geht, da die Finsternis seine Augen blind gemacht hat.

In den polemischen Auseinandersetzungen mit seinen Gegnern in 1,5–2,2 und 2,3–6 hat der Verfasser gezeigt, daß Heilsaussagen (Gottesgemeinschaft und Gotteserkenntnis) nicht von ihren ethischen Implikaten gelöst werden können. Dabei hatte er diese ethischen Implikate, indem er von Lebensführung im Licht, vom Halten seiner Gebote, von Lebensführung entsprechend der Lebensführung Jesu sprach, mehr angedeutet als inhaltlich ausgeführt. Und durch die Aufeinanderfolge von 2,4 (»seine Gebote«) und 2,5 (»sein Wort«) hatte er auch schon angezeigt, daß er unter »seinen Geboten« nicht ein mehr oder weniger unverbundenes Vielerlei von Vorschriften für alle möglichen Fälle versteht, sondern nur ein einziges Wort, nur ein einziges Gebot im Blick hat. Was in 1,5–2,6 angedeutet und angezeigt worden ist, das wird nun in 2,7–11 dargelegt: Die Gebote sind das eine Gebot der Bruderliebe, in dem sich die Lebensführung im

Licht vollzieht. Hier ist die Bruderliebe erstmals im Brief erwähnt, von der dann noch so oft die Rede sein wird. Dabei geht der Verfasser so vor, daß er in den Versen 7 und 8 zunächst von dem *einen* Gebot spricht. Er stellt es hier noch nicht inhaltlich dar, sondern gibt eine Grundsatzbestimmung, indem er es ausdrücklich mit »dem Wort« gleichsetzt und als zugleich altes und neues Gebot kennzeichnet. Damit hebt er seinen unbedingt verpflichtenden Charakter hervor wie auch seine Wahrheit und Wirklichkeit, die es in Jesus Christus hat und dann auch in der Gemeinde. Die inhaltliche Entfaltung dieses einen Gebotes als des Gebotes der Bruderliebe erfolgt dann in den Versen 9–11. Das geschieht aber so, daß die Verse 9 und 11 negativ vom Bruderhaß sprechen und ihn als Sein in der Finsternis bestimmen. Nur Vers 10 bringt die positive Aussage von der Bruderliebe als dem Bleiben im Licht. Diese Einrahmung der positiven durch negative Aussagen wie auch die Einführung von Vers 9 mit »wer sagt« machen deutlich, daß der Verfasser wieder im Blick auf seine Gegner formuliert und sich mit ihnen auseinandersetzt. So zeigt sich in diesen Versen auch eine Stilisierung, die derjenigen von 1,5–10 und 2,4 entspricht.

Am Beginn dieses Abschnittes redet der Verfasser seine Leser als »Geliebte« an. Das geschieht im Brief noch fünfmal. Wie der häufige Gebrauch in verschiedenen Schriften zeigt, handelt es sich um eine im Urchristentum verbreitete Anredeform. Aber diese Anrede ist für den Verfasser des 1 Joh trotz ihrer Häufigkeit nicht zu einer gängigen Floskel erstarrt; er will mit ihr auch mehr ausdrücken als seine Zuneigung und Hinwendung zu den Lesern. Wie der Kontext von 3,2; 4,7 und 4,11 deutlich macht, sind sie »Geliebte« zuerst und vor allem, weil Gott ihnen – und mit ihnen auch dem Verfasser (»uns«!) – *seine* Liebe erwiesen hat. Als zuvor von Gott Geliebte können und sollen sie sich nun ihrerseits als Liebende zueinander verhalten und sind sie untereinander »Geliebte«. Die von Gott zu *seinen Kindern* gemacht worden sind (3,1), können und sollen sich als *liebende Brüder* begegnen.

Nach dieser Anrede gibt der Verfasser wieder Rechenschaft darüber, was er mit seinem eigenen Schreiben tut: »Nicht ein neues Gebot schreibe ich euch, sondern ein altes Gebot.« Was er vorher dargelegt hat, die Lebensführung entsprechend der Lebensführung Jesu, das Halten von Gottes Geboten, was er sogleich näher als Lieben des Bruders inhaltlich kennzeichnen wird, ist kein neues, sondern ein altes Gebot. Diese Gegenüberstellung von alt und neu, wobei der positive Akzent auf dem Wort »alt« liegt, ist aufschlußreich für die theologiegeschichtliche Stellung des 1 Joh.

Das macht ein Vergleich mit dem Sprachgebrauch des Paulus deutlich. Bei ihm ist »alt« immer ein theologisch negativ qualifizierter Begriff. So, wenn er Röm 6,6 von »unserem alten Menschen« spricht, wenn er 1 Kor 5,7 f. dazu auffordert, »den alten Sauerteig« wegzuschaffen und nicht »mit altem Sauerteig« zu feiern, wenn er 2 Kor 3,14 »das alte Testament« und Röm 7,6 »das alte Wesen des Buchstabens« erwähnt, wenn er 2 Kor 5,17 summarisch feststellt: »Das Alte ist vergangen.« Dagegen hat »neu« bei Paulus immer einen positiven Akzent. So, wenn er 1 Kor 11,25 und 2 Kor 3,6 vom »neuen Testament« und Röm 6,4 vom »neuen Leben« spricht. Besonders deutlich aber wird die positive Qualifizierung des Neuen in seiner betonten Gegenüberstellung gegen das Alte. So wird dem alten Sauerteig der neue entgegengesetzt (1 Kor 5,7 f.), dem alten Wesen des Buchstabens das neue des Geistes (Röm 7,6) und dem vergangenen Alten die neue Schöpfung (2 Kor 5,17; vgl. Gal 6,15). Diese Entgegensetzung gründet in dem Glauben und in der Erfahrung, daß mit Jesus Christus etwas radikal Neues in die Welt getreten, daß mit ihm die neue Weltzeit schon angebrochen ist. Die alte Weltzeit ist zwar noch da; aber sie ist schon von der neuen überwunden und wird bei dem bald erwarteten Kommen Jesu Christi gänzlich verschwinden. Die neue Weltzeit hat keine Geschichte, wie die alte sie hat. Was zu ihr gehört, *ist* »neu« und bleibt es und wird nicht wieder »alt«.

Im Vergleich zu Paulus befindet sich der Verfasser des 1 Joh in einer veränderten Situation. Er steht Gegnern gegenüber, die sich seiner Meinung nach von den Anfängen der christlichen Tradition, die inzwischen schon weit zurücklagen, gelöst hatten. Im Gegensatz zu ihnen blickt er betont auf diese Anfänge zurück und versteht die seither verflossene Zeit der Gemeinde als Zeit christlicher Geschichte. In diesem Rückblick ist das Alte das Wahre, das sich bewahrheitet und bewährt hat. Was er seinen Lesern mitteilt, ist keine willkürliche und mutwillige Neuerung seinerseits, sondern das von Anfang dieser Geschichte an Gültige. Diese Blickrichtung auf die Anfänge der eigenen Tradition zeigt sich besonders deutlich im Vergleich mit einer Stelle des JohEv, auf die der Verfasser hier Bezug nimmt, nämlich 13,34: »Ein neues Gebot gebe ich euch, daß ihr einander liebt, wie ich euch geliebt habe, damit auch ihr einander liebt.« Das hier von Jesus als ein *neues* – und *nur* neues – gegebene Gebot ist dasselbe, auf das der Briefschreiber aufgrund der inzwischen vergangenen Zeit als auf ein *altes* zurückblickt. Und ganz entsprechend heißt es von diesem Gebot im folgenden Nebensatz, daß es ein solches ist, »das ihr von Anfang an hattet«. Da »das alte Gebot« am Schluß von Vers 7 mit »dem Wort« identifiziert wird, »das ihr gehört habt«, ist dieser Anfang der Beginn des Christseins der Leser, mit dem sie dieses Gebot schon erhalten haben; und so haben sie es jetzt als bleibende Verpflichtung.

Wenn der Verfasser hier, anders als in 2,3 f., nicht von *den* Geboten spricht, sondern von *dem* Gebot, so ist das nicht einfach nur formal dadurch bedingt, daß er hier das von Jesus Joh 13,34 gegebene neue Gebot der Bruderliebe im Blick hat; sondern dieser Wechsel vom Plural zum Singular hat einen sachlichen Grund. Es geht nicht um *irgendein* Gebot; sondern dieses alte Gebot ist, wie der Schluß von Vers 7 ausführt, »das Wort«. Was der Verfasser im Fortgang von 2,4 zu 2,5, wo er die Formulierung »seine Gebote« in der von »seinem Wort« aufnahm, schon angezeigt hatte, das vollzieht er hier ausdrücklich in der Identifizierung des Gebotes mit dem Wort. Mit dem Hinweis auf ihren Anfang und auf ihr Gehörthaben werden die Leser zugleich auf ihre eigene Existenz als *Gemeinde* verwiesen, auf eine Wirklichkeit, die sie nicht erst selbst schaffen müssen, sondern die durch das gehörte Wort hervorgerufen ist und von ihm erhalten wird – durch das Wort, das Vergebung zuspricht (1,10) und damit ins Miteinander stellt (1,7) und so zugleich zum Vollzug des Miteinander anweist (→ zu 2,5). In diesem letzten Aspekt ist das Wort »das alte Gebot«, das Joh 13,34 ein neues ist, das Gebot der Bruderliebe. Und von hier aus wird es einsichtig, daß das Gebot der Bruderliebe nicht ein Gebot neben anderen ist, sondern als Aspekt *dieses* Wortes ist es *das* Gebot schlechthin. Als solcher Aspekt ist es auch nicht ein bloßer Befehl; sondern das Wort, das dieses Gebot in sich enthält und aus sich entläßt, ist zugleich die Ermöglichung seiner Befolgung.

Weil es sich aber so verhält, kann und muß der Verfasser dieses Gebot nun auch ein *neues* nennen: »Andererseits schreibe ich euch ein neues Gebot« (8). Das neue Gebot ist kein anderes als das in Vers 7 genannte alte. Wie sollte hier auch ein anderes Gebot gemeint sein als das Gebot der Bruderliebe, das das Halten seiner Gebote (2,3 f.) und die Lebensführung entsprechend der Lebensführung Jesu (2,6) einschließt? Sosehr dieses Gebot im Blick auf die seit dem Anfang der Gemeinde vergangene Zeit ein altes genannt werden muß, so ist es doch, unter anderem Gesichtspunkt betrachtet, zugleich ein neues. Das »Andererseits« am Beginn von Vers 8 lenkt den Blick nicht auf eine andere Sache als in Vers 7, sondern auf einen anderen Aspekt derselben Sache. Dieser Aspekt besteht nicht in dem bloßen Tatbestand, daß Jesus das Gebot der Bruderliebe ein neues genannt hat (Joh 13,34). Es ist »das neue Gebot, nicht weil sein Inhalt völlig überraschend, noch nie dagewesen wäre, sondern weil es das Gebot, die Haltung der eschatologischen Gemeinde ist, weil in seiner Verwirklichung schon ein Stück der neuen Welt da ist« (Gaugler 111). Wenn auch der Verfasser die Zeit der Gemeinde als eine Zeit betrachtet, in der es wieder eine Geschichte gibt, mit einem Anfang, einem Früher und einem Später, so ist diese Zeit der Gemeinde, diese christliche Geschichte, doch nicht einfach das Weiterlaufen der alten Weltzeit. Sie ist nicht Geschichte wie andere Geschichte auch. Wie die Gemeinde allein von dem gehörten Wort hervorgerufen ist, so hat sie auch ihre Zeit allein vom Wirken dieses Wortes her; *sein* Wirken setzt *ihre* Geschichte. So ist das Gebot, als ein Aspekt dieses Wortes, ein *neues* Gebot aufgrund der Neuheit dieses Wortes gegenüber der Wirklichkeit der alten Welt und ihrer Geschichte. Es ist ein *neues* Gebot, weil in seiner Verwirklichung Gott seine Wirklichkeit mitten in der Wirklichkeit der Welt aufrichtet und damit *gegen* diese Wirklichkeit *für* die Welt.

Daß es bei dem neuen Gebot um die Wirklichkeit Gottes selbst geht, zeigt die Fortsetzung des Textes: »was wahr ist bei ihm und bei euch.« Dieser Satz beginnt mit dem neutrischen Relativpronomen, obwohl der vorangehende griechische Text kein neutrisches Substantiv enthält, auf das es bezogen werden könnte. Den Relativsatz auf den vorangehenden Hauptsatz im ganzen zu beziehen, und das heißt dann vor allem auf die Satzaussage (»ich schreibe«), ergibt keinen Sinn. Daher ist ein Bezug auf die behauptete Neuheit des Gebotes am wahrscheinlichsten: Daß das Gebot ein neues ist, »ist wahr bei ihm und bei euch«. Die Stellen 1,6.8 und 2,4 hatten gezeigt, daß »Wahrheit« nicht in einem abstrakt-logischen Sinn verstanden wird, sondern – weil bezogen auf den in Jesus Christus offenbar und manifest gewordenen Gott – die darin zutage getretene Wirklichkeit Gottes meint, daß »Wahrheit« deshalb konkret ist, Tatcharakter hat, Verwirklichung will. Von hier aus ist auch das Wort »wahr« in 2,8 zu verstehen. »Was wahr ist« heißt dann: »was verwirklicht und damit wirklich ist«. Die Verwirklichung des Gebotes ist Ereignung und Manifestation der Wirklichkeit Gottes in der Welt; darin besteht seine Neuheit. Diese Ereignung und Manifestation ist erfolgt »in ihm«, wie es wörtlich heißt. Der hier genannte »Er« ist kein anderer als der, von dem zuletzt in 2,6 als »Jenem« die Rede war: Jesus Christus. »In ihm« ist die Neuheit des Gebotes »wahr«, ist sie wirklich, ist sie eine nicht zu leugnende Realität. Sie ist es, weil er das Gebot verwirklicht hat. Damit gewinnt das »In« auch einen instrumentalen Sinn: »was wahr ist *durch* ihn«. Dabei ist an seine Sendung und besonders an seine Hingabe in den Tod gedacht (3,16a). In der Erfüllung des Gebotes durch Jesus Christus hat Gott als seine Wirklichkeit die sich selbst hingebende Liebe offenbart.

Aber neben und nach »in ihm« steht »in euch« (vgl. auch 3,16b). Gottes Wirklichkeit ist gewiß ein für allemal in Jesus Christus offenbar geworden; aber sie hat von dieser grundlegenden Manifestation her eine *Geschichte* in der Welt. Sie hat sie in der Konformität der Gemeinde mit Jesus Christus (2,6), in ihrer Verwirklichung des Gebotes. In dieser Geschichte behält Gott seine Wirklichkeit in der Welt und greift er nach der Welt. Das macht die den Vers 8 abschließende Erläuterung noch deutlicher: »Die Finsternis vergeht, und das wahre Licht scheint schon.« »Das wahre Licht«, das tatsächliche, echte, wirkliche Licht ist kein anderes Licht als das, von dem es 1,5 hieß: »Gott ist Licht« und 1,7, daß in ihm Gott ist. »Das wahre Licht« ist *Gottes* Licht, seine helle und erhellende Wirklichkeit. Aber dieses Licht scheint nur in der Welt, ist nur wirkliches Licht in ihr, wenn das Gebot verwirklicht wird. Das ist in Jesus Christus unaufhebbar geschehen, hier hat sich Gottes Licht-Sein unwiderruflich manifestiert – und es geschieht auf dem Grund und in der Folge dieser Manifestation weiter in der Gemeinde und ihrer Geschichte. Wo Liebe untereinander geübt wird, ist die Welt »hell« und gegenseitiges Erkennen und Verstehen gegeben.

Die Wendung »das wahre Licht« steht auch Joh 1,9. Doch handelt es sich dort um eine Prädikation Jesu Christi – wie ja die Lichtaussagen des Evangeliums durchgängig christologische sind, während der Brief nur theologische hat. Aber 2,8 zeigt sehr deutlich, daß der Verfasser des Briefes die theologische Lichtaussage nur in bezug auf Jesus Christus und nicht losgelöst von ihm macht, indem ihm Jesus Christus als *Ereignung* des Lichtes gilt, das Gott ist, die dann einen Prozeß weiteren Scheinens des Lichtes in Gang setzt. Wahrscheinlich ist diese, im Verhältnis zum Evangelium andere Akzentsetzung in der Entgegenstellung des Verfassers gegen seine Gegner begründet. Diese sagten ja nicht nur, daß Gott Licht ist, sondern hielten sich auch selbst ihrem eigentlichen Wesen nach für Licht, dem Lichte Gottes gleich. Demgegenüber betont der Verfasser zum einen, daß man von Gottes Licht-Sein nicht anders reden kann, als daß man die Ereignung seines Lichtes in Jesus Christus erkennt, und zum anderen, daß wir *nicht* Licht sind, wie Gott Licht ist, sondern daß wir uns nur in der Konformität mit Jesus Christus auf Gottes in ihm manifest gewordenes Licht-Sein einlassen können und, indem wir so dieses Licht weiter scheinen lassen, seine Zeugen werden.

Die Aussage vom Scheinen des Lichtes, und damit auch die von der Neuheit des Gebotes, ist also nicht allein auf Jesus Christus bezogen, sondern auch auf die Gemeinde. Die Zeit ist nicht mit dem Auftreten Jesu als dem Aufschein göttlichen Lichtes einfach an ihr Ende und zum Stillstand gekommen. Licht und Finsternis sind deshalb nicht Möglichkeiten, zwischen denen die Menschen sich fortan je und je als Möglichkeiten ihrer Existenz entscheiden könnten. Vielmehr ist mit Jesus Christus *neue* Zeit mitten in der alten gesetzt worden; und diese neue Zeit hat ihre *Geschichte* in der *Auseinandersetzung* mit der alten. Neue und alte Zeit laufen nicht schiedlich-friedlich nebeneinander her, sondern die Gemeinde, die in der neuen Zeit steht und deren Zeit die neue Zeit ist, ist damit, daß sie das Gebot verwirklicht, in eine *Kampfgeschichte* verwickelt – eine Kampfgeschichte, deren Tendenz sich schon andeutet und über deren Ausgang es keinen Zweifel geben kann: »Die Finsternis *vergeht.*« Licht und Finsternis stehen sich nicht gleichgewichtig gegenüber, sondern wo »das wahre Licht schon scheint«, da muß die Finsternis weichen.

Darf man aber von hier aus formulieren: »Das Wachstum des Reiches Gottes, und, was damit gleichbedeutend, das Vergehn der Welt sind die Signatur und der Inhalt der Kirchengeschichte« (Haupt 72)? Darf man also die Kampfgeschichte des Lichtes gegen die Finsternis einfach und pauschal gleichsetzen mit der Geschichte der Kirche, wie sie nun einmal verlaufen ist? »Die Kirchengeschichte lehrt, daß das Christentum, wie es auch mit der vermeintlichen Lenkung seiner Fata stehe, unfähig gewesen ist, sich den Folgen auch nur einer einzigen Schwäche der menschlichen Dinge zu entziehen« (*Overbeck, F.:* Christentum und Kultur, hg. von C. A. Bernoulli, Darmstadt ²1963 = Basel 1919, 19). Die Kampfgeschichte, in der die Gemeinde aufgrund und infolgedessen steht, daß Gottes Licht-Sein in Jesus Christus irdisch manifest geworden ist, wird von ihr selbst verleugnet und aufgegeben, wo sie meint, diese Geschichte in der Weise selbst in die Hand nehmen zu müssen, daß sie um ihre eigene Erhaltung und Durchsetzung in opportunistischer Anpassung oder gewaltsamer Unterdrückung besorgt ist, wo sie sich, so oder so, aus der Konformität mit Jesus Christus emanzipiert. Die in ihm gesetzte neue Zeit, die von ihm begonnene und eröffnete Kampfgeschichte bleibt *seine* Geschichte, in die die Gemeinde, indem sie sich auf ihre Wirklichkeit einläßt, indem sie das Gebot verwirklicht, hineingenommen ist; und sie wird so auch *ihre* Geschichte, *wirkliche* Geschichte in der Welt und nicht ein bloßer Traum von einer besseren Welt: »Das wahre Licht *scheint schon.*«

Das eine alte und neue Gebot, dessen Verwirklichung Gottes Licht-Wirklichkeit in der Welt aufscheinen und deren Finsternis vergehen läßt, wird in den Versen 9–11 als das Gebot der Bruderliebe kenntlich gemacht. Wiederum geht der Verfasser so vor, daß er in Vers 9 eine Behauptung der Gegner recht allgemein mit »wer sagt« (vgl. 2,4.6) einführt, also die Gemeinde als möglichen Sprecher einschließt, und mit einem Verhalten kontrastiert, das die Behauptung Lügen straft: »Wer sagt, er sei im Licht, und seinen Bruder haßt.«

Wenn der Verfasser mit dieser Gegenüberstellung in Antithese zu seinen Gegnern argumentiert, dann haben sie ihre Seinsweise nicht mit ihrem praktischen Verhalten in Zusammenhang stehend gedacht. Ihr Sein im Licht, das darin gründet, daß sie selbst Teil des göttlichen Lichtes sind, wird von ihrer konkreten Lebensführung nicht berührt; es ist davon unabhängig. »Licht« ist für sie eine Bestimmung ihres gottgleichen Seins.

Hier taucht erstmals der dem Brief so wesentliche Begriff »Bruder« auf. Er bezeichnet im Urchristentum den Mitchristen, das Mitglied der Gemeinde. Auch der Verfasser des 1 Joh hat mit ihm nicht allgemein die ganze Welt und Menschheit im Auge, auch nicht den je und je begegnenden »Nächsten«. Er gibt keine allgemeinen Maximen aus, sondern er blickt auf seine konkrete Gemeinde mit ihren Spannungen und Gegensätzen, mit der sich abzeichnenden Spaltung. Dabei ist aufschlußreich, daß er hier – und an anderen Stellen (2,11; 3,10.15; 4,20) – in bezug auf den Hassenden von »*seinem* Bruder« spricht. Das impliziert, da das Brudersein ja ein wechselseitiges Verhältnis ist, daß auch der Hassende als Bruder dessen gilt, den er haßt. Der Verfasser behaftet damit seine Gegner bei ihrem Brudersein. Zu diesem gehört die Liebe (10); es wird durch den Haß verfehlt. Der Verfasser stellt Haß und Liebe gegeneinander, es gibt kein Drittes. Haß ist Abwesenheit von Liebe als der aufmerksamen und sorgenden Zuwendung zum Bruder. Haß ist distanzierte Unbekümmertheit und Abwendung von seiner Not. Der Verfasser hat dabei wohl besonders die hochmütige Gleichgültigkeit gegenüber den elementaren Lebensbedürfnissen im Blick, die diejenigen an den Tag legen, die sich um diese Dinge selbst keine Sorgen zu machen brauchen (3,17).

Aus der Gegenüberstellung der Behauptung, im Licht zu sein, mit dem Hassen des Bruders zieht der Verfasser die Folgerung: »Er ist in der Finsternis bis jetzt.« Das Sein im Licht ist kein unverlierbares Wesen, sondern aufs engste mit dem Verhalten verbunden. Wer den Bruder haßt, ist damit eben nicht »im Licht«, sondern »in der Finsternis«. Licht und Finsternis sind hier nicht als Bestimmungen des Seins verstanden, sondern als Bestimmungen der Lebensführung. Und das ist deshalb so, weil der Verfasser weder vom Licht träumt noch ein vermeintlich inneres Licht, das reine Selbst, ins Jenseits projiziert, sondern weil Gottes Licht-Sein in Jesus Christus, in seiner liebenden Hingabe, irdisch manifest geworden ist und von daher eine irdische Geschichte hat.

Einen besonderen Akzent erhält die Folgerung in Vers 9 dadurch, daß das Sein des Bruderhassers in der Finsternis *bis jetzt* betont wird.

Dieses »Bis jetzt« bezieht sich zurück auf die Aussage in Vers 8, daß die Finsternis vergeht und das wahre Licht *schon* scheint. Der Bruderhaß – und mit ihm der Aufenthalt in der Finsternis – ist *anachronistisch* angesichts des Vergehens der Finsternis. Durch die Verwirklichung des Gebotes durch Jesus Christus und ihm folgend in der Gemeinde hat eine neue Zeit begonnen, die die Finsternis zur Un-Zeit werden läßt. Wer den Bruder haßt, bleibt in einer grundsätzlich überwundenen Vergangenheit befangen, hat noch nicht teil an der Gegenwart, die durch das Schon-Scheinen des Lichtes gekennzeichnet ist.

Die ersten beiden Zeilen von Vers 10 bilden eine recht genaue antithetische Entsprechung zu den beiden letzten Zeilen von Vers 9. Jetzt sagt der Verfasser positiv, worauf es ihm ankommt: auf die Bruderliebe. »Wer seinen Bruder liebt, bleibt im Licht.« Wie in 2,6 wird das »Sein« durch das »Bleiben« aufgenommen, wodurch wie dort das aktive Moment des Haltens und Bewahrens von Treue in konkreter Tat unterstrichen wird. Das Bleiben im Licht und damit das Weiterscheinen des wahren Lichtes erfolgt in der Bruderliebe. Auch wenn der Verfasser vom *Lieben* des Bruders spricht, denkt er an die Mitglieder der Gemeinde. Es geht ihm nicht um die letztlich doch nichtssagende, weil unverbindlich bleibende Proklamation einer allgemeinen Menschen- und Menschheitsliebe, die in einem Augenblick aus begeistertem Herzen Millionen umschlingt; sondern es geht ihm sehr konkret um das gedeihliche Miteinander der von ihm angeschriebenen Leser. Ob die Bruderliebe im 1 Joh gegenüber der Nächstenliebe und der Feindesliebe als eine minderwertige Liebe anzusehen sei, die sich in scharfer Abgrenzung gegen die Welt ausschließlich den Angehörigen der eigenen Gemeinschaft zuwende, nach außen aber in Haß umschlage, kann von Vers 10 und seinem Kontext her nicht eindeutig zurückgewiesen werden. Diese Frage ist von der weitergehenden Frage her zu beantworten, ob die Welt aus der Liebe Gottes grundsätzlich ausgeschlossen ist und damit dann auch aus der Bruderliebe. Darauf wird zurückzukommen sein. Doch jetzt ist schon festzustellen, daß es dem Verfasser deshalb auf das durch Bruderliebe bestimmte Miteinander der *Gemeinde* ankommt, weil sie es ist, die »das Wort« gehört hat, das Gottes vergebender Zuspruch und seine gebietende Forderung zugleich ist, weil sie es ist, die die Botschaft »Gott ist Licht« weiterverkündet erhalten hat; und so bewahrheitet sich diese Botschaft, wird für sie wirklich in ihrem Bleiben im Licht durch die Bruderliebe.

Auf die erste Aussage von Vers 10, daß der seinen Bruder Liebende im Licht bleibt, folgt parallel zu ihr und ohne antithetische Entsprechung in Vers 9 als zweite: »Und ein Anstoß ist nicht an ihm.« Für wen bietet, wer seinen Bruder liebt, keinen Anstoß, für sich selbst oder für seinen Bruder? Beide Deutungen sind möglich. Nach der ersten ist gemeint, daß der den Bruder Liebende ohne Anstoß in sich selbst seinen Weg gehen kann und also nicht fällt. Sie kann gestützt werden von der antithetischen Entsprechung in Vers 11, nach der der Bruderhasser in der Finsternis, in der er sich befindet, nicht weiß, wohin er geht. Daß aber die zweite Deutung ebenso gut möglich ist, wird deutlich, wenn man die Aussage negativ faßt: Wer seinen Bruder haßt, an dem ist Anstoß. Angesichts dessen, daß der Haß nicht so sehr als Anlaß und Mittel gedacht ist, das den Hassenden in Finsternis fallen läßt, sondern selbst schon als Finsternis gilt, wie ja umgekehrt die Finsternis eine Bestimmung der vom Haß geprägten Lebensführung ist, erscheint es wohl besser, den Anstoß auf den Bruder zu beziehen: Wer seinen Bruder haßt, gibt damit dem Bruder einen Anstoß, einen Gegenstand der Empörung und des Wiederhassens; er schafft Zwietracht und Gegeneinander. Wer dagegen den Bruder liebt, nimmt ihm damit jeden Anstoß weg und ermöglicht Solidarität zwischen Bruder und Bruder.

Der diesen Abschnitt beschließende Vers 11 ist in Antithese zu Vers 10 formuliert, wiederholt also der Sache nach Vers 9. Der Anfang von Vers 11 ist sogar eine fast wörtliche Wiederaufnahme derjenigen beiden Zeilen von Vers 9, die eine antithetische Entsprechung in Vers 10 hatten: »Wer aber seinen Bruder haßt, ist in der Finsternis.« Noch einmal wird der Bruderhaß als Sein in der Finsternis beschrieben und damit die Finsternis als eine bestimmte Lebensführung ausgelegt. Daß so zu verstehen ist, macht der folgende Satz ausdrücklich klar: »Und er führt sein Leben in der Finsternis.« Das Sein in der Finsternis ist keine schicksalhafte Gegebenheit, sondern durch diejenige Lebensführung verschuldet und qualifiziert, die sich dem Bruderhaß anheimgibt. Das im Unterschied zum gnostischen Traktat Poimandres, der auch vom Bleiben in der Finsternis zu reden weiß: »Wer den aus Irrtum der Liebe (entstandenen) Leib liebt, der bleibt irrend in der Finsternis, wahrnehmbar das Geschick des Todes erleidend« (CH I,19). Wer den Leib liebt, liebt das dem eigenen Selbst Fremde und bleibt so dem materiellen Bereich mit seinem Todesgeschick verhaftet, dem er schicksalhaft unterworfen war und durch diese Liebe zum Materiellen unterworfen bleibt: Das Sein in der Finsternis ist die selbstvergessene Existenz des Menschen in der Welt; und so steht auf der positiven Gegenseite die Erkenntnis seiner selbst und die Abkehr von allem Materiellen. Für den Verfasser des 1 Joh kann dieser Gegensatz von Geist und Materie kein

Thema sein, da sich Gottes Licht-Sein in Jesus Christus materialisiert hat; und so ist für ihn das Sein in der Finsternis diejenige Lebensführung, die der Lebensführung Jesu Christi nicht entspricht.

Den Bildcharakter der Wendung vom »Wandern in der Finsternis« aufnehmend – das hier gebrauchte griechische Wort hat einerseits die Bedeutung »umhergehen« und andererseits die Bedeutung »das Leben führen« –, fährt der Verfasser unter wörtlicher Zitierung eines Satzes aus Joh 12,35 fort: »Und er weiß nicht, wohin er geht.« Wer im Finstern geht, ist in Unwissenheit darüber, wohin ihn sein Weg führt. Er ist ohne Orientierung, richtungslos und ziellos.

Im JohEv steht dieses Bildwort am Ende des Abschnittes 12,20–36, der schon auf die Passion und den Tod Jesu ausgerichtet ist als die Stunde seiner Verherrlichung durch Gott. Im Blick darauf heißt es am Beginn von Vers 35 gegenüber der Volksmenge: »Noch eine kleine Zeit ist das Licht unter euch.« Diese Ankündigung hat parallele Aussagen gegenüber »den Juden« (7,33) und gegenüber den Jüngern (13,33; 16,16 ff.), die es evident machen, daß »Licht« in 12,35 a eine Prädikation Jesu ist. Die Ankündigung gegenüber »den Juden« und gegenüber den Jüngern hat eine jeweils charakteristisch unterschiedene Fortsetzung. Heißt es zunächst noch beiden gegenüber: »Wo ich bin (bzw. hingehe), könnt ihr nicht hinkommen« (7,34; 13,33; vgl. 8,21), so gewinnt diese Aussage für »die Juden« den Charakter der Ansage von Unheil (»ihr werdet nicht finden« – 7,34; »ihr werdet durch eure Sünde sterben« – 8,21), während den Jüngern ein späteres Nachfolgen in Aussicht gestellt wird (13,36; vgl. 16,16 b.22). Für sie hat die Aussage des Nicht-folgen-Könnens nur chronologischen Sinn – in der Weise, daß sie *jetzt*, vor dem Tod Jesu, *noch* nicht folgen können (vgl. das »Jetzt – Später« in 13,36). Aber aufgrund dessen, daß Jesus zum Vater geht, daß er in den Tod geht, mit dem Gott sich identifiziert, werden sie ihm folgen können – in der Anerkenntnis, daß hier tatsächlich Gott gehandelt und Tod und Sünde überwunden hat. Im Sicheinlassen auf diese Wirklichkeit, in der Nachfolge, werden sie bei Jesus sein (vgl. 12,26; 17,24). In der von vornherein betriebenen Verweigerung dieser Anerkenntnis, wie sie sich schon im Todesbeschluß gegen Jesus zeigt (5,18 u. ö.), ist die Ankündigung des Unheils gegenüber »den Juden« begründet. Betrachtet man von hier aus 12,35 f., so fällt auf, daß sich gegenüber der Volksmenge weder die Ansage von Unheil findet noch die Verheißung der Nachfolge. Die Aussage bleibt in dieser Beziehung in der Schwebe. Statt dessen steht die dringliche Aufforderung zum Glauben: »Wandert, solange ihr das Licht habt, damit euch nicht Finsternis überfällt. Und wer in der Finsternis wandert, weiß nicht, wohin er geht. Solange ihr das Licht habt, glaubt an das Licht, damit ihr Lichtsöhne werdet!« Angesichts des Gekreuzigten (12,32 f.) wird es keinen Schwebezustand mehr geben, sondern dann stellt sich endgültig die Frage der Anerkenntnis oder ihrer Verweigerung. Es gibt dann keine Neutralität und kein Abwarten mehr. Die Verwendung des

Bildes vom Wandern im Licht oder in der Finsternis unterstreicht also in Joh
12,35 f. die Dringlichkeit der Glaubensentscheidung gegenüber dem gekreuzigten Jesus.

Der Briefschreiber gebraucht das Bild anders als der Evangelist. Es
steht bei ihm nicht im Kontext der grundsätzlichen Glaubensentscheidung, sondern im Kontext der diese Entscheidung bereits voraussetzenden Darlegung und Entfaltung des Gebotes. Das Wandern
in der Finsternis ist Kennzeichnung des das Miteinander verfehlenden Bruderhassers. Von hier aus, was nämlich der Verfasser der
Sache nach unter »Finsternis« versteht, ist auch die zunächst eigenartig anmutende Begründung am Schluß von Vers 11 zu begreifen.
Der Bruderhasser weiß nicht, wohin er geht, »da die Finsternis seine
Augen blind gemacht hat«. Diese Begründung erscheint deshalb als
eigenartig, weil sie eigentlich überflüssig ist. Denn durch die vorangehende Angabe, daß der Bruderhasser in der Finsternis ist, war
schon ein Grund für seine Orientierungslosigkeit gegeben. Hier die
Erkenntnis ausgedrückt zu finden: »langes Verweilen ... im Finstern
beraubt die Augen der Sehkraft« (Schnackenburg 116), hilft nicht
weiter, da »die Orientierungslosigkeit des in der Finsternis Wandelnden keine Frage der ›Sehkraft‹ ist« (Klein 279). Doch zeigt die
zweite Begründung auch nicht die »Insuffizienz der Finsternis als
eines zureichenden Grundes für die Orientierungslosigkeit des Bruderhassers« an (Klein 280). Denn es ist ja nicht so, daß die Finsternis
ein besonderer, nicht näher bestimmter Bereich *neben* dem Haß
wäre, in den der Bruderhasser geriete und der ihn *dann* – zureichend
oder unzureichend – orientierungslos machte. Vielmehr wird »Finsternis« als vom Haß bestimmte Lebensführung ausgelegt; und so ist
der Bruderhasser schon als solcher, der haßt, orientierungslos. Von
daher kann der abschließende Begründungssatz so verstanden werden, daß das der Sache nach Gemeinte in das gebrauchte Bild einwirkt: Wer vom Haß blind gemacht worden ist, hat keine Orientierung mehr im Miteinander der Gemeinde; er ist blind für das, was er
gegenüber dem Bruder zu tun hat.

Die Verse 7–11 haben die Lebensführung im Licht (1,7), das Halten
seiner Gebote und seines Wortes (2,3–5), die Lebensführung entsprechend der Lebensführung Jesu (2,6) als die Erfüllung des Gebotes der Bruderliebe bestimmt. In ihr also haben Gottesgemeinschaft
(1,6) und Gotteserkenntnis (2,4) ihre Wirklichkeit; in ihr bewahrheiten sie sich. Ohne sie sind sie bloße Behauptungen. In der durch
Jesus Christus geschehenen Erfüllung dieses Gebotes hat der Gott,
der Licht ist (1,5), diese seine Wirklichkeit irdisch manifestiert und

damit eine Geschichte in Gang gesetzt, die *seine* Geschichte *in* der Geschichte der *Gemeinde* ist, die sich auf seine Wirklichkeit einläßt, indem sie ihrerseits das Gebot der Bruderliebe erfüllt. Dieses Gebot ist so kein bloßer humanistischer Appell, sondern als Auslegung des im Blick auf Jesus Christus ausgesprochenen Bekenntnisses, daß Gott Licht ist, hat seine Erfüllung ihre Begründung und Wirklichkeit in diesem Gott selbst.

C. Zuspruch und Mahnung (2,12–17)

Der Verfasser hat sich bisher mit seinen Gegnern immer nur so auseinandergesetzt, daß ihre Verfehlungen zugleich als mögliche Verfehlungen der Gemeinde im Blick waren. Sie ist nicht »fertig«, sondern bleibt angefochtene und auch verfehlende Gemeinde. In dieser Auseinandersetzung hat er die Wirklichkeit des Seins im Licht als Bruderliebe bestimmt, Gottesgemeinschaft und Gotteserkenntnis mit ihr zusammengebunden. Nachdem er damit deutlich gemacht hat, worin sich das Christsein vollzieht, und dabei auch klar herausgestellt hat, worin dieser Vollzug seinen Grund hat, wendet er sich nun in direkter Anrede ausführlich seinen Lesern zu: Im Zuspruch (12–14) vergewissert er sie ihres Christseins, ja betont sogar, daß das Voraussetzung seines Schreibens ist; und in der Mahnung (15–17) fordert er sie zu seinem Vollzug auf.

1. Zuspruch: Euch ist vergeben, ihr habt erkannt, ihr habt den Bösen besiegt. (2,12–14)

12 Ich schreibe euch, Kinderchen,
  weil euch die Sünden vergeben sind um seines Namens willen.
13 Ich schreibe euch, Väter,
  weil ihr den von Anfang an (Seienden) erkannt habt.
 Ich schreibe euch, junge Männer,
  weil ihr den Bösen besiegt habt.
14 Ich habe euch geschrieben, Kinderchen,
  weil ihr den Vater erkannt habt.
 Ich habe euch geschrieben, Väter,
  weil ihr den von Anfang an (Seienden) erkannt habt.
 Ich habe euch geschrieben, junge Männer,
  weil ihr stark seid

und das Wort Gottes in euch bleibt
und ihr den Bösen besiegt habt.

Literatur: *Noack, B.:* On I John 2,12–14, NTS 6, 1959/60, 236–241.

Dieses zunächst etwas seltsam anmutende Stück hat eine strenge Gliederung, von der aus es verstanden werden muß. Es besteht aus zwei einander zugeordneten Gruppen mit je drei Sätzen. Voran steht jedesmal der Hauptsatz, der in der ersten Gruppe immer »ich schreibe euch« lautet und in der zweiten immer »ich habe euch geschrieben«. An den Hauptsatz schließt jeweils eine Anrede an; dabei folgen in den drei Sätzen jeder Gruppe »Kinderchen«, »Väter« und »junge Männer« aufeinander. Den Abschluß bildet immer ein Nebensatz, der den Grund des Schreibens und Geschriebenhabens angibt.
Eine Hauptschwierigkeit im Verständnis dieses Abschnittes bildet die Aufteilung der Anrede. Es gibt folgende Vorschläge: a) Mit »Kinderchen« wird die Gesamtheit der Leser angeredet, wie das ja auch an anderen Stellen oft der Fall ist; darauf erfolgt eine Aufteilung nach Altersklassen. Für eine solche Lösung wird auch die Reihenfolge der Anreden angeführt. b) Alle drei Anreden beziehen sich auf Altersgruppen. c) Die Anreden meinen drei verschiedene Gruppen, aber in übertragenem Sinn. »Es wäre einfach daran zu denken, daß zuerst die Neuhinzugekommen und die gereiftesten Mitglieder genannt würden und dann solche, die dazwischen stehen« (Gaugler 117). d) Es werden jedesmal alle angeredet, so daß die Aufteilung »wahrscheinlich nicht mehr ist als eine rhetorische Figur« (Dodd 38).
Eine Entscheidung kann nur vom Inhalt der den Anreden zugeordneten Nebensätze her gefällt werden. Dabei fällt auf, daß die Aussage von der Sündenvergebung ein wichtiges Motiv aus dem Abschnitt 1,5–2,2 aufnimmt und die Aussage vom Erkannthaben das Hauptmotiv aus dem Abschnitt 2,3–6. Sind diese Bezüge deutlich, so geht man wohl nicht fehl in der Annahme, daß das Besiegthaben des Bösen mit anderen Worten von der Erfüllung des Gebotes der Bruderliebe spricht, um die es in dem Abschnitt 2,7–11 ging. Wird man aber dessen gewahr, daß die Nebensätze in 2,12–14 wesentliche Aussagen der vorangehenden Abschnitte aufnehmen, die doch in bezug auf *alle* formuliert waren, so hat es keine große Wahrscheinlichkeit für sich, daß diese Aussagen jetzt jeweils nur für bestimmte Gruppen gelten sollen. Das wird noch deutlicher, wenn man erkennt, daß alle Nebensätze sachlich miteinander verschränkt sind.

Zu einem jeden von ihnen gehören alle anderen hinzu; keiner kann isoliert einer bestimmten Gruppe zugeordnet werden:

Es gibt kein Erkannthaben des Vaters ohne Erkannthaben des von Anfang an Seienden, ohne ein Erkannthaben Jesu Christi; wie umgekehrt das Erkannthaben Jesu Christi als des »ewigen Lebens, das beim Vater war« (1,2), zugleich ein Erkannthaben des Vaters ist.

Es gibt kein Besiegthaben des Bösen ohne Erkannthaben des Vaters in Jesus Christus, der »die Werke des Teufels« schon zerstört hat (3,8); wie sich umgekehrt dieses Erkannthaben im Besiegthaben und Besiegen des Bösen manifestiert und betätigt.

Es gibt kein Besiegthaben des Bösen ohne den Empfang der Sündenvergebung, keine Erfüllung des Gebotes der Bruderliebe ohne Befreiung zum Leben im Miteinander; wie umgekehrt diese Befreiung in den Vollzug des Miteinander hineinstellt und darin ihre konkrete Wirklichkeit gewinnt.

Es gibt keinen Empfang der Sündenvergebung ohne Erkannthaben des Vaters, der »seinen Sohn gesandt hat als Sühnung für unsere Sünden« (4,10); wie umgekehrt das Erkannthaben dieses Vaters das Bekennen der Sünden und die Annahme der Vergebung (1,9) einschließt.

Diese sachliche Verschränkung aller Aussagen miteinander zeigt, daß es sich bei ihnen um zusammengehörige Aspekte derselben Sache handelt. In ihrer Einheit und Zusammengehörigkeit beschreiben diese Aussagen das Christsein; und so können sie nicht einzeln und isoliert voneinander jeweils einer bestimmten Gruppe von Christen zugeordnet werden. Hinzu kommt, daß die Erklärungsversuche, warum gerade den Vätern dies und den jungen Männern jenes zugeordnet wird, nicht gelingen, ja oft komisch wirken. Daher ist auch von solchen Auslegern, die eine Zuordnung der Aussagen auf einzelne Gruppen vornehmen, eine vermittelnde These vertreten worden: »Allerdings versteht es sich dabei immer von selbst, daß im Wesentlichen allen gilt, was den Einzelnen gesagt ist« (Düsterdieck 226). Wenn aber die in den Nebensätzen der Verse 12–14 gemachten Aussagen gleicherweise von *allen* Christen gelten, dann kann es sich bei den unterschiedlichen Anreden nur um eine »rhetorische Figur« handeln, bei deren Verwendung der Akzent aber nicht darauf liegt, daß alle als »Kinderchen«, »Väter« und »junge Männer« zugleich angeredet werden, sondern deren Funktion darin besteht, mit Hilfe der den verschiedenen Anreden zugeordneten Nebensätze das Christsein der Leser in seinen verschiedenen Aspekten zu entfalten und darzustellen.

Hat die Aufteilung der Anrede diese Funktion, so wird man auch in dem Wechsel der Hauptsätze von »ich schreibe euch« in der ersten Dreiergruppe zu »ich habe euch geschrieben« in der zweiten lediglich eine »stilistische Variation« (Bultmann 36) sehen, die zum einen der Entfaltung der Aspekte des Christseins dient – der Verfasser nennt in diesem Abschnitt vier – und die zum anderen in den Wiederholungen eine Bekräftigung und Verstärkung des Gesagten bewirkt. Es ist unwahrscheinlich, daß sich der Verfasser mit dem Satz »ich habe euch geschrieben« auf etwas anderes bezieht als darauf, was er mit dem Satz »ich schreibe euch« im Blick hat. Würde er ein früher von ihm verfaßtes Schreiben meinen, müßte der Hinweis darauf deutlicher sein. Wo er sonst von seinem Geschriebenhaben spricht, meint er in 2,21 und 5,13 den ganzen vorliegenden Brief und in 2,26 den unmittelbar vorangehenden Kontext. Sollte er aber mit Schreiben und Geschriebenhaben jeweils verschiedene Teile dieses Briefes im Auge haben, so hätte er jedenfalls nicht kenntlich gemacht, welche das sind. Daher »bleibt nichts übrig, als sowohl das ›ich schreibe‹ wie das ›ich habe geschrieben‹ auf den ganzen vorliegenden Brief zu beziehen« (Haupt 80) oder aber, was wegen der Aufnahme von Aussagen aus den drei Abschnitten von 1,5–2,11 in den Nebensätzen von 2,12–14 wahrscheinlicher ist, auf diesen ersten Teil des Briefes.

Ihn schreibt der Verfasser an seine Leser, *weil* sie rechte Christen sind; die in den Nebensätzen genannten Aspekte des Christseins *gelten* für sie. Die darin liegende Vergewisserung, »daß ihnen nichts fehle von den Bedingungen zu einem *ganzen* Christentum« (Rothe 62), ist jedoch weniger im Sinne einer Beruhigung nach der »finsteren Drohung gegen alle, die keine Bruderliebe üben« (Schnackenburg 123), zu verstehen. Vielmehr bezeichnet der Verfasser hier die Voraussetzung und den Ausgangspunkt seines an die Gemeinde gerichteten Schreibens. Es läßt sich zwar nicht mit letzter Sicherheit entscheiden, daß die die Nebensätze einleitende griechische Konjunktion mit »weil« und nicht mit »daß« übersetzt werden muß, daß die Nebensätze also den Grund und nicht den Inhalt des Schreibens angeben; aber die Parallele in 2,21, wo die Übersetzung mit »daß« ein allzu plattes Verständnis ergäbe, macht das wahrscheinlich. Außerdem entspricht der sich bei dem Verständnis als Begründungssätze zeigende Zusammenhang von Zusage und Forderung dem Denken des Verfassers, wie es sich auch sonst im Brief findet. Er schreibt an seine Leser, *weil* sie wirklich *Gemeinde sind*. Zuvor hatte er ständig in Auseinandersetzung mit den Gegnern und gleichzeitig damit im Blick auf die Gemeinde geschrieben und dementsprechend konditional formuliert: »wenn wir sagen ...«, »wer sagt ...«. Das schloß die Mahnung an die Leser ein, rechtes Christsein zu verwirklichen. Jetzt vergewissert er sie nicht nur ihres rechten Christseins, sondern gibt gerade das als *Grund* seiner Ausführungen an. Darin kommt zum Ausdruck, daß das Christsein kein unverlierbarer Zustand ist, sondern im konkreten Vollzug immer wieder gewonnen wird. Die Vergewisserung der Gemeinde ist zugleich und ineins damit ein »indirekter Imperativ« (Bultmann 36), eine Mahnung, das auch zu sein und zu leben, wovon sie schon lebt und was sie schon ist.

Nach der Betrachtung der Probleme, die das Stück 2,12-14 im ganzen bietet, nach der Bestimmung seiner Funktion im Zusammenhang und dem Versuch, von daher seine Gesamtaussage zu verstehen, ist jetzt auf die Nebensätze im einzelnen einzugehen. Am Anfang, der Anrede »Kinderchen« zugeordnet, steht die grundlegende Feststellung: »Vergeben sind euch die Sünden.« Nach dem vorangehenden Vers 11, der vom Hassen des Bruders und vom Haß als blind machender Finsternis gesprochen hatte, liegt es nahe, bei »Sünden« vor allem an Erscheinungsformen des Hasses zu denken. Sündenvergebung ist dann Befreiung aus den engen Verstrickungen und aus der leeren Einsamkeit, in die der Haß – sei es in der Form tätig-glühender Bosheit oder in der Form untätig-gleichgültigen Hochmuts – führt; ist ein Hineingestelltwerden in das lebensvolle und offene Miteinander der Gemeinde; ist die Erfahrung der sehenden Augen von Brüdern und die Öffnung der eigenen, vom Haß geblendeten Augen für die Brüder.

Diese Sündenvergebung ist erfolgt »um seines Namens willen«. Damit wird der Grund angegeben, aus dem heraus die Sündenvergebung geschehen ist. Welcher Name gemeint ist, leidet keinen Zweifel: Jesus Christus. Der Name steht für die Person, wie ja die Wendung vom »glauben an den Namen des Gottessohnes« (5,13) keinen anderen Glauben meint als den an den Gottessohn Jesus Christus selbst. Er selbst ist der Grund der Sündenvergebung und nicht der Tatbestand, daß die Mitglieder der Gemeinde seinen Namen tragen, »Christen« sind, daß sie an seinen Namen glauben. Mit diesem Glauben lassen sie sich lediglich darauf ein, daß er wirklich und tatsächlich »Sühnung ist für unsere Sünden« (2,2; 4,10). Er selbst ist der Grund der Sündenvergebung, weil Gott ihn geschickt hat, »damit wir durch ihn leben« (4,9). Kraft seines Namens ist uns Vergebung der Sünden zugesprochen worden; und deshalb dürfen, können und sollen wir *leben, miteinander* leben.

In der zweiten Dreiergruppe ist der Anrede »Kinderchen« zugeordnet: »Ihr habt den Vater erkannt.« Denen »um seines Namens willen« vergeben worden ist, die haben darin den Gott erkannt, der sich als liebender Vater erwiesen hat, der ihnen solche Liebe zugewendet hat, die sie zu seinen Kindern macht (3,1). Und wer so »aus Gott gezeugt ist und Gott erkennt« (4,7), wer *diesen* Vater erkannt hat und *sein* Kind ist, der erfährt und vollzieht diese Kindschaft und diese Erkenntnis in der gegenseitigen Liebe in der Gemeinde, in ihrem brüderlichen Miteinander.

Mit der Anrede »Väter« ist beide Male in wörtlicher Übereinstimmung dieselbe Aussage verbunden: »Ihr habt den von Anfang an (Seienden) erkannt.« Wahrscheinlich ist diese, durch die Wiederholung verstärkte, Vergewisserung in Entgegensetzung zu einer These der Gegner geschrieben. Von deren Christologie her lag es nahe, daß sie den himmlischen Christus im Gegensatz zum irdischen Jesus als den von Anfang an Seienden begriffen und dessen Erkenntnis exklusiv für sich beanspruchten und sie den anderen absprachen, die »nur« Jesus bekannten. Jesus, der Mensch »im Fleisch« (4,2), kann nach ihnen nicht »der von Anfang« sein. Demgegenüber geht der Verfasser davon aus, daß gerade sie, seine Leser, die sich an Jesus halten, ihn als Gottessohn und Christus bekennen, damit den von Anfang an Seienden erkannt haben. Gerade er, und niemand sonst, ist »das ewige Leben, das beim Vater war« (1,2), gerade in ihm, und nirgends sonst, haben sie Gott als liebenden Vater erkannt und sind von solcher Erkenntnis in ihrem Leben bestimmt.

Die nach der Anrede »junge Männer« in der ersten Dreiergruppe stehende Aussage (»ihr habt den Bösen besiegt«) wird in der zweiten Dreiergruppe wiederholt, erhält dort aber noch zwei weitere Aussagen vorangestellt (»ihr seid stark, und das Wort Gottes bleibt unter euch«). Wie die Wiederholung zeigt, liegt der Ton auf der Aussage vom Besiegthaben des Bösen. »Der Böse« ist im Urchristentum Bezeichnung des Teufels. So wird er im 1 Joh auch noch 3,12 gekennzeichnet. Daneben steht viermal das Wort »Teufel« (3,8.10). In 3,8 charakterisiert ihn der Verfasser damit, daß er »von Anfang an sündigt«. Er hat sein Wesen im Sündigen, darin betätigt er es, und darin behält er es. Wer sündigt, gibt sich ihm anheim. Im Haß, im Nicht-Lieben gewinnt der Teufel seine »Kinder« (3,10) – wie den Kain, der sich durch die Hinschlachtung seines Bruders als »aus dem Bösen« seiend, als »Teufelskind«, bestimmte (3,12). Dem schlimmen Beispiel Kains ist auf der positiven Seite das Einanderlieben entgegengestellt (3,11). Das Nicht-Sündigen, und damit das Besiegen des Bösen, ist also nicht nur einfach Abwesenheit von Sünde, etwas Leeres also, sondern es vollzieht sich in der gegenseitigen Solidarität. Aber es ist in 2,13 f. vom Besiegen weniger im Sinne eines immer wieder und weiter erfolgenden Geschehens die Rede – diesen Aspekt umfaßt das hier gebrauchte griechische Perfekt *auch* –, sondern vor allem betont ist hier das schon erfolgte Besieg*thaben*. Und davon kann deshalb als einem schon »perfekten« Tatbestand gesprochen werden, weil »dazu der Sohn Gottes offenbar geworden ist, damit er die Werke des Teufels zerstöre« (3,8). Auf diesen schon errungenen Sieg läßt sich der Glaube in der Tat ein, so daß es auch von ihm heißen kann, daß er schon gesiegt hat (5,4f.; vgl. 4,4). Es ist also hier »von dem einen Sieg über den Bösen die Rede, der im Glauben erfolgt, der je und je den Sieg Christi nur geltend macht, an ihm teilhat«; denn die Gemeinde lebt »nicht von ihren eigenen Siegen, sondern je und je von dem schon gefallenen Sieg ihres Herrn« (Gaugler 121.122).

Daß die Aussage vom Besiegthaben des Bösen so verstanden werden muß, bestätigt sich an den beiden weiteren Aussagen, die ihr bei der Wiederholung in Vers 14 vorangestellt werden: »Ihr seid stark, und das Wort Gottes bleibt unter euch.« Sie haben von ihrem Inhalt her offensichtlich die Funktion, die ihnen folgende dritte zu begründen; und ihr Verhältnis untereinander ist so zu bestimmen, daß die zweite die erste interpretiert. Denn daß die hier gemeinte Stärke nicht die physische Kraft oder psychische Robustheit sein kann, ist selbstverständlich; sie ergibt sich vielmehr aus dem Bleiben des Wortes. Der Zusammenhang aller drei Aussagen des Nebensatzes von Vers 14 ist also »der, daß die Stärke ihren Grund in dem Worte Gottes, das in ihnen dauernd ist ..., hat und daß sie in dieser Kraft den Sieg errungen haben« (Huther 107). Ausdrücklich ist hier als sachliche Voraussetzung des Sieges der Gemeinde über den Bösen das Bleiben des Wortes Gottes in ihr genannt. Vom »Bleiben« war auch in 2,6.10 die Rede. Dort brachte es das aktive Moment des Bewahrens von Treue gegenüber Gott zum Ausdruck. Hier aber wird jetzt vom Bleiben des Wortes Gottes gesprochen und damit von der Voraussetzung solchen Bewahrens von Treue. Diese Voraussetzung ist die Treue Gottes selbst, die er im »Bleiben« seines Wortes in seiner Gemeinde erweist, indem er selbst immer wieder in ihr zu Wort kommt. Nicht zuerst ihre eigene Treue ist es, die sie stark macht, sondern Gottes Treue in seinem Wort. Damit ist ihre Treue nicht beiseite geschoben; aber sie ist zuerst dadurch bestimmt, daß sie sich die Treue Gottes *gefallen* läßt, daß sie sich sein Sünden überführendes und vergebendes Wort *sagen* läßt und nicht abweist, wie es die Behauptung der Sündlosigkeit tut (1,10). Dieses Wort macht die Gemeinde stark, weil es sie in die Wirklichkeit dessen stellt, der »die Werke des Teufels« zerstört hat (3,8); und so wird ihre Stärke konkret in ihrem brüderlichen Miteinander, in ihrer Solidarität, worin sie den Bösen besiegt hat und weiter besiegt, der sein Wesen, sein *Un*-Wesen, nur im Haß hat und treibt.

2. Mahnung: Liebt nicht die Welt! (2,15–17)

15 Liebt nicht die Welt noch das in der Welt! Wenn jemand die Welt liebt, ist die Liebe des Vaters nicht in ihm. 16 Denn alles das, was in der Welt ist – die Begierde des Fleisches und die Begierde der Augen und das Prahlen mit dem Vermögen –, ist nicht aus dem Vater, sondern ist aus der Welt. 17 Und die Welt vergeht und ihre Begierde; wer aber den Willen Gottes tut, bleibt für immer.

In den Versen 12–14 hatte der Verfasser die Gemeinde des Empfangs der Sündenvergebung, ihres Erkannthabens des Vaters und Jesu Christi und ihres Besiegthabens des Bösen vergewissert und damit ihres wirklichen Christseins. Darin war die Mahnung eingeschlossen, es nun auch zu leben. An diesen indirekten Imperativ schließt er jetzt in den Versen 15–17 eine ausdrückliche Mahnung an, indem er vor einem falschen Verhalten warnt. Worin sich das Christsein praktisch bewährt, wird hier im wesentlichen auf einer negativen Folie, in Abgrenzung gegen eine unchristliche Praxis dargestellt.
Am Anfang des Abschnittes wird ein bestimmtes Verhalten verboten (15a). Dieses Verbot erfährt in Vers 15b dadurch eine Erläuterung, daß der Verfasser die Konsequenz des verbotenen Verhaltens aufzeigt, daß er aufdeckt, was dieses Verhalten bedeutet, nämlich Abwesenheit der Liebe Gottes in demjenigen, der es vollzieht. In Vers 16 begründet er das Verbot und seine Erläuterung, indem er das Wesen des verbotenen Verhaltens als Gemeinschaft zerstörenden Egoismus kennzeichnet und damit als im Gegensatz zu Gott stehend erweist. Vers 17 bietet eine weitere Begründung: Jetzt wird dem Vergehen als dem notwendigen Ausgang des verbotenen Verhaltens die Verheißung ewigen Bleibens für denjenigen entgegengestellt, der sich im Gegensatz dazu positiv verhält, der den Willen Gottes tut.
Der Abschnitt beginnt mit der Mahnung: »Liebt nicht die Welt!« Nur hier wird im Brief ein Nicht-Lieben geboten; Objekt ist »die Welt«. Positiv fordert der Verfasser dazu auf, »den Bruder« bzw. »die Brüder« oder »einander« zu lieben. Weltliebe und Bruderliebe sind sich ausschließende Gegensätze. Bedeutet das Verbot der Welt-

liebe, daß die Liebe sich nur auf den Innenkreis der Gemeinde erstrecken darf, daß die Menschen außerhalb der Gemeinde aus der Liebe ausgeschlossen sind und daß sich die Gemeinde von ihnen durch Haß abgrenzen muß? Oder aber ist, wie ja die Bruderliebe ein bestimmtes Verhalten meint, nämlich eine Lebensführung entsprechend der Lebensführung Jesu, unter Weltliebe ein dem entgegengesetztes Verhalten, eine dieser Jesus Christus konformen entgegengesetzte Lebensführung verstanden? Von der Entgegenstellung der Weltliebe zur Bruderliebe her gibt es nur diese Alternative. Es ist hier nicht die Frage im Blick, ob die Christen an den vielfältigen Gütern und Erscheinungen dieser Welt, an ihren Möglichkeiten und Unmöglichkeiten Gefallen finden dürfen oder nicht und in welcher Weise sie damit umzugehen haben. Der Verfasser setzt hier die Weltliebe in einen scharfen Gegensatz zur Bruderliebe und stellt keine differenzierenden Betrachtungen über das Leben der Christen in der Welt an.

Was also hat er im Blick, wenn er dazu auffordert, nicht die Welt zu lieben? Zunächst ist zu beachten, daß diese Aufforderung noch eine unmittelbare Fortsetzung hat: »Liebt nicht die Welt noch das, was in der Welt ist!« In welchem Verhältnis aber steht »das, was in der Welt ist« zur »Welt«? Was ist »das, was in der Welt ist«? Man könnte darunter »alle vergänglichen Güter« (Bultmann 38) verstehen, deren Gesamtheit die Welt ausmacht. Aber dann ergäbe sich für die Mahnung das eben abgewiesene Verständnis. Sicherlich sind beide Objekte in engster Beziehung zueinander zu begreifen, ohne daß sie einfach miteinander identisch sind. Eine mögliche Analogie bildet die Formulierung in Mk 7,15 b: »Das, was aus dem Menschen herauskommt« – was demnach in ihm ist –, »ist es, was ihn verunreinigt.« Nicht das, was der Mensch ißt und trinkt (15a), womit hier für unrein erklärte Speisen und Getränke gemeint sind, macht ihn zum Sünder. Vielmehr das, was in ihm ist und aus ihm heraus zur Verlautbarung und Tat drängt, das Böse in seinem eigenen Herzen, qualifiziert den Menschen, so wie er ist, als Sünder – ohne daß damit das letzte Wort über »den Menschen« gesagt ist. So ist auch hier »das, was in der Welt ist«, nicht eine summarische Angabe aller Gegenstände in ihr, sondern derjenige »Inhalt«, der die Welt so zu sein bestimmt, wie sie jetzt ist – ohne daß damit das letzte Wort über die Welt gesagt ist. Daß so verstanden werden muß, ergibt sich aus Vers 16, wo die Wendung »was in der Welt ist« noch einmal aufgenommen und inhaltlich ausgeführt wird – und zwar nicht im Sinne einer Aufzählung der die Welt füllenden Güter, womit dieses Verständnis endgültig ausgeschlossen ist. Die Besprechung dieser Aufnahme und inhaltlichen Ausführung soll jetzt vorweggenommen werden, um die einleitende Mahnung in Vers 15 verstehen zu können.

Die Wendung »das, was in der Welt ist« – im griechischen Text steht der Plural – wird in Vers 16 in der Weise aufgenommen, daß der Verfasser jetzt den Singular setzt – in der deutschen Übersetzung kann der Unterschied nicht kenntlich gemacht werden – und ein zusammenfassendes »alles« voranstellt: »alles das, was in der Welt ist«. Diese Art der Wiederaufnahme macht deutlich, daß es in der folgenden inhaltlichen Ausführung nicht um eine beliebige Aufzählung irgendwelcher Dinge oder »Laster« geht, sondern daß hier eine grundsätzliche Bestimmung dessen gegeben werden soll, das die Welt zu dem macht, was sie jetzt ist. Daher legt es sich nahe, bei der Interpretation der dann genannten drei Begriffe – »die Begierde des Fleisches, die Begierde der Augen und das Prahlen mit dem Vermögen« – nach einem einheitlichen Gesichtspunkt zu suchen. Das ist nur möglich, wenn man vom letzten Begriff ausgeht und von daher auch die ersten beiden in materiellem Sinn versteht.

Einer solchen Interpretation scheint sich aber vor allem der erste Begriff zu widersetzen. Von der »Begierde des Fleisches« ist im urchristlichen Schrifttum zuerst bei Paulus Gal 5,16 die Rede, und zwar im Rahmen einer Entgegensetzung von Geist und Fleisch. Die Verse 19–21 entfalten »die Werke des Fleisches« in einem Lasterkatalog, wobei geschlechtliche Verfehlungen voranstehen. Nach diesen Werken begehrt das Fleisch. Das der Sünde verfallene Fleisch gewinnt Eigenmächtigkeit und veranlaßt den Menschen, der aufs Fleisch sein Vertrauen setzt, solche Werke zu tun, die einer vom Geist bestimmten Lebensführung widersprechen. – Eph 2,3 wird von einem Lebenswandel »in den Begierden unseres Fleisches« gesprochen, »indem wir dem Fleisch und den Sinnen den Willen taten«. Auch hier stehen wohl geschlechtliche Verfehlungen im Vordergrund. Das gilt ebenfalls für 2 Petr 2,18, wo in einer Irrlehrerbeschimpfung »Begierden des Fleisches« mit »Ausschweifungen« unmittelbar zusammenstehen. Vgl. weiter 1 Petr 2,11 und Did 1,4 (»fleischliche Begierden«). – Im johanneischen Traditionsbereich aber wird »Fleisch« anders verstanden. Im 1 Joh begegnet es nur noch in 4,2 innerhalb der Aussage, daß Jesus Christus »im Fleisch« gekommen ist, womit sein wirkliches Menschsein zum Ausdruck gebracht wird. In dieser Weise, als Bezeichnung der bloß irdisch-menschlichen Sphäre, wird »Fleisch« auch im JohEv gebraucht. – Der Begriff »Begierde« begegnet in den johanneischen Schriften außer 1 Joh 2,16f. nur noch Joh 8,44: »Ihr seid aus dem Teufel als eurem Vater, und die Begierden eures Vaters wollt ihr tun.« Direkt anschließend wird der Teufel als »Mörder von Anfang an« gekennzeichnet. Die Juden wollen seine Begierden tun, weil sie beabsichtigen, Jesus zu töten (8,37.40.59), der ihnen die Wahrheit gesagt hat (8,40), der der Welt bezeugt, »daß ihre Werke böse sind« (7,7). »Begierde« hat hier also nicht den mindesten »sinnlichen« Anklang, sondern bezieht sich auf das Beseitigen dessen, der das selbstsüchtige Treiben der Welt stört. Die Stelle Joh 8,44 ist in 1 Joh 3,15 aufgenommen, wo ganz entsprechend der »Mörder« als Bruderhasser interpretiert wird. – Von diesen Beobachtungen her ist es zwar nicht zwingend ausgeschlossen, unter der »Begierde des Fleisches« in 1 Joh 2,16 »alle bösen Regungen, die aus der leiblich-sinnlichen Natur des Menschen aufsteigen«, und »insbesondere ... den überstarken, zum Mißbrauch treibenden und sich dann verheerend auswirkenden Geschlechtstrieb« (Schnackenburg 129) zu verstehen, da diese und dieser ja auch zur irdisch-menschlichen Sphäre gehören, aber es zeigt sich auch die Möglichkeit einer anderen Interpretation: Nämlich die, unter »Begierde des Fleisches« die der irdisch-menschlichen Sphäre eigentümliche Begehrlichkeit nach Besitz, die der Brüderlichkeit direkt entgegenwirkende und der Hingabe völlig entgegengesetzte Habgier zu begreifen.

»Die Begierde der Augen« ist eine in der urchristlichen Literatur singuläre Formulierung. Auch sie kann in vorwiegend sexuellem Sinn verstanden werden. Dann wäre 2 Petr 2,14 eine Parallele, wo es ebenfalls innerhalb der Irrlehrerbeschimpfung heißt, sie hätten »Augen, voll (von Gier nach) einer Ehebrecherin«. Vgl. auch Mt 5,27-29. Aber der Verfasser des 1 Joh macht diesen Bereich nirgends sonst zum Thema. Wie er positiv immer wieder zur Bruderliebe mahnt, so kommt als negatives Verhalten nur der Bruderhaß in den Blick, der in diesem Brief in materieller Hinsicht konkret wird (3,17). So empfiehlt es sich, auch hier eine andere Interpretationsmöglichkeit zu erwägen. Wenn in Mt 20,15 vom »bösen Auge« gesprochen wird (vgl. auch Mt 6,23/Lk 11,34; Mk 7,22), so ist dort an den Neid gedacht. Pred 4,8 und Sir 14,9 beziehen sich Formulierungen mit »Auge« auf den Geiz. Es ist daher möglich, »die Begierde der Augen« in 1 Joh 2,16 als »Neid« oder »Geiz« zu interpretieren.

Eindeutig im materiellen Sinn ist der dritte Begriff verstanden, der in wörtlicher Übersetzung lautet: »das Prahlen des Lebens«. Das hier für »Leben« gebrauchte griechische Wort ist ein anderes als in 1,2 (u. ö.); es begegnet noch einmal in 3,17 und meint an beiden Stellen die Mittel zum Leben, den Lebensunterhalt. In 2,16 ist daher an das Prahlen mit dem Lebensunterhalt gedacht. Und wenn mit dem Lebensunterhalt geprahlt werden kann, dann muß es sich dabei um ein Vermögen handeln, so daß also an dritter Stelle »das Prahlen mit dem Vermögen« steht.

Die Untersuchung der Begriffe »die Begierde des Fleisches« und »die Begierde der Augen« zeigt also die Möglichkeit an, sie in materiellem Sinn als Habgier und Geiz (oder Neid) zu verstehen. Da bei einer solchen Interpretation diese Begriffe mit dem dritten, dem »Prahlen mit dem Vermögen«, in eine einheitlich ausgerichtete Reihe zu stehen kommen und so alle drei einem gemeinsamen Gesichtspunkt Ausdruck zu geben vermögen, was der vorangehende Kontext erfordert, gewinnt diese Möglichkeit an Wahrscheinlichkeit. Als dieser gemeinsame Gesichtspunkt von »all dem, was in der Welt ist«, was die Welt in ihrem Wesen bestimmt und auszeichnet, erscheint dann das Mehr-sein- und Mehr-haben-Wollen als der Mitmensch, das praktische Verleugnen der Gleichheit durch den Solidarität zerstörenden, Haß und Zwietracht ermöglichenden Egoismus des Menschen, der sich selbst zum Gott macht und damit die Liebe Gottes bestreitet, die ihn und seine Mitmenschen zu Kindern Gottes und untereinander zu Brüdern gemacht hat. Es sind hier also keine außerordentlichen oder abnormen Bosheiten im Blick, sondern die Normalität und Ordnung dieser Welt, ihre zur Eigengesetzlichkeit gewordene Bosheit, ihre in Strukturen und Sachzwängen institutionalisierte und damit ideologisch überhöhte und abgesicherte Ungleichheit, die wiederum aktuelle Bosheit, je und je erfolgendes unbrüderliches Handeln, erleichtert, fördert und erzwingt.

Was also bedeutet die den Abschnitt 2,15–17 eröffnende Mahnung, »nicht die Welt, noch das, was in der Welt ist«, zu lieben? Die anfangs gestellte Alternative kann jetzt so entschieden werden, daß hier nicht zum Haß gegen diejenigen Menschen aufgefordert wird, die außerhalb der Gemeinde stehen. Die Devise der Qumran-Gemeinde, »alle Söhne des Lichtes zu lieben, ..., aber alle Söhne der Finsternis zu hassen« (1 QS 1,9f.), gilt nicht für den 1 Joh. Die Mahnung seines Verfassers, nicht die Welt zu lieben, meint vielmehr die Enthaltung von einem bestimmten, die Welt qualifizierenden Verhalten. Diese Mahnung richtet er an die *Gemeinde*. Sie steht offensichtlich immer wieder in der Gefahr, selbst *Welt* zu werden, die Ordnung der Welt für »gegeben« und »normal« zu halten und sich ihr anzupassen, nicht anders zu erscheinen als ein Spiegelbild der Gesellschaft, in der sie lebt. Gegenüber diesem Anpassungsdruck und aus der Erinnerung daran, daß die Gemeinde – weil sie die Sündenvergebung empfangen, Gottes Handeln in Jesus Christus erkannt und den Bösen besiegt hat – schon *anders ist*, fordert sie der Verfasser hier zur Distanz auf; sie *soll* auch anders sein als die Welt und das, was sie prägt. Der Gemeinde kommt in der Tat »Weltfremdheit« (Gaugler 129) zu.

Trifft es also zu, daß der Verfasser die Gemeinde nicht zum Haß gegen die Menschen außerhalb ihrer Grenzen bewegt, sondern ihr untersagt, sich so zu verhalten, wie die Welt es tut, dem sie bestimmenden Prinzip des unersättlichen Mehr-sein- und Mehr-haben-Wollens, des sich überhebenden Abgrenzens gegen die Mitmenschen, zu folgen, und hatte er sie vorher schon positiv dazu aufgefordert, wirklich *Gemeinde* zu sein, neue Welt im Miteinander gegenseitiger Bruderliebe zu verwirklichen, so bleibt doch die Frage, wie die Gemeinde das ihr gebotene, das ihr eigentümliche Verhalten im

Umgang mit der Welt bewährt, die eben diesem, dem *ihr* eigenen Prinzip folgt – einem Prinzip, das die Welt in oben und unten mit vielen Zwischenstufen, in Mächtige und Ohnmächtige teilt mit vielfältigem Gegeneinander. Verhielte sich die Gemeinde, was ihr Handeln angeht, nach außen anders als nach innen, folgte sie »draußen« dem »Weltprinzip«, wie es Vers 16 beschreibt, liefe das immer auf ein Paktieren mit den Starken, auf Kumpanei mit den Mächtigen hinaus. Damit würde sie auf ihre eigene Durchsetzungskraft und die dieser »Bundesgenossen« vertrauen und so verleugnen, wovon und von wem sie lebt; sie würde aufhören, *Gemeinde* zu sein. Im Umgang mit der Welt, im Handeln in ihr kann sie das ihr eigene Verhalten nur bewähren, kann sie sich des »Weltprinzips« nur enthalten in der Solidarität mit den Opfern, in der Hilfe für die Schwachen – im Wissen, daß für *beide*, für diejenigen, die unterdrückt werden, *und* für diejenigen, die sich durchgesetzt haben, *dasselbe* gilt: Jesus Christus ist Sühnung für die *ganze* Welt (2,2). So wird die Gemeinde allerdings ein *Störfaktor* in der Welt sein; und sie darf sich des sie dann treffenden Hasses nicht verwundern (3,13).

In Vers 15 b deckt der Verfasser die Konsequenz dessen auf, wenn seine Mahnung nicht befolgt wird: »Wenn jemand die Welt liebt, ist die Liebe des Vaters nicht in ihm.« Daß »die Liebe des Vaters« die Liebe meint, die der Vater erwiesen hat und erweist, und nicht – was sprachlich auch möglich wäre – die Liebe zum Vater, zeigt sich an den antithetischen Parallelen in 2,5 und 4,12. Wer die Welt liebt, wer dem in ihr geltenden Prinzip egoistischer Selbstbehauptung folgt, will es, indem er so handelt, nicht wahrhaben, daß der Vater ihn in der Sendung und Hingabe seines Sohnes geliebt hat (4,9f.). Er sperrt sich dagegen, Kind Gottes (3,1) zu sein, und er erkennt darum auch nicht im Mitmenschen den Bruder, den er lieben soll, wie ihm Liebe widerfahren ist (3,16). So läßt er die auch ihm erwiesene Liebe des Vaters nicht zur Wirkung kommen; sie bewegt ihn nicht, sie »ist nicht in ihm«. Ganz parallel heißt es in 3,17: »Wer aber seinen Lebensunterhalt hat und sieht seinen Bruder Not leiden und verschließt sein Erbarmen vor ihm – wie bleibt in ihm die Liebe Gottes?« Die Liebe Gottes hat keine »Bleibe« bei dem, sondern wird von ihm abgewiesen, der sich unbrüderlich verhält, der der Not des Bruders nicht abhilft. Diese Stelle bestätigt damit, daß es richtig war, die inhaltlichen Ausführungen dessen, »was in der Welt ist« (16), in materiellem Sinn zu interpretieren: Vor der Not des Bruders sein Erbarmen verschließen, das ist Liebe zur Welt, das ist Habgier und Geiz.

In Vers 16 gibt der Verfasser eine Begründung für seine Mahnung, nicht die Welt zu lieben, und für die danach angeführte Erläuterung, die als Konsequenz der Weltliebe die Abwesenheit der Liebe des Vaters aufzeigte. Sie besteht darin, daß »alles das, was in der Welt ist«, das sie bestimmende Prinzip, »nicht aus dem Vater ist«. Mit der Angabe dessen, woraus etwas ist, wird sein Wesen durch die Bezeichnung seines Ursprungs charakterisiert. Der Gemeinschaft zerstörende und verhindernde Egoismus, das Gegenteil der Bruderliebe, hat sein Wesen nicht von dem Vater, ist nicht in seinem Ursprung von Gott bestimmt, der sich vielmehr selbst als Liebe definiert hat (4,7ff.). Sondern: Was die Welt zu dem macht, was sie ist, was sie dazu bestimmt, so zu sein, wie sie ist, hat seinen Ursprung und sein Wesen – »aus der Welt«! Das die Welt bestimmende Prinzip wird also nicht weiter zurückgeführt als auf sie selbst. Der Verfasser weiß durchaus vom »Bösen«, vom Teufel, zu reden; aber er macht ihn nicht in dualistischer Ausgewogenheit zum gleichrangigen Gegenspieler Gottes. Er macht ihn nicht zur alles erklärenden – und damit auch alles entschuldigenden – Ursache der Bosheit. Indem er das die Welt zur Welt machende Verhalten auf sie selbst zurückführt, läßt er diese Selbstbestimmung des Menschen, mit der er sich angesichts der ihm erwiesenen Liebe Gottes zur diese Liebe verfehlenden Welt bestimmt, in ihrer unerklärlichen Rätselhaftigkeit stehen und kennzeichnet sie als Schuld. Vers 16 ist damit insofern eine Begründung für Vers 15, als die Gemeinde, die allein aus der ihr geschenkten Liebe Gottes lebt, sich nicht dem anheimgeben darf und kann, was zu dieser Liebe in vollem Gegensatz steht, was nicht aus Gott kommt; sie kann und darf das nicht tun, ohne selbst aufzuhören, Gemeinde zu sein.

Der Verfasser begründet seine Mahnung, nicht die Welt zu lieben, in Vers 17 noch weiter, zunächst mit der negativen Feststellung: »Und die Welt vergeht und ihre Begierde.« Mit der Aufnahme des Begriffs »Begierde« aus Vers 16 und der Kennzeichnung, daß es ihre, der Welt, Begierde ist, wird noch einmal das Wesen der Welt als diejenige Begehrlichkeit charakterisiert, die in ihrem unersättlichen Verlangen nach Reichtum, Ansehen und Macht Liebe verweigert, Gemeinschaft verhindert und Haß provoziert. Diese Begierde der Welt, die aus ihr selbst kommt, ist damit auch an sie gebunden; die so von ihrer Begierde bestimmte Welt aber ist ohne Hoffnung: Sie hat keinen Bestand, sie vergeht.

Worauf gründet dieses Urteil über das Vergehen der Welt? Es ist möglich, daß der Verfasser hier auch an die allgemeine Vergänglichkeit alles dessen denkt, was in der Welt ist. Nichts in ihr hat wirklich Bestand; alles in ihr ist dem Sterben und Vergehen unterworfen.

Aber diese Tatsache der allgemeinen Erfahrung ist kein hinreichender Grund für sein doch viel weiter gehendes Urteil. Er hat ja dabei nicht so sehr die Vielfalt aller irdischen Dinge im Blick als vielmehr die Welt selbst in ihrem Wesen; und *deren* Vergehen ist keineswegs eine aus der allgemeinen Erfahrung gewonnene und gesicherte Erkenntnis. Das Urteil des Verfassers über das Vergehen der Welt steht sicherlich nicht zusammenhanglos neben dem in 2,8 ausgesprochenen, daß die Finsternis vergeht. Denn die Finsternis ist ja nichts anderes als die von der Begierde bestimmte und dadurch »finster« gemachte Welt. In 2,8 gründete sich das Urteil über das Vergehen der Finsternis darauf, daß »das wahre Licht schon scheint«, daß das Gebot der Bruderliebe von Jesus Christus verwirklicht worden ist und von da aus in seiner Gemeinde weiter verwirklicht wird. Entsprechend dürfte das Urteil über das Vergehen der von der Begierde bestimmten Welt in 2,17 darauf beruhen, daß es in der Gemeinde »Verwirklichung von Liebe« (Balz 174) gibt und sie damit nicht von der Begierde bestimmte Welt ist, sondern schon die Wirklichkeit neuer Welt darstellt. Und diese neue Welt ist zugleich Zeichen dafür, daß der alten die letzte Stunde geschlagen hat, daß sie definitiv vergeht. Auch diesen Aspekt des endgültigen Vergehens der Welt bei der Parusie Jesu Christi (vgl. 2,28) hat der Verfasser hier im Blick. Denn es scheint doch schlechterdings ausgeschlossen zu sein, daß er daran *nicht* denkt, wenn er unmittelbar anschließend in Vers 18 feststellt, daß »letzte Stunde« ist. In dem in Vers 17a ausgesprochenen Urteil kommt zum Ausdruck, daß die Kampfgeschichte, in der die Gemeinde als neue Welt gegen die alte steht, schon entschieden ist; das definitive Vergehen der Welt wird diese schon gefallene Entscheidung bestätigen und offenlegen. Wer daher die Welt liebt, bindet sich selbst an etwas, das unwiderruflich vergeht.
Im Gegensatz zum Vergehen der Welt formuliert der Verfasser am Schluß des Abschnittes in Vers 17b eine Verheißung: »Wer aber den Willen Gottes tut, bleibt für immer.«

Die Wendung vom Tun des Willens Gottes ist eine im Urchristentum verbreitete Formulierung. Ihre Verwendung im JohEv hat – außer in 9,31, wo sie im Munde des geheilten Blindgeborenen in traditioneller Weise erscheint – eine besondere Eigentümlichkeit, da sie vor allem christologisch bezogen ist und die Einheit von Vater und Sohn zum Ausdruck bringt: Jesus tut den Willen dessen, der ihn gesandt hat (4,34; 6,38; vgl. 5,30); er hat daneben keinen eigenen Willen. In ihm, in seinem Reden und Tun, manifestiert sich der Wille Gottes. Der 1 Joh folgt demgegenüber dem allgemein-urchristlichen Sprachgebrauch, wenn er auch durch den Bezug auf die Bruderliebe einen besonderen Akzent setzt.

Was für den Verfasser des 1 Joh der Wille Gottes ist, kann nach seinen bisherigen Ausführungen nicht zweifelhaft sein. Der Wille Gottes – das sind »seine Gebote« (2,3), die sich in dem *einen* Gebot der Bruderliebe zusammenfassen (2,7–11). Wer dieses Gebot erfüllt, wer Bruderliebe übt und also im Miteinander der Gemeinde steht, für den gilt: »Er bleibt für immer.« Von ihm wird ausgesagt, was im Bild von Joh 8,35 dem Sohn im Unterschied zum Knecht zukommt, was Joh 12,34 die Juden vom Messias wissen, was in den 2 Kor 9,9 und 1 Petr 1,25 aufgenommenen Zitaten von der Gerechtigkeit Gottes und dem Wort des Herrn gilt und Hebr 7,3.24 vom Priestertum Melchisedeks und Jesu. Wer den Willen Gottes tut, wer das Gebot der Bruderliebe erfüllt, hat damit seinen Stand in dem Gott, der sich selbst als Liebe definiert hat; und so hat er ewig Bestand – im Gegensatz zur Welt, die sich auf sich selbst gründet und deshalb vergeht. Diese Verheißung ist charakteristisch unterschieden von dem ähnlich klingenden Satz in 2 Clem 8,4: »Wenn wir den Willen des Vaters tun, das Fleisch rein bewahren und die Gebote des Herrn halten, werden wir ewiges Leben empfangen.« Es geht 1 Joh 2,17b nicht um den zukünftigen Empfang ewigen Lebens aufgrund von in diesem Leben erfüllten Bedingungen, sondern wer sich in der Bruderliebe auf die Wirklichkeit Gottes eingelassen hat, von dem kann – weil von einer schlechthin überlegenen Wirklichkeit, weil von Gott getragen und bewahrt – nicht mehr und darf nicht weniger gesagt werden, als daß er *bleibt*; er hat schon »das Leben« (3,14).

II. Die endzeitliche Bewährung der Hoffnung in tätiger Liebe als Ziel des Festhaltens am Bekenntnis (2,18–3,24)

Der Verfasser hatte den zweiten Briefteil schon am Schluß des ersten kurz vorbereitet, indem er dort vom Vergehen der Welt sprach. Ihr definitives Ende ist für ihn keine in unabsehbarer Ferne liegende Zukunft, sondern er erwartet es in unmittelbarer Nähe. Die hier aufgebrochene eschatologische Dimension bildet den Rahmen, der den ganzen zweiten Briefteil trägt. In ihrem Horizont versucht der Verfasser die beginnende Spaltung seiner Gemeinde, das Auftreten der von ihm angegriffenen Gegner zu begreifen. Indem er sie als Antichristen identifiziert, kennzeichnet er damit die Gegenwart als Endzeit, denn nach traditionellem christlichen Glauben wurde das Auftreten des Antichristen in der Endzeit erwartet. Die Gegner sind für ihn vor allem deshalb als Antichristen ausgewiesen, weil sie das

Bekenntnis »Jesus ist der Christus« leugnen. Hatte er in der Briefeinleitung seine christologische Position unter Aufnahme von Gedanken aus dem Prolog des Evangeliums grundsätzlich dargelegt, so geht er auch jetzt von diesem für ihn zentralen Punkt aus, diesmal in direkter Auseinandersetzung mit seinen Gegnern. In der Entgegenstellung zu ihnen mahnt er in einem ersten Abschnitt seine Gemeinde zum Festhalten am überlieferten Bekenntnis als dem, was in der Endzeit notwendig ist (2,18–27). In einem zweiten Abschnitt (2,28–3,3) bindet er an das Festhalten des Bekenntnisses die Verheißung von Freimut bei der Ankunft Jesu; und in diesem Zusammenhang spricht er von der Hoffnung derjenigen, die jetzt schon Kinder Gottes sind, an denen aber noch nicht offenbar ist, was sie sein werden. Sie haben die Hoffnung, daß sie Jesus gleich sein werden – eine Hoffnung, die sie nur so wirklich haben können, daß sie ihm, dem Reinen, schon jetzt entsprechen. Diesen Aspekt, auf den damit der zweite Briefteil hinausläuft, entfaltet der Verfasser ausführlich in einem dritten Abschnitt (3,4–24). Er geht dabei in drei Schritten vor, indem er erstens die Unverträglichkeit des Christseins mit der Sünde herausstellt, weil Jesus die Sünden beseitigt hat (4–10), indem er zweitens deutlich macht, daß die Freiheit von der Sünde nicht etwas »Leeres« ist, das abstrakt behauptet werden könnte, sondern daß sie die konkrete Gestalt der Bruderliebe hat (11–17), und indem er drittens darlegt, daß der für die Ankunft Jesu erhoffte Freimut in dieser tätigen Liebe schon jetzt antizipiert wird und auch durch berechtigte Anklagen des Gewissens dank des größeren Gottes nicht ausgelöscht werden kann (18–24). Somit ergibt sich für den zweiten Briefteil folgende Gliederung:

A. Leugnung und Bewahrung des Bekenntnisses in der Endzeit (2,18–27)
B. Die Hoffnung der Kinder Gottes auf Freimut bei der Ankunft Jesu und auf Gleichheit mit ihm (2,28–3,3)
C. Freimut gegenüber Gott in der Bruderliebe (3,4–24)
1. Die Unverträglichkeit des Christseins mit der Sünde (3,4–10)
2. Die Bruderliebe als konkrete Gestalt der Freiheit von der Sünde (3,11–17)
3. Anklagen und Freimut (3,18–24)

A. Leugnung und Bewahrung des Bekenntnisses in der Endzeit (2,18–27)

18 Kinderchen, es ist letzte Stunde; und wie ihr gehört habt, daß ein Antichrist kommt – und jetzt sind viele Antichristen da. Daher erkennen wir, daß es letzte Stunde ist.   19 Von uns sind sie ausgegangen; aber sie gehörten nicht zu uns. Wenn sie nämlich zu uns gehört hätten, wären sie bei uns geblieben. Aber (sie sind deshalb nicht geblieben,) damit an ihnen offenbar wird, daß nicht alle zu uns gehören.
20 Und ihr, ihr habt Salböl vom Heiligen, und ihr seid alle Wissende.   21 Ich habe euch nicht geschrieben, weil ihr die Wahrheit nicht wißt, sondern weil ihr sie wißt und weil keine Lüge aus der Wahrheit stammt.
22 Wer ist der Lügner, wenn nicht derjenige, der leugnet, daß Jesus der Christus ist? Das ist der Antichrist, der den Vater und den Sohn leugnet.   23 Jeder, der den Sohn leugnet, hat auch den Vater nicht. Wer den Sohn bekennt, hat auch den Vater.
24 Ihr – was ihr von Anfang an gehört habt, soll in euch bleiben! Wenn in euch bleibt, was ihr von Anfang an gehört habt, werdet auch ihr im Sohn und im Vater bleiben.   25 Und das ist die Verheißung, die er uns selbst verheißen hat: das ewige Leben.
26 Das habe ich euch in bezug auf diejenigen geschrieben, die euch täuschen wollen.
27 Und ihr – das Salböl, das ihr von ihm empfangen habt, bleibt in euch. Und ihr habt es nicht nötig, daß euch irgendeiner belehrt, sondern wie sein Salböl euch über alles belehrt, ist es wahr und keine Lüge. Und demgemäß, wie es euch belehrt hat, bleibt in ihm!

Literatur: *Michl, J.:* Der Geist als Garant des rechten Glaubens, in: Vom Wort des Lebens. Festschrift Max Meinertz, NTA. E 1, 1951, 142–151.

Dieser Abschnitt bildet die Grundlage der folgenden Ausführungen des zweiten Briefteiles. In der direkten Auseinandersetzung mit seinen Gegnern, in der Abweisung ihrer christologischen These behaftet der Verfasser die Gemeinde bei dem ihr von Anfang an überlieferten Bekenntnis. Hält sie nur daran fest, weiß sie, was zu wissen notwendig ist, und kann sie die sich als besonderes Wissen ausgebende Belehrung der Gegner als Lüge und Täuschung durchschauen. Im einzelnen geht der Verfasser so vor, daß er den Ausführungen über seine Gegner direkte Anreden an seine Leser folgen läßt (20.24.27), die er durch ein vorangestelltes, an den beiden letzten Stellen grammatisch nicht in den folgenden Satz eingebundenes »(und) ihr« besonders hervorhebt. Damit ist das Stück deutlich in drei Teile mit jeweils zwei Unterteilen gegliedert: Im ersten Teil schließt der Verfasser zunächst aus dem Auftreten von Antichristen, daß letzte Stunde ist, und urteilt, daß sie, die aus der Gemeinde hervorgegangen sind, ihr jedoch nie wirklich zugehörig waren (18f.). Dann versichert er seiner Gemeinde, daß sie die Wahrheit kennt; ja, gerade das ist überhaupt erst die Voraussetzung seines Schreibens (20f.). Im zweiten Teil nennt er zuerst die These der Gegner, kennzeichnet sie als Lüge und legt ihre Konsequenz und die Konsequenz ihres Gegenteils dar (22f.). Im Anschluß daran mahnt er dann die Gemeinde, bei dem zu bleiben, was sie gehört hat, und nennt die solchem Bleiben gegebene Verheißung (24f.). Der dritte Teil ist wiederholende Zusammenfassung. Nach einer kurzen Bemerkung, daß er alles im Blick auf die Gegner geschrieben hat, die dabei als Verführer gekennzeichnet werden (26), versichert der Verfasser der Gemeinde noch einmal, daß sie keine Belehrung nötig hat, und mahnt sie, bei der ursprünglichen Belehrung zu bleiben (27).

Mit der Anrede »Kinderchen« (→ zu 2,1) eröffnet der Verfasser den zweiten Briefteil. Darauf folgt eine lapidare Feststellung: »Es ist letzte Stunde.« Sie setzt die Gegenwart in unmittelbaren Bezug auf die Ankunft Jesu Christi (2,28), kennzeichnet sie als Endzeit, die dem endgültigen Vergehen der Welt (2,17) vorangeht. Damit steht der Verfasser in einem breiten Strom urchristlicher Tradition. Diese Überzeugung hat, wenn auch in verschiedenen Ausprägungen und mit verschiedener Intensität, mit Jesus fast das ganze Urchristentum geteilt.

Auch die beiden hier gebrauchten Begriffe *eschatos* (letzter) und *hōra* (Stunde) begegnen je für sich häufig in dieser Tradition. So heißt es 2 Tim 3,1: »In den letzten Tagen werden schlimme Zeiten aufkommen.« Nach Jud 18 und 2 Petr 3,3 werden »zu den letzten Tagen« bzw. »zur letzten Zeit« Spötter auftreten. Barn 4,9 mahnt dazu, »in den letzten Tagen« auf der Hut zu sein, da sonst die ganze Zeit des Glaubens nichts nützt; ähnlich die Parallelstelle Did 16,2f. Vgl. auch Ign Eph 11,1. An allen diesen Stellen dient *eschatos* zur Kennzeichnung der Zeit vor dem Weltende, die in irgendeiner Weise böse oder schwierig ist, so daß es besonders aufzupassen gilt. Diese Verwendung von *eschatos*, die sich also durchweg in relativ späten Schriften des Urchristentums findet, nimmt der Verfasser des 1 Joh auf, wie der folgende Kontext zeigt; dort ist ihm das Auftreten von Antichristen Kennzeichen der Endzeit, was seine Mahnungen an die Gemeinde veranlaßt. Der Anwendungsbereich von *eschatos* ist jedoch wesentlich weiter. Jak 5,3 bezeichnet es die Endzeit ohne nähere Qualifikation, Barn 12,9; 16,5 als Zeit, in der ein bestimmtes Gotteshandeln erfolgt, Apg 2,17 als Heilszeit durch die Ausgießung des heiligen Geistes. An mehreren Stellen bezieht sich die Wendung von »den letzten Tagen« bzw. »der letzten Zeit« auf das Gekommensein Jesu (Hebr 1,2; 1 Petr 1,20; 2 Clem 14,2; Herm sim 9,12). Und schließlich dient *eschatos* zur Bezeichnung des Zeitpunktes des Endes der Welt und des Beginns der neuen, meist in der Verbindung »der letzte Tag« (1 Kor 15,52; Joh 11,24; 12,48; 1 Petr 1,5; Herm vis 2,2 und die sekundären Stellen des JohEv: 6,39.40.44.54).

Auch der Begriff »Stunde« wird häufig in eschatologischen Zusammenhängen gebraucht. Vor allem steht er zur Bezeichnung des Zeitpunktes der Parusie, der Auferstehung und des Gerichtes: Mk 13,32/Mt 24,36; Mt 24,44/ Lk 12,40; Mt 25,13; Joh 5,28; Offb 3,3; 9,15; 11,13; 14,7.15; Did 16,1. Zur Bezeichnung der Zeit unmittelbar vor dem Ende der Welt findet sich »Stunde« in Röm 13,11 und Offb 3,10. An der letzten Stelle ist diese Endzeit-Stunde als »Stunde der Versuchung« verstanden. Sie gilt also als bedrängende Zeit – wie die »letzte Stunde« in 1 Joh 2,18 und den oben unter *eschatos* angeführten Parallelen.

Wenn auch der Verfasser des 1 Joh mit der Aussage, daß »letzte Stunde ist«, eine traditionelle Vorstellung aufnimmt und er sich dazu traditioneller Begriffe bedient, so ist es doch auffällig, daß sich die Zusammenstellung der beiden hier gebrauchten Begriffe nirgends sonst findet; die Bezeichnung der Endzeit als »letzte Stunde« ist ihm eigentümlich. Daraus ist zu schließen, daß die damit ausgedrückte Vorstellung für ihn nicht einen belanglosen Bestandteil der Tradition darstellt, sondern daß sie ihm wesentlich ist. Im Blick auf das JohEv ist der Gebrauch des Begriffs »Stunde« in diesem Zusammenhang besonders auffällig. Denn dort zeigt sich eine sehr fest geprägte und andersartige Verwendung dieses Begriffes: *Die* Stunde ist im JohEv die Stunde der Passion und des Todes Jesu, die zugleich als Stunde seiner Verherrlichung gilt, weil *Gott* diese Stunde will, weil *er* in ihr, in Niedrigkeit und die Niedrigkeit überwindend, begegnet (7,30; 8,20; 12,23.27; 13,1; 16,25.32; 17,1). Sodann ist einmal von der Stunde Jesu in bezug auf ein Wunder die Rede (2,4), mit dem er »seine Herrlichkeit offenbarte« (2,11). Das ist vom Charakter der Wunder als Zeichen zu verstehen, die der Passion als dem eigentlichen Geschehen der Verherrlichung Jesu untergeordnet sind. Schließlich meint »die Stunde« im JohEv die neue Zeit der Gemeinde (4,21–23; 5,25 – »es kommt die Stunde, und jetzt ist sie da«), in der Gott »im Geist und in der Wahrheit« angebetet wird und »Tote« die Stimme des Gottessohnes hören. Dabei ist der Zusammenhang so zu denken, daß diese Stunde als die Frucht *seiner* Stunde, der Stunde der Passion und des Todes, gilt. Während also »Stunde« im JohEv auf die Begründung des Heils und die Heilsgegenwart der Gemeinde bezogen ist, hat dieses Wort im 1 Joh seinen Bezugspunkt in der noch ausstehenden Ankunft Jesu Christi und bezeichnet die Gegenwart der Gemeinde als dieser Ankunft vorausliegende, bedrängende Endzeit. Auch abgesehen davon, wie man die wenigen Bezüge auf eine zukünftige Erwartung im Evangelium literarkritisch beurteilt, läßt sich zumindest eine sehr unterschiedliche Akzentsetzung in der Eschatologie zwischen Evangelium und Brief nicht bestreiten. Dieser Unterschied tritt hier besonders deutlich hervor im jeweils völlig andersartigen Gebrauch desselben Begriffes. Das läßt nicht nur auf eine andere Situation, sondern auch auf verschiedene Verfasser schließen.

Nach seiner knappen Feststellung, daß »letzte Stunde«, daß Endzeit ist, weist der Verfasser auf eine bestimmte, mit dieser Überzeugung traditionell verbundene Erwartung hin: »und wie ihr gehört habt, daß ein Antichrist kommt«. Das Wort »Antichrist« begegnet im urchristlichen Schrifttum nur 1 Joh 2,18.22; 4,3 und 2 Joh 7, daneben noch Pol 2 Phil 7,1. An der letzten Stelle handelt es sich aber ganz offensichtlich um ein Zitat aus den genannten johanneischen Belegen. Wenn also auch das Wort »Antichrist« zuerst im 1 Joh begegnet, so handelt es sich bei ihm doch nicht um eine Neubildung seines Verfassers. Denn er gebraucht es in großer Selbstverständlichkeit und kennzeichnet es ausdrücklich als Bestandteil der Tradition (»wie ihr gehört habt«). Die mit ihm gemeinte Gestalt begegnet unter anderen Bezeichnungen auch sonst in urchristlichen Schriften. An erster Stelle ist hier der Abschnitt 2 Thess 2,1–12 zu nennen: Vor der Ankunft Jesu Christi muß zuerst der Abfall kommen und »der Mensch der Gesetzlosigkeit« sich offenbart haben, »der Sohn des Verderbens« (3), »der Widersacher, der sich über alles erhebt, was Gott oder Heiligtum heißt, so daß er sich in den Tempel Gottes setzt, indem er von sich selbst vorgibt, er sei Gott« (4); seine »Ankunft« erfolgt »gemäß der Wirksamkeit des Satans mit aller Macht und trügerischen Zeichen und Wundern und mit jeder Verführung der Ungerechtigkeit« (9f.). Ähnlich wird diese Gestalt, deren Ankunft der Ankunft Jesu Christi vorangeht und die »der Herr Jesus mit dem Hauch seines Mundes vernichten wird« (8), Did 16,4 gekennzeichnet: Wenn »in den letzten Tagen« sich viel Schlimmes ereignet hat, »dann wird der Weltverführer als Sohn Gottes erscheinen und Zeichen und Wunder tun, und die Erde wird in seine Hände überliefert werden, und er wird Freveltaten tun, die es noch nie gegeben hat«. In diesen Zusammenhang gehören auch die Ausführungen in Offb 13, die allerdings vielschichtiger sind. Das »Tier aus dem Meer« (1) und das »Tier von der Erde« (11), das in 16,13 f.; 19,20; 20,10 als »der Lügenprophet« erscheint, tragen einige Merkmale, die in den vorher angeführten Texten dem endzeitlichen Gegenspieler Christi zugehören. Mit seiner Deutung des Tieres auf das römische Imperium und einzelne Kaiser versucht der Verfasser, die durch die erste große Christenverfolgung unter Domitian gekennzeichnete Situation seiner Gemeinde zu bewältigen. Das geschieht im Rückgriff auf Dan 7, wo ebenfalls ein Bezug auf politische Zeitereignisse in endzeitlichem Horizont vorliegt. Die Aufnahme von Dan 7 in Offb 13, das Zitat aus Dan 11,36 in 2 Thess 2,4 wie auch weitere jüdische Texte, die von einem endzeitlichen Widersacher Gottes und seines Messias wissen und ihn auf politische Zeitereignisse deuten (vgl. vor allem syrBar 36–40), lassen eine Vorgeschichte der christlichen Vorstellung vom Antichristen im Judentum annehmen, die aber noch nicht hinreichend geklärt ist.

Deutlich ist jedenfalls, daß die Gestalt des Antichristen, auf die sich der Verfasser des 1 Joh als eine seiner Gemeinde bekannte Vorstellung in 2,18 bezieht, den Gegenspieler Jesu Christi meint, der vor dessen Ankunft auftritt. Er ist »der ›Gegenchrist‹, d. i. *der* Feind Christi, der unter dem lügnerischen Schein der wahre Christus zu sein, das Werk Christi zu zerstören trachtet« (Huther 124). Der Antichrist ist also nach dieser traditionellen Erwartung eine ganz bestimmte Gestalt; er ist »*der* Mensch der Gesetzlosigkeit«, »*der* Sohn des Verderbens«, »*der* Weltverführer«. Demgegenüber ist es auffällig, daß der Verfasser des 1 Joh den Artikel wegläßt (einige Handschriften haben ihn nachträglich in den Text eingefügt), daß er also nicht von dem, sondern von einem Antichristen spricht. Diese Weglassung erfolgt wohl schon im Interesse seiner folgenden Interpretation. Denn dort sieht er die Erwartung des Antichristen im Auftreten vieler Antichristen in seiner Gegenwart als erfüllt an: »Und jetzt sind viele Antichristen da.« Mit diesen Antichristen meint er, wie das Folgende zeigt, seine Gegner. Woher er das sachliche Recht nimmt, sie als Antichristen zu identifizieren, macht er hier noch nicht deutlich. Die Möglichkeit der Identifizierung einer Mehrzahl mit dem Antichristen ist grundsätzlich darin angelegt, daß die urchristliche Enderwartung auch von vielen im Gegensatz zu Christus stehenden Gestalten spricht. So heißt es Mk 13,22/Mt 24,24 (vgl. Mt 24,11): »Es werden aber Lügenchristusse und Lügenpropheten aufstehen und Zeichen und Wunder tun, um die Auserwählten, wenn es möglich ist, in die Irre zu führen« (vgl. auch Did 16,3 f.,

wo die Lügenpropheten dem als Gottessohn erscheinenden Weltverführer zugeordnet sind). Die Motive des Wundertuns und der damit beabsichtigten Täuschung sind ja auch mit dem Antichristen eng verbunden. Indem der Verfasser des 1 Joh seine Gegner als Antichristen begreift, kann er die traditionelle Endzeiterwartung als vom tatsächlichen Verlauf der Kirchengeschichte bestätigt konstatieren: »Daher erkennen wir, daß letzte Stunde ist.« Er ordnet so ein Ereignis seiner Gegenwart in die Endzeiterwartung ein, deutet es von ihr her und bewältigt damit – da es sich bei den Gegnern ja um Mitglieder der Gemeinde handelt – eine schmerzliche Erfahrung.
Der Bewältigung dieser »schmerzlichen Erfahrung der christlichen Kirche um die erste Jahrhundertwende, daß die Front quer durch ihre eigenen Reihen verläuft« (Schnackenburg 151), widmet sich der Verfasser weiter in Vers 19. Zunächst macht er deutlich, wen er mit den Antichristen meint: keine Fremden und Außenstehenden, keine Propagandisten irgendwelcher heidnischen Religionen oder Philosophien, sondern: »Von uns sind sie ausgegangen.« Aus der Mitte der Gemeinde heraus traten sie auf. Die Antichristen sind – Christen. Die »Front« geht in der Tat »quer durch ihre eigenen Reihen«. »Aber«, sagt der Verfasser, »sie gehörten nicht zu uns.« Ihre Zugehörigkeit zur Gemeinde war nie eine wirkliche, sondern immer nur eine scheinbare. Dieses Urteil begründet er mit der Feststellung: »Wenn sie nämlich zu uns gehört hätten, wären sie bei uns geblieben«, hätten sie die Gemeinschaft bewahrt und sich nicht, wie ihre mangelnde Bruderliebe zeigt, als egoistische Weltmenschen verhalten. »Vorübergehendes Christentum ist ... nie wirkliches Christentum« (Büchsel 39), und wirkliches Christentum ist bleibende Gemeinschaft in der Gemeinde als dem Lebensbereich der Wirklichkeit Gottes. Wer diese Gemeinschaft aufkündigt, zeigt damit, daß seine Zugehörigkeit nicht Gottes Werk war, sondern allein auf seinem eigenen Willen beruhte; und derselbe eigene Wille veranlaßt ihn wieder zum Gehen. Wer aber wirklich zur Gemeinde gehört, der bleibt auch »kraft der Treue Gottes, kraft der Festigkeit seiner Gnade, weil sein Wort bei dem bleibt, dem er es gab, und Glauben wirkt, der sich nicht nur für jetzt an Jesus hält, sondern bei ihm bleibt« (Schlatter 124).
Nachdem er so das Urteil über die schon immer bestehende eigentliche Nichtzugehörigkeit seiner Gegner zur Gemeinde begründet hat, erkennt der Verfasser den Sinn ihres Nichtbleibens in der Gemeinschaft gerade in der Offenlegung ihrer Nichtzugehörigkeit. Der dies zum Ausdruck bringende letzte Satz von Vers 19 läßt zwei verschiedene Übersetzungsmöglichkeiten zu, die aber nur einen

jeweils anderen Akzent betonen: An der Aufgabe der Gemeinschaft durch die Gegner wird offenbar, daß sie allesamt nicht zur Gemeinde gehören – das ist die eine Möglichkeit –, oder – die andere – es wird daran offenbar, daß nicht alle, die in der Gemeinde sind, auch wirklich zu ihr gehören. Jede Möglichkeit schließt die jeweils andere mit ein.

Wo sich der Verfasser also erstmals in seinem Schreiben ausdrücklich auf seine Gegner bezieht, wird deutlich, daß er sich mit der für seine Gemeinde noch neuen Erfahrung eines Risses in ihr selbst, einer beginnenden Spaltung auseinandersetzen muß, die er durch die von ihm bekämpften Gegner veranlaßt sieht. Er tut das so, daß er einerseits das Auftreten dieser Gegner im Rahmen der urchristlichen Enderwartung versteht und damit als notwendig erweist und daß er andererseits an der Aufgabe der Gemeinschaft ihre Nichtzugehörigkeit zur Gemeinde von Anfang an belegt. Nach diesen grundsätzlichen Ausführungen über die Gegner und vor dem Eingehen auf konkrete von ihnen vertretene Inhalte wendet er sich in derselben grundsätzlichen Weise zunächst seiner Gemeinde zu, indem er ihr in Vers 20a betont versichert: »Und ihr, ihr habt Salböl vom Heiligen.«

Ganz unvermittelt und ohne jede weitere Erklärung ist hier vom »Salböl« die Rede. Der Verfasser setzt also als selbstverständlich voraus, daß seine Leser schon wissen, was er damit meint. In derselben Weise bringt er diesen Begriff noch zweimal in Vers 27. Beide Stellen sind – auch in ihrem Kontext – ganz parallel: Immer taucht der Begriff »Salböl« nach einem Blick auf die Gegner (19.26) innerhalb einer Versicherung an die Leser auf, daß sie es haben (20a.27a). Daran schließt sich jeweils als weitere Versicherung an die Leser an, daß sie Wissende sind und die Wahrheit kennen (20b.21) bzw. daß sie es nicht nötig haben, daß jemand sie belehrt, weil sie das Salböl über alles belehrt hat (27b). Diese Abfolge in der Argumentation und der unvermittelte Gebrauch des Wortes »Salböl« lassen sich dann am besten verstehen, wenn es sich bei »Salböl« um einen den Gegnern eigentümlichen Begriff handelte: Sie beanspruchten dieses Salböl exklusiv für sich und leiteten aus diesem Besitz ein Wissen ab, das sie über andere erhob und sie zu Lehrmeistern machte.

Was aber ist unter »Salböl« zu verstehen? Vorab sei noch darauf hingewiesen, daß das zugrunde liegende griechische Wort *chrisma* sowohl die Bedeutung »Salbung« als auch die Bedeutung »Salböl« haben kann. Da aber Vers 27 vom Bleiben des *chrisma* und von seinem »Lehren« im Präsens spricht, wird deutlich, daß nicht an den Salbungsakt, sondern an das Salbungsmittel, das »Salböl«, gedacht ist. Und von daher ist auch klar, daß nicht irgendein Öl im eigentlichen Sinn gemeint ist, sondern daß »Salböl« für etwas anderes steht. Dafür ist wiederholt die Alternative von Geist oder Lehre aufgestellt worden. Aber diese Alternative ist nicht zwingend. Einerseits ist der Zusammenhang mit Belehrung und Wissen unbestreitbar. Andererseits aber reicht die Bedeutung »Lehre« kaum hin. Die Formulierung »sein Salböl lehrt euch« (27) erinnert unmittelbar an die Verheißung von Joh 14,26: »Der Paraklet, der heilige Geist, den der Vater in meinem Namen schicken wird, jener wird euch alles lehren und euch an alles erinnern, was ich euch gesagt habe« (vgl. 16,13). Das »Salböl« dürfte demnach den Geist in seiner belehrenden Funktion bezeichnen. Mehr im Sinne der geistgegebenen Lehre ist das »Salböl« in einem gnostischen Text verstanden, der ebenfalls die Parakletsprüche aufnimmt: »Der Geist der Wahrheit, den der Vater ihnen gesandt hat, der wird sie über alle Dinge unterweisen und sie salben mit dem Salböl des ewigen Lebens« (HA 144,35–145,3).

Es läßt sich nicht wahrscheinlich machen, daß der Gebrauch der Redeweise vom Salböl durch die Gegner seine Veranlassung in einer von ihnen geübten Salbungspraxis hat, wie sie für die spätere Zeit bezeugt ist. Als Beispiel dafür sei Kapitel 27 der Thomasakten angeführt, das von der Taufe zweier Bekehrter durch den Apostel Thomas berichtet und dann fortfährt: »Der Apostel aber nahm das Öl, goß es auf ihr Haupt, bestrich und salbte sie und begann zu sagen.« Am Schluß seiner Gebetsrufe heißt es dann: »Komm, heiliger Geist, und reinige ihnen Herz und Sinne und versiegele sie auf den Namen des Vaters und des Sohnes und des heiligen Geistes!« Wie 2 Kor 1,21 f. (»Gott aber ist es, der ... uns gesalbt hat, der uns auch versiegelt hat und uns als Angeld den Geist in unsere Herzen gegeben hat«) zeigt, kann die Salbungsterminologie gebraucht werden, ohne daß eine Salbungspraxis den unmittelbaren Hintergrund bildet. Auch dort steht die Salbung im Zusammenhang mit dem Geist.

Im Blick auf die Gegner, die das Salböl, den Geist, der sie belehrt hat, allein für sich beanspruchen, versichert der Verfasser seine Leser, daß sie dieses Salböl haben. Sie haben es »vom Heiligen«. Darunter ist entweder Gott oder Jesus Christus verstanden. Im AT ist »der Heilige« natürlich Gott selbst. Vor allem im Jesajabuch findet sich die Wendung »der Heilige Israels« häufig. Dagegen ist der absolute Gebrauch im AT selten. Er wird geläufiger in späteren Schriften und begegnet am häufigsten innerhalb der zur ständigen Formel gewordenen Eulogie »der Heilige, gepriesen sei er« im rabbinischen Judentum. Im NT wird Gott nur in 1 Petr 1,15 und Offb 6,10 (vgl. 4,8) »der Heilige« genannt. Nach Mk 1,24/Lk 4,34 und Joh 6,69 ist Jesus »der Heilige Gottes«; und der absolute Sprachgebrauch »der Heilige« findet sich auf Jesus bezogen in Apg 3,14 und Offb 3,7. Von diesem Befund her läßt sich nicht entscheiden, wer mit »dem Heiligen« in 1 Joh 2,20 gemeint ist. Einen Hinweis gibt nur Vers 27, da dort wahrscheinlich Jesus Christus als Geber des Salböls gilt. Aber warum wird er hier »der Heilige« genannt? Eine Antwort wird von 3,3 her nahegelegt, wo der dem Begriff »heilig« verwandte Begriff »rein« begegnet. Dort ist davon die Rede, daß derjenige, der die Hoffnung auf die zukünftige Gleichheit mit Jesus Christus hat,

»sich selbst reinigt, wie jener rein ist«. Die erhoffte Gleichheit verlangt schon jetzt nach Entsprechung. In 2,20 ist Jesus Christus der Heilige als Geber des Geistes. Die mit ihm Begabten werden damit ausgesondert, vom Geber mit Beschlag belegt; sie werden »geheiligt«. Die Gabe stellt in den Bereich des Gebers, der selber heilig ist.

Die mit der Versicherung an die Leser, daß sie Salböl vom Heiligen haben, beabsichtigte Spitze wird in Vers 20b deutlich: »Und ihr seid alle Wissende.«

Zahlreiche Handschriften lesen statt dessen: »Und ihr wißt alles.« Wie Vers 27 zeigt – »sein Salböl belehrt euch über alles« –, ist das eine dem Verfasser durchaus mögliche Aussage. Aber in Vers 20 will er wohl doch im Gegensatz zu dem Anspruch der Gegner auf Exklusivität den Ton eher darauf legen, daß *alle* in der Gemeinde wissen, als daß sie *alles* wissen. Hätte Letzteres ursprünglich im Text gestanden, wäre es schwer vorstellbar, warum die Abschreiber geändert haben sollten, da sie ja doch an dem »alles« in Vers 27 keinerlei Anstoß genommen haben. Dagegen erklärt sich die umgekehrte Änderung leicht aus dem Bestreben, ein sonst fehlendes Objekt des Wissens zu erhalten.

Aus der dem ganzen Urchristentum selbstverständlichen Voraussetzung, daß jedem Christ der Geist gegeben ist, die der Verfasser gerade mit der Wendung vom Salböl zum Ausdruck gebracht hat, folgert er also für seine Gemeinde, daß sie alle, ohne Ausnahme, auch Wissen haben. Der Geist läßt nicht unbelehrt. Das stellt der Verfasser ganz summarisch fest; auf einen Inhalt des Wissens geht er hier nicht ein. Es kommt ihm jetzt allein darauf an, gegenüber dem Anspruch der Gegner auf besonderes Wissen und höhere Erkenntnis grundsätzlich festzustellen, daß jeder Christ mit dem Geist volle Genüge hat, und das heißt auch hinreichendes Wissen. Er bedarf keiner darüber hinausgehenden Belehrung (27). Wenn es sich aber so verhält, wieso schreibt der Verfasser dann überhaupt seinen Brief? Will er denn damit nicht auch belehren? Auf diese Frage geht er in Vers 21 ein: »Ich habe euch nicht geschrieben, weil ihr die Wahrheit nicht wißt, sondern weil ihr sie wißt.«

Die in diesem Satz gebrauchte griechische Konjunktion kann statt mit »weil« auch mit »daß« übersetzt werden, so daß die Nebensätze nicht als Begründung, sondern als Ausführung zu verstehen wären. Aber was soll nach der Versicherung des Verfassers an die Leser, daß sie alle Wissende sind, die Aussage für einen Sinn haben, er habe ihnen nicht geschrieben, daß sie die Wahrheit nicht wissen, sondern daß sie sie wissen? Sie wäre nichts als eine reichlich stupide Wiederholung. Dagegen ist eine Begründung des Schreibens nach solcher Versicherung durchaus sinnvoll:

»Er schreibt gerade deshalb, weil sie die Wahrheit kennen« (Schlatter 126). Und sie kennen die Wahrheit schon und brauchen sie nicht mehr erst zu erfahren, weil sie durch die Gabe des Geistes geheiligt, in den Bereich des Gebers, in seine Wirklichkeit hineingestellt worden sind. Sie versteht der Verfasser ja unter der »Wahrheit«. Dieser Stand seiner Leser in der Wirklichkeit Gottes, ihr Schon-Kennen der Wahrheit, ist Voraussetzung und Ermöglichung seines Schreibens; davon geht er aus. Er kann ihnen deshalb gar nichts mitteilen, das darüber, was sie schon sind und wissen, hinausginge. Alles, was er sagt, kann nur ein Vergewissern, ein stärkeres Bewußtmachen und ein Festigen sein. Zu solcher Vergewisserung und Festigung bestand aber offenbar Anlaß und Nötigung. Das geht aus dem Schluß von Vers 21 hervor, wo der Verfasser als weiteren Grund seines Schreibens angibt: »weil keine Lüge aus der Wahrheit stammt«. Diese Aussage ist dann nicht die bloße Anführung der Selbstverständlichkeit, daß Lüge und Wahrheit einander ausschließen, daß sich Lüge nicht aus Wahrheit ableiten kann, und sie ist dann eine Begründung des Schreibens, wenn man sieht, daß der Verfasser bei »Lüge« schon an die These der Gegner denkt, die er gleich im folgenden Vers als Aussage eines Lügners anführt. Der Grund seines Schreibens liegt hiernach in der Falschheit der gegnerischen These. In der durch sie veranlaßten Unsicherheit und Bedrohung will er seine Leser in ihrem Wissen der Wahrheit bewahren.

Nach dieser ersten Gegenüberstellung, in der er die aus der Gemeinde hervorgegangenen Gegner als Antichristen in die Endzeiterwartung eingeordnet und die Leser als Wissende gekennzeichnet hatte, wendet sich der Verfasser im zweiten Teil dieses Abschnittes wiederum zuerst den Gegnern zu, wobei er jetzt auf konkrete Inhalte eingeht: »Wer ist der Lügner, wenn nicht derjenige, der leugnet, daß Jesus der Christus ist?« Er bezieht sich hier auf die christologische Anschauung, daß der himmlische Christus seinem Wesen nach nichts mit dem irdischen Jesus zu tun hat, sondern daß er sich dessen lediglich zum Zwecke seines Erscheinens auf Erden bediente. Diese Position wird vom Verfasser als Leugnung des Bekenntnisses offengelegt, daß *Jesus* der Christus ist.

Die Gestalt des Bekenntnisses im 1 Joh ist aus den Stellen 2,22 f.; 4,15; 5,1.5 zu erkennen. Dort heißt es, »daß Jesus der Sohn Gottes ist« und »daß Jesus der Christus ist«. Eingeleitet werden diese Sätze mit »bekennen« und »glauben«, und zwar finden sich beide Sätze mit beiden Einleitungen. Zwischen »bekennen« und »glauben« besteht für den Verfasser des 1 Joh so wenig ein Bedeutungsunterschied wie zwischen »Sohn Gottes« und »Christus«. Gegenüber der Unterscheidung der Gegner zwischen dem Menschen Jesus und dem Christus bzw. Gottessohn behauptet das Bekenntnis also die Identität: *Jesus* ist der Sohn Gottes, *Jesus* ist der Christus.

Die Besonderheit in der Verwendung dieses Bekenntnisses liegt zunächst darin, daß es sich hier nicht um Neubildungen handelt, sondern um überlieferte Formulierungen. So spricht der Verfasser in Vers 24 in bezug darauf als von etwas, das seine Leser »von Anfang an« gehört haben. Für die Formulierung mit dem Gottessohntitel gilt das in besonders prägnanter Weise; denn sie ist aller Wahrscheinlichkeit nach ein altes Taufbekenntnis. Ein Beleg dafür ist Apg 8,37. Dieser Vers wird zwar nur von wenigen Handschriften geboten und gilt deshalb mit Recht als ein sekundärer Einschub, der allerdings schon relativ früh erfolgte. Er ist dennoch aufschlußreich, da er ganz deutlich ein Taufbekenntnis enthält. Vers 36 lautet: »Als sie aber (nämlich Philippus und der Kämmerer) den Weg entlangfuhren, kamen sie zu einem Wasser, und der Eunuch sagte: Siehe, Wasser, was steht dem im Wege, daß ich getauft werde?« Der ursprüngliche Text fährt unmittelbar mit dem Bericht über die Taufe fort. Ein früher Abschreiber hat jedoch einen kurzen Dialog eingefügt: »Philippus aber sagte zu ihm: Wenn du von ganzem Herzen glaubst, ist es möglich. Er aber antwortete: Ich glaube, daß Jesus der Sohn Gottes ist.« Daß dieser Abschnitt erst sekundär in den Text der Apostelgeschichte eingefügt wurde, ist nicht unbedingt ein Argument gegen das hohe Alter des Taufbekenntnisses zu Jesus als dem Gottessohn. Für hohes Alter spricht einmal seine Kürze und zum anderen die Beobachtung, daß es gegenüber der Formel von Röm 1,3f., die ausführt, wann und wodurch Jesus zum Gottessohn wurde, ein früheres Stadium der Entwicklung anzuzeigen scheint. Dieses Taufbekenntnis läßt sich auch im Hebräerbrief nachweisen (Bornkamm): Das 3,1; 4,14; 10,23 genannte »Bekenntnis« ist näherhin wahrscheinlich als das Taufbekenntnis verstanden, worauf vor allem die Taufterminologie in 10,22 hinweist; und in 4,14 steht mit dem »Bekenntnis« in unmittelbarem Zusammenhang »Jesus, der Sohn Gottes«. Das Zusammenstehen von Taufterminologie und Gottessohntitel in den Abschnitten 6,4–6 und 10,22–28 läßt sich dann am besten verstehen, wenn dieser Titel Inhalt des Taufbekenntnisses ist.

Daß die Bezeichnung Jesu als »Christus« sehr alte Überlieferung ist, leidet keinen Zweifel. Ob sie aber innerhalb einer fest geprägten Formel gestanden hat, läßt sich nicht erweisen. Es ist auch möglich, daß der Satz »Jesus ist der Christus« im 1 Joh eine Analogiebildung zum Taufbekenntnis ist, die der Verfasser dann deshalb vorgenommen haben dürfte, weil seine Gegner die himmlische Person vor allem »Christus« nannten. So erscheint ja auch diese Bezeichnung in 2,22, wo der Verfasser zuerst auf die christologischen Ansichten der Gegner eingeht.

Im Taufbekenntnis war die Gottessohnbezeichnung eine Würdeprädikation, die Jesus als den endzeitlichen König benannte. Hier lag der Ton auf »Sohn Gottes«. In der Verwendung durch den Verfasser erhält das Bekenntnis nun einen neuen Akzent, indem er es im Gegenüber zu den Gegnern die Identität von Jesus und Gottessohn bzw. Christus hervorheben läßt. Jetzt liegt der Ton auf Jesus: *Jesus* ist der Gottessohn, *Jesus* ist der Christus. Mit dieser neuen Akzentuierung in einer bestimmten Situation wird das Bekenntnis – erstmals in der Kirchengeschichte – zur *regula fidei*, zur »Glaubensregel«, die zwischen echtem und falschem Glauben scheidet. In solchem Rückgriff auf die Überlieferung entsteht hier Orthodoxie. – Literatur: *Bornkamm, G.:* Das Bekenntnis im Hebräerbrief, in: *Ders.:* Studien zu Antike und Urchristentum. Gesammelte Aufsätze II, BEvTh 28, ²1963, 188–203.

Es muß keineswegs so gewesen sein, daß die Gegner offen die Negation des Bekenntnisses propagierten. Sie werden vielmehr ihre Ansichten über Christus und Jesus positiv dargelegt und sie – wenn sie überhaupt auf das Bekenntnis eingegangen sind – als dessen Interpretation, als das eigentlich mit ihm Gemeinte, ausgegeben haben. Demgegenüber stellt der Verfasser bei ihnen schlicht die Leugnung dessen fest, daß *Jesus* der Christus ist, und bezeichnet den, der das vertritt, als Lügner. Lüge ist bezogen auf Nicht-Wirklichkeit. Wer von Jesus einen Christus, und damit nichts anderes als eine Idee, abtrennt und Jesus für relativ bedeutungslos erklärt, sieht genau von der Stelle ab, an der Gott seine Wirklichkeit gezeigt, an der er sich als *wirklicher* Gott selbst bestimmt hat. Das ist die fundamentale Voraussetzung, die der Verfasser hier macht und von der aus er anschließend diesen Lügner als »den Antichristen« beschreibt, »der den Vater und den Sohn leugnet«. Wer den wirklichen Gott nicht anerkennt, indem er ihn nicht in Jesus erkennt, der »der Sohn« ist, leugnet mit diesem Sohn auch den Vater, mag er noch so viel über Gott als Vater und über den Gottessohn und Christus zu reden wissen. Ja, gerade das charakterisiert ihn als Antichristen, daß er von *Christus* redet, ohne ineins damit und ganz und gar von *Jesus* zu reden. Er setzt einen anderen Christus an dessen Stelle und lenkt von Jesus ab. Hier zeigt sich das sachliche Recht, mit dem der Verfasser seine Gegner als Antichristen kennzeichnet. Und hier wird auch der Sinn der »letzten Stunde« deutlich: Wer in seiner Abwendung von Jesus und in seiner Hinwendung zu einem anderen Christus Gottes Wirklichkeit verleugnet und verfehlt, vertut und verspielt die Zeit. Was jetzt versäumt wird, »was in der letzten Stunde versäumt wird, läßt sich nicht mehr nachholen. Jetzt fallen die Entscheidungen, bei denen es bleiben wird« (Schlatter 123). Die Kennzeichnung der Gegner als Antichristen ist daher nicht eine übersteigerte Aburteilung, die ein Ketzer aufspürender Inquisitor vornähme, sondern sie hebt den Ernst der Situation hervor. Denn es geht hier nicht um theologische Spitzfindigkeiten, sondern um das Eine und Grundsätzliche, um die Wahrheit des Bekenntnisses als eines *christlichen*, die es nur hat in seiner Bindung an *Jesus*, an den *Gott* sich gebunden hat.

Diese Zusammengehörigkeit von Gott und Jesus, von Vater und Sohn betont der Verfasser auch in Vers 23, indem er die Konsequenz der These der Gegner darlegt und die Konsequenz ihres Gegenteils: »Jeder, der den Sohn leugnet, hat auch den Vater nicht; wer den Sohn bekennt, hat auch den Vater.« Möglicherweise nimmt der Verfasser mit der Wendung »den Vater haben« eine Aussage der Gegner auf und stellt sie in einen Zusammenhang, in dem allein sie Gültigkeit beanspruchen kann. Doch wie es sich damit verhalte und was auch mit dieser Wendung ursprünglich gemeint sei, klar ist jedenfalls, daß »Haben« nicht Besitzen im Sinne des Verfügenkönnens meint; sondern für die Bestimmung seines Sinnes ist wohl von 1,6 (Gemeinschaft mit Gott haben), 2,1 (einen Beistand beim Vater haben) und 3,1 f. (Gott unser Vater und wir seine Kinder) auszugehen. »Den Vater haben« bedeutet dann, daß wir Gott zum Vater haben, daß wir zu ihm gehören und uns an ihn wenden können, daß er für uns da ist. Den Vater »hat« in diesem Sinne, wer den Sohn bekennt, diesen bestimmten Sohn, den das Bekenntnis nennt: Jesus. Den Sohn bekennen heißt also, festzuhalten am überlieferten Bekenntnis. Daran festzuhalten in einer Situation der Scheidung, die es besonders deutlich macht, daß »Bekennen« das öffentliche, verbindliche und definitive Ja zu dem in Jesus als Vater offenbar gewordenen Gott ist.

Diesen Aspekt des Festhaltens am überlieferten Bekenntnis stellt der Verfasser in Vers 24 heraus, mit dem er sich betont seinen Lesern zuwendet: »Ihr – was ihr von Anfang an gehört habt, soll in euch bleiben!« Hatte er die Position der Gegner als Leugnung des überlieferten Bekenntnisses offengelegt, so behaftet er nun die Gemeinde bei diesem ihrem Bekenntnis. Denn »was ihr von Anfang an gehört habt«, kann nach dem vorangegangenen Kontext nichts anderes sein als das, was die Gegner leugnen, nämlich das Bekenntnis, daß Jesus der Christus und Gottessohn ist. Das kennen sie von Beginn ihres Christseins an. Daran sollen sie festhalten; denn das ist konkret »die Wahrheit«, deren Kenntnis nach Vers 21 das Schreiben des Verfassers ermöglichte. Diese im Bekenntnis formulierte und überlieferte Wahrheit soll sich ihnen in der Situation der Auseinandersetzung mit den Gegnern neu erschließen und bewähren, indem sie zwischen echtem und falschem Glauben scheidet.

An diese Mahnung fügt der Verfasser eine Verheißung an: »Wenn in euch bleibt, was ihr von Anfang an gehört habt, werdet auch ihr im Sohn und im Vater bleiben.« Wer das Bekenntnis festhält, hält sich an die Wirklichkeit Gottes, wie er sie in Jesus gezeigt hat. Dementsprechend konnte das Bleiben in Gott in 2,6 an eine Jesus konforme

Lebensführung gebunden werden. Man kann Gott nicht außerhalb seiner Wirklichkeit haben, wie sie in der Formulierung des Bekenntnisses verwahrt ist. Nur im Festhalten daran gibt es ein »Bleiben« – im Unterschied zu den Gegnern, die nicht »geblieben« sind (2,19). Diese Verheißung des Bleibens führt Vers 25 weiter aus: »Und das ist die Verheißung, die er uns selbst verheißen hat: das ewige Leben.« »Er selbst« ist nach der formalen Parallele in 1,5 a Jesus. Er hat verheißen, was er nach 1,2 selbst ist: Gottes Lebenswirklichkeit mitten in der Todeswirklichkeit dieser Welt. Wer an ihm festhält, indem er ihn bekennt, hält damit am Leben schlechthin fest und hat teil an ihm; er »bleibt«. Die Verheißung ist keine Vertröstung auf unbestimmte Zukunft hin; sie gilt schon für jetzt, und sie gilt für immer. Über die Hoffnung, die die Verheißung für die Zukunft gibt, und über deren Niederschlag in der Gegenwart handelt der Verfasser in den beiden folgenden Abschnitten dieses zweiten Briefteils.

Zuvor nimmt er noch eine letzte Entgegenstellung seiner Gegner und seiner Leser vor, wobei er auf die Gegner nur einen ganz kurzen Blick wirft und dann das vorher zu den Lesern Gesagte in weiterführender Wiederholung zusammenfaßt. Zunächst bemerkt er rückblickend in Vers 26: »Das habe ich euch in bezug auf diejenigen geschrieben, die euch täuschen wollen.« Als Bezugspunkt und Veranlassung der vorangegangenen Ausführungen stellt er hier ausdrücklich seine Gegner und die von ihnen ausgehende Bedrohung heraus. Mit ihrer Kennzeichnung als solche, die – ihrer tatsächlichen Wirkung, nicht subjektiven Absicht nach – täuschen, macht er sie noch einmal als Antichristen kenntlich. Denn mit dem Antichristen ist traditionell das Motiv verbunden, daß er täuscht, in die Irre führt, in endgültiger Weise ins Verderben reißt. Mit dieser Charakterisierung unterstreicht der Verfasser, daß es hier um eine Frage von grundsätzlicher Bedeutung geht.

Nachdem er in dieser Weise noch einmal die Gegner erwähnt hat, wendet er sich wieder in direkter Anrede und Zusicherung seinen Lesern zu: »Und ihr – das Salböl, das ihr von ihm empfangen habt, bleibt in euch.« Ist der »Er« in Vers 25 Jesus Christus, dann gilt er auch hier als Geber des Salböls. Die Formulierung erinnert an die von Vers 24 a: »Ihr – was ihr von Anfang an gehört habt, soll in euch bleiben«, wo das Bekenntnis im Blick war. Aber diese Parallelität darf nicht dazu verleiten, das »Salböl« mit dem Bekenntnis gleichzusetzen. Dagegen spricht schon ein wichtiger formaler Unterschied: Dort stand eine Mahnung, hier steht eine Aussage; und diese Aussage ist die sachliche Voraussetzung jener Mahnung. Das Salböl *bleibt*. Damit nimmt der Verfasser Jesu Verheißung des Parakleten an seine

Jünger im JohEv auf, wonach »der Geist der Wahrheit« geschickt wird, »damit er immer mit euch sei«; »er bleibt bei euch und wird in euch sein« (14,16f.). So erhellt auch von hier aus, daß mit dem Salböl der Geist gemeint ist. Das wird dadurch unterstrichen, daß mit der Aussage: »sein Salböl belehrt euch über alles« eine weitere Funktion des Parakleten (vgl. Joh 14,26) aufgenommen ist. Was dieses »alles« ist, worüber der Geist belehrt, die Wahrheit, die die Leser durch den Geist kennen (20f.), kann jetzt nicht mehr zweifelhaft sein: Es ist das von Anfang an gehörte Bekenntnis. Es wird vom Geist gelehrt; ja, er selbst spricht es (4,2). Daß nämlich Jesus der Sohn Gottes ist, daß in seinem menschlichen Geschick die Wirklichkeit Gottes selbst letztgültig offenbar geworden ist, ist kein Sachverhalt, der sich menschlicher Betrachtung erschlösse. Die in *Jesus* offenbar gewordene Wirklichkeit Gottes anzuerkennen und sich auf sie einzulassen, das ist das Werk des Geistes. So haben die Leser schon bei der Taufe durch diesen Geist bekannt: »Jesus ist der Sohn Gottes«; und diese Belehrung »ist wahr und keine Lüge«. Aufgrund dessen und aufgrund der Verheißung, daß der Geist »bleibt«, haben sie von niemand sonst Belehrung nötig. »Gegenüber der aristokratischen Gnosis constituiert sich so das allgemeine Priestertum der Gemeinde« (Holtzmann 223). Dementsprechend gibt sich die Belehrung, die der Verfasser ja in der Tat erteilt, als Erinnerung an das, was die Leser von Anfang an gehört haben, als erinnernde Erschließung dessen, was sie mit dem Bekenntnis schon haben und wissen. Er schreibt nicht entgegen seiner eigenen Aussage deshalb, »weil *er* zum mindesten mehr von der Wahrheit weiß als seine Leser« (Windisch 118). Vielmehr erinnert er sie an das ihnen längst bekannte Bekenntnis; darauf spricht er sie an, und dabei behaftet er sie. In der Herausforderung einer neuen Situation, die durch das Auftreten der besondere Erkenntnis behauptenden Gegner gekennzeichnet ist, bedenkt er von neuem das ursprüngliche Bekenntnis, das alle gesprochen haben; und indem er das tut, treibt er Theologie. »Um ihren Ansprüchen auf höhere Erleuchtung zu begegnen, ruft er seine Leser zurück zu der hinreichenden Offenbarung, die jeder Christ bei seiner Einführung in die Wahrheit des Evangeliums erhalten hat« (Dodd 48).

Der Verfasser schließt den Abschnitt mit den Worten: »Und demgemäß, wie es (das Salböl) euch belehrt hat, bleibt in ihm!« Die Schlußmahnung »Bleibt in ihm!« nimmt er am Anfang des nächsten Abschnittes in Vers 28 wieder auf; und dort ist ganz eindeutig das Bleiben in Jesus Christus gemeint. Das wird dann auch hier der Fall sein. Nach den vorangegangenen Ausführungen und nach der ausdrücklichen Feststellung, daß das Bleiben gemäß der Belehrung des

Geistes erfolgen soll, dürfte hier aber Jesus Christus betont in der Weise im Blick sein, wie ihn das Bekenntnis beschreibt. Daher ist die Mahnung, in ihm zu bleiben, gleichbedeutend mit der Mahnung, am Bekenntnis festzuhalten. Diese Mahnung erfolgt unter der Voraussetzung der Zusage, daß der Geist, der allererst das Bekenntnis sprechen ließ, »bleibt«, daß er es also weiterhin sprechen lassen wird. Im Vertrauen darauf sollen nun die Leser auch ihrerseits und von sich aus bei dem »bleiben«, was ihnen der Geist erschlossen hat, und sich im Bewahren des Bekenntnisses gegenüber seiner Leugnung durch die Gegner bewähren.

B. Die Hoffnung der Kinder Gottes auf Freimut bei der Ankunft Jesu und auf Gleichheit mit ihm (2,28–3,3)

28 Und nun, Kinderchen, bleibt in ihm, damit wir, wenn er offenbar wird, Freimut haben und nicht vor ihm zuschanden werden bei seiner Ankunft. 29 Wenn ihr wißt, daß er gerecht ist, erkennt ihr, daß auch jeder, der die Gerechtigkeit tut, aus ihm gezeugt ist.
1 Seht, welche Liebe uns der Vater gegeben hat, daß wir Gottes Kinder heißen, und wir sind es. Deswegen erkennt uns die Welt nicht, weil sie ihn nicht erkannt hat. 2 Geliebte, jetzt sind wir Kinder Gottes; und es ist noch nicht offenbar geworden, was wir sein werden. Wir wissen, daß wir, wenn es offenbar wird, ihm gleich sein werden, weil wir ihn sehen werden, wie er ist. 3 Und jeder, der diese Hoffnung auf ihn hat, reinigt sich selbst, wie jener rein ist.

Literatur: *Schrage, W.:* Meditation zu 1. Johannes 2,28–3,3 (3,1–6); GPM 20, 1965/66, 33–41. – *Synge, F. C.:* I John 3,2, JThS NS 3, 1952, 79.

Nachdem der Verfasser im vorigen Abschnitt die Gemeinde an das ihr überlieferte Bekenntnis verwiesen hatte, gibt er nun Ziel und Verheißung dieser Mahnung an, am Bekenntnis festzuhalten. Er blickt darauf aus, wen und was die Gemeinde zu erwarten hat, wenn die »letzte Stunde« (2,18) abgelaufen ist. Wie er das im einzelnen tut, ist für sein eigenes theologisches Denken wie auch für seine Stellung innerhalb der urchristlichen Theologiegeschichte höchst aufschlußreich. Als Ziel des Festhaltens am Bekenntnis gibt er zunächst den Freimut bei der Ankunft Jesu Christi an (28). Damit ist das Endgericht angesprochen. Im Endgericht wird aber nach traditioneller urchristlicher Erwartung nicht nur danach gefragt werden, ob einer Jesus mit Worten bekannt oder verleugnet, ein Bekenntnis gesprochen oder nicht gesprochen hat, sondern vor allem auch, ob er »gerecht« gehandelt hat. Diesen Gedanken nimmt der Verfasser in Vers 29 auf – allerdings nicht in der Weise eines platten Moralismus, sondern in einer für ihn sehr charakteristischen Ausprägung, indem er zwei Momente besonders hervorkehrt. Einmal setzt er »das Tun der Gerechtigkeit« dazu in bezug, daß Jesus Christus gerecht ist; wer zu ihm gehört, muß ihm entsprechen. Er ist begründendes Vorbild. Zum anderen, und darauf liegt hier das stärkere Gewicht, läßt der Verfasser »das Tun der Gerechtigkeit« ein Kennzeichen der Zeugung aus Gott sein, begründet also die implizit erhobene Forderung nach solchem Tun in einem schon vor jedem Tun gegebenen »Sein«. Dabei macht er aber zugleich deutlich, daß es die Zeugung aus Gott nicht anders als mit diesem Kennzeichen des Tuns der Gerechtigkeit gibt. Anschließend spricht er seine Leser auf ihr Sein als Kinder Gottes an; sie sind »aus Gott gezeugt«. Er verweist dabei besonders auf den Grund ihrer Kindschaft in der Liebe des Vaters und macht deutlich, daß und warum ihr Sein als Kinder Gottes sie von der Welt unterscheidet und trennt (1). Von dieser Grundlage aus, was sie jetzt sind, blickt er noch einmal aus auf die erwartete Zukunft, jetzt nicht unter dem Aspekt des Gerichts, zu dem Jesus Christus kommen wird, sondern unter dem Aspekt der Heilsvollendung: Die Kinder Gottes werden sein, was sie jetzt noch nicht sind; sie werden ihm gleich sein (2). Diese Hoffnung auf das künftige Sein wird sofort wieder zurückgekoppelt mit der gegenwärtigen Lebensführung. Solche Hoffnung auf Gleichheit mit ihm manifestiert sich jetzt in einer ihm entsprechenden Lebensführung (3). Gerade weil dieser Gedankengang nicht glatt und geradlinig verläuft, wird besonders deutlich, daß dem Verfasser einerseits die Erwartung der Ankunft Jesu Christi und damit verbunden die Erwartung einer über die Gegenwart hinausgehenden Zukunft wesentlich ist, daß er aber andererseits diese Erwartung nicht isoliert anführt, sondern untrennbar zu dem in Beziehung setzt, was die Gemeinde jetzt schon ist und was sie jetzt tut.

Die folgernde Überleitung »und nun«, die Anrede »Kinderchen« und die Wiederholung der Mahnung »Bleibt in ihm!« markieren den Beginn des neuen Abschnittes in Vers 28. War die Mahnung, in Jesus zu bleiben – und das heißt: am Bekenntnis festzuhalten –, im vorigen Abschnitt der Zielpunkt, auf den die direkte Auseinandersetzung mit den Irrlehrern hinauslief, so ist sie nun in der Wiederaufnahme am Beginn des neuen Abschnittes der Ausgangspunkt für die Angabe eines weitergehenden Zieles. Das Bleiben in Jesus Christus durch das Festhalten des Bekenntnisses soll erfolgen, »damit wir, wenn er offenbar wird, Freimut haben und nicht vor ihm zuschanden werden bei seiner Ankunft«. Der Verfasser spricht jetzt von der endzeitlichen Erwartung und schließt sich selbst mit ein. »Wenn er offenbar wird« und »bei seiner Ankunft« stehen parallel zueinander. Der Textzusammenhang macht es eindeutig, daß hier das zukünftige Offenbarwerden Jesu Christi am Ende von Welt und Zeit im Blick ist.

Erstmals Ignatius von Antiochien bezieht »die Ankunft (*parusia*) des Erlösers« auf das Kommen »im Fleisch« (Phld 9,2), und die spätere Zeit unterscheidet zwischen erster und zweiter Ankunft. Im NT aber ist bei »seiner Ankunft« immer an den in der Zukunft Kommenden gedacht. Mit »Ankunft« nahm das Urchristentum einen Begriff auf, der in seiner Umwelt technisch geworden war für den Besuch eines Herrschers. In der Kaiserzeit wurde mit solch einem Besuch sogar gelegentlich der Beginn einer neuen Ära verknüpft. Daneben findet sich dieser Begriff auch in bezug auf das Erscheinen von Göttern, deren »Parusie« im Wunder oder im Kult erlebt wurde. Das Urchristentum hat den Begriff aufgenommen und gegenüber allen solchen »Ankünften« auf das eine erhoffte Kommen des erhöhten Jesus Christus bezogen. So mahnt Paulus die Gemeinde im Blick auf diese »Parusie« (1 Thess 3,13; 5,23). Bei ihr soll die Gemeinde sein Ruhmeskranz sein (1 Thess 2,19). 1 Kor 15,23 und 1 Thess 4,15 steht dieses Wort im Zusammenhang der Beschreibung der Endereignisse. In der matthäischen Fassung der synoptischen Apokalypse fragen die Jünger Jesus: »Was ist das Zeichen deiner Ankunft und des Endes der Welt?« (24,3) Und dreimal begegnet hier die Wendung: »So wird die Ankunft des Menschensohnes sein« (24,27.37.39). Jak 5,7f. mahnt zu Geduld und Festigkeit im Blick auf »die Ankunft des Herrn«, die nahe sei. 2 Thess 2,1ff. warnt vor Unbesonnenheit angesichts dieser Ankunft. 2 Petr 1,16; 3,4.12 verteidigt die Erwartung »seiner Ankunft« gegenüber Zweiflern. Der Verfasser des 1 Joh steht also mit der Aufnahme dieses Begriffes in einer breiten urchristlichen Tradition. Im JohEv dagegen findet sich weder das Wort noch die Vorstellung. Auch an diesem Punkt zeigt sich also wieder die Übereinstimmung des 1 Joh mit der allgemeinen kirchlichen Tradition bei gleichzeitiger Unterschiedenheit vom JohEv.

Mit der Erwartung der Ankunft Jesu Christi ist der Gedanke des endzeitlichen Gerichts eng verbunden. Dieser Zusammenhang ist auch in Vers 28 vorausgesetzt, wenn als positives Ziel genannt wird: »Freimut haben«. In der Parallelstelle 4,17 heißt es ausdrücklich: »Freimut am Gerichtstag«. Freimut hat, wer »mit reinem Gewissen sagen« kann, »überhaupt nichts getan zu haben, was Anklage und

Tadel verdient« (Philo, spec leg I, 203 f.; vgl. Spr 20,9). Hier ist
»Freimut« nicht auf das Endgericht bezogen. Auch an den beiden
weiteren Stellen, an denen dieses Wort im 1 Joh vorkommt (3,21;
5,14), wie überhaupt im übrigen Urchristentum, hat es nicht die
spezielle Bedeutung von Freimut im Endgericht.

Dagegen begegnet es in diesem Zusammenhang im Judentum. In Weish 4,20
heißt es zunächst von den Ungerechten: »Furchtsam werden sie kommen bei
der Zusammenrechnung ihrer Sünden, und ihre Gesetzesübertretungen werden
sie als Ankläger überführen.« Demgegenüber gilt dann 5,1: »Dann wird
der Gerechte mit großem Freimut dastehen.« Ähnlich verhält es sich 4 Esr
7,87, wo als siebte Marter der Verächter nach ihrem Tod genannt wird, »daß
sie vor Scham vergehen, vor Angst sich verzehren und vor Furcht erschlaffen,
daß sie die Herrlichkeit des Höchsten scheuen müssen, vor dem sie im Leben
gesündigt, und von dem sie am jüngsten Tag gerichtet werden sollen«. Im
Gegensatz dazu gilt 7,98 als siebte Freude der Gerechten, »daß sie zuversichtlich
frohlocken, sicher vertrauen und furchtlos sich freuen; denn sie eilen
herzu, das Antlitz dessen zu schauen, dem sie im Leben gedient, und von dem
sie Lob und Lohn empfangen sollen«. Das Gegenteil von Freimut im Endgericht
wird sehr anschaulich auch in aethHen 48,8.10 beschrieben: »In jenen
Tagen sind die Könige der Erde und die Mächtigen, die das Land besitzen,
wegen ihrer Hände Taten niedergeschlagenen Angesichts. ... Niemand ist
dann da, der sie bei den Händen nähme und aufrichtete; denn sie verleugneten
den Herrn der Geister und seinen Gesalbten.« Als Gegensatz zum
Freimut zeigt sich hier immer wieder Niedergeschlagenheit und Beschämung,
die aus der Überführung durch die eigenen Übeltaten resultieren. Die
Folge davon ist Trennung von Gott und damit endgültige Verwerfung. So
heißt es aeth Hen 63,11: »Hernach erfüllt sich ihr Antlitz mit Finsternis und
Scham vor dem Menschensohn; sie werden aus seiner Gegenwart vertrieben«
(vgl. auch 62,10f.).

Parallel zu »Freimut haben« steht 1 Joh 2,28 »zuschanden werden«.
Endgültig beschämt und zuschanden wird, wessen Schande der
endzeitliche Richter offenlegt. Beide Begriffe finden sich nebeneinander
Spr 13,5 (»Der Gottlose aber wird zuschanden, und er wird
keinen Freimut haben«) und Phil 1,20, aber ohne Bezug auf das
letzte Gericht. Die besondere Beziehung von »Freimut haben« und
»nicht zuschanden werden« auf das Endgericht begegnet in urchristlichen
Schriften nur im 1 Joh. Daran dürfte deutlich werden, daß
sein Verfasser nicht einfach gängige kirchliche Tradition wiedergibt,
sondern daß er den die Zukunftshoffnung betreffenden Bereich
urchristlicher Verkündigung sehr bewußt aufgenommen hat.
Geht es also nach Vers 28 darum, im Endgericht Freimut zu haben,
wieso ist dieser Freimut dann denen verheißen, die am Bekenntnis

festhalten? Hier ist der Zusammenhang wohl in der Weise zu denken, wie er negativ Mk 8,38/Lk 9,26 ausgesprochen ist: »Wer sich meiner und meiner Worte schämt in diesem ehebrecherischen und sündigen Geschlecht, dessen wird sich auch der Menschensohn schämen, wenn er kommt in der Herrlichkeit des Vaters mit den heiligen Engeln« (vgl. Mt 10,32f./Lk 12,8f.; ähnlich ja auch die vorher zitierten Stellen aus 4 Esr 7 und aethHen 48; vgl. weiter Barn 7,9f.). Wer mit dem Bekenntnis daran festhält, daß *Jesus* der Gottessohn und Christus ist, daß in ihm Gott auf den Plan getreten ist, wird Freimut haben, wenn er eben diesem Jesus als dem Richter gegenübersteht. Das Festhalten am Bekenntnis meint aber nicht die bloße Deklamation einer heiligen Formel. In 4,17, der anderen Stelle, die vom »Freimut am Tage des Gerichts« spricht, ist er an die Liebe gebunden. Beides gehört zusammen: Freimut hat, wer am Bekenntnis festhält und Liebe übt, weil er die im Bekenntnis ausgesagte liebende Zuwendung Gottes zu den Menschen, die er in Jesus erwiesen hat, in einer dieser Tat Gottes entsprechenden Lebensführung anerkennt.

Auf den Aspekt der Lebensführung, über die nach urchristlicher und jüdischer Tradition im Endgericht geurteilt werden wird, geht der Verfasser in Vers 29 ein: »Wenn ihr wißt, daß er gerecht ist, erkennt ihr, daß auch jeder, der die Gerechtigkeit tut, aus ihm gezeugt ist.« Die Aussage am Anfang des Verses, »daß er gerecht ist«, muß Jesus Christus meinen, da ja von »seiner Ankunft« unmittelbar vorher die Rede war. Dagegen geht es nicht an, auch den Schluß des Verses auf ihn zu beziehen, da sonst immer nur von einer Zeugung aus Gott gesprochen wird. Man muß daher einen stillschweigenden Wechsel der Personen in diesem Vers annehmen.

Als dem Ausgangspunkt für seine weitere Argumentation geht der Verfasser von einem Wissen seiner Leser aus und damit einem Satz der Tradition: Jesus Christus ist gerecht (→ zu 2,1). Daraus folgert er, daß sich derjenige als aus Gott gezeugt erweist, »der die Gerechtigkeit tut«. Zugehörigkeit manifestiert sich in Entsprechung. Die Kennzeichnung Jesu Christi als eines Gerechten wird so zur Mahnung, gerecht zu sein und gerecht zu handeln. Das »Tun der Gerechtigkeit« meint negativ das Unterlassen der Sünde (3,7f.) und positiv die Bruderliebe (3,10). Die Wendung vom »Tun der Gerechtigkeit« steht in einem betont endzeitlichen Kontext auch in Offb 22,11 f.: »... der Gerechte soll weiterhin Gerechtigkeit tun. ... Siehe, ich komme bald, und mein Lohn mit mir, um jedem zu vergelten, wie sein Werk ist.« Hier ist ganz deutlich ausgesprochen, daß im Endgericht nach gerechten Taten gefragt werden wird. Dieser Zusammenhang ist in 1 Joh 2,29 vorausgesetzt. Er ist der Anlaß, daß der Verfasser jetzt vom Tun der Gerechtigkeit redet; aber er macht ihn nicht zu einem selbständigen Thema.

Im Gegensatz zur Glaubensgerechtigkeit ist das Tun der Gerechtigkeit negativ qualifiziert bei Paulus in Röm 10,5: »Der Mensch, der die Gerechtigkeit aus dem Gesetz tut, wird durch sie leben.« Doch darf man Paulus und den 1 Joh nicht kurzschlüssig gegeneinander ausspielen, als befände sich der zweite auf dem Wege, den der erste verworfen hat. Bei Paulus meint »das Tun der Gerechtigkeit aus dem Gesetz« einen Heilsweg, in dessen Verfolgung der Mensch sich entgegen dem in Jesus Christus gefällten Urteil Gottes aufgrund eigener Leistung selbst zu behaupten versucht. In dieser Weise ist »das Tun der Gerechtigkeit« im 1 Joh überhaupt nicht im Blick. Es ist nicht Bedingung des Heils, sondern sein Kennzeichen.

»Heil« wird in Vers 29 beschrieben als »Gezeugtsein aus Gott« und in 3,1 dann als Gotteskindschaft. Diese Redeweise ist dem Verfasser und seinen Gegnern in der gemeinsamen Tradition vorgegeben. Joh 1,12f. heißt es: »Die ihn aber aufnahmen, denen gab er Macht, Kinder Gottes zu werden, den an seinen Namen Glaubenden, die nicht aus Blut noch aus Fleisches- oder Manneswillen, sondern aus Gott gezeugt worden sind.« Hier kommt zum erstenmal im Joh die Gemeinde in den Blick; und sofort macht der Evangelist deutlich, daß sie nicht aus dem eigenen Entschluß ihrer Mitglieder entstanden ist und nicht auf ihrem Willen beruht, sondern daß es sie nur als Werk Gottes, als seine Neuschöpfung gibt. Die Glaubenden sind natürlich wie andere Menschen auch »aus Blut und Fleisches- und Manneswillen« gezeugt worden, also auf dem natürlichen Weg in die Welt gekommen; sie sind ja leibhaftige Menschen. Aber *Glaubende* sind sie nicht aus natürlichen Voraussetzungen. Daß es überhaupt Glaubende gibt, solche, die den in Jesus handelnden Gott anerkennen, das ist nur als Wunder zu verstehen, als Tat Gottes selbst (vgl. auch 3,6). Das bringt der Evangelist mit der Redeweise von der Zeugung aus Gott zum Ausdruck. Spätere Gnostiker haben Joh 1,12f.; 3,6 als Belege für ihre Anthropologie gebraucht. Die Zeugung aus Gott meint nach ihnen eine seinsmäßige Vorgegebenheit des eigentlichen, des geistigen Menschen. In dieser Weise werden auch die Gegner die genannten Stellen aus dem JohEv verstanden haben. Über ihr Verständnis liegt der Verfasser des 1 Joh mit ihnen im Streit: Immer wenn er von der Zeugung aus Gott spricht, verbindet er sie mit einem Kennzeichen, dessen Fehlen ihr Nichtvorhandensein erweist (2,29; 3,9; 4,7; 5,1.4).

Mit der Redeweise von der Zeugung aus Gott nimmt der Verfasser also eine ihm geläufige Tradition auf. Er gebraucht sie in 2,29 deshalb, weil sie ein von Gott gewirktes »Sein« der Gemeinde benennt, das sie vor all ihrem Tun auszeichnet. Sie *ist* Gemeinde ganz allein von Gott her. Daran zu erinnern ist dem Verfasser gerade auch im Zusammenhang seiner positiven Aufnahme der Endgerichtsvorstellung wichtig. Er schiebt damit jedem Verdienstdenken einen Riegel vor. Andererseits aber stellt er klar heraus, daß die Zeugung aus Gott als ihr unverzichtbares Kennzeichen das Tun der Gerechtigkeit hat. Nur dieses Kennzeichen weist sie als wirklich aus. Nur eine Gemeinde von Brüdern *ist* Gemeinde.

In Vers 29 stellte der Verfasser das in Entsprechung zur Gerechtigkeit Jesu Christi stehende und auf seine Ankunft hin ausgerichtete Tun der Gerechtigkeit als Kennzeichen der Zeugung aus Gott heraus. Damit wies er seine Leser auf das ihnen als Gemeinde schon vorgegebene Sein hin; und darauf geht er 3,1 betont ein: »Seht, welche Liebe uns der Vater gegeben hat, daß wir Kinder Gottes heißen.« Er hebt zunächst den Grund der Gotteskindschaft in der Liebe des Vaters hervor. Diese Liebe ist uns *gegeben*. Sie ist also weder erworben noch naturhaft eingestiftet. Sie ist nichts anderes als Geschenk. Nach Joh 3,16 hat Gott den einzigen Sohn als Erweis seiner Liebe zur Welt gegeben. Diese Stelle ist 1 Joh 3,16; 4,9 aufgenommen. Das ist die Liebe, daß der Vater den Sohn gegeben hat; in der Sendung und Hingabe Jesu ist diese Liebe offenbar geworden. Ziel solchen Gebens ist, daß »wir durch ihn leben« (4,9), daß »wir Kinder Gottes heißen«. Auch hiermit nimmt der Verfasser eine Bezeichnung auf, die ihm im JohEv vorgegeben ist (1,12; 11,52). Weil aus Gott gezeugt, heißen die Glaubenden schon jetzt »Kinder Gottes« – anders als in der Seligpreisung Mt 5,9, die die Gotteskindschaft erst für die Zukunft verheißt: »Selig die Friedensstifter; denn sie werden Söhne Gottes heißen.« (Der Titel »Sohn« ist im JohEv und in den Johannesbriefen allein Jesus Christus vorbehalten.) Wie diese Seligpreisung erwartete auch das Judentum die Gotteskindschaft erst nach dem Ende dieser Weltzeit. So heißt es Jub 1,24f. im Anschluß an die Verheißung des heiligen Geistes: »Und ihre (der Israeliten) Seelen folgen mir und allen meinen Geboten ...; ich werde dann ihr Vater sein und sie meine Kinder. Und sie alle heißen Kinder des lebendigen Gottes, und alle Engel und Geister wissen, ... daß sie meine Kinder sind und ich ihr Vater in Wahrhaftigkeit und Gerechtigkeit und daß ich sie liebe.« Nach jüdischem Verständnis sind »heißen« und »sein« identisch. Für den Verfasser des 1 Joh ist diese Gleichsetzung offensichtlich nicht selbstverständlich, denn er fügt zu der Aussage, daß »wir Gottes Kinder heißen«, ausdrücklich hinzu: »und wir *sind* es«. Das gilt und kann nicht mehr umgestoßen werden, so gewiß uns der Vater mit dem Sohn seine Liebe gegeben hat.

Diese starke Betonung der Gegenwart der Gotteskindschaft gründet sicherlich in der Geisterfahrung der Gemeinde (2,20.27), die mit der Vorstellung der Zeugung aus Gott in engem Zusammenhang steht (3,9). Die Glaubenden haben eine Veränderung erfahren; die Gemeinde ist anders als die sie umgebende Welt. Und diese Veränderung beruht nicht auf dem eigenen Wirken, sondern gilt als Werk des Geistes. Daß solche Gedanken mit dem Begriff der Gotteskindschaft verbunden sind, zeigt sich gleich in 3,1b, wo der Verfasser auf die Andersartigkeit der Gemeinde gegenüber der Welt eingeht und sie begründet: »Deswegen erkennt uns die Welt nicht, weil sie ihn nicht erkannt hat.« Die Welt nimmt die Andersartigkeit der Gemeinde wohl wahr (3,13); aber sie kann diese Andersartigkeit nicht als Gotteskindschaft anerkennen. Sie könnte das nur, wenn sie den anerkennte, durch den die Gemeinde allererst in der Gotteskindschaft steht. Aber dann wäre sie nicht mehr Welt, sondern auch selbst Gemeinde geworden. Es läßt sich nicht eindeutig festlegen, wen der Verfasser mit dem »Er« meint, den die Welt nicht erkennt, ob Gott oder Jesus. Aber es darf hier von der Sache her keine Alternative geben. Ist Jesus derjenige, den die Welt nicht anerkannt hat, so muß sofort hinzugedacht werden: »und deshalb erkennt sie Gott nicht«; ist Gott im Blick, so ist hinzuzufügen: »weil sie Jesus nicht anerkannt hat« (vgl. Joh 5,37f.; 7,28; 8,19).

Ein besonderer Akzent könnte in Vers 1b darin liegen, daß der Verfasser bei »Welt« vor allem an die Gegner denkt, die ja durch ihre Leugnung des Bekenntnisses und damit durch die Nicht-Erkenntnis des in Jesus offenbar gewordenen Gottes die Qualifikation der Welt haben. Sie, die sich aufgrund der im gnostischen Sinn verstandenen Zeugung aus Gott selbst exklusiv für Gotteskinder hielten, streiten der Gemeinde die Gotteskindschaft ab – aber eben deshalb, weil sie selbst dem wirklichen Gott die Anerkennung verweigern, weil sie Welt sind.

Die erneute Anrede »Geliebte« am Beginn von Vers 2 »markiert die Bedeutung des Gedankens« (Bultmann 53), dem der Verfasser jetzt Ausdruck geben will. Doch bevor er diesen neuen Gedanken bringt, wiederholt er als dessen Grundlage die wesentliche Aussage von Vers 1: »Jetzt sind wir Kinder Gottes.« Über das in Vers 1 schon Gesagte hinaus geht lediglich die Betonung der Gegenwärtigkeit der Gotteskindschaft. Sie erfolgt aber nicht im Gegenüber zu einer Ansicht, die die Gotteskindschaft erst von der Zukunft erwartet (wie

Mt 5,9), sondern das »Jetzt« hat einschränkenden Sinn und stellt die Vorläufigkeit der Gotteskindschaft heraus. Es wird noch etwas von der Zukunft erwartet, was über sie hinausgeht. Damit stellt sich der Verfasser in Gegensatz zu seinen Gegnern, für die mit der Zeugung aus Gott und der damit bewirkten Gotteskindschaft schon alles gegeben ist. Demgegenüber gilt: »Und es ist noch nicht offenbar geworden, was wir sein werden.« Es geht hiernach nicht um die künftige Offenbarwerdung dessen, was jetzt schon verborgen da ist, wie Kol 3,3 f. formuliert: »Euer Leben ist verborgen mit Christus in Gott; wenn Christus offenbar wird, unser Leben, dann werdet auch ihr mit ihm offenbar werden in Herrlichkeit.« In 1 Joh 3,2 heißt es nicht: »Es ist noch nicht offenbar geworden, was wir *sind*«, sondern: »was wir *sein werden*«. Diejenigen, die jetzt Kinder Gottes sind, werden also noch etwas darüber Hinausgehendes sein, das noch gar nicht in Erscheinung getreten ist, sondern erst dann, wenn es in Erscheinung tritt, Wirklichkeit werden wird. Der Verfasser beläßt es nicht bei dieser unbestimmten Aussage. Sosehr es gilt, daß das über die gegenwärtige Gotteskindschaft hinaus Erwartete etwas Neues, noch nicht Dagewesenes ist, so ist es doch nicht etwas Unaussagbares und schlechthin Unbekanntes. Der Verfasser sagt vielmehr: »Wir wissen«, und damit bezieht er sich auf ein ihm und seinen Lesern gemeinsames Wissen, auf die in der Gemeinde bewahrte Tradition. Aus ihr stammt also der Gedanke, den er dann so formuliert: »Wenn es offenbar wird, werden wir ihm gleich sein, weil wir ihn sehen werden, wie er ist.« Bei der hier vorgenommenen Übersetzung »wenn *es* offenbar wird« ist dieser Nebensatz auf die unmittelbar vorangehende Aussage »was wir sein werden« bezogen. Es ist aber auch möglich zu übersetzen: »wenn *er* offenbar wird«, so daß wie 2,28 an die Ankunft Jesu Christi gedacht wäre. Wahrscheinlicher erscheint der Bezug auf das unmittelbar Vorangehende (»es ist noch nicht offenbar geworden ... wenn es offenbar wird«). Doch ist auch hier nicht im Sinne einer strengen Alternative zu entscheiden. Denn da das, »was wir sein werden«, nach dem Verfasser nirgends sonst offenbar werden dürfte als dann, »wenn *er* offenbar wird«, ist die Ankunft Jesu Christi in Vers 2 auf jeden Fall mit im Blick. Dann aber wird er es sein, auf den sich die Aussage bezieht: »Wir werden ihm gleich sein.« Das also ist die über die gegenwärtige Gotteskindschaft hinausgehende Verheißung, die Gleichheit mit Jesus Christus. »Wir dürfen Jesu Lebensziel als unser Ziel, Jesu Ort als unseren Ort, Jesu Art als unsere Art ansehen« (Schlatter 133). Die Gleichheit wird begründet in einem Sehen, »wie er ist«. Er *ist*, der er »von Anfang an war« (1,1), als der er bei seiner Ankunft offenbar werden wird.

Den Vorstellungshintergrund dieser Gedanken dürfte mystische Frömmigkeit bilden, nach der die Schau Gottes Gott gleichmacht. Diese Vorstellung ist in charakteristischer Weise auch von der Gnosis aufgenommen worden. Ein schöner Beleg dafür ist EvPhil § 44: »Es ist nicht möglich, daß jemand etwas von dem Feststehenden sieht, es sei denn, daß jener von der Art jener wird. Nicht so, wie der Mensch, wenn er in der Welt ist, die Sonne sieht, ohne Sonne zu sein, und den Himmel, die Erde und alle anderen Dinge sieht, ohne jene zu sein, verhält es sich mit der Wahrheit. Sondern du sahst etwas von jenem Ort, du wurdest zu jenem. Du sahst den Geist, du wurdest Geist. Du sahst Christus, du wurdest Christus. Du sahst den Vater, du wirst Vater werden. Daher siehst du an diesem Ort zwar alle Dinge, und du siehst nicht dich selbst. Du siehst dich aber an jenem Ort; denn was du siehst, wirst du werden.« Hier findet sich eine eigenartige Verschlingung von Gegenwart und Zukunft, wobei aber der Akzent ganz eindeutig auf der Gegenwart liegt. Das Sehen ist schon erfolgt; und wer gesehen hat, ist schon Geist und Christus geworden. Nur das Gesehenhaben des Vaters hält noch in der Erwartung, Vater zu werden, und brachte nicht zugleich die Erfüllung. Hier geht es eindeutig um die Selbstfindung und Selbstwerdung des eigentlichen, des geistigen Menschen, der sich als der Welt gegenüber Fremder entdeckt, der anders ist als alles, was er in der Welt sieht, und sich selbst in der jenseitigen Lichtwelt wiederfindet. In dieser Weise dürften auch die Gegner im 1 Joh vom Sehen Gottes und vom Sehen des Christus gesprochen haben. Der Verfasser übernimmt die gedankliche Struktur, daß ein bestimmtes Sehen dem Gesehenen gleichmacht. Aber er sagt *dieses* Sehen, und das ist für ihn das Sehen Jesu Christi, »wie er ist«, nicht von der Gegenwart aus, sondern nur von der Zukunft Gottes, von der Ankunft Jesu Christi.

Der Verfasser hatte die am Schluß von Vers 2 ausgedrückte Erwartung als Bestandteil der Tradition kenntlich gemacht. Wenn er sich auf eine Stelle des JohEv bezieht, dann kommt am ehesten 17,24 in Frage: »Vater, ich will, daß da, wo ich bin, auch jene mit mir sind, die du mir gegeben hast, damit sie meine Herrlichkeit sehen, die du mir gegeben hast, weil du mich geliebt hast vor Grundlegung der Welt.« Ob nun der Verfasser hierauf Bezug nimmt oder nicht, ein Vergleich ist in jedem Fall aufschlußreich. Der Evangelist läßt den in den Tod gehenden Jesus darum bitten, daß seine Jünger da sind, wo er ist, damit sie seine Herrlichkeit sehen. In dem dieser Bitte zugehörigen Rechenschaftsbericht (22) hatte Jesus gesagt, daß er »die Herrlichkeit, die du mir gegeben hast«, den Jüngern gegeben hat. Sie haben also die Herrlichkeit Jesu, von der Vers 24 mit denselben Worten spricht, schon gesehen; sie haben schon anerkannt, daß in ihm Gott begegnet. Dann aber kann es bei der Bitte in Vers 24, entsprechend den Bitten in den Versen 12 und 17, nur um die Bewahrung der Jünger gehen: Daß sie auch und gerade den Weggehenden, den in den Tod gehenden Jesus als Gottes Gesandten anerkennen und festhalten. Tun sie das, halten sie fest, daß in Jesu Tod Gott als seine Wirklichkeit die sich selbst hingebende Liebe offenbart hat, dann sind sie auch da, wo Jesus ist, nämlich in dieser Wirklichkeit Gottes. Der Evangelist legt also das Sein mit Jesus und das Sehen seiner Herrlichkeit in die Gegenwart der Gemeinde. Darüber hinausgehende Zukunftsaussagen finden sich bei ihm – wenn überhaupt – allenfalls am Rande. Er unterscheidet sich hier von einer breiten urchristlichen Tradition, die auf die Gemeinde bezogene Herrlichkeitsaussagen erst von der Zukunft macht. So folgert Paulus aus der gegenwärtigen Gotteskindschaft in Röm 8,17: »Wenn aber Kinder, dann auch Erben; Erben Gottes, aber Miterben Christi, wenn anders wir mit ihm leiden, damit wir auch mit ihm verherrlicht werden.« Vgl. Röm 8,29; Phil 3,21; Kol 3,4; 1Petr 5,4. Auch wo Paulus in diesem Zusammenhang die stärksten Gegenwartsaussagen macht, 2 Kor 3,18, ist die Erstreckung in die Zukunft deutlich. Und auch das »Sehen« gilt für die Zukunft. So wiederum Paulus in 1 Kor 13,12: »Wir sehen jetzt durch einen Spiegel rätselhaft, dann aber von Angesicht zu Angesicht.« Vgl. Offb 22,4; Mt 5,8. Mit dieser Tradition stimmt der 1Joh der Sache nach überein und unterscheidet sich mit ihr vom JohEv. Daß der Verfasser dabei wiederum ganz eigenständig formuliert, weist ihn als bewußten Rezipienten dieser Tradition aus. Was er sagt, *will* er auch sagen. Die Sache, die er hier verhandelt, ist ihm wesentlich. »Die Zurückhaltung, mit der er über unsere künftige Bestimmung handelt, alle fruchtlosen Spekulationen unterlassend, verbunden mit der ruhigen Gewißheit, daß wir unseren Herrn sehen und ihm gleich sein werden, ist das Modell für all unser Denken über das kommende Leben« (Dodd 71).

»Und jeder, der diese Hoffnung auf ihn hat« – so beginnt der Verfasser in Vers 3, womit er seine Aussagen von Vers 2 zusammenfaßt. Was er dort gesagt hat, ist Inhalt der *Hoffnung*. Dieses Wort, das nur hier im 1 Joh steht, fehlt im JohEv völlig. Nur einmal ist in 5,45 in ganz anderem Sinn vom Hoffen der Juden auf Moses die Rede. Dieser Befund ist nicht zufällig. Er bestätigt nur, daß der zeitliche Horizont im Evangelium ganz wesentlich die Gegenwart ist. Der Verfasser des Briefes aber blickt nach vorn aus; er erwartet etwas, das noch nicht da ist, und schreitet so grundsätzlich über den Horizont der Gegenwart hinaus. Diese Hoffnung auf das noch nicht Eingetroffene ist jedoch nicht die Erwartung des Unbekannten, sondern sie ist Hoffnung *»auf ihn«*. Deshalb ist die Hoffnung auf Gleichheit mit Jesus Christus gewisse Hoffnung, weil er, auch wenn wir ihn erst sehen *werden*, »wie er ist«, uns doch kein Unbekannter ist. Wir kennen ihn. Er ist uns verkündigt worden durch Zeugen, die ihn gesehen und gehört haben (1,1–3), als er »im Fleisch gekommen« (4,2) ist. Er ist bei uns geblieben mit seinem Wort (2,14) und seinem Geist (2,27), so daß wir jetzt schon durch ihn die Liebe erfahren haben, »die der Vater uns gegeben hat«, daß wir jetzt schon Gottes Kinder sind (3,1).

Wer also von daher die Vers 2 beschriebene »Hoffnung auf ihn hat, reinigt sich selbst, wie jener rein ist«. Aus der Hoffnung auf künftige Gleichheit folgert der Verfasser sofort die Entsprechung in der gegenwärtigen Lebensführung. Zur Kennzeichnung dieser Entsprechung gebraucht er hier die aus der Kultsprache übernommenen Worte »rein« und »reinigen«. Im ursprünglichen Sinn dieser Worte wird Joh 11,55 von den Juden gesprochen, die sich vor dem Passafest »reinigen«, sich also bestimmten Reinigungsriten unterziehen, um den heiligen Bezirk des Tempels betreten zu können. Auch in nichtritueller Verwendung ist zunächst die Reinheit von Sünden gemeint. So heißt es Barn 5,1: »Denn dazu hat es der Herr auf sich genommen, das Fleisch ins Verderben dahinzugeben, damit wir durch Vergebung der Sünden gereinigt werden.« In diesem Sinn führt auch der Verfasser des 1 Joh in 3,4f. gleich die Erörterung weiter. Da es aber nach ihm keine sozusagen leere Freiheit von der Sünde gibt, ist die Reinheit positiv als das Tun der Bruderliebe verstanden (vgl. auch 1 Petr 1,22). Es ist für ihn charakteristisch, daß er den 2,28 begonnenen Zusammenhang nicht mit dem hoffnungsvollen Ausblick in 3,2 abschließt, sondern aus ihm diese Konsequenz folgen läßt. »Seine (des Hoffenden) Zukunft wirkt hinein in seine Gegenwart, sein ›Wohin‹ prägt sein ›Wo‹« (Schrage 36).

Der Verfasser hat in dem Abschnitt 2,28–3,3 deutlich gemacht, daß er das Gekommensein Jesu Christi nicht in der Geschichte der von ihm hervorgerufenen Gemeinde aufgehen läßt – so gewiß es eine Gemeinde hervorgerufen hat, und so gewiß diese Gemeinde eine Geschichte in der Welt hat. Sondern er erwartet ihn selbst und mit ihm auch für die Gemeinde etwas, das jenseits aller Möglichkeiten innerweltlicher Geschichte liegt, auch jenseits aller »christlichen« Möglichkeiten. So verweist er die Gemeinde in die Hoffnung, die frei macht von der ebenso selbstsüchtigen wie unersättlichen Gier nach tausenderlei »Erfüllungen« und alle Erfüllung dem anheimstellt, den sie erwartet. Damit gilt: »Nicht dogmatische Korrektheit, sondern sachliche Nötigung dürfte diese auffälligste und wohl deutlichste Differenz zwischen dem 1 Joh und dem JohEv bewirkt haben« (Schrage 36). Die Hoffnung, der der Verfasser hier Ausdruck gibt, ist keine Spekulation. Sie hat ihren festen Grund in dem, was die Gemeinde ist, die jetzt schon in der Gotteskindschaft steht; und sie manifestiert sich jetzt schon in dem, was die Gemeinde tut. Sie bleibt nicht folgenlos; sie macht frei, aber nicht faul.

C. Freimut gegenüber Gott in der Bruderliebe (3,4–24)

Hatte der Verfasser am Schluß des vorigen Abschnitts aus der Hoffnung auf zukünftige Gleichheit mit Jesus Christus sofort die Konsequenz schon gegenwärtiger ethischer Entsprechung gezogen, so legt er nun im dritten Abschnitt diese Konsequenz ausführlich dar. Doch hält er auch hier keine bloße Mahnrede. Und er fordert auch nicht, einem großen Zukunftsbild nachzulaufen und gelungene Teilverwirklichungen als Erweis für die Richtigkeit der Hoffnung anzusehen. Er hebt vielmehr immer wieder Grund und Ermöglichung der geforderten Entsprechung in dem hervor, was Gott schon *getan hat*. *Davon*, von *dieser* Vergangenheit, ist die Gegenwart bestimmt; *darin* gründet auch die Hoffnung; und nur diese von Gott schon in der Vergangenheit begründete und ausgewiesene Hoffnung ist es, die nun ihrerseits in Bewegung setzend auf die Gegenwart zurückwirkt.

In 3,3 hatte der Verfasser die geforderte Entsprechung inhaltlich mit dem aus der Kultsprache übernommenen und auf den ethischen Bereich übertragenen Begriff der Reinheit gekennzeichnet. Diese Reinheit wird nun zunächst negativ näher bestimmt als Nicht-Sündigen und positiv als Tun der Gerechtigkeit. Das geschieht in Auseinandersetzung mit den Gegnern, die aufgrund der behaupteten Zeugung aus Gott Sündlosigkeit und Gerechtigkeit für sich beanspruchten, ohne daß sich das in einem konkreten gerechten Tun manifestierte (4–10). Nachdem der Verfasser klargestellt hat, daß derjenige sich als nicht aus Gott Gezeugter erweist, der nicht Gerechtigkeit tut, legt er dann das Tun der Gerechtigkeit als Bruderliebe aus. Sie ist Erweis und Inhalt dessen, daß wir vom Tod zum Leben hinübergeschritten sind. Sie gründet in der Selbsthingabe Jesu, die nach unserer Hingabe, gerade und besonders im materiellen Bereich, verlangt (11–17). Darin wird Freimut, der für die Ankunft Jesu Christi erhofft wird, schon jetzt gewonnen (18–24). Das ist Leben aus der Wahrheit, Leben in der Wirklichkeit Gottes, der größer ist als die Anklagen unseres Gewissens; sie können uns aus dieser Wirklichkeit nicht mehr herausdrängen. Darin kommt das Festhalten am Bekenntnis, von dem der zweite Briefteil ausging, zu seinem vorläufigen Ziel; und so faßt Vers 23 als »sein Gebot« zusammen, »daß wir glauben an den Namen seines Sohnes Jesu Christi und einander lieben«.

1. Die Unverträglichkeit des Christseins mit der Sünde (3,4–10)

4 Jeder, der die Sünde tut, tut auch die Gesetzlosigkeit, und die Sünde ist die Gesetzlosigkeit. 5 Und ihr wißt: Jener ist offenbar geworden, damit er die Sünden fortschaffe; und in ihm ist keine Sünde. 6 Jeder, der in ihm bleibt, sündigt nicht. Jeder, der sündigt, hat ihn nicht gesehen, noch hat er ihn erkannt.
7 Kinderchen, keiner soll euch täuschen: Wer die Gerechtigkeit tut, ist gerecht, wie jener gerecht ist. 8 Wer die Sünde tut, ist aus dem Teufel; denn der Teufel sündigt von Anfang an. Dazu ist der Sohn Gottes offenbar geworden, damit er die Werke des Teufels zerstöre. 9 Jeder, der aus Gott gezeugt ist, tut keine Sünde, weil sein Same in ihm bleibt; und er kann nicht sündigen, weil er aus Gott gezeugt ist. 10 Daran sind offenbar die Kinder Gottes und die Kinder des Teufels: Jeder, der nicht Gerechtigkeit tut, ist nicht aus Gott, und der nicht seinen Bruder liebt.

Literatur: *Clapperton, J. A.*: Tēn Hamartian (I John iii. 4), ET 47, 1935/36, 92f.

Der Verfasser führt hier in einem ersten Schritt die ethische Konsequenz der Hoffnung näher aus. Er legt dar, was die Reinigung gemäß der Reinheit Jesu Christi (3) bedeutet. Er tut das nicht in einer allgemein gehaltenen theoretischen Erörterung, sondern wiederum unter direktem Bezug auf die konkrete Situation seiner Gemeinde. In ihr ging es ja darum, Kriterien dafür an die Hand zu bekommen, die zwischen wahrem und falschem Christentum zu scheiden vermögen. Auf die Angabe eines solchen Kriteriums läuft die Erörterung in diesem Teil hinaus (10). Und so erfolgt auch die Ausführung, wie der Beginn von Vers 7 ausdrücklich deutlich macht, im Blick auf die Gegner. Ihre Behauptung von Sündlosigkeit und Gerechtigkeit, die vom Tun unabhängig seien, wird aufgenommen und verworfen.
Der Verfasser geht dabei in zwei einander parallelen Argumentationsgängen vor, die beide nach demselben Schema (These – Hinweis auf die Tradition – Folgerung) aufgebaut sind. Sie werden durch eine Anrede an die Leser mit dem ausdrücklichen Verweis auf die Gegner (7a) voneinander getrennt.
Erster Argumentationsgang:
1. These: Sünde ist Gesetzlosigkeit (4).

2. Hinweis auf die Tradition:
   a) Jesus Christus hat die Sünden fortgeschafft (5 a).
   b) Jesus Christus ist ohne Sünde (5 b).
3. Folgerung:
   a) positiv: Wer in ihm bleibt, sündigt nicht (6 a).
   b) negativ: Wer sündigt, hat keine Ahnung von ihm (6 b).

Zweiter Argumentationsgang:
1. These:
   a) positiv: Wer die Gerechtigkeit tut, ist gerecht (7 b).
   b) negativ: Wer die Sünde tut, ist aus dem Teufel (8 a).
2. Hinweis auf die Tradition: Jesus Christus hat die Werke des Teufels zerstört (8 b).
3. Folgerung:
   a) positiv: Der aus Gott Gezeugte kann nicht sündigen (9).
   b) negatives Kennzeichen: Wer nicht Gerechtigkeit tut, ist nicht aus Gott (10).

Wenn der Verfasser die nähere Ausführung dessen, was die Reinigung gemäß der Reinheit Jesu Christi bedeutet, mit einer inhaltlich negativ qualifizierten These beginnt und damit vom Gegenteil ausgeht, so ist das sicherlich durch eine von den Gegnern vertretene Anschauung veranlaßt: »Jeder, der die Sünde tut, tut auch die Gesetzlosigkeit, und die Sünde ist die Gesetzlosigkeit.« Der Sinn dieser Sätze ist ganz offensichtlich der, die Sünde mit der Gesetzlosigkeit zu identifizieren, die Sünde als Gesetzlosigkeit bloßzustellen. Das überrascht im Blick darauf, daß »Sünde« und »Gesetzlosigkeit« völlig gleichbedeutend nebeneinander gebraucht werden können, wie etwa die alttestamentlichen Zitate in Röm 4,7 und Hebr 10,17 belegen. Wenn demgegenüber hier die Sünde ausdrücklich als Gesetzlosigkeit hingestellt ist, dann ist das nur sinnvoll gegenüber einer Front, die zwischen beiden wohl zu unterscheiden wußte. Die Behauptung der Gegner, keine Sünde zu haben, war ja keine Tatbestimmung, sondern eine Seinsbestimmung. Sünde kommt ihnen in ihrer Eigentlichkeit als geistige Wesen nicht zu, auch wenn sie als Menschen von Fleisch und Blut »Sünden« begehen. Die aber sind ohne Bedeutung. Anders verhält es sich mit dem Begriff »Gesetzlosigkeit«. »Es ist offenbar ein Begriff von Gesetzlosigkeit vorausgesetzt, in dem der Text und die Irrlehrer übereinstimmen, nämlich daß Gesetzlosigkeit ein Frevel ist« (Bultmann 54). Für die Entgegensetzung von Gerechtigkeit und Gesetzlosigkeit (vgl. Mt 23,28; Röm 6,19; 2 Kor 6,14; Hebr 1,9) gibt es auch Belege in christlich-gnostischen Schriften. ApcPt 70,29 f. stellt den »Worten der Ungerechtigkeit und Gesetzwidrigkeit« die der Gerechtigkeit, also die Lehre der

Gnosis entgegen; und aus EV 33,26–32 geht hervor, daß Gesetzlosigkeit im Gegensatz zu Gerechtigkeit das dem »Willen des Vaters« Widersprechende ist. Vgl. auch ApcPl 20,17–23 und 1 ApcJac 40,19–22.

Da der Verfasser vorher Endzeiterwartungen positiv aufgenommen hat, ist es möglich, daß seine Identifizierung der Sünde als Gesetzlosigkeit in diesem Horizont erfolgt und daß so in ihr noch ein weiteres Moment zum Ausdruck kommt. In einer ganzen Anzahl von Stellen begegnet nämlich das Wort »Gesetzlosigkeit« in endzeitlichem Zusammenhang. So heißt es 2 Thess 2,7: »Das Geheimnis der Gesetzlosigkeit wirkt schon.« In Vers 3 wird der endzeitliche Gegenspieler Christi »der Mensch der Gesetzlosigkeit« und 2,8 »der Gesetzlose« schlechthin genannt. Mt 24,12 weiß, daß am Ende »die Gesetzlosigkeit zunimmt« (vgl. Did 16,4); und im Endgericht werden »die Täter der Gesetzlosigkeit« entfernt (Mt 13,41; vgl. 7,23). Gesetzlosigkeit ist die Signatur dieser Zeit im Gegensatz zur erwarteten neuen (Barn 15,7; 18,2; vgl. das »Freer-Logion« im sekundären Mk-Schluß). Hat der Verfasser diese Tradition mit im Auge, so wird mit dem Satz, daß Sünde Gesetzlosigkeit ist, jede Sünde als völlig im Gegensatz zu Gott stehend, als Frevel gegen ihn gekennzeichnet. Das aber geschieht mit besonderer Stoßrichtung gegen den Hochmut derjenigen, die den »Willen des Vaters« zu kennen meinen und in ihrem konkreten Verhalten dem Leben seinen gewohnten, und das heißt ungerechten, Lauf lassen. Der Verfasser »kämpft hier nicht gegen den ängstlichen, sondern wider den frechen Sünder, nicht gegen Schwache, sondern gegen vermeintlich Starke« (Gaugler 165).

Nach der Eingangsthese in diesem ersten Argumentationsgang, die jede Sünde als Frevel gegen Gott hinstellt, erinnert der Verfasser die Leser in Vers 5 wieder an ihr Wissen, also an das, was sie aus ihrer Tradition kennen: »Jener ist offenbar geworden, damit er die Sünden fortschaffe; und in ihm ist keine Sünde.« Diese Aussagen, die einen völligen Gegensatz zwischen Jesus Christus und Sünde beschreiben, unterstreichen damit einmal die Eingangsthese, daß jede Sünde Frevel gegen den Gott bedeutet, der in Jesus Christus offenbar geworden ist. Vor allem aber sind sie der Ausgangspunkt für die dann in Vers 6 gemachten Folgerungen.

Der Gegensatz zwischen Jesus Christus und Sünde wird zunächst so bestimmt, daß es der Zweck seines Erscheinens war, die Sünden fortzuschaffen. Hier hat der Verfasser das Wort des Täufers über Jesus aus Joh 1,29 aufgenommen: »Siehe, das Lamm Gottes, das die Sünde der Welt fortschafft.« Daß im einen Fall »Sünde«, im anderen »Sünden« steht, macht keinen Unterschied, da im Brief und im

Evangelium Singular und Plural bedeutungsgleich miteinander wechseln. Die Wendung vom Fortschaffen der Sünde(n) findet sich in den urchristlichen Schriften nur an diesen beiden Stellen. Doch das sachlich mit ihr Gemeinte steht in einer breiten urchristlichen Tradition. Denn beim Fortschaffen der Sünden denkt der Verfasser doch an nichts anderes als bei der Reinigung von aller Sünde durch Jesu Blut (1,7) und bei der Sühnung für unsere Sünden (2,2; 4,10). Er hat hier wie dort die Vorstellung von der stellvertretenden Sühne, die Jesus durch seinen Tod bewirkte (vgl. nur 1 Kor 15,3), aufgenommen. Daß das Fortschaffen der Sünde eben dadurch erfolgte, darauf weist in Joh 1,29 noch besonders die Bezeichnung Jesu als Lamm.

Der Gegensatz zwischen Jesus Christus und Sünde ist also kein statischer, nicht das Gegenüber zweier, gar noch gleichgewichtiger, Prinzipien. Vielmehr ist es der Gegensatz eines aktiven Entgegentretens Jesu Christi gegen die Sünde, um sie zu beseitigen. Es ist der Gegensatz eines Kampfes, den er schon bestanden hat, und zwar als einer, »in dem selbst keine Sünde ist«, der ihr keinen Augenblick unterlegen war. Auch dieser zweite Aspekt des Gegensatzes von Jesus Christus und Sünde findet sich sowohl im JohEv (7,18; 8,46) als auch in der übrigen urchristlichen Tradition (2 Kor 5,21; Hebr 4,15; 7,26; 1 Petr 2,22).

Wenn aber dieser Gegensatz Jesu Christi gegen die Sünde gilt, dann gelten auch die Folgerungen, die der Verfasser in Vers 6 zieht. Zunächst positiv: »Jeder, der in ihm bleibt, sündigt nicht.« Wer in dem bleibt, wer dem die Treue hält, der die Sünden fortgeschafft hat und ohne Sünde ist, kann das ja gar nicht anders tun, als daß er auch selbst nicht sündigt. Wenn begonnen wird: »Wer *in ihm* bleibt«, kann gar nicht anders fortgefahren werden als: »sündigt nicht«. Sonst wäre »in ihm« ja Sünde, in dem doch keine ist! *Er* schließt die Sünde aus, der sie fortgeschafft hat. Von *ihm* her, der ohne Sünde ist, gilt das Nicht-Sündigen. *Er* setzt die Entsprechung. So hatte der Verfasser in 2,6 formuliert: »Wer sagt, er bleibe in ihm, muß so, wie jener das Leben geführt hat, auch selbst das Leben führen.« Die Lebensführung in Entsprechung zur Lebensführung Jesu, das Halten seiner Gebote (3,24) – und das heißt die Liebe zum Bruder –, ist der Inhalt der Treue zu ihm, des Bleibens in ihm. Das Nicht-Sündigen bezeichnet also nicht ein Wesen oder Sein, sondern ein bestimmtes, von Jesus bestimmtes Tun, das derjenige vollbringt, der in ihm bleibt. Dieses Bleiben aber liegt nicht in unserer Hand, ist kein Zustand, den wir erwirkt hätten und beständig erhalten könnten. Gerade die Mahnung zum Bleiben, die in 2,6; 3,6.24 enthalten ist und 2,24.27f. ausgesprochen wird, zeigt, daß es von uns aus immer wieder Untreue gibt. Doch unsere Untreue kann die Treue Gottes nicht aufheben: Sein Geist »bleibt« in uns. Das gilt bedingungslos. Dieses Bleiben ist die unaufhebbare Voraussetzung unseres Bleibens, die auch dann nicht verschwindet, wenn unser Bleiben unkenntlich zu werden droht. Und nur auf dem Grund dieser Voraussetzung gilt: »Jeder, der in ihm bleibt, sündigt nicht.«

Der Zielpunkt des ersten Argumentationsganges ist aber nicht diese positive Folgerung, sondern die negative: »Jeder, der sündigt, hat ihn nicht gesehen, noch hat er ihn erkannt.« Hier entwindet der Verfasser seinen Gegnern einen Anspruch, nämlich den, Christus gesehen und erkannt zu haben. Sie meinten damit ein geistiges Sehen. Der Verfasser spricht positiv nur vom Gesehenhaben der Augenzeugen (1,1-3) und vom erst zukünftigen Sehen, »wie er ist« (3,2). Von einem gegenwärtigen Sehen spricht er – im Unterschied zum Erkennen – nicht. Das taten die Gegner, und diesen Anspruch bestreitet er ihnen. Wer, wie sie, wähnt, seine Sünden berührten sein eigentliches Wesen nicht – dagegen hatte er in der Eingangsthese jede Sünde als Frevel gegen Gott hingestellt –, wer also, auch wenn er es für bedeutungslos hält, sündigt, der zeigt damit, daß er keine Ahnung von dem hat, der als Sündenloser gerade zur Beseitigung der Sünden gekommen ist. Hätte er wirklich *ihn* erkannt, ergäbe sich eine genau gegenteilige Konsequenz. »Wer nicht gegen die Sünde kämpfen will, kämpft gegen Christus« (Luther 702); und der kann nicht von sich behaupten, ihn erkannt zu haben. Zu seiner Erkenntnis gehört ein von der Liebe bestimmter Lebensvollzug unabdingbar hinzu (vgl. 2,3 f.; 4,7f.).

Bevor er mit dem zweiten Argumentationsgang beginnt, wendet sich der Verfasser in direkter Anrede an seine Leser: »Kinderchen, keiner soll euch täuschen!« (7a) In 2,26 hatte er die Gegner als solche gekennzeichnet, die seine Leser zu täuschen versuchen. Wenn er jetzt wiederum ausdrücklich vor Täuschung warnt, dann doch sicherlich deshalb, weil er im Kontext nicht über Eventualitäten schreibt, die irgendwann einmal vielleicht eintreten könnten, sondern weil er sich mit tatsächlichen Thesen seiner Gegner auseinandersetzt, die in der Gemeinde Verwirrung gestiftet haben. Solche Auseinandersetzung erfolgt sofort in der positiven Eingangsthese des zweiten Argumentationsganges: »Wer die Gerechtigkeit tut, ist gerecht.« Den Begriff »Gerechtigkeit«, der im Brief nur in polemischen Zusammenhängen begegnet (2,29; 3,10), übernimmt der Verfasser von seinen Gegnern. Für sie war er ein Ausdruck für »Heil«, wobei der besondere Akzent darin lag, daß diese Gerechtigkeit nicht nur unabhängig vom konkreten Tun und Verhalten war, sondern damit auch in keiner Weise in Zusammenhang stand. Der Verfasser gebraucht »Gerechtigkeit« zunächst ebenfalls formal als positiven Gegenbegriff zur Sünde, ohne ihn inhaltlich näher zu kennzeichnen. Gegenüber den Gegnern bringt er ihn aber sofort unlöslich mit der Kategorie des Tuns in Verbindung. Gerecht ist nur, wer gerecht handelt. Dieses »Sein« gibt es nicht anders als im Tun. Und dafür ist Jesus Christus begründendes Beispiel: »wie jener gerecht ist.« Mit dieser Bezeichnung als »gerecht« ist wohl zunächst aufgenommen, daß er vorher als Sündloser beschrieben war (5 b; → zu 2,1). Aber Sündloser war er ja nicht in einem bloßen statischen Gegenüber zur Sünde, sondern gerade als der, der die Sünden fortschaffte (5 a); und das tat er nicht anders, als daß er »für uns sein Leben gab« (3,16). Damit deutet der Verfasser – was er ab Vers 10 ausführt – als inhaltliche Bestimmung der Gerechtigkeit die Liebe an; und zugleich wird klar, daß Jesu Gerechtigkeit und Liebe nicht nur Beispiel, sondern Grund unseres Tuns der Gerechtigkeit ist.

Der positiven Eingangsthese des zweiten Argumentationsganges stellt der Verfasser eine negative gegenüber: »Wer die Sünde tut, ist aus dem Teufel; denn der Teufel sündigt von Anfang an« (8 a). Der darüber geführte Streit, an welchen Zeitpunkt der Verfasser bei der im Begründungssatz gegebenen näheren Kennzeichnung des Teufels als dessen, der »von Anfang an sündigt«, denke, ob an die Paradieserzählung, an den Bericht über den Mord Kains oder an den Anfang des Teufels selbst, trägt nichts aus. Auch die – in dieser Hinsicht selbst umstrittene – Stelle Joh 8,44, wo der Teufel »ein Mörder von Anfang an« genannt wird, kann nicht entscheiden. Der Verfasser nimmt sie, wie das Wort »Mörder« zeigt, in Vers 15 auf. Ob er sie schon in Vers 8 im Blick hat, ist möglich, aber nicht sicher. Jedenfalls macht er keine näheren Angaben über den Zeitpunkt des hier gemeinten Anfangs. Darauf kommt es ihm auch offensichtlich gar nicht an. Wichtig ist vielmehr, daß er nicht von einem absoluten Sein und Wesen des Teufels ausgeht, sondern daß er den Teufel durch sein von Anfang an vollzogenes *Tun* definiert: Er sündigt von Anfang an. Sein Tun hat sich bei ihm sozusagen zum Sein und Wesen verdichtet. Einer hat sich gegen Gott gestellt und damit eine Gegen-Geschichte gegen Gott eröffnet. Danach fängt keiner mehr am Nullpunkt an; jeder steht schon in einer Geschichte der Sünde, einer Geschichte des Hasses, ist von ihr geprägt und kann nicht aus ihr herausspringen. »Wer die Sünde tut« – wer damit gegen Gott frevelt (4) und so zeigt, daß er keine Ahnung von Jesus hat (6) –, bekundet seine Herkunft aus dieser Geschichte und stellt sich zugleich in sie hinein und bekennt sich zu ihr. Das Tun der Sünde ist also nicht ein bloßes Erkennungszeichen dafür, daß einer »aus dem Teufel« ist, sondern es ist zugleich damit ein Akt der Bestimmung seiner selbst zu solcher Herkunft und ein Akt des Bekenntnisses zu ihr. Der Verfasser vertritt hier nicht die These, daß bestimmte Menschen, weil sie »aus dem Teufel« sind, gar nicht anders können, als dieses ihnen vorgegebene Wesen im konkreten Sündigen zu betätigen und zu bekunden. Weil Jesus Christus die Sünden fortgeschafft hat (5), gibt es keinen Zwang zur Sünde. Man kann sich aber – völlig anachronistisch! – mit der Sünde dazu bestimmen und bekennen, »aus dem Teufel« zu sein. Wie der Teufel sein Wesen aus dem Tun der Sünde hat, so bestimmt auch der Sünder mit seinem Tun sein Wesen als ein dem Teufel gleiches. Gleiches Tun verbindet und verpflichtet.

Daß der Verfasser hier nicht prädestinatianisch denkt, daß er das Tun der Sünde nicht für einen auferlegten Zwang, sondern für einen – allerdings vorhandenen – Anachronismus hält, wird deutlich aus dem Schluß von Vers 8: »Dazu ist der Sohn Gottes offenbar geworden, damit er die Werke des Teufels zerstöre.« Dieser Satz entspricht der Sache nach und seiner Stellung nach innerhalb des zweiten Argumentationsganges dem Vers 5 im ersten, der einen Hinweis auf die Tradition enthielt. In Vers 8b fehlt der ausdrückliche Bezug auf das Wissen der Leser; aber die sachliche Parallelität zu Vers 5 zeigt, daß sie hier nichts ihnen Unbekanntes zu hören bekommen, daß das »Zerstören der Werke des Teufels« lediglich eine Variation der Aussage vom »Fortschaffen der Sünden« ist. Die Formulierung »Werke des Teufels« erinnert an Joh 8,41. Dort wirft Jesus den Juden vor, »die Werke eures Vaters« zu tun, und als diesen Vater nennt er in Vers 44 den Teufel. Er begründet diesen Vorwurf damit, daß sie ihn zu töten beabsichtigen, »einen Menschen, der euch die Wahrheit gesagt hat« (8,40), der der Welt bezeugt, »daß ihre Werke böse sind« (7,7). Eine besonders nahe sachliche Entsprechung, die 1 Joh 3,8b aufgenommen sein könnte, liegt Joh 12,31 (vgl. 16,11) vor: »Jetzt ist das Gericht dieser Welt, jetzt wird der Herrscher dieser Welt hinausgeworfen.« Das »Jetzt« bezieht sich auf Jesu Tod am Kreuz (12,32f.). Gerade im Tod Jesu, in dem der Herrscher der Welt, in dem das vom Haß geprägte Handeln der Welt triumphiert in der Unterdrückung und Vernichtung dessen, der das Leben der Welt, der die neue Welt will – gerade in diesem Tod ist der Herrscher der Welt, ist der Haß auch überwunden worden; denn mit dem Tod Jesu hat sich *Gott* identifiziert und damit die liebende Hingabe als bleibende, als seine Wirklichkeit offenbar gemacht. In einem ähnlichen Sinn dürfte auch die Aussage verstanden sein, der Sohn Gottes sei offenbar geworden, um die Werke des Teufels zu zerstören. Sein Kommen, Leben und Sterben hat der Geschichte der Sünde ein Ende bereitet, hat die verhängnisvolle Kette sich fortzeugenden Hasses zerrissen. Wenn der Verfasser von Werken des *Teufels* redet, so nicht deshalb, weil Sünden, die Menschen tun, nicht ihre eigenen Taten wären; sondern er bringt damit den Machtcharakter der Sünde zum Ausdruck, dem der Mensch in der Geschichte immer schon unterliegt und dem er sich außerhalb der Vergebung (1,7.9; 2,1 f.) auch nicht entziehen kann. Indem der Verfasser von der Zerstörung der Werke des Teufels spricht, denkt er hier nicht an je erfolgende individuelle Sündenvergebung, sondern es geht ihm um die grundsätzliche Feststellung, daß die von der ersten Sünde an eröffnete Gegen-Geschichte gegen Gott durchbrochen und überwunden worden ist. Und deshalb bezeichnet er hier auch Jesus betont als den *Sohn Gottes*. Damit macht er klar, daß dieser nicht von vornherein in der Geschichte der Sünde steht, nicht von ihr geprägt und bestimmt ist, sondern daß er einen anderen Ursprung hat, von Gott her in diese Geschichte kommt und ihr als solcher ein Ende bereitet. Die erneute Herausstellung dessen, wozu Jesus Christus offenbar geworden ist, hält so eindeutig fest, daß derjenige sich einer schon vergangenen und überwundenen Geschichte verschreibt, »wer die Sünde tut« (8 a). »Es geht um den entscheidenden Widerspruch, daß der, der sündigt, dieses zentrale und umfassende Werk des Christus verleugnet, daß er gekommen ist, um ›die Werke des Teufels zu zerstören‹« (Gaugler 170).

Vor allem aber ist Vers 8b auch Voraussetzung der den zweiten Argumentationsgang abschließenden Folgerungen. Er besonders ist der Grund, von dem aus der Verfasser in Vers 9 eine Spitzenaussage seiner Gegner positiv aufnehmen kann. Von ihm her und vom weiteren Kontext her erhält diese Aussage aber auch einen anderen Sinn, als sie ihn bei den Gegnern hat. »Jeder, der aus Gott gezeugt ist, tut keine Sünde.« Dieser Satz entspricht der positiven Folgerung des ersten Argumentationsganges (6 a). Doch war dort mit der Formulierung »wer in ihm bleibt« auch das aktive Moment des Treuebewahrens auf seiten des Menschen betont. Hier dagegen wird sozusagen ganz objektiv gesprochen, allein von dem her, was Gott getan hat.

Diese Objektivität tritt besonders deutlich hervor durch einen Vergleich mit der Aussage von Vers 8a, daß aus dem Teufel ist, wer die Sünde tut. Zwischen beiden Aussagen besteht nämlich keineswegs eine genaue antithetische Entsprechung. Es lassen sich zwei Unter-

schiede feststellen, die eine symmetrische Antithetik verhindern und die jeweiligen Besonderheiten anzeigen.
a) Bei der auf den Teufel bezogenen Aussage findet, anders als bei der auf Gott bezogenen, keine Umkehrung statt. Es heißt wohl: Wer sündigt, ist aus dem Teufel. Aber an keiner Stelle des Briefes steht: Wer aus dem Teufel ist, sündigt. Wenn man aus dieser Beobachtung schließen darf, daß der Verfasser eine so gerichtete Formulierung bewußt vermeidet, dann bezeichnet dieser Unterschied ein entscheidendes Ungleichgewicht zwischen der Zeugung aus Gott und dem Sein aus dem Teufel. Der Teufel hat nicht die unbedingte Macht, zur Sünde zu zwingen; seine Werke sind zerstört. Er kann nur zur Macht kommen, wenn sich einer durch sein anachronistisches Tun der Sünde zu ihm bekennt. Das Tun der Sünde ist ja nicht ein bloßes Erkennungszeichen des Seins aus dem Teufel, sondern es bestimmt gerade zu solchem Sein. Dagegen formuliert der Verfasser in Vers 9 a von der anderen Seite her: Wer aus Gott gezeugt ist, sündigt nicht. Und bei der Umkehrung dieses Satzes in 2,20 und 3,10 macht er das an diesen Stellen das Nicht-Sündigen aufnehmende Tun der Gerechtigkeit ausdrücklich als Erkennungszeichen der Zeugung bzw. des Seins aus Gott kenntlich. Es besteht kein Gleichgewicht zwischen Gott und dem Teufel. Gott begründet und setzt das positive Tun noch in ganz anderer Weise, als die Geschichte der Sünde das negative prägt.
b) Der Verfasser sagt nirgends, daß der Sünder aus dem Teufel gezeugt sei. »Das ist gewiß nicht zufällig. Der Teufel hat nicht wie Gott schöpferische Kraft« (Schneider 165). Das Sein aus dem Teufel und das Bekenntnis zu solchem Sein mit der Sünde ist bloße Fortschreibung verhängnisvoller alter Geschichte. Die Zeugung aus Gott ist dagegen ein schöpferischer Akt, der Neues schafft, der aufgrund dessen, daß der Sohn Gottes die Werke des Teufels zerstört hat, aus dieser Geschichte herausreißt, indem er ihrem Verhängnischarakter entnimmt. Wer so aus Gott gezeugt ist, wer nicht mehr von der Geschichte der Sünde bestimmt ist, von dem gilt in der Tat: »Er tut keine Sünde.«
Diese Objektivität der Aussage, ihr kategorisch feststellender Charakter wird noch verstärkt durch die folgende Begründung: »Weil sein Same in ihm bleibt.« Das völlig unvermittelt auftauchende und nur an dieser Stelle begegnende Wort »Same« übernimmt der Verfasser mit dem ganzen Vers von seinen Gegnern. Bei ihnen bezeichnet es den jenseitigen, mit dem eigentlichen Wesen des Menschen identischen Geist als Garanten eines von jedem Tun unabhängigen Heils. Sie werden ähnlich gedacht haben, wie eine von Irenäus

zitierte gnostische These lautet: »Nicht ein Werk führt in die vollendete Fülle hinein, sondern der Same, der von dort keimhaft entsandt worden ist, hier aber zur Vollendung gelangt« (Haer I, 6,4). Auch der Verfasser denkt beim »Samen«, der in uns bleibt, sicherlich an den Geist. Darauf weist der Tatbestand, daß er in 3,24 und 4,13 als Erkennungszeichen für das Bleiben Gottes in uns den von ihm gegebenen Geist angibt. Im Zusammenhang der Rede von der Zeugung an den Geist zu denken, liegt auch von der johanneischen Tradition her nahe (Joh 3,3–8). Bei der Versicherung, daß der Geist Gottes »bleibt«, nimmt der Verfasser wohl wie in 2,27 die Verheißung des Parakleten aus dem JohEv auf (→ zu 2,27). Weil also Gottes Geist in dem bleibt, der aus ihm – durch eben diesen Geist – gezeugt ist, weil Gott treu bleibt, weil er den nicht wieder fallen läßt, den er der Geschichte der Sünde entnommen hat, darum gilt: »Er tut keine Sünde.«

Der letzte Satz von Vers 9 verstärkt und verschärft diese Aussage noch: »Und er kann nicht sündigen, weil er aus Gott gezeugt ist.« Subjekt dieses Satzes ist nach dem Vorangehenden der aus Gott Gezeugte. Der kann nicht sündigen, weil er aus Gott gezeugt ist. Die Begründung sagt also nichts anderes, als was schon in der Bezeichnung des Subjekts selbst enthalten ist. Der Fortschritt von Vers 9a zu Vers 9b liegt darin, daß nach der Feststellung des Nicht-Sündigens zu der des Nicht-Sündigen-*Könnens* weitergegangen wird. Unter der Voraussetzung der Zeugung aus Gott ist die Sünde schlechterdings keine Möglichkeit mehr. »Nur als das Unmögliche, das Ausgeschlossene, das Absurde, nur unter der Voraussetzung, daß wir nicht wir sind, ja, daß Jesus Christus nicht Jesus Christus ist, kann Sünde als unsere Zukunft in Betracht gezogen werden« (Karl Barth, KD I/2, 1938, 439).

Aber widerspricht das nicht nur der tatsächlichen Erfahrung, daß es doch auch im Leben eines Christen immer wieder Sünde gibt, sondern auch den eigenen Feststellungen des Verfassers in dem Abschnitt 1,5–2,2, in dem er die Behauptung der Sündlosigkeit als Lüge verwarf und die Notwendigkeit des Bekennens der Sünden hervorhob? Beschreibt er hier in Vers 9 nur ein Ideal, wie es eigentlich sein soll, wovon er aber genau weiß, daß es in Wirklichkeit nicht so ist? Gibt er nur eine grundsätzliche Möglichkeit an, die es stets neu zu ergreifen gilt, die aber doch auch immer wieder verfehlt werden kann?

Doch damit wäre zu wenig gesagt. Die eindeutigen Worte des Verfassers besagen mehr. Er spricht nicht nur von einer grundsätzlichen Möglichkeit oder einem Ideal, sondern von einer Wirklichkeit. Deshalb von einer Wirklichkeit, weil das gilt, was er in Vers 8b gesagt hat: Der Sohn Gottes hat die Werke des Teufels zerstört, die Geschichte der Sünde überwunden. Das ist die Aussage eines Glaubenden, der sich auf ihre Wirklichkeit einläßt, sie als gegeben hinnimmt. Er kann das aber nur, indem er auch sich selbst als überwunden erkennt und bekennt (→ zu 1,9). Er kommt ja selbst aus dieser Geschichte der Sünde; und er ist ihr nicht in der Weise entnommen, daß er sie überhaupt nicht mehr wahrnähme oder sie sich ihm nicht bemerkbar machte. »Es ist noch nicht offenbar geworden, was wir sein werden« (3,2). Wir leben noch in der Welt. *In ihr* trifft Gottes andere Wirklichkeit auf unsere Weltwirklichkeit und überwindet sie. Nur im Geschehen solcher Überwindung ist sie offenbar geworden. Daß Gott *anders* ist, als wir sind, ist als christliche Erkenntnis keine abstrakte Erkenntnis, zu der menschliches Denken durch Verneinen alles Irdischen vordränge. Daß Gott *anders* ist, ergibt sich als christliche Erkenntnis allein daraus, daß er, der in Jesus Christus offenbar geworden ist, um die Werke des Teufels zu zerstören, uns gegen unseren Widerstand *ändert*. Gott ist der Andere gerade als der Ändernde. Darum vollzieht sich hier ein Kampf; und man darf nicht außerhalb dieses Kampfgeschehens denken, weil man dann vom wirklichen Gott ebenso abstrahiert wie vom wirklichen Menschen. Innerhalb dieses Kampfgeschehens aber gilt beides zugleich: Daß der aus Gott Gezeugte keine Sünde tut, weil Gott ihn gegen seinen Widerstand geändert und neugeschaffen hat und weil er ihn gegen seinen Widerstand nicht losläßt; *und* daß er seine Sünden bekennen muß, weil er sich als Widerstrebenden und Überwundenen erkennt, weil sich ihm Gottes Anderssein nur darin erschließt, daß er selbst geändert wird. Der Verfasser hat, wie Büchsel formuliert, diesen ganzen Abschnitt »nicht geschrieben, um über die widerspruchsvolle Wirklichkeit des Christenlebens mit einer widerspruchslosen Konstruktion hinwegzuhelfen und Zustände zu erklären, die dazu da sind überwunden, aber nicht erklärt zu werden. Es ist geschrieben mit der rücksichtslosen Folgerichtigkeit des Zeugen, der die Gotteswahrheit gegenüber menschlichen Halbheiten und Halbherzigkeiten zur unverkürzten Geltung bringt« (50).

Daß der Verfasser innerhalb eines Kampfgeschehens denkt, das eine weit über den einzelnen hinausgehende Dimension hat, zeigt sich auch daran, daß er unter Nicht-Sündigen nicht einen Zustand versteht, sondern ein bestimmtes Tun. So nennt er als notwendiges Erkennungszeichen des Gezeugtseins aus Gott in 2,29 das Tun der Gerechtigkeit und in 4,7 die Liebe. Darin betätigt und bewährt sich das Gezeugtsein aus Gott. Es ist so, in der Konsequenz der Zerstörung der Werke des Teufels durch Jesus Christus, ein Beteiligtsein am Kampf gegen alle »Dämonisierung der Welt« (Gaugler 169). »Sünde« ist viel häufiger als das, was wir tun, das, was wir *nicht* tun, was wir in Gewöhnung und Anpassung unterlassen und darin nicht wahrhaben wollen, daß wir aus Gott gezeugt sind.

Während also für die Gegner die Aussagen von Vers 9 ihren Status als mit der jenseitigen göttlichen Welt verbundenen Geistmenschen beschreiben, die in ihrem Wesen von Sünde nicht berührt werden können, versteht sie der Verfasser im Zusammenhang mit Vers 8b als Bezeichnung einer von Gott in einem Kampfgeschehen gesetzten und in ihm sich ereignenden Wirklichkeit. Doch der Zielpunkt des zweiten Argumentationsganges ist nicht diese positive Folgerung, sondern – wiederum im Blick auf die Gegner – die Angabe eines negativen Kennzeichens: »Daran sind offenbar die Kinder Gottes und die Kinder des Teufels: Jeder, der nicht Gerechtigkeit tut, ist nicht aus Gott, und der nicht seinen Bruder liebt« (10). Hier wird vom Negativen her bestätigt, daß es bei der vorher gezogenen positiven Folgerung nicht um die Beschreibung eines idealen Wesens des Christen ging. Denn das angegebene Kennzeichen soll ja in einer sehr realen Situation praktische Anwendung finden. Mit seiner Hilfe soll die Gemeinde zwischen wahren und falschen Christen unterscheiden. Zur Bezeichnung der wahren christlichen Gemeinde greift der Verfasser den Begriff Gotteskinder auf (→ zu 3,1), den er auch sonst immer nur im Zusammenhang mit der Rede von der Zeugung aus Gott gebraucht (2,29; 3,1; 5,1f.). Damit wird bestätigt, daß er ihn aus Joh 1,12f. übernommen hat. Daß er den Gotteskindern die Teufelskinder gegenüberstellt, obwohl er nirgends – und wohl bewußt nicht – von einer Zeugung aus dem Teufel spricht, ist als negative Analogiebildung zu verstehen. Nicht aus Gott ist, kein wirklicher, sondern ein vorgeblicher Christ ist, wer nicht Gerechtigkeit tut. Das Kriterium liegt im *Tun*. Darin erweist sich Kindschaft. In ganz ähnlicher Weise heißt es im JohEv: »Wenn ihr Kinder Abrahams wäret, würdet ihr die Werke Abrahams tun« (8,39). Der letzte Halbsatz von Vers 10 interpretiert und präzisiert dieses Kriterium des Tuns von Gerechtigkeit als Liebe zum Bruder. Dieser Halbsatz ist keineswegs eine unbeholfene und floskelhafte Überleitung zum nächsten Abschnitt, in dem der Verfasser von Bruderliebe spricht; sondern der vorher von den Gegnern übernommene und formal gebrauchte Begriff »Gerechtigkeit«, dessen näheres Verständnis lediglich durch den Hinweis auf das begründende Vorbild des gerechten Jesus angedeutet war, wird hier nun inhaltlich eindeutig von der Liebe her festgelegt: Sie »ist Inhalt und Wesen der

Gerechtigkeit« (Huther 171). Zugleich wird damit auch das Kriterium präzisiert: Kein wirklicher Christ ist, wer die Bruderliebe nicht übt und damit ungerecht handelt. Hiermit hat der Verfasser der Gemeinde ein klares Kriterium für die Beurteilung seiner Gegner gegeben, deren unbrüderliches, asoziales, Verhalten zutage lag.

2. Die Bruderliebe als konkrete Gestalt der Freiheit von der Sünde (3,11–17)

11 Denn das ist die Botschaft, die ihr von Anfang an gehört habt, daß wir einander lieben sollen. 12 Nicht wie Kain, der aus dem Bösen war und seinen Bruder hinschlachtete. Und weshalb schlachtete er ihn hin? Weil seine Werke böse waren, die seines Bruders aber gerecht. 13 Wundert euch nicht, Brüder, wenn euch die Welt haßt! 14 Wir wissen, daß wir aus dem Tod in das Leben hinübergeschritten sind, weil wir die Brüder lieben. Wer nicht liebt, bleibt im Tode. 15 Jeder, der seinen Bruder haßt, ist ein Mörder; und ihr wißt, daß kein Mörder ewiges Leben bleibend in sich hat. 16 Daran haben wir die Liebe erkannt, daß jener für uns sein Leben gegeben hat. Auch wir müssen für die Brüder das Leben geben. 17 Wer aber seinen Lebensunterhalt hat und sieht seinen Bruder Not leiden und verschließt sein Erbarmen vor ihm – wie bleibt in ihm die Liebe Gottes?

In 3,4–10 hatte der Verfasser die Reinigung gemäß der Reinheit Jesu Christi, die sich als Konsequenz der Hoffnung auf die Gleichheit mit ihm ergab, zunächst als Nicht-Sündigen ausgelegt. Christsein und Sünde vertragen sich nicht miteinander. Er machte dabei schon dort klar, daß Nicht-Sündigen nicht ein Nichtstun meint, sondern positives Tun, das er als Tun der Gerechtigkeit kennzeichnete. Das Tun der Gerechtigkeit aber bestimmte er am Schluß als Bruderliebe. Daß in der Tat die Liebe zum Bruder das entscheidende Kriterium ist, an dem es sich zeigt, ob einer Christ ist oder nicht, begründet er in den Versen 11–17; und dieses Kriterium führt er hier weiter aus. Er geht dabei so vor, daß er zunächst – damit das Thema angebend – die Liebe zueinander als Inhalt der von Anfang an gehörten Botschaft hinstellt (11). Alle weiteren Darlegungen in diesen Versen sind Entfaltung dieser Botschaft, die in vier Schritten erfolgt. Erstens nennt der Verfasser als negatives Beispiel den Brudermörder Kain (12) und zeigt dessen archetypische Bedeutung: Das Verhalten

Kains zu seinem Bruder entspricht dem der Welt zur Gemeinde (13). Zweitens erinnert er die Gemeinde an ihre Erfahrung, daß sie in der Liebe zueinander Leben hat (14a–c), und stellt im Kontrast dazu dar, daß Haß nichts anderes als Tod bedeutet (14d.15). Drittens verweist er auf die Selbsthingabe Jesu als den Ort, an dem die Liebe erkannt worden ist (16a). Daraus zieht er viertens die Folgerung entsprechenden Handelns (16b), das er abschließend als Hilfe für den notleidenden Bruder konkretisiert (17).

Vers 11 ist als Begründung an das Vorangehende angeschlossen. Begründet wird die am Schluß von Vers 10 erfolgte Zuspitzung des Kriteriums auf die Bruderliebe. Daß einer den Bruder nicht liebt, ist deshalb Erweis seiner Nichtzugehörigkeit zur Gemeinde, weil die Bruderliebe den Inhalt der überlieferten Botschaft ausmacht, durch die die Gemeinde allererst hervorgerufen worden ist. Derjenige kann schlechterdings nicht zur Gemeinde gehören, der sich dieser die Gemeinde konstituierenden Botschaft verschließt: »Denn das ist die Botschaft, die ihr von Anfang an gehört habt, daß wir einander lieben sollen.« Die Formulierung erinnert deutlich an 1,5; nur dort begegnet auch noch der Begriff »Botschaft«: »Und das ist die Botschaft, die wir von ihm gehört haben und euch weiterverkünden.« Inhalt der Botschaft war dort der theologische Satz, daß Gott Licht ist. Den aber hatte der Verfasser auf der anthropologischen Ebene entfaltet und da als sein notwendiges Implikat die Bruderliebe herausgestellt. Sie ist sozusagen der Außenaspekt dieser Botschaft, ihre den Hörer zu einem bestimmten Handeln in Bewegung setzende Spitze. Wenn hier nun dieser Außenaspekt, diese Spitze allein als Inhalt der Botschaft genannt wird, so ist damit doch die Botschaft nicht zu einem »Befehl« verengt worden. Die Botschaft kann im Gebot der Bruderliebe zusammengefaßt werden, weil es unverzichtbar zu ihr gehört, aber sie geht nicht darin auf. Der Verfasser spricht hier wohl bewußt nicht von einem Gebot, obwohl er inhaltlich ein Gebot nennt, sondern von der Botschaft, weil in ihr auch die Voraussetzung des Gebotes enthalten ist. Sie führt er in diesem Teil explizit in Vers 16a an.

Der Vergleich mit 1,5 zeigt noch einen weiteren bedeutsamen Unterschied. War dort von der Botschaft die Rede, »die *wir* von ihm gehört haben und *euch* weiterverkünden«, so hier von der Botschaft, »die *ihr* von Anfang an gehört habt«. Der Verfasser spricht nie in der 1. Person davon, »von Anfang an« gehört zu haben. Er beansprucht vielmehr, zu den Zeugen zu gehören, die »von ihm« gehört haben. Seine Leser aber verweist er auf die darauf zurückgehende Tradition, die sie von Beginn ihres Christseins an zu hören bekommen haben

(→ zu 2,7). In der Nennung der überlieferten Botschaft faßt er sich dann mit seinen Lesern zusammen: »*Wir* sollen einander lieben.« Wie in 2,7 bezieht er sich damit wohl auch hier auf Joh 13,34f. zurück. Und entsprechend der Formulierung an dieser Stelle des Evangeliums spricht er jetzt nicht von der Liebe zum Bruder, sondern – hier erstmals in seinem Schreiben – von der Liebe *zueinander*. Hier wird noch deutlicher als in 2,10, daß er – jedenfalls zunächst – bei der Forderung zur Liebe an das Leben im Miteinander der Gemeinde denkt. Er betont die Liebe *zueinander*, weil es ihm auf das Leben in der Gemeinschaft ankommt, das die *gegenseitige* Solidarität ihrer Mitglieder braucht. Nicht so sehr individuelles und punktuelles Handeln also steht im Vordergrund, sondern die Gemeinschaft der Gemeinde, die Dauer hat und ein Stück Gegenwelt darstellt. Bei dieser Liebe zueinander geht es aber auch um alles andere als um das Zusammenhalten eines exklusiven Konventikels; sie ist keine Cliquen-Solidarität. Hier wird es noch einmal bedeutsam, daß sie als Inhalt der *Botschaft* erscheint. Diese Botschaft richtet sich an alle; sie sondert nicht aufgrund ihrer guten Natur zum Heil Vorherbestimmte aus, sondern sie will die Welt retten (2,2; 4,14). So zielt sie letztlich auf das Gewinnen von Solidarität der Menschen untereinander.

Bei der Entfaltung der Botschaft, einander zu lieben, führt der Verfasser zunächst in Vers 12 ein negatives Beispiel an. In der Gemeinde soll es nicht zugehen wie bei Kain, der seinen Bruder erschlug. Hier ist die einzige Stelle, an der im 1Joh ein Bezug auf das AT erfolgt. Es wird vorausgesetzt, daß die Leser wissen, wer Kain und sein Bruder sind, dessen Name nicht einmal erwähnt ist. Das AT gilt zweifellos als Autorität, aber diese Autorität wird nicht bemüht. Die Selbstverständlichkeit, mit der sich hier der Verfasser auf es bezieht, zeigt an, daß es fraglos im Hintergrund steht. Aber in der Auseinandersetzung, in der er sich befindet, spielt es keine Rolle. In ihr argumentiert er damit, was durch Jesus Christus offenbar und bewirkt worden ist. In der Beurteilung seiner Person fallen in diesem Streit die Entscheidungen.

Ein wesentlicher Aspekt der alttestamentlichen Geschichte von Kain und Abel (1 Mose 4,1–16) liegt in der Betonung der Freiheit der Gnade Gottes. Daß Gott Abel und sein Opfer gnädig ansah, Kain und sein Opfer aber nicht, wird mit keinem Wort und mit keinem Hinweis in den Taten der Opfernden oder der Art ihrer Opfer begründet. Gottes Gnade hat ihren Grund nicht in dem, was Menschen tun, sondern allein in der Freiheit seiner Wahl. Die dem anderen erwiesene Gnade läßt Kain zornig werden, was schließlich zur Ermordung des Bruders führt.

In der jüdischen und christlichen Auslegung dieser Geschichte ist der Grund für Gottes Handeln immer wieder in die Menschen verlegt worden: Abel war fromm, Kain aber gottlos; deshalb hat sich Gott dem einen zugewendet und dem anderen verweigert. Schon die griechische Übersetzung des AT hat in 1 Mose 4,7 gegen den Urtext: »Hast du nicht gesündigt, wenn du richtig dargebracht, aber nicht richtig verteilt hast?« Nach Hebr 11,4 hat Abel ein größeres Opfer dargebracht als Kain. Vgl. weiter Jud 11; Mt 23,35.

Von der über den alttestamentlichen Text hinausgehenden und seinen Sinn verschiebenden jüdischen und christlichen Tradition ist der Verfasser des 1 Joh bei seinem Bezug auf Kain mitbestimmt. Doch zeigt er kein Interesse an der Frage, warum Gott den einen und sein Opfer gnädig ansah, den anderen aber nicht. Vielmehr bezieht er sich ausschließlich auf das Faktum des Brudermordes. Um ihn zu kennzeichnen, benutzt er das starke Wort »schlachten«, das vor allem für die Tötung von Tieren gebraucht wird, aber auch für das grausame Hinmorden von Menschen (vgl. 2 Kön 10,7). Diesen einen Punkt des Brudermordes greift er aus der alttestamentlichen Geschichte heraus und geht in seiner Ausführung dann auch über ihren Text hinaus, wenn er von Kain sagt, daß er »aus dem Bösen war«. »Der Böse« ist wie in 2,13 f. der vorher in 3,8 genannte Teufel. Wie derjenige, »der die Sünde tut, aus dem Teufel ist«, so auch Kain. Aber so wenig, wie in 3,8 das Tun der Sünde vom Sein aus dem Teufel hergeleitet wurde, so wenig wird hier Kains Tat in seinem Sein aus dem Bösen begründet. Anders als in der jüdischen Apokalypse Abrahams, nach der Kain »*durch* den Widersacher Ungesetzliches verübte« (24,5), ordnet der Verfasser das Sein aus dem Bösen und das Hinschlachten des Bruders nicht in einem Beziehungsverhältnis einander zu, sondern beläßt es bei einem Nebeneinander. Es hätte ja von der Formulierung her überhaupt keine Schwierigkeit bestanden, die Tat Kains im Sein aus dem Teufel zu begründen: »Nicht wie Kain, der – weil er aus dem Bösen war – seinen Bruder hinschlachtete.« Wenn der Verfasser aber nicht so formuliert, sondern beides nebeneinander stellt, dann doch wohl deshalb, weil er eben kein Begründungsverhältnis herstellen will. (Vgl. Joh 6,58, wo grammatisch dieselbe Konstruktion vorliegt wie hier und ein Begründungsverhältnis ausgeschlossen ist.) Die zum bösen Tun bestimmende Macht, das Stehen in der Geschichte der Sünde, und die aktuelle böse Tat haben zwar ein Gefälle – die Reihenfolge ist nicht umkehrbar –, aber das erste begründet nicht das zweite. Der Verfasser will nicht die letzte Unerklärbarkeit der bösen Tat mit dem Teufel erklären. Auch für Kain gilt schon beides, daß er bereits in einer Geschichte der Sünde steht und daß er sich selbst mit seiner Tat zu ihr bekennt.

Daß das zu betonen richtig ist, zeigt auch die Fortsetzung, wo der Verfasser nach dem Grund für Kains böse Tat – nicht nach dem Grund für die Nichtannahme seines Opfers – fragt. Seine Antwort lautet nun bezeichnenderweise gerade nicht: weil er aus dem Bösen war, sondern: »weil seine Werke böse waren, die seines Bruders aber gerecht.« Das Rätsel der bösen Tat wird also nicht »erklärt«. Der Verfasser stellt lediglich heraus, daß die bösen Taten in ihrer Konfrontation mit gerechten Taten zu der bösen Tat schlechthin, dem Brudermord, treiben. In der Konfrontation werden die gerechten Taten zur Anklage und Herausforderung (vgl. Joh 3,19 f.; 7,7). Diesem Stachel entzieht sich Kain durch den Brudermord.

Hierin sieht der Verfasser die archetypische Bedeutung von Kain und seinem Bruder Abel. Durch die Frage nach dem Grund der Tat Kains und die darauf gegebene Antwort ist er von dem negativen Beispiel Kains, mit dem er begann, zu Kain und Abel als Archetypen für Welt und Gemeinde übergegangen. Deshalb kann er nun in Vers 13 sagen: »Wundert euch nicht, Brüder, wenn euch die Welt haßt!« Nur an dieser Stelle begegnet im 1 Joh die Anrede »Brüder«. Sie ist einmal nahegelegt vom Kontext, in dem der Verfasser das Wort »Bruder« häufig gebraucht. Zum anderen ist sie wohl aber auch sachlich dadurch bedingt, daß er in diesem scharfen Gegenüber zur Welt mit ihr das benennt, was die Gemeinde auszeichnet.

Die so angeredeten Leser sollen sich nicht wundern über den sie treffenden Haß der Welt. Diese Aufforderung ergibt sich dann folgerichtig aus der vorangehenden Ausführung über Kain und Abel, wenn die folgende Entsprechung vorausgesetzt ist: Wie Abels gerechte Werke die Mordtat Kains provozierten, so ruft die Existenz der Gemeinde den Haß der Welt hervor. Diese Entsprechung läßt eine weitere Überlegung zu: Darf man daraus, daß Kain und Abel ja *Brüder* sind und hier als Archetypen für Gemeinde und Welt gelten, folgern, daß der Verfasser auch zwischen Gemeinde und Welt, wenn auch noch so sehr durch den Haß der Welt verdeckt, eine ursprüngliche Bruderschaft erkennt? Diese Bruderschaft verleugnen die Hassenden und konstituieren sich als Welt. Wer nicht liebt, sondern haßt, schafft Zwietracht, zerstört die Gemeinschaft zwischen sich und seinen Brüdern und schlägt sich zur gemeinschaftslosen Welt, in der jeder seinen eigenen Vorteil sucht.

Gerade die Liebe provoziert den Haß der sich ihr gegenüber verschließenden Welt. »Wie der Tod das Leben haßt, indem er es vernichtet, so sperrt sich auch die Welt gegenüber der Liebe, weil sie durch die Liebe in ihrer Eigengesetzlichkeit entmachtet würde« (Balz 185). Der Verfasser nimmt hier Gedanken aus Joh 15, 17–19 auf. Auch dort folgt auf das Gebot Jesu an seine Jünger, einander zu lieben, der Hinweis auf den Haß der Welt. Der Haß trifft die einander Liebenden, die anders sind, die weltfremd sind, indem sie sich nicht am Kampf aller gegen alle um den eigenen Vorteil beteiligen. Die Gemeinde als die Gemeinschaft der durch Liebe untereinander Gleichen fordert die Welt heraus, indem sie Herrschaft und Privilegien in Frage stellt, die der Solidarität der Menschen entgegenstehen. So wird sie notwendig der Haß derjenigen treffen, die im Besitz von Herrschaft und Privilegien sind. Der Haß der Welt ist zuallererst der Haß der Mächtigen. Eine Gemeinde, die der Haß der Ohnmächtigen trifft, wird sich fragen müssen, ob sie nicht mit den Mächtigen in einem unheiligen Bund steht und an deren Herrschaft und deren Privilegien teilhat.

Daß der Verfasser wirklich die Bruderliebe als die Ursache des Hasses und als die entscheidende Abgrenzung gegenüber der Welt ansieht, bestätigt Vers 14. Nach der gerade genannten Bedrängnis durch die Welt weist er hier im zweiten Schritt der Entfaltung der Botschaft, einander zu lieben, die Gemeinde auf ihre eigene Erfahrung hin, auf das, was ihn und die Leser gegenüber der hassenden Welt auszeichnet: »Wir wissen, daß wir aus dem Tod in das Leben hinübergeschritten sind, weil wir die Brüder lieben.« Es hat ein Überschritt von einem Bereich in dessen genaues Gegenteil stattgefunden, und das Ergebnis dieses Überschrittes dauert in der Gegenwart an. Die Gemeinde hält sich ständig im zweiten Bereich auf. Wenn es jetzt schon gilt, aus dem Bereich des Todes in den des Lebens übergesiedelt zu sein, dann ist es deutlich, daß Tod und Leben hier nicht einfach in physischem Sinn verstanden sind. Was aber ist dann mit Tod und Leben gemeint?

Auch hier nimmt der Verfasser Gedanken aus dem JohEv auf; und darauf bezieht es sich, daß er hier wieder vom »Wissen« spricht. Was er anführt, kommt aus der gemeinsamen Tradition. Joh 5,24 sagt Jesus: »Amen, amen, ich sage euch: Wer mein Wort hört und glaubt dem, der mich gesandt hat, hat ewiges Leben, und er kommt nicht ins Gericht, sondern ist aus dem Tod in das Leben hinübergeschritten« (vgl. 11,25 f.). Hier wird der Überschritt auf das Hören des Wortes und den Glauben bezogen. Demgegenüber erfolgt im 1 Joh eine Akzentverschiebung, die möglicherweise in der Verwendung von Joh 5,24 durch die Gegner veranlaßt ist. Dieser Vers war für eine gnostische Interpretation offen. Das Wort des Offenbarers konnte inhaltlich so gefüllt werden, daß es von der ursprünglichen Göttlichkeit des Menschen sprach, wie das etwa im Traktat Poimandres der Fall ist: »Wenn du also begreifst, daß du selbst aus Leben und Licht bist, und glaubst, daß du aus diesen bestehst, wirst du wieder zum Leben gelangen« (CH I,21). »Ich glaube und bezeuge: Zum Leben und Licht gelange ich« (32). Im Gegensatz zu einer solchen Front bringt der Verfasser den Überschritt vom Tod zum Leben mit der Bruderliebe in engste Verbindung; sie ist für ihn das entscheidende Kriterium. Aber wie ist die Beziehung der Bruderliebe zum vollzogenen Überschritt näherhin zu bestimmen? Bezieht sich der Begründungssatz »weil wir die Brüder lieben« auf den Hauptsatz (das Wissen) oder auf den Nebensatz (den Überschritt)? Ist also die Bruderliebe »Erkenntnisgrund« oder »Realgrund«? Doch diese Alternative trifft nicht. Denn einerseits ist die Bruderliebe mehr als nur ein Merkmal des Lebens. Wenn sie sein Merkmal ist, dann ist sie *das* Merkmal schlechthin, dann ist sie es in der Weise, daß sie ganz wesentlich zum Leben gehört, es ausmacht und qualifiziert, wie umgekehrt der Schluß von Vers 14 den Haß nicht nur ein Merkmal, sondern das Wesen des Todes sein läßt. Andererseits ist die Bruderliebe nicht in der Weise »Realgrund«, daß sie als ein Mittel dient, mit dem wir »Leben« gewinnen. Es geht bei der Bruderliebe nicht um den Gewinn von etwas anderem neben ihr, einem nicht näher bestimmten »Heil«, sondern es geht um den Vollzug der Bruderliebe, der selbst schon Leben ist. Doch das Leben, von dem der Verfasser spricht und das er 1,2 mit Jesus Christus identifizierte, ist mehr als unsere Bruderliebe; es erschöpft sich nicht in ihr, weil es *ewiges* Leben ist. Aber sofern wir hier daran teilhaben, geschieht das in keiner anderen Weise als in der Bruderliebe, weil wir nur so Jesus Christus, der selbst das Leben ist, entsprechen (2,6; 3,16).

Nachdem der Verfasser seine Leser angesichts der von der Welt erfahrenen Bedrängnis an ihr Wissen erinnert hat, daß sie nicht mehr im Bereich des Todes stehen, an ihre Erfahrung, daß sie in ihrer brüderlichen Gemeinschaft schon Leben haben, führt er diesen zweiten Schritt in der Entfaltung der Botschaft, einander zu lieben, weiter aus durch die Darstellung des Gegenteils: »Wer nicht liebt, bleibt im Tode« (14d). Ohne Liebe ist man schon im Tod und bleibt darin. Das Fehlen von Liebe macht das physische Leben zum Tod; »Leben« ohne Liebe, und das heißt Hassen, ist Tod. Daß für den Verfasser Nicht-Liebe und Haß völlig identisch sind, zeigt der Anfang von Vers 15, der den Schluß von Vers 14 aufnimmt: »Jeder, der seinen Bruder haßt, ist ein Mörder.« Diese Aussage ist wohl nicht in dem Sinne zu verstehen, daß Haß zum tatsächlichen physischen Mord führen kann, weil Haß zutiefst auf die Vernichtung seines jeweiligen Gegenstandes aus ist. »Haß wünscht den anderen weg; wünscht ihn am liebsten tot« (Hauck 137). Dieser Sachverhalt ist sehr eindrücklich TestGad 4,6 formuliert worden: »Wie die Liebe selbst die Toten lebendig machen und die dem Tode Geweihten zurückbehalten will, so will der Haß die Lebendigen töten und auch die kleinen Sünder nicht am Leben lassen« (vgl. auch 2,1; 6,2). Aber 1 Joh 3,15 spricht nicht davon, daß der Haß zum Mord führen kann oder führt, sondern daß der Hassende ein Mörder *ist*. Er vernichtet durch seinen Haß Leben, insofern wahres Leben nur in der Bruderliebe möglich ist. Wer haßt, verbreitet den Geruch des Todes um sich, der das Leben in der Gemeinschaft vergiftet und Solidarität erstickt. Zum Haß gehört somit auch alles das, was ein solidarisches Leben der Menschen untereinander erschwert oder verhindert.

Da das hier für »Mörder« gebrauchte griechische Wort sehr selten ist und in den urchristlichen Schriften nur noch Joh 8,44 begegnet, ist es wahrscheinlich, daß der Verfasser diese Stelle des Evangeliums, auf die er vielleicht schon 3,8 Bezug genommen hatte, auch hier aufnimmt. Das geschieht wieder mit einer besonderen Akzentsetzung. Dort galt der Teufel als »Mörder von Anfang an«, der als solcher Vater der ungläubigen Juden ist, die seine Werke tun, indem sie Jesus töten wollen. Hier aber wird der Hassende ein Mörder genannt: Als wahrhaft diabolisch gilt der Mensch, der seinen Bruder haßt.

Diesem Urteil über den Hassenden läßt der Verfasser am Schluß von Vers 15 einen Satz folgen, den er wieder als Wissen seiner Leser ausgibt: »Und ihr wißt, daß kein Mörder ewiges Leben bleibend in sich hat.« Das Wissen bezieht sich wohl weder speziell auf 1 Mose 9,6 (»Wer Menschenblut vergießt, dessen Blut soll auch durch Menschen vergossen werden«) noch auch allgemein auf das Bewußtsein einer Zeit, in der die Todesstrafe für Mord geläufig war. Denn der Verfasser spricht vom *ewigen* Leben; und so wird er auch unter dem Mörder den zuvor damit identifizierten Hassenden verstehen. Zudem bezieht sich an den anderen Stellen, an denen er das Wissen der Leser ins Spiel bringt, dieses Wissen immer auf ihre christliche Tradition. Daher liegt es näher, daß er – wie vorher in Vers 14 – auch hier bei der Darstellung des Gegenteils Joh 5,24 im Blick hat. Dort ist vom »Haben des ewigen Lebens« die Rede. Dieses Leben hat nicht, wer sich im Gegensatz zu der Vers 14 genannten Bruderliebe verhält, der Hassende, der Mörder. Er hat es nicht »bleibend in sich«, weil er selbst nicht da »bleibt«, wo es allein Leben gibt, im Vollzug der Bruderliebe; er »bleibt« vielmehr, indem und weil er Leben mit seinem Haß verneint, »im Tode« (14d).

Im dritten Schritt der Entfaltung der Botschaft, einander zu lieben, nennt der Verfasser in Vers 16 den Grund der Liebe: »Daran haben

wir die Liebe erkannt, daß jener für uns sein Leben gegeben hat.«
Die Einführung zeigt, daß er hier wieder ein »Kennzeichen« angibt,
ein Kriterium für die Orientierung der Gemeinde. Der Ort, an dem
sie erkennen kann, was Liebe ist, ist die Selbsthingabe Jesu. »Den
Maßstab für das, was Liebe ist, bildet nicht ein Ideal oder Begriff,
sondern die geschichtliche Wirklichkeit des Tuns Jesu« (Büchsel
57). Dieses Tun steht im Kontrast zu dem Tun des in Vers 15 als
Mörder gekennzeichneten Bruderhassers. »Haß tötet, Liebe läßt
sich für uns töten« (Windisch 125). Die Formulierung im Perfekt
(»Daran haben wir erkannt«) macht deutlich, daß der Verfasser die
Gemeinde bei einer Erkenntnis behaftet, die sie schon gemacht hat.
Sie hat schon erkannt, und von dieser Erkenntnis bleibt sie weiterhin
bestimmt. Obwohl er also gewiß ein »Kennzeichen« anführt, so ist
es hier doch offenkundig, daß er mehr als nur den »Erkenntnis-
grund« der Liebe namhaft macht. In der Lebenshingabe Jesu für uns
wird die Liebe in der Weise erkannt, daß wir hier auf den Grund der
Liebe blicken, weil diese »geschichtliche Wirklichkeit des Tuns
Jesu« das Handeln *Gottes* ist.

Zur Beschreibung des Tuns Jesu, an dem die Liebe erkannt worden ist und
worin sie ihren Grund hat, gebraucht der Verfasser eine Formulierung, die
große Ähnlichkeit mit der traditionellen Dahingabeformel hat: »Der Sohn
Gottes hat sich selbst für uns dahingegeben« (→ zu 2,2). »Jener« als Bezeichnung Jesu Christi ist eine Besonderheit des Verfassers (vgl. 2,6; 3,3.5.7; 4,17).
Die semitisierende Redeweise von der Hingabe der »Seele« – wie wörtlich zu
übersetzen wäre, womit aber »Leben« gemeint ist – findet sich auch in der
Variante der Dahingabeformel in Mk 10,45b. Daß Vers 16 wörtlich vom
»Ablegen« der Seele spricht, ist eine Eigentümlichkeit, die häufig im JohEv
begegnet (10,11.15.17f.; 13,37f.; 15,13) und die der Verfasser von dort
übernommen hat. Die Strukturgleichheit und Sachparallelität mit der Dahingabeformel ist jedenfalls evident. Diese besagt, daß Jesus mit seinem Tod
stellvertretend für unsere Sünden Sühne geleistet hat. Daß das auch die
Aussage von 1 Joh 3,16 ist, wird durch 2,2 und 4,10 gestützt.

Die Lebenshingabe Jesu für uns ist insofern der Grund der Liebe, als
sie Vergebung geschaffen und damit aus dem Sein im Tode herausge-
rissen und den Überschritt zum Leben in der Bruderliebe bewirkt
hat (14) und dieses Leben auch durch den ständig neuen Zuspruch
der Vergebung in Dauer erhält (→ zu 1,7 und 2,1).
Aus der Darlegung des Grundes der Liebe zieht der Verfasser im
vierten Schritt der Entfaltung der Botschaft, einander zu lieben,
sofort die Konsequenz: »Auch wir müssen für die Brüder das Leben
geben« (16b). Der Grund der Liebe, auf dem wir stehen, erfordert

ein ihm konformes Handeln, und nur mit solchem Handeln stehen wir wirklich auf diesem Grund. Das Leben für die Brüder hingeben – das bedeutet den Einsatz für eine solidarische Gemeinschaft, der bis zum äußersten, der Aufgabe der physischen Existenz, gehen kann. Und er ist nur darum möglich und nur darum nicht verloren, weil er auf dem Grunde der Liebe und damit des Lebens erfolgt, weil er sich auf die Liebe als die letzte und letztlich siegreich bleibende Wirklichkeit einläßt, auf die Wirklichkeit Gottes.

In Vers 17 konkretisiert der Verfasser die Lebenshingabe für die Brüder: »Wer aber seinen Lebensunterhalt hat und sieht seinen Bruder Not leiden und verschließt sein Erbarmen vor ihm – wie bleibt in ihm die Liebe Gottes?« Der Anschluß mit »aber« und die Heranziehung eines negativen Falles weisen darauf hin, daß er hier wieder seine Gegner im Blick hat. Sie, die ohne Sorgen um ihren Lebensunterhalt sein können, schauen mit großer Gleichgültigkeit auf die Not ihrer Mitmenschen herab. Das hier gebrauchte griechische Wort für »sehen« meint: »nicht nur einen flüchtigen Blick hinwerfen, sondern sehen, lange genug, um die Umstände des Falles abzuschätzen und zu verstehen« (Brooke 97). Sie zeigen mit diesem Verhalten (vgl. Jak 2,15f.), daß sie die Folgerung, die der Verfasser in Vers 16b gezogen hat, verneinen, ja mehr noch, daß sie nicht den Grund zu Gesicht bekommen haben, die Liebe nicht erkannt und also nichts von Jesus begriffen haben.

Mit der Anführung dieses negativen Falles macht der Verfasser aber vom Gegenteil her zugleich klar, wie es eigentlich sein soll, gibt er eine Konkretion für die vorher geforderte Lebenshingabe für die Brüder. Die tatsächliche Aufgabe des physischen Lebens ist ja nicht der »Normalfall«, sondern eine mögliche letzte Konsequenz in einer nicht im vorhinein beschreib-, bestimm- und berechenbaren Situation. Aber die Angabe dieser letzten Konsequenz bleibt hier nicht ein im Grunde doch belangloses »großes Wort«, das gelassen gesagt werden kann, weil die bestimmte Situation nicht gegeben sei. Es wird ausgelegt. Das ist die einzige Stelle im 1 Joh, an der der Verfasser näher sagt, was er unter Bruderliebe versteht; und daß es hier um die materielle Versorgung geht, ist gewiß nicht zufällig. Hier wird der Einsatz für eine solidarische Gemeinschaft konkret. Der Mensch ist für die Not seines Mitmenschen verantwortlich. Er wird um der Liebe Gottes willen behaftet, dieser Not abzuhelfen. Das ist nicht ein »einfaches Beispiel« (Bultmann 61), sondern mit der Nennung der Not des Bruders gibt der Verfasser *die* Situation, *den* Normalfall in einer ungerechten Welt an. Und so ist Bruderliebe nicht ein edles Gefühl, das allenfalls Almosen zeitigt, sondern verlangt handfeste

Solidarität mit der Not des Mitmenschen, die notwendige und Not wendende Hilfe des Satten für den im Existenzminimum Lebenden, damit sie beide als gleiche Brüder miteinander leben können.

»Wir dürfen fürwahr nicht wünschen, daß es Elende gibt, damit wir Werke der Barmherzigkeit ausführen könnten. Du gibst einem Hungernden Brot – aber besser wäre es, niemand hungerte und keinem würdest du geben! Du bekleidest einen Nackten – o daß doch alle bekleidet wären und eine solche Notwendigkeit nicht bestünde! Du bestattest einen Toten – o daß doch endlich jenes Leben käme, wo niemand stirbt! Du bringst Streitende zur Eintracht – o daß doch endlich jener ewige Friede Jerusalems sei, wo niemand uneinig ist! Denn alle diese Dienste entspringen Notwendigkeiten. Nimm die Elenden weg – aufhören werden die Werke der Barmherzigkeit. Die Werke der Barmherzigkeit werden aufhören – wird etwa die Glut der Liebe ausgelöscht? Aufrichtiger liebst du einen glücklichen Menschen, dem du nichts zu gewähren hättest. Reiner wird solche Liebe sein und viel ehrlicher. Denn wenn du einem Elenden etwas gewährt hast, begehrst du vielleicht, dich über ihn zu erheben, und willst, daß er dir unterworfen sei, der Veranlasser deiner Wohltat ist. Jener war bedürftig, du hast mitgeteilt; weil du gewährt hast, erscheinst du gleichsam größer als jener, dem gewährt worden ist. Wünsche ihn als Gleichen, damit ihr beide unter dem einen seid, dem nichts gewährt werden kann!« (Augustin 8,5).

Da in 3,10 das Tun der Gerechtigkeit im Lieben des Bruders aufgenommen war und somit die Verse 11–17 auch eine Auslegung des Begriffes »Gerechtigkeit« sind, ist nun klar: Gerechtigkeit ist nicht Urteilen und Zuteilen nach Leistung, sondern Geben nach Bedürfnis (vgl. Apg 2,44f.). An dieser Stelle unterscheidet sich 1 Joh 3,17 charakteristisch von einem sonst in mancher Hinsicht ähnlichen mandäischen Text: »Wenn sich jemand mit einer Bitte an euch wendet und ihr es dazu habt, so enthaltet es ihm nicht vor. Denn wenn jemand, der bedürftig ist, *würdig* ist, sich an seinen Nächsten mit einer Bitte wendet und dieser, obwohl er es kann und vermag, ihm nichts gibt, so wird die Gnade bei ihm ausbleiben« (Ginza 40,37–41). Nach der Würdigkeit fragt der Verfasser des 1 Joh gerade nicht. »Die Pflicht zur Gabe begründet er auf die Bedürftigkeit ... Weitere Bedingungen gibt es hier nicht« (Schlatter 146).

Die in der Darstellung des negativen Falles enthaltene Forderung, die Not des Bruders zu beheben, ist kein bloßer moralischer Appell. Sie ist ja Konkretion einer Folgerung, die sich daraus notwendig ergab, »daß jener für uns sein Leben gegeben hat«, was Kennzeichen und Grund der Liebe ist. Und so ist es auch folgerichtig, wenn der Verfasser in bezug auf denjenigen, der sich der Not des Bruders verschließt, abschließend die rhetorische Frage stellt: »Wie bleibt in ihm die Liebe Gottes?« Die Liebe Gottes zu uns (→ 2,5.15), die er in der Hingabe Jesu erwiesen hat, wird von ihm verleugnet und abgewiesen. Er will diese Liebe, die auf sein *und* seiner Brüder Leben aus ist, nicht wahrhaben, indem er ihre Wirklichkeit mit seinem unbrüderlichen Handeln bestreitet. Er verweigert ihr eine »Bleibe« bei sich.

3. Anklagen und Freimut (3,18–24)

18 Kinderchen, laßt uns nicht mit Wort noch Zunge lieben, sondern in Tat und Wahrheit! 19 Daran werden wir erkennen, daß wir aus der Wahrheit sind; und vor ihm werden wir unser Herz beschwichtigen, 20 worin immer das Herz uns verurteilt, weil Gott größer ist als unser Herz und alles erkennt. 21 Geliebte, wenn das Herz nicht verurteilt, haben wir Freimut gegenüber Gott, 22 und was immer wir bitten, empfangen wir von ihm, weil wir seine Gebote halten und das vor ihm Wohlgefällige tun. 23 Und das ist sein Gebot, daß wir dem Namen seines Sohnes Jesus Christus glauben und einander lieben, wie er uns ein Gebot gegeben hat. 24 Und wer seine Gebote hält, bleibt in ihm und er in ihm. Und daran erkennen wir, daß er in uns bleibt: aus dem Geist, den er uns gegeben hat.

In diesen den zweiten Briefteil beschließenden Versen nimmt der Verfasser zunächst den vorigen Unterabschnitt in der Weise auf, daß er zu tätiger Liebe auffordert und sie als Kennzeichen des Seins aus der Wahrheit hinstellt (18.19a). Er bekräftigt damit den Zielpunkt seiner vorangehenden Erörterung, die das Gottes- und Teufelskindschaft unterscheidende Kriterium des Tuns der Gerechtigkeit näherhin als materielle Hilfe für den Bruder bestimmte. Diese Bekräftigung ist der Ausgangspunkt seiner weiteren Ausführungen; sie erfolgen von der hier gewonnenen Position aus – dem Sein aus der Wahrheit, das an tatkräftiger Bruderliebe erkannt wird und sich in ihr vollzieht. Doch zieht der Verfasser nicht sofort eine weitere Folgerung aus dieser Position, sondern zuerst zeigt sich ein retardierendes Moment, indem er sie noch einmal hinterfragt: Ist die Realität des an der Liebe erkennbaren und sich in ihr vollziehenden Seins aus der Wahrheit denn wirklich gegeben angesichts dessen, daß uns unser Gewissen anklagt und verurteilt, daß es uns schuldig spricht, das geforderte Kriterium immer wieder zu verfehlen? Der Verfasser antwortet, daß das so anklagende Gewissen beschwichtigt wird im Blick auf den größeren Gott (19b.20). Erst hiernach kann er eine Folgerung aus der Ausgangsposition ziehen: Wenn das Gewissen nicht anklagt, wenn es im Blick auf den größeren Gott beschwichtigt ist und also das Sein aus der Wahrheit gilt, dann haben wir schon jetzt den Freimut gegenüber Gott (21), den wir nach 2,28 für die Ankunft Jesu Christi erhoffen, und erhalten wir alle Bitten erfüllt (22a). Wenn der Verfasser anschließend diese Erfüllung im Halten der Gebote begründet (22b), so gibt er damit noch einmal mit anderen Worten das die Position Kennzeichnende und Ausmachende an, von der er ausgegangen war und von der aus auch das Bitten erfolgt. Das Halten der Gebote verdeutlicht und vertieft er, wenn er anschließend *die* Gebote in *das* Gebot zusammenfaßt und dann nicht allein das Einanderlieben nennt, sondern vorher noch das »Glauben an den Namen seines Sohnes Jesus Christus« (23). Mit diesem Rückbezug auf den Anfang des zweiten Briefteils, in dem er zum Festhalten am Bekenntnis zu Jesus als dem Christus und Gottessohn aufgefordert hatte, verweist er auf den Grund des Einanderliebens und betont so die Zusammengehörigkeit von Bekenntnis und Bruderliebe. Danach greift er die Formulierung vom Halten der Gebote aus Vers 22 noch einmal auf und nennt als die diesem Halten gegebene Verheißung unser Bleiben in Gott und sein Bleiben in uns (24a). Abschließend gibt er für dieses Bleiben Gottes in uns noch ein Kennzeichen an: der uns von Gott gegebene Geist. Die Erwähnung des Geistes hat zugleich die Funktion einer Überleitung zum Anfang des dritten Briefteiles.

Mit der Anrede »Kinderchen« wendet sich der Verfasser in Vers 18 wieder direkt seinen Lesern zu. In engem Bezug auf das Vorangehende formuliert er eine Mahnung an die Gemeinde, in die er sich selbst mit einbezieht: »Laßt uns nicht mit Wort noch Zunge lieben, sondern in Tat und Wahrheit!« »In dieser Mahnung ... wird ganz wie 2,28 am Eingange eines neuen Abschnittes das Resultat des vorigen zusammengefaßt« (Weiß 113). Indem der Verfasser von dem Vers 17 genannten negativen Verhalten, bei dem er seine Gegner im Blick hatte, zu dieser Aufforderung weitergeht, macht er wiederum deutlich, daß die Gemeinde keine Versammlung »perfekter« Menschen ist; sie bedarf vielmehr der Mahnung. Sie ist als Gemeinde in der Welt nicht der Gefahr enthoben, wie die Gegner einem Intellektualismus zu verfallen, der viel von der Liebe, der Liebe zu Gott (4,20), zu reden weiß, aber keine Taten zeitigt. Demgegenüber stellt der Verfasser heraus: Es geht in einer Welt, in der die Not der Brüder unübersehbar ist, nicht um verbale Liebesbekundungen, die außer rhetorischer Anstrengung nichts kosten; worauf es vielmehr ankommt, ist die die Not des Bruders wendende Tat. Für den 1 Joh höchst charakteristisch und ihm eigentümlich ist die parallele Stellung von Tat und Wahrheit; beide Worte bilden hier einen einzigen zusammenhängenden Begriff. Wahrheit ist für den Verfasser nicht denkbar ohne das Moment konkret-materieller Wirklichkeit. Wahrheit ist keine abstrakte Idee; sie hat ihr Kriterium in der Tat (→ zu 1,6). Liebe realisiert sich in der konkreten Tat; nur so ist sie wirklich, und nur in ihrer Wirklichkeit und Wirksamkeit ist sie auch wahr.

Diese tatkräftige Liebe, zu der er die Gemeinde auffordert, nennt der Verfasser in Vers 19a als Kriterium echten Christseins: »Daran werden wir erkennen, daß wir aus der Wahrheit sind.« Das hier gemeinte »Kennzeichen« kann nicht, wie an den meisten parallelen Stellen (2,3; 3,16.24; 4,2.13; 5,2), im folgenden Kontext gesucht werden. Dann ergäbe sich nicht nur eine kaum verständliche Konstruktion, sondern vor allem ein unmöglicher Sinn, insofern das Kennzeichen darin bestünde, »daß Gott größer ist als unser Herz«. Doch mit solchem »Kennzeichen« könnte man auch beweisen, daß der Teufel aus der Wahrheit ist (Haupt 186). Daher ist der Bezug auf das Vorangehende geboten, wie er auch in 4,6 sicher vorliegt und in 2,5 wahrscheinlich ist. Kennzeichen für das Sein aus der Wahrheit ist das Lieben »in Tat und Wahrheit«. Weil aber der Verfasser dieses Lieben nicht als ein durch nichts gefährdetes Faktum in der Gemeinde festgestellt, sondern vielmehr zu solchem Lieben *gemahnt* hatte, erklärt es sich, daß er hier – das einzige Mal in den Kennzeichen-Sätzen – im Futur formuliert. Echtes Christsein wird an tätiger Liebe erkannt. Der Verfasser beschreibt hier echtes Christsein als Sein aus der Wahrheit, wozu er durch Vers 18 veranlaßt worden ist und womit er eine Formulierung aus Joh 18,37 aufnimmt. Wer in Tat und Wahrheit liebt, zeigt damit, daß er von der Wahrheit bestimmt ist, aus ihr heraus handelt – der Wahrheit, die als die Liebe die Wirklichkeit Gottes ist, die er in der Selbsthingabe Jesu erwiesen hat (3,16). Auf diese Wirklichkeit läßt sich der in Tat und Wahrheit Liebende ein, und sie wird in seiner liebenden Tat Ereignis. Das in Gottes Tat vorgegebene Sein der Gemeinde, die sich darauf eingelassen hat, ihr Sein aus der Wahrheit also, wird festgehalten oder verspielt im Ereignis oder Nicht-Ereignis der Wahrheit, in der Verwirklichung oder Zerstörung menschlicher Solidarität.

Wenn also das Sein aus der Wahrheit, wenn echtes Christsein an tatkräftiger Liebe erkannt wird, die Mahnung zu solcher Liebe aber offensichtlich notwendig ist, was voraussetzt, daß die Erfüllung dieses Kriteriums eben keine fraglose Selbstverständlichkeit ist, daß es vielmehr auch verfehlt wird, stellt dann nicht jede Verfehlung das Sein aus der Wahrheit in Frage? Dieses Problem ist die gedankliche Verbindung zwischen den Versen 18.19a und 19b.20; darauf antwortet der Verfasser: »Und vor ihm werden wir unser Herz beschwichtigen, worin immer das Herz uns verurteilt, weil Gott größer ist als unser Herz und alles erkennt.«

Übersetzung und Konstruktion dieser Verse sind umstritten. Als Versuch sekundärer Erleichterung ist es zu werten, wenn in der Textüberlieferung einige Handschriften das zweite *hoti* (»daß« oder »weil«) in Vers 20 auslassen. Manche Kommentatoren meinen, Konjekturen am überlieferten Text vornehmen zu müssen. Doch besteht dazu keine zwingende Notwendigkeit, da der Text auch so verständlich ist. Umstritten ist, ob *peithein* hier die Bedeutung »überzeugen« oder »beschwichtigen« hat und wie das zweimalige *hoti* in Vers 20 zu verstehen ist. Als Konjunktion hat *hoti* die Bedeutungen »daß« oder »weil«; am Anfang von Vers 20 kann es aber auch relativisch (*ho ti*) verstanden werden und das folgende *ean* als *an* (*ho ti ean*: »was auch immer«). Weiter ist strittig, ob der Hinweis auf den größeren Gott dessen größere Güte (so z. B. Luther) oder dessen größere Strenge (so z. B. Calvin) ausdrücken soll. Im letzteren Fall ginge es darum, die Motivierung zur tatkräftigen Liebe zu verstärken: Wenn schon unser Herz verurteilt, um wieviel mehr dann der größere und alles wissende Gott, so daß es gar nicht erst zu Verfehlungen kommen darf. Aber es ist ja gerade das Problem, daß es doch dazu kommt; und so ist es vom Kontext her das Ziel des Verfassers, »Gewißheit zu geben, und nicht, Schrecken in ihre« – der Leser – »Herzen zu jagen« (Brooke 100). Auch die Formulierung des Textes selbst spricht entschieden gegen eine solche Auslegung: »Nicht *wir* halten ... *unserm Herzen*, sondern *unser Herz* hält *uns* das Gericht Gottes vor, wie sollen denn *wir* nun *unser Herz* erst zu der Ueberzeugung bringen, dass Gott uns verdammen –, ja noch mehr verdammen wird, als unser Herz es bereits thut?« (Huther 186) Geht es aber um Tröstung angesichts des verurteilenden Herzens, dann ist es wahrscheinlich, daß *peithein* hier die Bedeutung »beschwichtigen« hat und nicht »überzeugen«. Denn bei der zweiten Bedeutung müßte der Inhalt dessen, wovon wir unser Herz überzeugen, im letzten *hoti*-Satz angegeben sein. »Aber man sollte denken, dass der Satz ›grösser ist Gott als unser Herz‹ an sich so klar ist, dass wir uns davon auf keine Weise erst zu überzeugen brauchen« (Haupt 188). Bei der Bedeutung »beschwichtigen« ist es zwar nicht ausgeschlossen, die beiden *hoti* in Vers 20 mit »daß« zu übersetzen, aber es erheben sich doch zwei Einwände. Einmal sollte man dann ein »damit« im Hauptsatz erwarten (das am Beginn von Vers 19 stehende *en toutōi* kann hierfür nicht in Anschlag gebracht werden, da es sich auf das Vorangehende zurückbezieht); und zum anderen ist die Wiederholung eines »daß« nach einem Zwischensatz zwar grundsätzlich möglich (vgl. Eph 2,11 f.), aber nach einem so kurzen Nebensatz wie hier zumindest äußerst ungewöhnlich. So dürfte Vers 20b den Grund für die Beschwichtigung des Herzens angeben (*hoti* = »weil«) und am Beginn von Vers 20 *ho ti* zu lesen und *ean* als *an* zu verstehen sein. Für die Möglichkeit eines solchen Verständnisses (*ho ti ean* = »was auch immer«) gibt es neutestamentliche Belege: Apg 3,23 (Änderung gegen den dort zitierten Text der griechischen Bibel); Gal 5,10; Kol 3,17; Joh 2,5 lesen alte und wichtige Handschriften *ho ti ean*, die hier möglicherweise den ursprünglichen Text bewahrt haben. (Die meisten Handschriften lesen dort *ho ti an*; diese Formulierung auch in Joh 14,13; 15,16). Ebenfalls wichtige Handschriften lesen *ho ti ean* in Mk 6,23 gegen die Mehrzahl, die *ho ean* haben (diese Formulierung auch in Joh 15,7; Kol 3,23; 1 Joh 3,22; 3 Joh 5).

Ausgangspunkt für die Argumentation des Verfassers an dieser Stelle ist der Tatbestand, daß uns das Herz verurteilt. Das hier gebrauchte griechische Wort steht in der Mitte zwischen »anklagen« und »verdammen«. Es meint nicht eine bloße Anklage, gegen die noch Verteidigung möglich wäre, sondern eine solche Anklage, die schon einen eindeutigen Schuldspruch enthält, gegen den es keinen Einwand mehr gibt. Aber dieses Verurteilen im Sinne des schuldig Sprechens enthält noch nicht das abschließende, endgültige Urteil des Richters. Ein Schuldspruch ist gefällt, aber noch kein Urteil verkündet. Subjekt des anklagenden Verurteilens ist hier das Herz als das Zentrum der Person. Wenn das Herz des Menschen gegen ihn selbst Stellung nimmt, so ist damit der Sache nach das Gewissen bezeichnet, wofür die johanneischen Schriften kein eigenes Wort verwenden. Auch an einer sehr ähnlichen Stelle des TestGad nimmt das Herz die Funktion des Gewissens wahr: »Der Gerechte und Demütige scheut sich, Ungerechtes zu tun, nicht weil er von einem anderen verurteilt wird, sondern von dem eigenen Herzen« (5,3; vgl. auch Sir 14,2, wo es statt des Herzens die Seele ist: »Selig, den seine Seele nicht verurteilt hat!«). Gerade von denen, die aus dem Tod in das Leben hinübergeschritten sind (3,14), die an der tatkräftigen Liebe ihr Sein aus der Wahrheit erkennen, gerade von uns gilt es, daß uns das Gewissen verurteilt. Gerade derjenige, der die Liebe erkannt (3,16) und sich auf sie eingelassen hat, wird ein geschärftes Gewissen gegenüber seinem eigenen Unvermögen haben, gegenüber seinem mangelnden Vertrauen auf die Tragfähigkeit der Liebe. Und so wird ihn sein Gewissen anklagen und schuldig sprechen, wann immer er hinter der Liebe zurückbleibt und sie verfehlt.

Doch gegenüber allen noch so berechtigten Anklagen des Gewissens sagt der Verfasser, daß wir es beschwichtigen werden. Damit meint er keine schnelle und billige Beruhigung des frommen Gemüts, das vom Anblick einer unseligen Welt und der Not der Brüder in seiner Ruhe aufgestört worden ist. Er spricht nicht von einem Herzen, das abgestumpft ist, sondern das brennt. »Ein heuchlerisches Christentum soll keinen Gewissensfrieden haben« (Büchsel 60). Die Beschwichtigung des Gewissens erfolgt »vor ihm«, vor Gott. Sie geschieht damit vor dem, der durch die Offenbarung seiner Wirklichkeit als Liebe unser Gewissen geschärft hat, wodurch es überhaupt erst zu den Anklagen des Gewissens gegen uns gekommen ist. Und so kann es vor ihm eine Beschwichtigung unseres Gewissens nie und nimmer geben im Blick auf irgend etwas in oder an uns selbst. Wenn wir auf uns sehen und dabei unser Gewissen nicht überhören, dann werden wir keine Beschwichtigung erfahren, sondern Anklagen. Beschwichtigung des Gewissens kann es nur im Blick auf Gott selbst geben, und so nennt der Verfasser als ihren Grund: »weil Gott größer ist als unser Herz und alles erkennt.« Diese Aussage ist sicherlich nicht in der Weise zu verstehen, daß Gott auch alle Taten kennt, mit denen wir wirkliche Liebe erwiesen haben. Als ginge es hier um ein Aufrechnen! Dann würde ja doch wieder auf uns und nicht auf Gott geblickt. Und als ob nicht in solchem Versuch, unsere guten Taten in die Waagschale zu werfen, gerade wir »größer« wären! Eher scheint ein Verständnis im Sinne von Joh 21,17 möglich zu sein, wo Petrus – durch die dreimalige Frage Jesu, ob er ihn liebe, betrübt – schließlich antwortet: »Herr, du weißt alles, du erkennst, daß ich dich liebe.« Angesichts der Verleugnung kann er seine Liebe nur als Wissen und Erkenntnis Jesu behaupten. Würde er es von sich aus tun, müßte die Verleugnung seine Behauptung sofort Lügen strafen. Und so dürfte auch die Aussage in Vers 20, daß Gott alles erkennt, meinen: »Er weiß um sein ganzes Werk mit uns, das auch in dem vermeintlich erstorbenen Herzen noch die Möglichkeit der Erneuerung erkennt« (Gaugler 190). Sein ganzes Werk, auf das er sieht, ist »die Liebestat in seinem Sohne, die er nicht zurücknimmt. Seine Liebe, die nicht nur einmalige Tat, sondern bleibende Annahme und bleibendes Sich-Verschenken ist, ist unermeßlich größer als das verzagte Herz« (Gaugler 189). Gottes Größe ist seine Vergebung, die nicht aufhört (→ zu 1,7–2,2). Nur im Blick auf sie gibt es Beschwichtigung des Gewissens. Der Gott, der alles erkennt, erkennt auch unsere Verfehlungen, noch bevor uns das Gewissen verurteilt – und er vergibt uns.

Nach diesem Blick auf das verurteilende Gewissen und den größeren Gott zieht der Verfasser nun in Vers 21 – mit der Anrede »Geliebte« den neuen Ansatz kennzeichnend – eine weitergehende Folgerung: »Wenn das Herz nicht verurteilt, haben wir Freimut gegenüber Gott.« Hier wird jetzt nicht einfach der gegenteilige Fall gesetzt, der »Normalfall« gegenüber der »Ausnahme« von Vers 20a. Der Verfasser handelt doch jetzt von denselben wie in den Versen 19b.20, von uns; und er unterscheidet nicht Zeiten der Anklage des Gewissens von Zeiten der Freiheit von solcher Anklage. Es ist wohl nicht von ungefähr, daß er vom Nicht-Verurteilen des Gewissens erst spricht, *nachdem* er von der Verurteilung durch das Gewissen gesprochen hat *und* davon, daß Gott größer ist. Von daher ist die Freiheit von der Verurteilung durch das Gewissen ein Freispruch von ihr; und von daher *gilt* nun auch diese Freiheit, *gilt* das Sein aus der Wahrheit, das an der Liebe erkannt wird und sich in ihr vollzieht, und *gilt* deshalb auch der Freimut gegenüber Gott. Es ist der Freimut des Freigesprochenen, der weiß, daß die Verurteilung durch sein Gewissen nicht das letzte Wort ist, weil Gott, der das letzte Urteil spricht, größer ist. Deshalb gibt es diesen Freimut schon jetzt, der nach 2,28 für die Ankunft Jesu Christi erhofft wird und mit dem »der Gedanke der Freiheit der Rede, ungehindert durch Furcht oder Scham« (Dodd 93), verbunden ist. Er artikuliert sich vor allem, wie Vers 22a zeigt, im Gebet, im freien Sprechen zu Gott, das zuversichtlich vor ihn bringt, wessen wir bedürfen: »Und was immer wir bitten, empfangen wir von ihm.« Wer Freimut hat, kann bitten; und wer als Freimütiger bittet, empfängt. Das sagt der Verfasser ohne Einschränkung. Auch der in Vers 22b folgende Begründungssatz gibt keine Bedingung oder Begründung im Sinne einer zu erbringenden Vorleistung an: »weil wir seine Gebote halten und das vor ihm Wohlgefällige tun.« Er nimmt hier inhaltlich den Bedingungssatz am Beginn von Vers 21 auf: »wenn das Herz nicht verurteilt« und macht damit deutlich, daß die Freiheit von Anklagen, die Freiheit des Freigesprochenen kein passiver Zustand ist, sondern daß sie sich in einem Tun vollzieht, das Gott gefällt, im Halten seiner Gebote, in der Bruderliebe. Wer Freimut hat und in der Bruderliebe das tut, was der Freispruch bewirkt, dessen Wollen und Bitten ist damit eine klare Richtung gegeben. Es nimmt auf, was Gott selbst will; es nimmt Gott beim Wort. Darauf, und nicht auf das eigene Tun, gründet sich die Zuversicht der Erfüllung.

Die gedankliche Struktur ist der von Joh 8,28f. ähnlich, wo ebenfalls – hier aber von Jesus ausgesagt – in einem Begründungssatz vom Tun dessen die Rede ist, was Gott gefällt: »Von mir selbst aus tue ich nichts, sondern gemäß dem, was mich der Vater gelehrt hat, das rede ich. Und der mich gesandt hat, ist mit mir; er hat mich nicht allein gelassen, weil ich immer das ihm Wohlgefällige tue.« Das Tun des Gott Wohlgefälligen ist keine Vorleistung, die Jesus dafür erbringen müßte, daß Gott mit ihm ist, sondern Gottes Mit-Sein vollzieht sich in diesem Tun, weil es nicht ein Tun ist, das Jesus von sich aus vollbringt, sondern ein Tun, wie es ihn der Vater gelehrt hat, weil es im Grunde das Tun Gottes selbst ist. – Mit der Aussage von der Erfüllung aller Bitten nimmt der Verfasser Stellen aus dem JohEv auf: 14,13 f.; 15,7; 16,23 f.

Hier zeigt sich derselbe Zusammenhang; vgl. etwa 15,7, wo auf der Basis des Bleibens der Jünger in Jesus und des Bleibens seiner Worte in ihnen gilt: »Was immer ihr wollt, bittet; und es wird euch.« – Vgl. auch die synoptischen Stellen Mk 11,24/Mt 21,22; Mt 7,7–11/Lk 11,9–13; Mt 18,19. – Der besondere Zusammenhang von *Freimut* und Bittgebet begegnet vorchristlich Hi 22,26f.; 27,9f., im Urchristentum nur noch 2 Clem 15,3. Auch hier weist der 1 Joh also ein besonderes Profil auf.

Daß der Verfasser das Halten der Gebote nicht im Sinn einer Vorleistung guter Werke versteht, wird vollends deutlich, wenn er in Vers 23 im Singular von *dem* Gebot spricht: »Und das ist sein Gebot, daß wir dem Namen seines Sohnes Jesus Christus glauben und einander lieben, wie er uns ein Gebot gegeben hat.« *Die* Gebote sind nur *eins*; aber dieses *eine* Gebot wird sofort als ein *doppeltes* entfaltet, als Glaube und Liebe. Die Einleitung hier: »das ist sein Gebot« entspricht der von Vers 11: »das ist die Botschaft«. Als Inhalt der Botschaft war dort das Gebot, einander zu lieben, genannt worden; als Inhalt des Gebotes steht hier vor dem Lieben das Glauben. Wie die Botschaft nicht im Liebesgebot aufgeht und dieses wiederum als Bestandteil der Botschaft nicht bloße Forderung ist (→ zu 3,11), so gilt andererseits, daß die Botschaft von Jesus Christus als dem Sohne Gottes nicht nur in bezug darauf den Charakter der Forderung hat, daß sie das Liebesgebot enthält, sondern auch – dem sachlich vorgeordnet – in bezug darauf, daß sie Glauben verlangt. Glauben an den Namen (vgl. Joh 1,12; 2,23; 3,18) meint nichts anderes als glauben an die mit diesem Namen bezeichnete Person, an Jesus Christus als den Sohn Gottes. Solcher Glaube bedeutet die Anerkennung, daß in Jesus – und nicht in einem anderen – Gott auf den Plan getreten ist, daß er hier – und nicht woanders – seine Wirklichkeit offenbart hat; solcher Glaube ist damit ein Akt des Gehorsams. Aber dieser Gehorsam vollzieht sich nur so – und darum wird das eine Gebot hier sofort als doppeltes entfaltet –, daß sich die Glaubenden im konkreten Lebensvollzug auf die geglaubte Wirklichkeit einlassen, indem sie einander lieben. Glaube und Liebe sind nicht voneinander zu trennen. Liebe, losgelöst vom Glauben, wäre ohne Grund und Perspektive, ohne Orientierung und Gewißheit; und Glaube, losgelöst von der Liebe, wäre die Wirklichkeit verfehlende Spekulation, ja wäre gar nicht mehr Glaube an *diesen* Namen, in dem sich Gott gerade als Liebe definiert hat. Unbeschadet dieser unlösbaren Zusammengehörigkeit gibt die Reihenfolge aber doch eine sachliche Vorordnung des Glaubens vor der Liebe an, die deutlich macht, daß das Tun der Glaubenden in Gottes Tun gründet, auf das sich der Glaube bezieht.

Wenn auch an dieser Stelle das Wort »glauben« erstmals im 1 Joh begegnet, so doch nicht die mit ihm bezeichnete Sache. Der Verfasser hatte dasselbe im Blick, wenn er 2,22–27 vom »Bekennen« und vom »Bleiben« bei dem von Anfang an Gehörten sprach, dem Bekenntnis, das Jesus als Christus und Gottessohn zum Inhalt hat. Darauf – und damit auf den Beginn des zweiten Teils seines Schreibens – bezieht er sich hier zurück. Mit der Aneinanderbindung von Glaube und Liebe gibt er »deutlich eine Zusammenfassung dieser ganzen Mahnrede« (Schnackenburg 206).

Nachdem der Verfasser klargestellt hat, was er unter dem Halten der Gebote versteht, nimmt er diese in Vers 22 gebrauchte Formulierung in Vers 24a wieder auf: »Und wer seine Gebote hält, bleibt in ihm und er in ihm.« – »Wer seine Gebote hält« – das ist derjenige, der aus der gehorsamen Anerkenntnis heraus, daß sich Gott in Jesus als liebender Gott offenbart hat, diesen Gehorsam in der Bruderliebe bewährt. Darin bleibt er in Gott, steht er in der Lebenswirklichkeit, die ihn gegen allen Augenschein nicht verkommen, sondern bleiben läßt, die ihn dauernd erhält; und darin bleibt auch Gott in ihm, verschafft sich Gott seine »Bleibe« in menschlicher Wirklichkeit. Für dieses Bleiben Gottes in uns nennt der Verfasser abschließend ein Kennzeichen: »Und daran erkennen wir, daß er in uns bleibt: aus dem Geist, den er uns gegeben hat.« Vom Geist ist dem Worte nach hier erstmals gesprochen, aber unter anderen Bezeichnungen war von ihm schon 2,20.27; 3,9 die Rede. Der Geist ist der Gemeinde »gegeben« (3,24; 4,13; vgl. Joh 14,16; Apg 8,18; 15,8; Röm 5,5; 1 Kor 12,7; 2 Kor 1,22; 5,5; Eph 1,17; 1 Thess 4,8; 2 Tim 1,7); sie hat ihn »empfangen« (2,27; vgl. Joh 20,22; Apg 2,38; 8,15.17.19; 10,47; 19,2; Röm 8,15; 1 Kor 2,12; 2 Kor 11,4; Gal 3,2.14); sie »hat« ihn (2,20; vgl. Röm 8,9.23; 1 Kor 7,40; 2 Kor 4,13; Jud 19). Wie der häufige Gebrauch dieser Wendungen zeigt, nimmt der Verfasser hier feste Gemeindesprache auf. Der Geist war der Urchristenheit nicht etwas Ungreifbares, sondern eine Kraft, deren Wirken sich unübersehbar manifestierte, ein unverzichtbares Kennzeichen echten Christseins. In 1 Joh 3,24 ist der Geist nicht ein Kennzeichen, das einfach neben dem Kennzeichen des Gebotehaltens als ein weiteres aufgezählt werden könnte – so wenig, wie unser Bleiben in Gott und Gottes Bleiben in uns unabhängig nebeneinander stehen. Vielmehr bringt die Erwähnung dieses Kennzeichens unmittelbar nach der Nennung des Gebotehaltens zum Ausdruck, daß unser Wirken nur zustande kommt und Bestand hat durch das Wirken Gottes selbst. Unser Halten der Gebote, unsere Liebe ist »als *Antwort* auf Gottes unbegreifliches Wunder *selbst ein Wunder*, noch einmal *Gottes Wunder*« (Eichholz, Trostbrief 73); sie beruht auf dem von Gott gegebenen Geist, der das Bekenntnis sprechen und damit auf die Liebe als die tragende Lebenswirklichkeit vertrauen läßt. Daß der Geist im 1 Joh als der im Blick ist, der das Bekenntnis spricht, zeigte sich schon an den Ausführungen über das Salböl in 2,27. Das wird nun – und dazu bildet die Erwähnung des Geistes hier die Überleitung – am Beginn des dritten Briefteiles ausdrücklich dargelegt.

III. Die Zusammengehörigkeit von Bekenntnis und Bruderliebe als Kriterium echten Christseins (4,1–5,12)

Hatte der Verfasser in 3,23 den zweiten Teil seines Schreibens in dem einen Doppelgebot, an den Gottessohn Jesus Christus zu glauben und einander zu lieben, zusammengefaßt, so ist die damit gekennzeichnete Problematik der Zusammengehörigkeit von Glaube und Liebe das beherrschende Thema des dritten und letzten Briefteils. Da einerseits der Glaube auf das Bekenntnis bezogen ist und das Bekenntnis in der Situation der Gemeinde als »Glaubensregel« (*regula fidei*) zwischen echtem und falschem Glauben scheiden soll und da andererseits die Liebe als Liebe untereinander gekennzeichnet worden ist, die wirkliches Christsein auszeichnet, geht es näherhin um Bekenntnis und Bruderliebe als die zwei untrennbaren Aspekte des einen Kriteriums, an dem sich Gemeinde erweist. Der Verfasser stellt nicht ein »dogmatisches« und ein »ethisches« Kriterium nebeneinander, sondern er zeigt hier auf, daß die Aussage des Bekenntnisses selbst schon die Forderung der Bruderliebe einschließt und daß sich die Forderung auf die im Bekenntnis festgehaltene Tat Gottes in der Sendung Jesu gründet.

In einem ersten Abschnitt (4,1–6), der sich unmittelbar auf den Schluß von 3,24 zurückbezieht, präzisiert der Verfasser das Bekenntnis. Auch im dritten Briefteil geht er von der Christologie aus. Sosehr er die allgemein-urchristliche Voraussetzung teilt, daß jedem Christen der Geist gegeben ist, so gilt es angesichts der den Geist für sich beanspruchenden Gegner doch, die Geister zu prüfen. Solche Prüfung erfolgt am präzisierten Bekenntnis. An der Stellung zu ihm – und das ist gleichbedeutend mit dem Hören oder Nicht-Hören auf die ursprünglichen Zeugen – zeigt sich, wer aus Gott ist und wer nicht. Im zweiten Abschnitt (4,7–21) entfaltet der Verfasser die Liebe untereinander in vier Schritten, indem er sie erstens in der Liebe Gottes begründet (7–13), indem er zweitens – damit den Zusammenhang von Bekenntnis und Bruderliebe besonders betonend – diese Liebe Gottes als Gegenstand von Zeugnis, Bekenntnis und Glaube hinstellt (14–16), indem er drittens als Vollendung der Liebe Freimut und Furchtlosigkeit im Endgericht nennt (17f.) und indem er viertens darlegt, daß es Liebe zu Gott nur in der Liebe zum Bruder gibt (19–21). Im dritten Abschnitt (5,1–12) stellt er abschließend heraus, daß der auf das Bekenntnis bezogene und in der Liebe tätige Glaube den Sieg über die Welt und das ewige Leben schon hat. Dabei hebt ein erster Unterabschnitt (1–4) besonders das Ineinander von Glaube und Liebe hervor und nennt als Resultat dieses an die Liebe gekoppelten Glaubens den Sieg über die Welt, während ein zweiter Unterabschnitt (5–12) – von diesem Sieg ausgehend – in einer letzten christologischen Auseinandersetzung mit den Gegnern das Zeugnis anführt, das das Bekenntnis hat, und als Resultat des auf das so bezeugte Bekenntnis bezogenen Glaubens das ewige Leben angibt.

Somit ergibt sich für den dritten Briefteil folgende Gliederung:
A. Präzisierung des die Geister scheidenden Bekenntnisses (4,1–6)
B. Entfaltung der die Gemeinde ausweisenden Liebe untereinander (4,7–21)
   1. Die Begründung der Liebe untereinander in der Liebe Gottes (4,7–13)
   2. Die Liebe Gottes als Gegenstand von Zeugnis, Bekenntnis und Glaube (4,14–16)
   3. Die Vollendung der Liebe im endzeitlichen Freimut (4,17f.)
   4. Die Bruderliebe als Form der Liebe zu Gott (4,19–21)
C. Glaube und Liebe als Sieg über die Welt und ewiges Leben (5,1–12)
   1. Der in der Liebe tätige Glaube als Sieger über die Welt (5,1–4)
   2. Ewiges Leben für den das bezeugte Bekenntnis Glaubenden (5,5–12)

A. Präzisierung des die Geister scheidenden Bekenntnisses (4,1–6)

1 Geliebte, nicht jedem Geist glaubt, sondern prüft die Geister, ob sie aus Gott sind; denn viele Lügenpropheten sind in die Welt ausgegangen.   2 Daran erkennt ihr den Geist Gottes: Jeder Geist, der Jesus Christus als im Fleisch gekommen bekennt, ist aus Gott;   3 und jeder Geist, der Jesus außer Geltung setzt, ist nicht aus Gott. Und das ist der (Geist) des Antichrist, über den ihr gehört habt, daß er kommt, und jetzt ist er schon in der Welt.

4 Ihr seid aus Gott, Kinderchen, und habt sie besiegt, weil der in euch größer ist als der in der Welt.
5 Sie sind aus der Welt. Deswegen reden sie aus der Welt; und die Welt hört auf sie.
6 Wir sind aus Gott. Wer Gott erkennt, hört auf uns; wer nicht aus Gott ist, hört nicht auf uns. Daraus erkennen wir den Geist der Wahrheit und den Geist der Täuschung.

In 3,23 hatte der Verfasser als die eine Seite des Gebotes Gottes den Glauben an den Namen seines Sohnes Jesus Christus genannt und am Schluß von Vers 24 als Kennzeichen des Bleibens Gottes in der Gemeinde den ihr gegebenen Geist angeführt. Wenn er jetzt zu Beginn des neuen Abschnittes dazu auffordert, nicht jedem Geist zu glauben, dann zeigt sich daran, daß »Geist« an sich offensichtlich kein hinreichendes Kennzeichen ist, daß es auch noch anderen »Geist« als den »uns gegebenen« gibt, der in formaler Hinsicht ähnlich in Erscheinung treten kann; und weiter geht daraus hervor, daß der Geist, dem nicht geglaubt werden soll, dem Glauben an den Namen des Gottessohnes Jesus Christus widerspricht. Angesichts dieser Situation widersprechenden Geistes geht es dem Verfasser am Anfang des dritten Briefteiles darum, ein grundlegendes Kriterium dafür anzugeben, welcher Geist wirklich ein »christlicher«, welcher Geist aus Gott ist. Er war auf dieses Problem schon in dem Abschnitt 2,18–27 eingegangen, und er hatte die Gemeinde dort an das ihr überlieferte Bekenntnis verwiesen und sie dabei behaftet. Auch jetzt spricht er vom Bekennen; aber er präzisiert die Formulierung des Bekenntnisses im Blick auf seine Gegner und spitzt sie gegen diese zu. Die alte Formulierung, daß Jesus der Christus und Gottessohn ist, bedeutet nichts anderes, als daß die eine untrennbare Person Jesus Christus *im Fleisch* gekommen ist. Und negativ kennzeichnet er die gegnerische Verehrung eines himmlischen Christus als ein Zunichtemachen Jesu. Geist Gottes und Geist der Welt scheiden sich daran, ob einer am Menschen Jesus festhält oder ob er von ihm eine Idee oder Sache ablöst und ihn so zur Chiffre macht.
Im einzelnen geht der Verfasser in diesem Abschnitt so vor, daß er seine Leser zuerst zur Prüfung der Geister auf ihre Herkunft aus Gott hin auffordert (1a–c) und dann die Notwendigkeit solcher Prüfung im Auftreten falscher Propheten begründet (1d). Anschließend nennt er in positiver und negativer Ausführung das Kriterium für die geforderte Prüfung. Das positive Kennzeichen ist das Bekenntnis zu Jesus Christus als im Fleisch Gekommenen (2), und das negative besteht darin, daß Jesus außer Geltung gesetzt wird (3a),

worin der Verfasser wiederum die Antichrist-Erwartung erfüllt sieht (3b). Von der Angabe dieses Kriteriums her kann er danach die Leser ihres Seins aus Gott versichern und damit ihrer Überlegenheit über die Gegner (4) und ein Urteil über diese als »Weltmenschen« fällen (5). Abschließend stellt er den eigenen Anspruch, dem Kreis der ursprünglichen Zeugen anzugehören, in der Weise heraus, daß das Hören oder Nicht-Hören auf sie ein Kennzeichen für den Geist der Wahrheit oder den Geist der Täuschung ist (6). Das präzisierte Bekenntnis, das in Vers 2 als Kriterium angeführt worden war, wird so an das Wort der ursprünglichen Zeugen gebunden und auf es zurückgeführt.

Nach der Anrede »Geliebte« (→ zu 2,7) am Beginn des Abschnitts und nach der Mahnung an die Leser, die Geister zu prüfen, begründet der Verfasser am Schluß von Vers 1 diese Mahnung mit einem Tatbestand: »Viele Lügenpropheten sind in die Welt ausgegangen.« Daß er mit den »Lügenpropheten« seine auch sonst im Brief bekämpften Gegner meint, macht der folgende Kontext eindeutig. Ihr Auftreten und Wirken ist der direkte Anlaß seiner hier gemachten Ausführungen. Er gibt, wie auch schon in 2,18, zu erkennen, daß sie zahlreich sind. Die Bezeichnung der Gegner als »Lügenpropheten« unmittelbar nach der Mahnung, nicht jedem Geist zu glauben, sondern die Geister auf ihre Herkunft aus Gott zu prüfen, weist darauf hin, daß sie beanspruchten, als geistbegabte Propheten zu reden. Der enge Zusammenhang von Geist und Prophetie gilt weithin und findet sich schon im AT (vgl. nur 1 Sam 19,19–24). Der Verfasser ist folgendem Tatbestand »konfrontiert: Leute sprechen offensichtlich unter einer Inspiration, die ebenso wirklich ist wie die eines jeden christlichen Propheten; und dennoch verkünden sie Lehren, von denen er wußte, daß sie radikal unchristlich sind« (Dodd 98f.). Das ist der entscheidende Ausgangspunkt dieses Abschnittes, daß die Gegner als Propheten auftraten und diesen Anspruch auch mit klaren Ausweisen ihrer Geistbegabung zu begründen vermochten. Daß sie »Geist« hatten und geistesmächtig redeten, war offensichtlich ein unbestreitbares Faktum. Und das machte auch ihre Gefährlichkeit aus: »Was unter den Kennzeichen des Geistes d(as) h(eißt) als Prophetie auftrat, hatte von vornherein in den urchristlichen Gemeinden Autorität« (Büchsel 63). Der Verfasser spricht von ihnen als »Lügenpropheten«. Er bestreitet mit dieser Bezeichnung, daß sie *wirkliche* Propheten sind, daß es der Geist *Gottes* ist, der die ihren Anspruch scheinbar legitimierenden Phänomene wirkt.

Mit dem Wort »Lügenpropheten« nimmt er eine Bezeichnung auf, die im Urchristentum vor und nach ihm in Auseinandersetzungen um prophetischen Anspruch öfters gebraucht wurde. In betont endzeitlichem Zusammenhang erscheint »der Lügenprophet« in Offb 16,13; 19,20; 20,10 (→ zu 2,18). Das gilt auch für Mk 13,22/Mt 24,24, wo neben Lügenpropheten noch »Lügenchristusse« stehen, und für Mt 24,11. Did 16,3f. werden die Lügenpropheten dem Antichrist zugeordnet. Auch der Verfasser des 1 Joh bringt die von ihm bekämpften Lügenpropheten mit der Erwartung des Antichrist in Verbindung (4,3), versteht sie also in endzeitlichem Horizont. Daß diese aber, wie es von den Lügenpropheten an einigen der genannten Stellen ausgesagt wird, »Zeichen und Wunder« getan hätten, wird von ihm nicht angedeutet. – 2 Petr 2,1 spricht, wie Lk 6,26, von Lügenpropheten der alttestamentlichen Zeit, die zu »Lügenlehrern« der Gegenwart in Parallele gesetzt werden (vgl. Offb 2,20). Auch die Gegner im 1 Joh sind ja als Lehrer aufgetreten (→ zu 2,20.27). – Apg 13,6 wird der jüdische Magier Barjesus ein Lügenprophet genannt. Mt 7,15 warnt vor »den Lügenpropheten, die in Schafskleidern zu euch kommen, darunter aber räuberische Wölfe sind«. Did 11 und Herm mand 11 sind die beiden Stellen in den urchristlichen Schriften, die das Problem der Unterscheidung wahrer und falscher Propheten am ausführlichsten behandeln. Der Didache stellt sich das Problem, daß »nicht jeder, der im Geist redet, ein Prophet ist« (8). Nur der ist es, der »die Lebensweise des Herrn hat. An der Lebensweise also wird der Lügenprophet und der Prophet erkannt werden« (8). Und so nennt sie eine Reihe Kennzeichen des Lügenpropheten, die sich als Streben nach dem eigenen Vorteil zusammenfassen lassen: wenn er Geld (6.12) oder Essen (9) in der prophetischen Rede erbittet, wenn er länger als zwei Tage bleibt (5), wenn er selbst nicht tut, was er sagt (10). Auch Hermas fragt danach, woran man Prophet und Lügenprophet erkennt (7). Nach Angaben über das je spezifische Verhalten des einen und anderen (8–15) antwortet er zusammenfassend: »Prüfe also an den Taten und am Leben des Menschen, der ein Geistträger zu sein behauptet!« (16) und fährt dann fort: »Du aber glaube dem Geist, der von Gott kommt und Kraft hat; dem irdischen und nichtigen Geist aber glaube in nichts, weil in ihm keine Kraft ist, denn er kommt vom Teufel« (17; vgl. 21). Auch der 1 Joh kennt als Kriterium das praktische Verhalten, stellt es aber in einen größeren Zusammenhang.

Wenn also das die dem Verfasser vorgegebene Situation ist, daß seine Gegner prophetischen Geist für sich beanspruchen und er diesen Geist nicht als Geist *Gottes* anerkennen kann, dann ergibt sich notwendig die Warnung am Beginn von Vers 1: »Nicht jedem Geist glaubt!« Damit ist nicht nur ein »gesundes Mißtrauen« gegen alle sich in einer besonders imponierenden Weise aufdrängenden Verlautbarungen gemeint; sondern da die »Lügenpropheten«, wie das Folgende zeigt, einen anderen Christus verkündigen, hat »glauben« auch hier den prägnanten Sinn von »anerkennen« (→ zu 3,23). Es geht bei der Stellung zu den »Lügenpropheten« um ein scharfes

Entweder-Oder, um falschen oder wahren Glauben, um Heil oder Unheil.

Auf die Warnung folgt eine positive Mahnung: »Prüft die Geister, ob sie aus Gott sind!« Die hier geforderte Prüfung hat weder etwas zu tun mit der 1 Kor 12,10 genannten Gabe der »Beurteilung der Geister«, worunter aller Wahrscheinlichkeit nach die Deutung und Auslegung prophetischer Sprüche verstanden ist, noch ist sie mit dem Prüfen und Beurteilen gleichzusetzen, das Paulus in 1 Thess 5,21 und 1 Kor 14,29 verlangt; denn dort ist die Gemeinde als richtende und bewahrende Instanz gegenüber allen in ihr zu Wort kommenden Einzelbegabungen im Blick. Auch in 1 Joh 4,1 wird zwar das Prüfen der Gemeinde als ganzer zugemutet – sie ist angeredet und nicht irgendwelche Repräsentanten –, aber es geht hier nicht um ein abwägendes Urteilen, um ein gemeinsames Suchen nach dem Willen Gottes (vgl. Röm 12,2), sondern um die ganz grundsätzliche Frage, ob der »Geist«, aufgrund dessen ein Prophet redet und der ihn als Propheten auszeichnet, überhaupt seine Herkunft aus Gott hat oder nicht.

Hier ist nicht nur vorausgesetzt, daß es neben dem Geist Gottes noch einen völlig anderen Geist gibt, sondern die Formulierungen im Kontext zeigen auch, daß dem Geist Gottes und seinem Widerpart jeweils eine Mehrzahl von »Geistern« zugeordnet ist (2: der Geist Gottes – jeder Geist, der ...; 3: jeder Geist, der ... – der [Geist] des Antichrist). Dasselbe Verhältnis zeigt sich Herm mand 11,5: »Jeder von Gott gegebene Geist« redet nicht erst auf Anfrage, sondern aus eigenem Antrieb, »weil er von oben ist, von der Kraft des göttlichen Geistes«. Und auf der anderen Seite gilt, daß der Teufel den Lügenpropheten »mit seinem Geist« erfüllt (3); die Glaubensstarken aber hängen »solchen Geistern« nicht an (4). Daraus ergibt sich, daß bei der Mehrzahl von »Geistern« nicht der menschliche Geist in seiner Inspiration durch Gott oder den Teufel gemeint ist, sondern durchaus der Geist Gottes selbst oder der des Teufels bzw. des Antichrist, aber in der Weise, wie er in der Gabe an einen bestimmten Menschen jeweils in Erscheinung tritt. Singular und Plural bezeichnen den Geist und seine jeweilige Individuation.

Wenn in einer durch das Auftreten von »Lügenpropheten« gekennzeichneten Situation die Gemeinde zur Prüfung der Geister aufgefordert wird, stellt sich sofort die Frage, nach welchem Kriterium die Prüfung vorgenommen werden soll. Die Didache und Hermas verweisen hier auf das praktische Verhalten. Auch der Verfasser des 1 Joh bezieht sich auf diesen Bereich; er wird ja nicht müde, die Bruderliebe als Kennzeichen echten Christseins herauszustellen.

Aber hier, bei der entscheidenden Frage nach der Herkunft geistgewirkter Rede, nach der Herkunft der Verkündigung also, redet er zunächst ganz grundsätzlich, nämlich »dogmatisch«.

Am Beginn von Vers 2 weist er ausdrücklich darauf hin, daß er ein positives Kennzeichen anführen will: »Daran erkennt ihr den Geist Gottes.« Wenn auch die Gemeinde zur Prüfung der Geister aufgefordert ist, so wird ihr für diese Prüfung doch ein Kriterium genannt, das selbst nicht mehr zu prüfen ist, über das sie nicht bestimmt und verfügt, sondern das ihr vorgegeben ist. Dieses Kriterium ist das Bekenntnis, das Gottes Handeln zum Inhalt hat. Die Vorgegebenheit des Bekenntnisses gründet in der Vorgegebenheit dieses Handelns Gottes, aufgrund dessen es allererst Gemeinde gibt. Das Kriterium ist also letztlich der Grund, auf dem die Gemeinde selbst steht und ohne den sie gar nicht Gemeinde wäre. Dieser Grund findet seine Formulierung im Bekenntnis.

»Jeder Geist, der Jesus Christus als im Fleisch gekommen bekennt, ist aus Gott.« Der Geist erscheint hier als Subjekt des Bekennens (vgl. 1 Kor 12,3). Veranlaßt ist der Verfasser zu solcher Redeweise wohl dadurch, daß er im Kontext »Propheten« im Blick hat, die ihr, ihm als falsch erscheinendes Reden auf den Geist zurückführten. Indem er sie positiv aufnimmt und auf das Bekennen bezieht, bringt er damit sachlich zum Ausdruck, daß das Bekenntnis zu Jesus sich nicht aus menschlicher Reflexion ergibt; es ist keine Einsicht, zu der der Mensch mit seiner höchsten Möglichkeit, dem Geist, vordringen könnte. Auch von hier aus ist es ausgeschlossen, daß der Verfasser den *menschlichen* Geist meint. Vielmehr ist es der Geist Gottes selbst, der dieses Bekenntnis sprechen läßt. Wenn das Bekenntnis zur Ereignung Gottes gerade in Jesus nicht eine völlig willkürliche Behauptung bestimmter Menschen sein soll – als die es in der Tat erscheint –, dann muß es von Gott selbst gewirkt sein.

Die Formulierung des Bekenntnisses hier hat ihren besonderen Akzent darin, daß Jesus Christus als im Fleisch Gekommener gekennzeichnet wird. Der Ton liegt auf den Worten »im Fleisch«. Es braucht nicht darüber gestritten zu werden, daß ein Heilbringer »gekommen« ist; davon reden auch die Gegner. Das für sie, die »Geistmenschen«, Anstößige und nicht Akzeptable ist, daß er »im Fleisch« gekommen sein soll. Mit diesen Worten ist präzisiert und auf die Spitze gebracht, was auch die Aussagen, daß *Jesus* der Christus und Gottessohn ist, schon enthalten; und es ist dasselbe ausgedrückt, was der Verfasser in 1,1–3 in anderen Formulierungen gesagt hatte. Gott begegnet wirklich im Menschen Jesus und hat ihn nicht bloß als sonst belangloses Mittel seiner Epiphanie benutzt; er hat

sich in ihm materialisiert und damit seine andere und ändernde
Wirklichkeit in der Welt gesetzt. »Er liebt nicht bloß sich selbst, wie
die Gnostiker meinen, sondern uns, die anderen, seine gefallenen
Geschöpfe. Alle wirkliche Liebe ist Fleischwerdung, die göttliche ist
es wesentlich« (Gaugler 203).

Auch die andere Stelle, an der der Verfasser das Wort »kommen« in christo-
logischem Zusammenhang gebraucht (5,6), weist in dieselbe Richtung. Dort
spricht er vom Gekommensein Jesu Christi »durch Wasser und Blut«, wobei
er insbesondere letzteres betont und damit den gewaltsamen Tod Jesu. Daß
Gott mit der irdischen Vorfindlichkeit und Hinfälligkeit (»im Fleisch«) des
bestimmten Menschen Jesus bis hin zu seinem Tod (»im Blut«) zusammenge-
dacht werden muß, ist die besondere Ausrichtung, die das Reden vom
Gekommensein Jesu Christi im 1 Joh hat. Auch hier ist ein Vergleich mit dem
JohEv aufschlußreich. In ihm wird häufig vom Kommen oder Gekommensein Jesu gesprochen, aber doch nirgends mit dieser Zuspitzung. Dort heißt
es: Jesus ist von Gott gekommen (3,2) und nicht von sich selbst (8,42; 7,28),
er ist vom Vater in die Welt gekommen (16,28; 11,27; 18,37), und zwar als
Licht (12,46; 3,19), er ist im Namen seines Vaters gekommen (5,43). Das sind
alles Aussagen, die auch die Gegner im 1 Joh von ihrem himmlischen Christus
machen konnten. Die sachliche Übereinstimmung zwischen JohEv und 1 Joh
an dieser Stelle zeigt sich aber in Joh 1,14: »Das Wort ward Fleisch.«
Eine formale und sachliche Parallele zu 1 Joh 4,2 bildet Ign Sm 5,2: »Was wird
mir denn einer nützen, wenn er mich lobt, meinen Herrn aber lästert, indem
er ihn nicht als Fleisch tragend bekennt?« Nur formal parallel ist Barn 5,10
(vgl. 5,11), wo das »Kommen im Fleisch« lediglich der Verhüllung göttlicher
Herrlichkeit auf ein für Menschen erträgliches Maß dient. Wiederum anders
verhält es sich in dem Lied 1 Tim 3,16, wo »im Fleisch« in der Gegenüberstellung zu »im Geist« die irdische Sphäre im Unterschied zur himmlischen
kennzeichnet, in der Christus offenbar geworden ist.

Da das in Vers 2 angeführte Kriterium mit dem Wort »bekennen«
eingeleitet wird, stellt sich die Frage, ob der Verfasser auch hier ein
bereits geprägtes Bekenntnis zitiert. Dagegen spricht einmal, daß er
nicht wie sonst, wenn er auf Tradition zurückgreift, an das Wissen
oder Gehörthaben der Leser appelliert. Gerade an dieser zentralen
Stelle hätte er sich ein solches Traditionsargument kaum entgehen
lassen. Zum anderen ist deutlich geworden, daß es sich bei der
Formulierung in 4,2 um eine Zuspitzung des überlieferten Bekenntnisses handelt, die auf die Gegner zielt. Die dürfte dann der Verfasser, veranlaßt durch diese Situation, selbst vorgenommen haben. Mit
ihr macht er den entscheidenden Kontroverspunkt namhaft. An ihm
scheiden sich die Geister. Das neu formulierte Bekenntnis wird so
zur *regula fidei*, zum Kriterium der Rechtgläubigkeit.

In Vers 3 folgt in antithetischer Parallele das negative Kennzeichen: »Und jeder Geist, der Jesus außer Geltung setzt, ist nicht aus Gott.«

An dieser Stelle sind einige Bemerkungen zur Textüberlieferung notwendig. Einmal finden sich zu dem bloßen Namen Jesus Erweiterungen: »Herr Jesus im Fleisch gekommen«, »Jesus Christus im Fleisch gekommen«, die jedoch von den wichtigsten Textzeugen nicht geboten werden und auch von Sacherwägungen her deutlich als sekundär erscheinen. Es ist bedeutsam, daß in einem von Bekenntnisformulierungen geprägten Kontext nur einfach »Jesus« steht. Damit ist der irdische Jesus im Blick, worauf ja auch die Worte »im Fleisch« in Vers 2 hingewiesen haben. – Zum anderen wird das oben mit »außer Geltung setzt« wiedergegebene griechische Wort (*lyei*) nur von der Randbemerkung einer griechischen Handschrift, von der Vulgata, mehreren altlateinischen Übersetzungen und von einigen Kirchenvätern geboten. Alle anderen Textzeugen haben statt dessen: »nicht bekennt«. Das läßt sich aber als antithetische Angleichung an Vers 2 erklären, so daß das ungewöhnliche *lyei* den Vorzug verdient. Daß diese Lesart erst »vom antignostischen Kampf der Kirche des 2. Jahrhunderts her geprägt« wurde (Balz 190 und andere), ist unwahrscheinlich, denn dort spielt dieses Wort überhaupt keine Rolle; es begegnet nur im Zusammenhang von Zitaten aus 1 Joh 4,3. Die einzige Ausnahme findet sich erst bei Origenes. – Die Lesart »nicht bekennt« verändert den Sinn dieser Stelle, deren Stoßrichtung durch das einfache »Jesus« angezeigt ist, übrigens nicht, gibt ihr allerdings keinen so prägnanten Ausdruck, wie es bei der angenommenen Lesart der Fall ist.

Wenn der Verfasser als negatives Kennzeichen angibt, Jesus außer Geltung zu setzen, dann will er doch mit dieser Formulierung sicherlich genau das beschreiben, was seiner Ansicht nach seine Gegner, die »Lügenpropheten«, faktisch tun. In ihrer Unterscheidung und Trennung zwischen Jesus und dem himmlischen Christus bzw. Gottessohn bedeutet ihnen der Mensch Jesus nichts. Sie bestreiten nicht, daß Jesus ein wirklicher Mensch war. Das unterscheidet sie in der Vorstellung, nicht der Sache nach, von den Doketen, die nur von einem Scheinleib Jesu Christi sprechen. Aber dieser Mensch Jesus ist nicht Gegenstand des Bekenntnisses. Er hat keinerlei theologische Relevanz; er ist in der Tat außer Geltung gesetzt. »Ich entdecke ihn (Jesus Christus) im Sack, in den er sich hineinbegeben hat. Es ist das Geld im Sack; sie machen daraus einen leeren Beutel« (Luther 728). Wer von Jesus nichts wissen will, sieht damit von dem wirklichen Gott ab. Er »predigt einen anderen Christus, einen ›weltanschaulichen‹, besser verständlichen, der sich mit den gegebenen Gedanken der Welt verbinden läßt« (Gaugler 205), aber er predigt nicht den mit Jesus identischen Christus und so nicht den

Gott, der sich mit ihm gegen »die gegebenen Gedanken der Welt« gewendet hat.

Von woher die Gegner durch ihre Verkündigung Jesus außer Geltung setzen, was sie beanspruchen, ist Geist, ist kräftig, wirksam, imponierend, aber, fährt der Verfasser am Schluß von Vers 3 fort, »das ist der (Geist) des Antichrist, über den (nämlich den Geist) ihr gehört habt, daß er kommt, und jetzt ist er schon in der Welt«. Wer Jesus außer Geltung setzt, distanziert sich damit auch von Christus und ist vom Geist seines Widerparts, des Antichrist, bestimmt. Wie in 2,18 nimmt der Verfasser die Antichristerwartung auf, die er auch hier als traditionell kennzeichnet. Dort hatte er die Gegner als Antichristen identifiziert; hier sieht er die Erwartung des antichristlichen Geistes in der Verfälschung des rechtgläubigen Bekenntnisses erfüllt. Es kommt ihm nicht auf eine genaue Systematisierung dieser Endzeiterwartung an – das Stichwort »Geist« ist ihm hier durch die »Lügenpropheten« gegeben –, es liegt ihm vielmehr daran, die traditionelle Erwartung als durch die Ereignisse der Gegenwart bestätigt festzustellen und vor allem umgekehrt diese Ereignisse im Horizont der Enderwartung zu verstehen und zu deuten.

Mit Vers 3 hat er einen gewissen Abschluß erreicht. Er hat seine Leser vor den Irrlehrern gewarnt und sie zur Prüfung angehalten und ihnen dafür ein Kriterium an die Hand gegeben, mit dem sie zwischen Rechtgläubigkeit und Ketzerei unterscheiden können. Der zentrale Streitpunkt ist ein christologisches Problem, nämlich die theologische Relevanz des irdischen Jesus. Darf er außer Geltung gesetzt werden, so daß der Glaube sich allein auf einen himmlischen Christus und Gottessohn bezieht, und das heißt dann immer auf eine bestimmte Idee oder Sache, die Jesus verkündigt habe? Demgegenüber stellt der Verfasser fest, daß Jesus Christus als im Fleisch gekommen zu bekennen ist. Das Bekenntnis des Glaubens ist vom irdischen Jesus nicht ablösbar; es bezieht sich bleibend auf den gerade in diesem Menschen, in seinem Wirken und Leiden auf den Plan getretenen Gott.

Nach der Darlegung des für die geforderte Prüfung notwendigen Kriteriums wendet sich der Verfasser in Vers 4 in betonter Anrede wieder seinen Lesern zu, indem er ihnen versichert: »Ihr seid aus Gott, Kinderchen.« In Vers 2 hatte er gesagt, daß jeder Geist, der Jesus Christus als im Fleisch gekommen bekennt, aus Gott ist. Wenn es jetzt von den Lesern heißt, daß sie aus Gott sind, wird ihnen damit zugesichert, daß sie den wahren Geist und damit das richtige Bekenntnis haben. Von daher ist auch klar, daß die Aussage von ihrem »Sein« aus Gott nicht ein ihnen eigentümliches Wesen beschreibt,

sondern daß sie dieses »Sein« erst durch eben den Geist bekommen haben, der sie das Bekenntnis sprechen ließ.
Anschließend stellt der Verfasser ihre Überlegenheit über die »Lügenpropheten« fest: »Und ihr habt sie besiegt.« In 2,13f. war vom Besiegthaben des Bösen die Rede. Dort war damit gemeint, daß sich die Gemeinde der Sünden enthält und Bruderliebe übt. Hier ist nun Objekt des Besiegthabens nicht »der Böse«, sondern sind es die Irrlehrer. In welcher Weise und wodurch sind sie besiegt worden? Darüber kann aus dem folgenden Begründungssatz Aufschluß gewonnen werden: »weil der in euch größer ist als der in der Welt«. Da sich in 3,20 das Größer-Sein auf Gott bezog und in 3,24 von seinem Bleiben in der Gemeinde gesprochen war, ist es wahrscheinlich, daß auch hier »der in euch« Gott ist. In Antithese dazu wird dann die Wendung »der in der Welt« den Teufel meinen (vgl. 3,8.10). Hier stellt der Verfasser nun ausdrücklich fest, daß es keine Ausgewogenheit zwischen Gott und dem Teufel gibt. Auch in der Formulierung besteht keine genaue antithetische Entsprechung. Es heißt vom Teufel nicht »der in ihnen«, nämlich den »Lügenpropheten«, wie es in Entgegensetzung zu »der in euch« zu erwarten wäre, sondern »der in der Welt«. »Denselben *unmittelbaren* Einfluß, dieselbe *realistische* Einwohnung wie von Gott wagt der Verfasser vom Satan nicht auszusagen« (Schnackenburg 224). Sein Einfluß ist indirekter; er vollzieht sich ja darin, daß einer sich von den in der Welt gültigen Prinzipien des eigenen Vorteils bestimmen läßt, in denen er von vornherein befangen ist. »Der in der Welt« – das ist faktisch das durch den Haß gekennzeichnete Wesen der Welt, das sie in rätselhafter Selbstbestimmung angenommen hat und in dem sie in Selbstbefangenheit verbleibt.
Wenn der Sieg der Leser über die »Lügenpropheten« in der Größe Gottes gründet und also nicht in ihnen selbst, nicht aus ihrer Kraft und ihrem Vermögen heraus errungen wurde, dann handelt es sich dabei nicht um ein solches Faktum, daß sie »die Weltmenschen (= Irrlehrer) ... in ihrer Herkunft erkannt, überführt und aus der Gemeinde vertrieben« haben (Windisch 128). Wenn der errungene Sieg in der Größe Gottes gründet, und das heißt in seiner Liebe, die in der Hingabe Jesu (3,16) den Haß überwunden hat, dann steht auch Gott selbst für die Geltung dieses Sieges ein; dann bedarf es keiner dogmatisch begründeten Unterdrückung, dann findet dieser Sieg allein im Besiegen des Bösen seinen Ausdruck, wie es in 2,13f. beschrieben worden ist. Die Bruderliebe, das solidarische Miteinander der Gemeinde, ist der schon gewonnene Sieg gegen alle noch so starke Anfeindung von außen, weil sie – auch gegen allen Augen-

schein – die Verheißung des Bleibens hat, weil sie nichts Geringeres ist als Manifestation der Wirklichkeit Gottes, der größer ist als alle ihm widersprechende Unwirklichkeit.

Der Versicherung an seine Leser, daß sie das vorher genannte positive Kriterium erfüllen, läßt der Verfasser in Vers 5 ein Urteil über die Gegner, die Jesus außer Geltung setzen, folgen: »Sie sind aus der Welt.« Ihre Herkunft ist der der Gemeinde entgegengesetzt: nicht aus Gott, sondern aus der Welt. Diese Entgegensetzung der Herkunft aus Gott und der Welt begegnete schon in 2,16. Dort hieß es, daß das die Welt bestimmende Prinzip »nicht aus dem Vater ist, sondern aus der Welt«: Sie macht sich selbst zu dem, was sie ist. »Das Böse ist nicht eine metaphysisch bestimmte, substantiell wesenhafte Gegenwelt ..., sondern pervertierte, willentlich abgekehrte Schöpfung« (Gaugler 209). In der Geschichte solcher Perversion und Abkehrung stehen die Gegner, und sie reihen sich in sie ein mit ihrer Weigerung, Gott da anzuerkennen, wo er als wirklicher Gott offenbar geworden ist: »im Fleisch« Jesu Christi.

Das hier über die Irrlehrer gefällte Urteil entspricht genau dem Urteil Jesu über die ungläubigen Juden in Joh 8,23: »Ihr seid von unten, ich bin von oben; ihr seid aus dieser Welt, ich bin nicht aus dieser Welt.« Bezieht sich der Verfasser auf diese Stelle, dann liegt darin eine besonders scharfe Polemik, indem er sie in eine Linie mit den ungläubigen Juden »von unten« stellt, während sie beanspruchten, mit dem Christus »von oben« konform zu sein.

Aus dem Urteil über die Gegner, daß sie »aus der Welt« sind, folgert der Verfasser: »Deswegen reden sie aus der Welt.« Weil sie sich von dem die Welt zur Welt machenden Prinzip bestimmen lassen, ist auch ihr Reden ein der Welt konformes. Das kann ein sehr tiefsinniges und sich in gedanklichen Höhenflügen ergehendes Reden sein; aber es fordert die ungerechte Welt nicht heraus, ist ihr kein Stachel und Ärgernis und setzt ihr keinen Widerstand entgegen, sondern ist angepaßt und bestätigend. Auch hier nimmt der Verfasser möglicherweise eine Stelle aus dem JohEv auf und wendet sie gegen seine Gegner: 3,31 f.

Weil sie also der Welt nach dem Mund reden – und das heißt in der ungerechten Welt vor allem: den Mächtigen –, haben sie auch Erfolg: »Und die Welt hört auf sie.« Die Welt läßt sich gern bestätigen; sie liebt »das ihr Eigene« (Joh 15,19), sie liebt sich selbst. Ein ähnlicher Zusammenhang wie hier findet sich Herm mand 11,2. Dort heißt es vom Lügenpropheten, daß er mit denjenigen, die zu ihm wie zu einem Wahrsager kommen, redet »gemäß ihren Fragen und gemäß ihren bösen Begierden, und er erfüllt ihr Verlangen gemäß dem, wie sie es selbst wollen«.

Daß die Irrlehrer im 1Joh nur einen himmlischen Christus und Gottessohn kennen wollen, den sie scharf von dem bloßen Menschen Jesus abheben, und daß sie so in ihrer Christologie besonders »unweltlich« und »überweltlich« erscheinen, gerade das kennzeichnet sie als zutiefst weltlich. Sie wollen nicht wahrhaben, daß Gott sich an einen wirklichen Menschen gebunden hat, daß er in ihm Ereignis geworden ist als sich hingebende Liebe. Sie suchen Gott in den Wolken und verschließen sich vor der irdischen Not des Bruders und belassen und bestätigen so die Welt, wie sie ist.

Nach dem Urteil über die Gegner stellt der Verfasser zu Beginn von Vers 6 fest: »Wir sind aus Gott.« Er sagt hier von den »Wir« dasselbe, was er am Anfang von Vers 4 den Lesern versichert hatte: »Ihr seid aus Gott.« Schließt er sich also in Vers 6 lediglich mit den Lesern zu einem gemeinsamen »Wir« zusammen? Aber die Aufeinanderfolge in den Versen 4 bis 6 von »Ihr«, »Sie« und »Wir«, die jeweils ganz betont am Anfang mit darauf folgender Herkunftsbezeichnung stehen, spricht dafür, daß jedesmal eine andere Personengruppe im Blick ist. Die übrigen Stellen mit einem Wechsel von 1. und 2. pers. plur. (2,19f.24f.28; 3,13f.; 5,13f.20f.) haben nicht diese Prägnanz und sind darum nicht vergleichbar. Auch der Inhalt der folgenden Aussage, daß der Gott Erkennende auf »uns« hört, macht eine Trennung zwischen »Ihr« und »Wir« wahrscheinlich. Wenn »der Gott Erkennende« Bezeichnung der Gemeindemitglieder ist, muß sich »uns« auf andere beziehen (vgl. Houlden 110), und dann doch wohl auf dieselben wie in 1,1–5, also auf den Kreis der ursprünglichen Zeugen, dem der Verfasser sich zugerechnet sehen will.

Die Feststellung, daß sie aus Gott sind, daß sie der Geist bestimmt, der »im Fleisch« Jesu Christi die Offenbarung Gottes bekennt, dient als Ausgangspunkt für die Folgerung: »Wer Gott erkennt, hört auf uns; wer nicht aus Gott ist, hört nicht auf uns.« Gegenüber der Welt, die nach Vers 5 auf die hört, die aus der Welt reden, wird hier gesagt, wer auf die ursprünglichen Zeugen hört: der Gott Erkennende. Dabei ist die Gotteserkenntnis nicht etwas, das dem Hören auf die Zeugen vorausginge oder seine Vorbedingung wäre, sondern sie vollzieht sich im Hören auf die Zeugen. Denn es gilt ja, den in Jesus offenbaren Gott zu erkennen, der von den Zeugen verkündigt wird. Wie die Gotteserkenntnis im Hören auf ihr Wort erfolgt, so legt sich derjenige, der nicht auf sie hört, durch solches Nicht-Hören darauf fest, nicht aus Gott, sondern aus der Welt zu sein. Auch hier ist nicht an eine Vorherbestimmung in der Weise gedacht, daß von vornherein klar ist, wer nicht aus Gott ist und deshalb gar nicht auf das Wort der Zeugen hören kann. Vielmehr erfolgt in seiner Abweisung die Festlegung auf das Sein aus der Welt. »Von dem praktischen Verhalten, dem Reden und Hören, wird auf die zugrunde liegende Seinsweise geschlossen, aber nicht umgekehrt aus Vorherbestimmung die Entscheidung zu Glauben oder Unglauben gefolgert« (Schnackenburg 224).

Wahrscheinlich nimmt der Verfasser hier die enge Parallele Joh 8,47 auf: »Wer aus Gott ist, hört die Worte Gottes; deshalb hört ihr nicht, weil ihr nicht aus Gott seid« (vgl. 18,37; 10,3–5). Ein Vergleich zeigt drei bemerkenswerte Unterschiede. Zunächst stellt Joh 8,47 ein ausdrückliches Begründungsverhältnis her: Die dort angeredeten Juden können gar nicht hören, *weil* sie nicht aus Gott sind. Diese Formulierung dürften die Gegner im Brief so verstanden haben, daß nur diejenigen, deren eigentliches Wesen »von oben« stammt, die »göttlich« sind, wirklich hören können. Demgegenüber löst der Briefschreiber das Begründungsverhältnis auf und bindet die Erkenntnis Gottes mit dem Hören auf die Zeugen und mit dem Halten der Gebote (2,3f.) zusammen. Sodann spricht in Joh 8,47 Jesus; er ist der Sprecher der Worte Gottes. An seine Stelle sind im Brief die »Wir«, die ursprünglichen Zeugen, getreten. Und schließlich meint der Briefschreiber mit den Nichthörenden hier wohl vor allem seine Gegner, die er damit wiederum auf die Seite der ungläubigen Juden rückt.

Der letzte Satz von Vers 6 beschließt den Abschnitt: »Daran erkennen wir den Geist der Wahrheit und den Geist der Täuschung.« Die Anfangsworte zeigen, daß noch einmal auf das Kriterium für Rechtgläubigkeit und Ketzerei hingewiesen werden soll, aber jetzt in einer anderen Betonung, da sich »daran« sicher nicht über den ganzen Zusammenhang der Verse 4 bis 6 hinweg auf die Verse 2 und 3 zurückbeziehen wird, sondern das unmittelbar Vorangehende aufnimmt: daran, ob einer hört oder nicht hört. Rechtgläubigkeit und Ketzerei erweisen sich im Hören und Nicht-Hören auf die ursprünglichen Zeugen. Ihr Zeugnis ist im Bekenntnis von Vers 2 verwahrt. Die erneute Angabe des Kennzeichens hat daher die Funktion, das Bekenntnis von Vers 2 auf die Zeugen zurückzuführen und die bleibende Angewiesenheit auf sie herauszustellen.

Am Hören auf die Zeugen ist also der Geist der Wahrheit zu erkennen und am Nicht-Hören der Geist der Täuschung. Der Verfasser nimmt hier wieder den Begriff »Geist« auf, der den Ausgangspunkt dieses Abschnittes bildete. Es ging ja darum, ein Kriterium gegenüber dem zu haben, der mit dem Anspruch auftritt, im Geist zu reden. Dieses Kriterium ist das Bekenntnis, das sich am Wort der ursprünglichen Zeugen orientiert; und anhand dieses Kriteriums ist die ganze Gemeinde zur Prüfung aufgefordert. Wer auf die Zeugen hört und dieses Bekenntnis spricht, erweist sich als von dem der Gemeinde verheißenen »Geist der Wahrheit« (vgl. Joh 14,17; 15,26; 16,13) bestimmt, der darin ein *wahrer* Geist ist, daß er Wahrheit eröffnet: die Wirklichkeit Gottes im Menschen Jesus. Wer nicht auf die Zeugen hört und das Bekenntnis nicht spricht, erweist sich vom Geist der Täuschung bestimmt, der die Wirklichkeit Gottes verfehlt. Es ist der Geist derjenigen, die die Gemeinde zu täuschen versuchen (2,26) und von denen sie sich nicht täuschen lassen soll (3,7).

B. Entfaltung der die Gemeinde ausweisenden Liebe untereinander (4,7–21)

Nach der Präzisierung des Bekenntnisses als des entscheidenden Kriteriums für Rechtgläubigkeit und Ketzerei legt der Verfasser anschließend sofort wieder die Forderung, einander zu lieben, breit dar und damit also den zweiten Aspekt des einen in 3,23 genannten Doppelgebotes. Er stellt das Liebesgebot nicht als einen weiteren Faktor neben das Bekenntnis, als füge er dem Kennzeichen aus der »Dogmatik« noch ein handlicheres aus der »Ethik« hinzu, sondern seine Ausführungen zum Liebesgebot sind Entfaltung des schon im Bekenntnis Enthaltenen und Verwahrten. »Die Liebe ist nicht so zu verstehen, als ob sie zum Glauben erst hinzukäme ... Die Liebe ist die Wirklichkeit des Glaubens selber« (Eichholz, Glaube 419).

Er eröffnet den zweiten Abschnitt mit der Aufforderung, einander zu lieben, und begründet diese Mahnung darin, daß Gott Liebe ist, der sich als liebender Gott in der Sendung seines Sohnes gezeigt hat. Aus der Liebe Gottes folgt die Notwendigkeit, einander zu lieben; und in solchem Lieben gelangt die Liebe Gottes zur Vollendung, hat Gott eine »Bleibe«, wofür der von ihm gegebene Geist Kennzeichen ist (7–13). Für die die Liebe untereinander begründende Sendung des Sohnes als Retter der Welt, der niemand anders als der im Bekenntnis genannte Jesus ist, stehen die ursprünglichen Zeugen ein und ermöglichen so Erkenntnis der Liebe Gottes und Glaube an sie (14–16). Von hier aus blickt der Verfasser noch einmal aus auf den Tag des Gerichts. An ihm kommt die Liebe zur Vollendung im Freimut; sie kennt keine Furcht, sondern vertreibt die Furcht (17f.). Von der Feststellung her, daß die Gemeinde liebt, und ihrer Begründung in der vorangehenden Liebe Gottes zeigt er abschließend, in welcher Weise es wirkliche Liebe zum unsichtbaren Gott allein gibt: in der Liebe zum sichtbaren Bruder (19–21).

1. Die Begründung der Liebe untereinander in der Liebe Gottes (4,7–13)

7 Geliebte, laßt uns einander lieben! Denn die Liebe ist aus Gott; und jeder, der liebt, ist aus Gott gezeugt und erkennt Gott. 8 Wer nicht liebt, hat Gott nicht erkannt; denn Gott ist Liebe. 9 Daran ist die Liebe Gottes unter uns offenbar geworden, daß Gott seinen einzigen Sohn in die Welt gesandt hat, damit wir durch ihn leben. 10 Darin besteht die Liebe: Nicht daß wir Liebe zu Gott haben, sondern daß er uns geliebt und seinen Sohn gesandt hat als Sühnung für unsere Sünden. 11 Geliebte, wenn so Gott uns geliebt hat, müssen auch wir einander lieben. 12 Niemand hat Gott je geschaut; wenn wir einander lieben, bleibt Gott in uns, und seine Liebe ist in uns vollendet. 13 Daran erkennen wir, daß wir in ihm bleiben und er in uns, daß er uns von seinem Geist gegeben hat.

Gleich zweimal bringt der Verfasser in diesen Versen die Aufforderung, einander zu lieben. Aber das ist kein Appell an ein Liebesvermögen seiner Leser. Vielmehr weist er sofort unmißverständlich darauf hin, worin allein diese Forderung Grund und Möglichkeit hat, nämlich darin, daß Gott selbst seinem Wesen nach Liebe ist, nicht als ferne Idee, sondern in wirksamer Tat. In der Sendung und Hingabe Jesu Christi hat er sein Wesen offenbar gemacht als Liebe, die das Leben der Menschen will und wirkt – ein Leben, das sich hier und jetzt in der Liebe untereinander manifestiert. In ihr gelangt die Liebe Gottes zu ihrem Ziel. Dabei geht es nicht um eine Zusammenarbeit von Gott und Mensch, als ergänze der Mensch eine noch unvollkommene Liebe Gottes, sondern Gottes vollkommene Liebe schafft sich selbst Raum in einer ihr widersprechenden Welt durch den von ihm gegebenen Geist. Die Aufforderung, einander zu lieben, ist daher ein Appell an die Leser, in diesem Raum zu bleiben, sich dem Geist, der sie da hineingestellt hat, nicht zu widersetzen, ist ein Appell, wirklich als Gemeinde, die sie sind, zu leben, sich als Brüder, die sie sind, zueinander zu verhalten. Auch hier macht der Verfasser seine Darlegungen im Zusammenhang der Auseinandersetzung mit den Gegnern: Ihnen, die keine Liebe zeigen, bestreitet er, den Gott erkannt zu haben und zu lieben, der selbst nichts als Liebe ist.

Das Stück hat im einzelnen folgenden Aufbau: Voran steht die Forderung, einander zu lieben (7a). Sie wird damit begründet, daß die Liebe aus Gott ist (7b). Daraus zieht der Verfasser die positive (7c) und negative (8a) Konsequenz, daß der Liebende Gott erkennt und der Nichtliebende nicht. Danach wiederholt er die Begründung in der Form, daß Gott Liebe ist (8b), und entfaltet sie, indem er die Sendung und Hingabe des Sohnes als Offenbarung und Wesen der Liebe darlegt (9f.). Das zusammenfassend (11a) wiederholt er von daher die Forderung, einander zu lieben (11b), folgert anschließend aus der Erfüllung dieser Forderung das Bleiben Gottes in der Gemeinde und die Vollendung seiner Liebe (12) und gibt am Schluß als Kennzeichen solchen Bleibens den der Gemeinde gegebenen Geist an (13).

Mit der Anrede »Geliebte« (→ zu 2,7) setzt der Verfasser in Vers 7 neu ein. Nach den Darlegungen über das Bekenntnis beginnt er jetzt mit einer ethischen Forderung: »Laßt uns einander lieben!« Er nimmt damit den zweiten Aspekt des Gebotes von 3,23 auf. Die enge Aufeinanderfolge von Bekennen und Einanderlieben in den dieses Gebot entfaltenden Abschnitten 4,1–6 und 4,7–21 zeigt, daß der Geist der Wahrheit, dessen Kriterium eben mit dem rechten Bekennen genannt war, kein in dogmatischen Denkspielen befangener Geist ist, sondern daß er als Geist der Wahrheit, und das heißt auf die Wirklichkeit Gottes in Jesus Christus bezogener Geist, eben damit auch menschliche Wirklichkeit betrifft. Das enge Verhältnis von Bekenntnis und Bruderliebe bringt der Verfasser aber nicht nur durch die Aufeinanderfolge beider Themen zum Ausdruck, sondern er wird es in 4,7–21 auch explizit darlegen.

Die Aufforderung, einander zu lieben, wird in Vers 7b sofort begründet: »Denn die Liebe ist aus Gott.« In ihm hat sie ihren Grund und Ursprung. Daher läßt sich, wer sich in der Bruderliebe auf die Liebe einläßt, auf Gott selbst ein. In 4,4 hatte der Verfasser den Lesern versichert, daß sie »aus Gott« sind, daß sie in Gott ihre neue Herkunft erhalten haben. Da sie demnach denselben Grund und Ursprung wie die Liebe haben, kann es gar nicht anders sein, als daß sie auch selbst lieben. Die Forderung, einander zu lieben, ist ein Appell an ihre eigene Herkunft. Ihr Lieben ist die Manifestation dieser Herkunft. Deshalb kann der Verfasser in Vers 7c die positive Folgerung ziehen: »Und jeder, der liebt, ist aus Gott gezeugt und erkennt Gott.« Es handelt sich hier um einen selbstverständlichen Rückschluß. Wenn die Liebe aus Gott ist, erweist sich der Liebende mit seinem Lieben als vom selben Ursprung herkommend. Er ist »aus Gott gezeugt«. Dieser Ursprung kommt ihm nicht wesenhaft zu, liegt nicht in seiner eigenen Natur, sondern er hat ihn von Gott her neu erhalten; und sein Lieben ist Ausweis und Äußerung dieses Gezeugtseins aus Gott.

Im Lieben erweist und äußert sich auch die Erkenntnis Gottes, die hier neben dem Gezeugtsein aus Gott steht. Wenn Gott Ursprung und Grund der Liebe ist, wird derjenige, der Gott als solchen erkennt, diese Erkenntnis nur so zeigen können, daß er selbst liebt; andernfalls würde er seine Erkenntnis Lügen strafen, würde sich herausstellen, daß seine Erkenntnis nicht wirklich Erkenntnis *Gottes* war. Wenn es wesenhaft zu Gott gehört, daß aus ihm die Liebe ist, darf die Erkenntnis Gottes, will sie rechte Erkenntnis sein, daran nicht vorbeisehen, muß sie vielmehr gerade das in den Blick nehmen. Das kann aber nur so geschehen, daß sich das Subjekt des Erkennens auf diese Wirklichkeit seines Erkenntnisgegenstandes einläßt, daß es selbst liebt. Erkenntnis Gottes ist kein vom konkreten Lebensvollzug isolierter theoretischer Vorgang, sondern erfolgt im Kontext bestimmten Lebensvollzuges (→ zu 2,3 f.; 3,6).

Wenn der Verfasser das Gezeugtsein aus Gott und das Erkennen Gottes ganz eng mit dem Lieben zusammenbindet, so geschieht das im Blick auf seine Gegner, denen er aufgrund ihrer fehlenden Bruderliebe den Anspruch auf Gotteszeugung und Gotteserkenntnis bestreitet. Das tut er ausdrücklich, wenn er in Vers 8a die negative Konsequenz daraus zieht, daß aus Gott die Liebe ist: »Wer nicht liebt, hat Gott nicht erkannt.« Wer sich nicht auf die Liebe einläßt, wer so in seinem praktischen Verhalten dieser aus Gott kommenden Wirklichkeit widerspricht und sie verleugnet, dessen Anspruch auf Gotteserkenntnis kann nur eine fälschlich angemaßte Behauptung sein. Wer nicht liebt, zeigt damit, daß er keine Ahnung von Gott hat. Daß jetzt im Unterschied zu der positiven Formulierung in Vers 7c nicht vom Erkennen, sondern vom Erkannthaben gesprochen wird, bringt zum Ausdruck, daß der Nicht-Liebende *noch nicht* erkannt hat. Wenn er erkennt, wird er ein Liebender sein.

Daß der Nicht-Liebende Gott nicht erkannt hat, begründet der Verfasser in Vers 8b: »Denn Gott ist Liebe.« Er wiederholt damit der Sache nach Vers 7b, der die Forderung, einander zu lieben, begründete und zugleich die Voraussetzung für die Folgerungen in den Versen 7c und 8a bildete. Hier heißt es jetzt nicht nur, daß die Liebe aus Gott ist, sondern Gott wird geradezu als Liebe definiert. Doch schon das Nebeneinander beider Aussagen zeigt, daß es bei letzterer nicht um eine simple Identifizierung von Gott und Liebe

geht, sondern daß Gott unumkehrbar Subjekt bleibt. »Man kann deshalb auch nicht von der Liebe als dem Inbegriff von Freundschaft, Mitmenschlichkeit, Partnerschaft und selbstloser Hilfe ausgehen und sagen, diese Liebe sei Gott« (Balz 191). Es geht nicht um die Vergöttlichung eines Prinzips oder Ideals, sondern um die Kennzeichnung der Wirklichkeit Gottes. Diese Kennzeichnung als Liebe ist weder die Nennung einer beliebigen Eigenschaft Gottes noch lediglich die Beschreibung seines Wirkens, sondern mit ihr wird das Wesen Gottes ausgesagt. Gott ist seinem Wesen nach Liebe; es macht ganz und gar seine Wirklichkeit aus, daß er Liebe ist. Er kann nicht abgesehen von dieser Wirklichkeit näher beschrieben werden, sondern nur *als* diese Wirklichkeit. Er ist und hat nicht hinter ihr noch eine andere, verborgene Wirklichkeit. Er hat »nicht nur seine ›Außenseite‹, sondern sich selbst offenbart, so daß man sein Wesen kennt« (Büchsel 69). Er ist als der offenbar und in seiner Offenbarung wirksam geworden, der er *ist*: als Liebe. »Er ist es in allen seinen Taten. Der offenbare Gott ist der wirkliche Gott« (Gaugler 221).
Von hier aus ist es völlig evident, daß der Nicht-Liebende Gott nicht erkannt hat (8a). Diesen Gott erkennt nur, wer sich existentiell auf seine Wirklichkeit einläßt. Die theologische Erkenntnis »Gott ist Liebe« gehört unablösbar zusammen mit einem Verhalten, das von dieser Erkenntnis geprägt und bestimmt ist, wie sich umgekehrt diese Erkenntnis nur im Vollzug solchen Verhaltens ergibt.
»Gott ist Liebe« – das ist keine romantische Verkleisterung aller Widersprüche, allen Unrechts und allen Leidens in der Welt, sondern eine ebenso unerbittliche wie zutiefst gnädige Kampfansage an die durch Haß, Unrecht, Leiden und Tod gekennzeichnete Welt, weil die Liebe als dieser Welt zugewandte ein Kampf um ihre Rettung, um ihr Leben ist. Das macht die folgende Entfaltung der Aussage »Gott ist Liebe« klar, die zeigt, daß diese Definition Gottes seine Selbstdefinition in Jesus Christus ist.
Zunächst bezeichnet der Verfasser in Vers 9 den Ort, auf den allein sich das Wissen bezieht, daß Gott Liebe ist: »Daran ist die Liebe Gottes unter uns offenbar geworden, daß Gott seinen einzigen Sohn in die Welt gesandt hat, damit wir durch ihn leben.« Er kann also deshalb behaupten, daß die Liebe aus Gott ist, und er kann deshalb Gott als Liebe aussagen, weil die Liebe Gottes – die Liebe, die Gott selbst ist und hat – *offenbar* geworden ist. Sie hat sich konkret und erfahrbar manifestiert, und zwar ist das *»unter uns«* geschehen.

Die griechische Wendung wäre wörtlich mit »in uns« zu übersetzen, was aber keinen Sinn ergibt. Die gut mögliche Übersetzung »an uns« hat eine Stütze an der parallelen Formulierung in Joh 9,3. Dort heißt es von dem Blindgeborenen im Blick auf seine bevorstehende Heilung, daß »die Werke Gottes an ihm offenbar werden sollen«. Aber bei dieser Übersetzung stünde in 1 Joh 4,9 »an uns« in Konkurrenz zu dem einleitenden »daran«, das sich auf die Sendung des Sohnes bezieht. – In ganz ähnlichem Zusammenhang begegnen diese Worte noch einmal in Vers 16 von der Liebe, die Gott »in uns« hat. Hier ist offensichtlich die Liebe »zu uns« gemeint. Diese Bedeutung ist auch in Vers 9 nicht grundsätzlich auszuschließen. Aber da es hier um das Offenbarwerden der Liebe Gottes geht, ist es wahrscheinlicher, daß dessen Umkreis näher bestimmt werden soll und also »unter uns« zu übersetzen ist. Es besteht keine zwingende Notwendigkeit, daß die hier gebrauchte Wendung in Vers 9 und in Vers 16 dieselbe Bedeutung haben muß. Möglicherweise liegt in Vers 9 ein bewußter Anklang an Joh 1,14 vor: »Das Wort ward Fleisch und wohnte *unter uns.*«

»Unter uns« meint entweder in einem allgemeinen Sinn »unter uns Menschen«, »bei uns auf der Erde«, oder es bezieht sich präzis auf die ursprünglichen Zeugen. Eine sichere Entscheidung scheint hier nicht möglich zu sein. Das Gewicht der Aussage liegt jedenfalls darauf, daß die Liebe Gottes eine Menschen wahrnehmbare Form angenommen hat. Sie ist kein aus menschlichem Sehnen, Wünschen und Denken hervorgegangenes theologisches Postulat, sondern sie ist selbst Ereignis in handgreiflicher Wirklichkeit geworden. Als die Konkretion der Liebe Gottes, als den Punkt, an dem sich Gott selbst als Liebe definiert hat und an dem allein er auch als Liebe erkannt wird, nennt der Verfasser eine Tat Gottes, die Sendung seines Sohnes in die Welt, und das heißt – da dieser Sohn ja kein anderer ist als Jesus – das Auftreten und Geschick dieses bestimmten Menschen. In seiner Selbstidentifikation mit Jesus hat sich Gott ein für allemal als Liebe erwiesen.

Es ist sein *einziger* Sohn, den er gesandt hat. Wörtlich heißt es »einziggezeugter«. Im NT begegnet dieses Wort nur dreimal im LkEv (7,12; 8,42; 9,38) und einmal im Hebräerbrief (11,17) zur Bezeichnung des einzigen Kindes eines Menschen. Im JohEv ist es ausschließlich – wie in 1 Joh 4,9 – auf Jesus als den einzigen Sohn Gottes bezogen (1,14.18; 3,16.18). In »einziggezeugt« schwingt neben der Bedeutung der Einzigartigkeit und Exklusivität auch der Gedanke mit, daß der Einzige besonders geliebt wird. Jesus als der einzige Sohn ist exklusiv der Ort, an dem Gott seine Liebe offenbart hat.

Ihn hat er »in die Welt« gesandt, also dahin, wo ihm unter der Herrschaft des Hasses radikal widersprochen wird. Diese Welt ist nicht bloßer Schauplatz der Offenbarung seiner Liebe, sondern Gegenstand der Liebe Gottes (vgl. 2,2; 4,14). So gibt der Verfasser als Ziel der Sendung des Sohnes an, »damit wir durch ihn leben«. »Wir« – das sind nicht solche, die eigentlich schon immer »Leben« hatten, das aber durch die Verstrickung in die Welt verdeckt und verborgen war und nur wieder erweckt zu werden braucht, sondern das sind diejenigen, die von der Wirklichkeit der Liebe Gottes, wie sie in Jesus offenbar wurde, überwunden worden sind, die diese Wirklichkeit anerkennen und nicht länger verleugnen, die aus dem Tod in das Leben hinübergeschritten sind (3,14). Gottes in Jesus offenbar gewordene Liebe will und wirkt das Leben der Menschen, das sich in ihrer Liebe untereinander manifestiert; und das geschieht konkret da, wo an Jesus als den Sohn Gottes geglaubt wird: in der Gemeinde. Gottes Wesen ist also darum in der Sendung Jesu als Liebe offenbar geworden, weil diese Sendung selbst liebendes Handeln ist, das wirkliches Leben schafft.

In Vers 9 nimmt der Verfasser deutlich die Stelle Joh 3,16 f. auf: »So hat Gott die Welt geliebt, daß er den einzigen Sohn gab, damit jeder, der an ihn glaubt, nicht verlorengeht, sondern ewiges Leben hat. Denn nicht hat Gott den Sohn in die Welt gesandt, damit er die Welt richte, sondern damit die Welt durch ihn gerettet werde.« Die Veränderungen hierzu in der Formulierung des Briefes bedeuten keine sachliche Verschiebung. Sein Verfasser verstärkt nur den Akzent, daß in der Sendung des Sohnes die *Liebe* Gottes offenbar geworden ist, daß er sich selbst in dieser Sendung schlechthin als Liebe definiert hat. Auffällig ist jedoch, daß im 1 Joh von der Sendung des Sohnes nur dreimal die Rede ist, ausschließlich in diesem Zusammenhang (4,9.10.14). Dagegen wird von der Sendung im Evangelium außerordentlich häufig gesprochen. »Der mich geschickt hat« ist im Munde Jesu eine ständig wiederkehrende Gottesprädikation. Daran zeigt sich, wie wichtig dem Evangelium diese Aussage ist. Es kommt ihm auf die Herausstellung dessen an, daß Jesus von Gott gesandt ist, daß er durch diese Sendung legitimiert ist. Dem Brief dagegen liegt nicht so sehr an der Sendung als solcher; es geht ihm nicht um das »Daß«. Daß Gott seinen Sohn gesandt hat, ist selbstverständliche Voraussetzung; entscheidend ist das »Wie« (vgl. die Betonung des Kommens »im Fleisch« in 4,2). So präzisiert er die Sendung gleich im nächsten Vers als »Sühnung für unsere Sünden«.

Nachdem der Verfasser mit der Sendung des Sohnes den Ort genannt hat, an dem Gott seine Liebe offenbarte, geht er in Vers 10 in der Entfaltung der Aussage, daß Gott Liebe ist, weiter. Er führt jetzt aus, worin die Liebe »ist«, worin sie besteht, ihr Sein und Wesen hat, und worin nicht, und kennzeichnet sie inhaltlich näher. »Darin besteht die Liebe: Nicht daß wir Liebe zu Gott haben, sondern daß er uns geliebt und seinen Sohn gesandt hat als Sühnung für unsere Sünden.« Bevor der Verfasser sagt, worin die Liebe besteht, betont er zunächst, worin sie nicht ihr Wesen hat: nicht in unserer Liebe zu Gott. Die Liebe gründet nicht auf einem etwaigen menschlichen Liebesvermögen, das sich himmelwärts richtet. Sie hat ihr Wesen einzig und allein darin, daß Gott den Menschen seine Liebe erwiesen hat, und zwar – das wird aus Vers 9 aufgenommen – in der Sendung seines Sohnes. Diese Sendung »war nicht Gottes Antwort auf irgendetwas im Menschen. Sie war der Ausfluß von Gottes wahrhaftigem Wesen« (Brooke 119). Über Vers 9 hinaus beschreibt der Verfasser die Sendung des Sohnes jetzt inhaltlich näher, und damit verdeutlicht er weiter, wieso sich Gott in dieser Sendung als Liebe definiert hat: Der Sohn ist gesandt worden als »Sühnung für unsere Sünden«. Hier nimmt er die Formel auf, die er schon in 2,2 zitiert hatte (→ dort). Mit ihrer Hilfe deutet er die Sendung Jesu als stellvertretende Sühne und verbindet so diese beiden traditionellen Vorstellungen miteinander. Die Liebe hat dann also ihr Wesen darin, daß Gott vergeben hat, daß er den Teufelskreis von Haß und Vergeltung aufgesprengt und so ein Leben in der Liebe erwirkt hat. Im Eintreten Jesu für uns (→ zu 3,16) erweist sich Gott als vergebende, den Haß der Welt überwindende Liebe.

In Vers 11 setzt der Verfasser mit der Anrede »Geliebte« neu an. Er blickt jetzt auf das Gesagte zurück. Nachdem er die Aufforderung, einander zu lieben, in Gott begründet und nachdem er die Kennzeichnung Gottes als Liebe an der Vergebung wirkenden Sendung seines Sohnes entfaltet hat, faßt er nun das alles zusammen und kommt von daher auf seine Eingangsmahnung zurück: »Wenn so Gott uns geliebt hat, müssen auch wir einander lieben.« Aus der erwiesenen Liebe Gottes folgert er die Notwendigkeit der Liebe untereinander. Blickt man nur auf Vers 11, mag diese Folgerung überraschen. Müßte es nicht heißen: Wenn Gott uns geliebt hat, müssen auch wir Gott lieben? Aber dieser Schluß wäre ein Kurzschluß. Denn der Verfasser hat ja gerade dargelegt, daß die Liebe in der Vergebung der Sünden durch die Hingabe Jesu ihr Wesen hat – und »Sünde« ist vor allem der Haß, der menschliches Miteinander verhindert und zerstört. Die Liebe Gottes ist so auf unsere Liebe zueinander aus und enthält sie schon. Ist die Gemeinde, die es doch nur gibt, weil sie auf diesem Grund der Liebe Gottes steht, weil sie Jesus als Erweis der Liebe Gottes erkannt hat, wirklich Gemeinde, steht sie wirklich auf diesem Grund, dann ist die Liebe untereinander eine selbstverständliche Notwendigkeit in ihr. »Es ist eine Unmöglichkeit, daß die Gemeinde in solcher Liebe begründet ist und selbst nicht liebt« (Gaugler 230).

Der erste Satz von Vers 12 überrascht zunächst: »Niemand hat Gott je geschaut«. Doch sein Sinn gerade an dieser Stelle, nach der wiederholten Aufforderung, einander zu lieben, und vor ihrer Wiederaufnahme im folgenden Nebensatz, wird von Vers 20 her deutlich. Er richtet sich gegen den kurzschlüssigen Versuch des Menschen, eine direkte, am Bruder vorbeigehende Beziehung zu Gott herzustellen. Der Verfasser hat hier wieder seine Gegner im Blick, die für sich direkte Christusschau (3,6) und direkte Liebe zu Gott (4,20) beanspruchen. Dagegen führt er die Joh 1,18a nahezu wörtlich zitierende Aussage an, daß niemand Gott je gesehen hat (vgl. Joh 5,37; 6,46). Nach dem JohEv hat nur Jesus als der von Gott Kommende Gott gesehen, und die Glaubenden sehen Gott nur im Blick auf Jesus – gerade und besonders angesichts seines Todes (14,7–9). Im Brief besagt das Zitat aus Joh 1,18a, daß Liebe immer konkret ist. Sie richtet sich auf erfahrbare Gegenüber, die man »sehen« kann. Liebe zu Gott, die davon absieht, wird abstrakt und ist nicht mehr Liebe zu dem Gott, der sich in der Hingabe Jesu selbst als äußerst konkrete Liebe offenbart hat (3,16).

Daher gilt: »Wenn wir einander lieben, bleibt Gott in uns, und seine Liebe ist in uns vollendet.« In der Liebe untereinander, in der sich die Gemeinde als wirkliche Gemeinde erweist, hat Gott, den keiner je gesehen hat, seine »Bleibe« unter den Menschen; in dieser Liebe hat er seine Wirklichkeit in der Welt. Der zweite Teil des Satzes präzisiert das noch dadurch, daß in dieser Liebe die Liebe Gottes zur Vollendung gelangt ist. Daß die Wendung »die Liebe Gottes« diejenige Liebe meint, die Gott selbst uns in der Sendung und Hingabe Jesu für unsere Sünden erwiesen hat, ist nach dem vorangehenden Kontext völlig eindeutig (9: die Liebe Gottes, die er in der Sendung seines Sohnes offenbar gemacht hat; 10: die Liebe, die darin besteht, daß Gott uns geliebt hat; 11: Gott hat uns geliebt). Weil diese Liebe Gottes nicht bei sich selbst geblieben ist, weil sie in Jesus Christus Liebe zum anderen ist, Liebe zu uns anderen, schafft sie sich ihre Wirklichkeit in der Welt, indem sie uns ändert und zu einander Liebenden macht. Darin, indem sie uns so in ihr Wirken hineinnimmt, hat sie ihre Vollendung, gelangt sie an ihr Ziel (→ zu 2,5). Und so gilt auf der anderen Seite von uns, daß wir diese uns zugewandte Liebe Gottes, daß wir diese Gabe nur dann wirklich angenommen haben, wenn wir sie zugleich als Aufgabe begreifen, einander zu lieben.

In dieser Weise bringt der Verfasser unsere Liebe und das Bleiben Gottes in der Gemeinde sowie die Vollendung seiner Liebe in einen unlösbaren Zusammenhang, der ein klares inneres Gefälle hat. Daß unser Lieben wirklich nicht mißzuverstehen ist als eigenständiger

Teil einer Zusammenarbeit von Gott und Mensch und als vervollständigende Ergänzung seiner Liebe, wird in Vers 13 vollends offenkundig: »Daran erkennen wir, daß wir in ihm bleiben und er in uns, daß er uns von seinem Geist gegeben hat.« Der Verfasser nimmt damit fast wörtlich die Aussage von 3,24 auf (→ dort), und sie hat hier auch dieselbe Funktion. Als Kennzeichen für Gottes Bleiben in der Gemeinde, das sich in ihrem Miteinander auswirkt, nennt er den ihr gegebenen Geist. Und als der Geist *Gottes* ist er mehr als nur bloßes Kennzeichen, sondern geradezu Garant. Das ist er nach Vers 13 – über 3,24 hinaus – nicht nur für Gottes Bleiben in uns, sondern auch für unser Bleiben in Gott, für unsere in der Liebe erwiesene Treue. »Die Liebe ist Wirkung des Geistes« (Calvin 323). *Er* ist ihr Täter. Der Geist, der das Bekenntnis zu dem in Jesus Christus als sich hingebende Liebe offenbar gewordenen Gott sprechen läßt, gibt damit auch den Mut und die Zuversicht, auf diese Liebe als die alles überragende Wirklichkeit zu setzen, und läßt darauf vertrauen, daß ein von ihr bestimmtes Leben nicht verlorenes Leben ist, sondern Leben, das bleibt, ewiges Leben.

Wenn der Verfasser hier – im Unterschied zu 3,24 – nicht formuliert, daß uns Gott den Geist, sondern daß er uns »von seinem Geist« gegeben hat, so bedeutet das keinen Unterschied in der Sache. Es bringt aber zum Ausdruck, daß Gottes Geist nicht in dem aufgeht, was wir empfangen haben und was er in uns wirkt; er wird nicht für uns verfügbar, sondern bleibt *sein* Geist.

2. Die Liebe Gottes als Gegenstand von Zeugnis, Bekenntnis und Glaube (4,14–16)

14 Und wir haben geschaut und bezeugen, daß der Vater den Sohn als Retter der Welt gesandt hat.   15 Wer bekennt, daß Jesus der Sohn Gottes ist, in dem bleibt Gott und er in Gott.
   16 Und wir haben die Liebe erkannt und geglaubt, die Gott zu uns hat. Gott ist Liebe; und wer in der Liebe bleibt, bleibt in Gott, und Gott bleibt in ihm.

In den Versen 7–13 hatte der Verfasser in einem ersten Schritt die Forderung, einander zu lieben, so entfaltet, daß er sie in der Liebe Gottes begründete, der sich in der Sendung seines Sohnes als liebender Gott erwiesen hat. In einem zweiten Schritt legt er jetzt erstens dar, daß die Sendung des Sohnes von den ursprünglichen Zeugen bezeugt wird, wobei er besonders den universalen Aspekt der Sendung betont (14). Zweitens macht er es durch die Zitierung des Bekenntnisses eindeutig, daß *Jesus* der bezeugte Gottessohn ist, und gibt somit zu verstehen, daß dieses Bekenntnis das Zeugnis der Zeugen bewahrt. Daher gilt von demjenigen, der das die Begründung der Liebe untereinander festhaltende Bekenntnis spricht, dasselbe wie vom Liebenden (vgl. 12f.): Gott bleibt in ihm und er in Gott (15). Drittens stellt der Verfasser heraus, daß die Gemeinde, die ja gerade durch ihr Bleiben beim Bekenntnis ausgezeichnet ist (2,22ff.), damit die ihr zugewandte Liebe Gottes erkannt und geglaubt hat (16a). Von daher wiederholt er viertens die Aussage, daß Gott Liebe ist; und so kann er abschließend von dem in der Liebe Bleibenden noch einmal feststellen: Er bleibt in Gott und Gott in ihm (16b). Mit diesen Ausführungen zeigt er den Zusammenhang zwischen dem Bekenntnis und der Liebe untereinander auf.

Der wesentliche Inhalt der Verse 7 bis 13, die Sendung des Sohnes als Offenbarung der Liebe Gottes, erscheint jetzt in Vers 14 als Gegenstand eines Zeugnisses: »Und wir haben geschaut und bezeugen, daß der Vater den Sohn als Retter der Welt gesandt hat.« Der Hauptsatz nimmt Formulierungen aus 1,1–3 auf; und so liegt die Annahme nahe, daß mit den betont vorangestellten »Wir« auch hier die ursprünglichen Zeugen gemeint sind, denen sich der Verfasser zugerechnet wissen will. Sie sind diejenigen, die »geschaut« haben, und aufgrund ihres Geschauthabens bezeugen sie. Das Bezeugen muß zum Gesehenhaben hinzutreten, das ohne es wirkungslos bleibt. Daß der Vater den Sohn als Retter der Welt gesandt hat, haben sie nicht »geschaut«. »Geschaut« haben sie Jesus. Aber gerade aufgrund dessen bezeugen sie seine Sendung als Retter der Welt. Das griechische Perfekt bringt die bis in die Gegenwart andauernde Bedeutung ihres Gesehenhabens zum Ausdruck und damit die bleibende Angewiesenheit der Gemeinde auf ihr Zeugnis.

Da der Verfasser nur wenige Zeilen vorher geschrieben hatte, daß keiner Gott je geschaut hat (12), ist seine jetzige Aussage vom Geschauthaben sicherlich nicht ohne jeden Bezug darauf. Es bleibt dabei, daß es keine Schau Gottes gab und gibt. Aber es gibt ein Zeugnis über ein Handeln Gottes, das Zeugen aufgrund dessen abgeben, daß sie Jesus gesehen haben.

Der in Vers 14 genannte Inhalt des Zeugnisses nimmt die Aussagen der Verse 9 und 10, die von der Sendung des Sohnes für unser Leben und als Sühnung für unsere Sünden sprachen, in der Weise auf, daß der vom Vater gesandte Sohn jetzt als Retter der Welt gekennzeichnet wird. Damit bezieht sich der Verfasser deutlich auf Joh 4,42 (vgl. auch 3,17; 12,47). Auffällig ist, daß dort ohne jeden Zweifel die direkte Beziehung zu Jesus hervorgehoben wird. Die zum Glauben gekommenen Samaritaner sagen zu der Frau, die sie veranlaßt hatte, zu Jesus zu kommen, daß sie nicht mehr ihrer Rede wegen glauben, sondern: »Wir haben selbst gehört und wissen, daß dieser wahrhaftig der Retter der Welt ist.« Die Parallelität von Gehörthaben und Geschauthaben stützt die Annahme, daß auch in 1 Joh 4,14 die ursprünglichen Zeugen im Blick sind.

Die Bezeichnung Jesu als »Retter« (*sōtēr*) begegnet in den urchristlichen Schriften relativ selten. Nur in den Pastoralbriefen und im 2 Petr kommt sie häufiger vor. Der hellenistischen Umwelt ist der Titel »Retter«, bezogen auf bestimmte Taten rettender oder erhaltender Art, geläufig. Er wird Göttern, Philosophen und Staatsmännern beigelegt und findet im Herrscher- und im Kaiserkult Verwendung. Für die besondere Form »Retter der Welt« gibt es erst ab Kaiser Hadrian Belege, so daß es sich bei den beiden johanneischen Stellen – die einzigen Vorkommen im urchristlichen Schrifttum – kaum um Übernahmen speziell aus dem Kaiserkult handeln dürfte.

In 1 Joh 4,14 ist Jesus der Retter, weil er der in die Welt gesandte Sohn ist, »damit wir durch ihn leben« (9), weil er als »Sühnung für unsere Sünden« gesandt ist (10), »nicht aber für unsere allein, sondern auch für die ganze Welt« (2,2). Aus der hellenistischen Umwelt ist damit übernommen, daß der Genitiv nach »Retter« den Geltungs- und Wirkungsbereich einer bestimmten Rettungstat angibt. Indem hier als dieser Bereich »die Welt« gilt, ist damit die universale Dimension betont, die die Sendung des Retters Jesus hat. Der enge Bezug von Vers 14 zu den vorangehenden Aussagen zeigt, daß es sich bei der Prädikation Jesu als »Retter der Welt« nicht um die bloße Rezitierung von Tradition (Joh 4,42) handelt, sondern daß diese Aufnahme sehr bewußt erfolgt.

Der Verfasser nimmt also mit der Aussage von der Sendung des Sohnes als Retter der Welt inhaltlich die Verse 9 und 10 auf, die die Offenbarung und das Wesen der die Liebe untereinander begründenden Liebe Gottes beschrieben. Indem er diese Aussage hier als Inhalt des Zeugnisses der ursprünglichen Zeugen anführt, macht er deutlich, daß es die Offenbarung der Liebe Gottes für die Leser nur im Zeugnis von dieser Offenbarung gibt. Und weil es *Jesus* ist, den die ursprünglichen Zeugen gesehen haben, findet ihr Zeugnis prägnanten Ausdruck in dem die Identität von Jesus und Gottessohn festhaltenden Taufbekenntnis, das der Verfasser deshalb in Vers 15 zitiert: »Wer bekennt, daß Jesus der Sohn Gottes ist, in dem bleibt Gott und er in Gott.« Die Aussage von der Sendung des Sohnes bedarf in der Situation des 1 Joh der Präzisierung. Gegenüber den

Gegnern muß unmißverständlich festgestellt werden, daß der vom Vater gesandte Sohn kein anderer als *Jesus* ist. Diese Feststellung leistet das rechtgläubige Bekenntnis, das keine Trennung von Jesus und Gottessohn zuläßt. In ihm wird damit das überlieferte Zeugnis bewahrt, und so enthält es auch die Begründung für die Forderung, einander zu lieben. Daher ist es auch einleuchtend, daß vom Sprecher des Bekenntnisses dasselbe gilt wie von demjenigen, der dieser Forderung nachkommt (12f.): »Gott bleibt in ihm und er in Gott.« Er bekennt sich ja mit diesem Bekenntnis zu dem in Jesus als Liebe offenbar gewordenen Gott und stellt sich damit auf den Grund der Liebe zueinander. Steht er aber wirklich auf diesem Grund, dann liebt er auch selbst. Wenn hier also wieder einmal dieselbe Aussage in bezug auf das Bekenntnis und in bezug auf die Liebe zueinander oder – wie es an anderen Stellen heißt – die Liebe zum Bruder erscheint, dann ist jetzt der Zusammenhang von Bekenntnis und Bruderliebe offenkundig. Denn das Bekenntnis hält für eine bestimmte Situation die die Bruderliebe begründende Tat Gottes fest. Wenn sich Gott im Geschick Jesu als Liebe definiert hat, dann darf diese Selbstdefinition Gottes kein Scheingefecht sein. Sind Jesus und Christus – und damit letztlich Jesus und Gott – dem Wesen nach voneinander geschieden, wie es die Gegner behaupten, dann fehlt dieser Selbstdefinition Gottes die Wirklichkeit und also die Wahrheit; denn Wahrheit, die für Menschen relevant sein soll, muß auch menschliche Wirklichkeit betreffen – es sei denn, man erklärt die ganze materielle Wirklichkeit zum Schein, der den Menschen im eigentlichen Wesen nicht betrifft. Mit dem Bekenntnis wird demnach die Wahrheit des Grundes der Bruderliebe für eine gegebene Situation bewahrt. Wer bekennt, daß *Jesus* der Sohn Gottes bzw. der Christus ist, bekennt den als Liebe offenbar gewordenen Gott. Dessen wird er aber nur ansichtig, wenn er sich in einer der Liebe verpflichteten Lebensführung auf die Wirklichkeit dieses Gottes einläßt. Bekenntnis und Bruderliebe sind also deshalb nicht voneinander zu trennen, weil einmal die im Bekenntnis bekannte Liebe Gottes sich ihre Wirklichkeit auf Erden in der Liebe der Menschen untereinander sucht und schafft und weil zum anderen diese Liebe der Menschen untereinander ihren Grund im Liebeserweis Gottes hat, den das Bekenntnis bezeugt. So hält das Bekenntnis den Grund der Bruderliebe fest und ist die Bruderliebe Ziel und zugleich Wahrheitskriterium des Bekennens.

»Das Werk der ursprünglichen Zeugen wird fortgesetzt im ›Bekenntnis‹ derjenigen, die ›nicht gesehen und doch geglaubt haben‹« (Brooke 122). Diese Glaubenden läßt der Verfasser, indem er sich mit seinen Lesern zusammenfaßt, betont in Vers 16a sprechen, wobei er unterstreicht, daß es im rechtgläubigen Bekenntnis wirklich um den als *Liebe* offenbar gewordenen Gott geht: »Und wir haben die Liebe erkannt und geglaubt, die Gott zu uns hat.« Daß jetzt das »Wir« anders als in Vers 14 nicht die ursprünglichen Zeugen allein meint, »sondern alle Gläubigen bezeichnet, hat gar keine Schwierigkeit ..., da ja durch das Bekenntnis zu dem, was jene bezeugen (15), das von ihnen Geschaute der Gemeinbesitz aller Gläubigen wird« (Weiß 141). Auf das Gesehenhaben und Bezeugen der Sendung des Sohnes als Retter der Welt und auf das Bekennen Jesu als des Gottessohnes folgt hier also Erkenntnis und Glaube an die uns zugewandte Liebe Gottes. Die Aussagen von der Sendung des Sohnes und der uns zugewandten Liebe Gottes umrahmen das Bekenntnis. Von ihnen her will es verstanden werden als die Form, in der das Zeugnis von der Liebe Gottes verwahrt ist. Und auf der anderen Seite macht das Bekenntnis die es umrahmenden Aussagen eindeutig: Der Erweis der Liebe Gottes in der Sendung des Sohnes ist untrennbar gebunden an den irdischen Jesus.

Wie in Vers 14 neben dem Gesehenhaben das Bezeugen stand – das Gesehenhaben als solches sagt nichts über ein Wirken Gottes –, so steht jetzt neben dem Erkannthaben das Geglaubthaben, weil es sich um eine Erkenntnis handelt, die nicht abgesehen vom Glauben, sondern nur zugleich mit ihm möglich ist. Es geht ja um Erkenntnis Gottes in Jesus, die zugleich Anerkenntnis seiner Wirklichkeit als Liebe ist, also Glaube. Und weil dieser Glaube nicht blind ist, kein Sprung ins Ungewisse, sondern weiß, woran er glaubt, ist er zugleich Erkenntnis. Da es also Erkenntnis und Glaube nur in diesem Zugleich gibt, ist die Reihenfolge ohne Bedeutung (vgl. die umgekehrte Reihenfolge in Joh 6,69).

Nach der Anführung des auf dem Geschauthaben der ursprünglichen Zeugen gründenden Zeugnisses, des Bekenntnisses und des erkennenden Glaubens, die alle dasselbe Objekt haben, nämlich den in Jesus als Liebe offenbar gewordenen Gott, wiederholt der Verfasser in Vers 16b die These von Vers 8b, die auch der Ertrag dieser Erörterung ist: »Gott ist Liebe.« Und daraus zieht er, damit diesen Unterabschnitt abschließend, die Folgerung: »Und wer in der Liebe bleibt, bleibt in Gott, und Gott bleibt in ihm.« Noch einmal also spricht er von einem Bleiben in Gott und Gottes Bleiben in uns, wie vorher schon in den Versen 12, 13 und 15, dort bezogen auf das Einanderlieben, den Geist und das Bekenntnis. Wenn es jetzt im Vordersatz heißt: »wer in der Liebe bleibt«, dann ist das wohl im Sinne einer Zusammenfassung zu verstehen: Wer, selbst von Gott

geliebt und vom Geist Gottes bestimmt, mitmenschliche Solidarität
übt und darin seinerseits Gott liebt, bleibt damit in Gott, hält dem
die Treue, der sich selbst als Liebe definiert hat und als solcher Gott
im Bekenntnis bekannt wird; und in diesem Bleiben in Gott, das sich
im konkreten Lebensvollzug auf den Grund der Liebe stellt, wie ihn
das Bekenntnis aussagt, schafft sich Gott seine »Bleibe« in menschlicher Wirklichkeit.

3. Die Vollendung der Liebe im endzeitlichen Freimut (4,17 f.)

17 Darin ist die Liebe bei uns zur Vollendung gelangt, daß wir
Freimut haben am Tage des Gerichts, denn wie jener ist, sind
auch wir in dieser Welt. Furcht ist nicht in der Liebe,
 18 sondern die vollkommene Liebe treibt die Furcht aus,
denn die Furcht bezieht sich auf Strafe; wer sich aber fürchtet,
ist in der Liebe nicht zur Vollendung gelangt.

Nachdem der Verfasser die Liebe untereinander in der Liebe Gottes
begründet und nachdem er die Liebe Gottes als Gegenstand von
Zeugnis, Bekenntnis und Glaube dargestellt und damit auch den
Zusammenhang von Bekenntnis und Bruderliebe aufgezeigt hat,
spricht er nun von der Vollendung der Liebe in unserem Freimut
und in unserer Furchtlosigkeit, die für das Endgericht gewiß sind
und eben darum jetzt schon antizipiert werden. Diese Gewißheit –
und mit ihr die unbedingte Geltung und Sieghaftigkeit der in Jesus
Christus erwiesenen Liebe Gottes – zum Ausdruck zu bringen, ist
die Funktion der Verse 17 und 18. Der Verfasser argumentiert dabei
einmal vom Freimut her, den der Liebende hat (17a–c), und einmal
von der Furcht her, die er nicht hat (17d.18).
Zu Beginn von Vers 17 formuliert er: »Darin ist die Liebe bei uns zur
Vollendung gelangt, daß wir Freimut haben am Tage des Gerichts.«
Von der Vollendung der Liebe Gottes hatte er in 2,5 und 4,12
gesprochen. Dort war sie ganz eng zusammengebunden worden mit
unserer Liebe untereinander: Darin, daß die Liebe Gottes Gemeinde
schafft, die nur wirkliche Gemeinde in der Bruderliebe ist, hat sie
ihre Vollendung. Wenn jetzt die Vollendung der Liebe mit unserem
Freimut am Gerichtstag in Zusammenhang gebracht wird, so bedeutet das keine Zurücknahme oder auch nur Relativierung der Aussage, daß die Liebe Gottes in der Bruderliebe schon zur Vollendung
gelangt *ist* – als müsse sich erst noch herausstellen, ob dem tatsächlich so sei, als stünde die eigentliche Entscheidung erst noch bevor,

als wäre die Vollendung der Liebe ein noch ungewisser Zukunftswunsch. Denn auch hier steht das Perfekt: »Darin ist die Liebe zur Vollendung gelangt.« Deshalb gilt auch der Freimut schon jetzt, wird er schon jetzt antizipiert (→ zu 3,21); und er wird sich künftig erweisen. Er ist kein ungewiß Erwünschtes, sondern gewisse Hoffnung. Der »Tag des Gerichts«, womit der Verfasser einen aus dem Judentum übernommenen (vgl. PsSal 15,12; 4 Esr 7,113 f.) traditionellen urchristlichen Begriff (Mt 10,15; 11,22.24; 12,36; 2 Petr 2,9; 3,7; Barn 19,10; 21,6; 2 Clem 16,3; vgl. Jud 6; 2 Clem 17,6) gebraucht, gibt den äußersten Horizont für die Aussage von der Vollendung der Liebe in unserem Freimut an: Sie hat unbedingte Geltung auch für den denkbar letzten und kritischsten Fall, für das Endgericht. Die Spannung zwischen Perfekt und Futur an dieser Stelle – daß also einerseits die Liebe schon zur Vollendung gelangt ist, andererseits aber das »Worin« dieser Vollendung noch in der Zukunft liegt – betont die Gewißheit: Was jetzt schon gegen allen Augenschein gilt, daß nämlich der Liebende nicht ein zum Scheitern verurteilter Narr ist, über den der Haß der Welt zur Tagesordnung übergeht, sondern daß er »bleibt«, wird dann offenkundig sein. Denn der Freimut ist dem Liebenden eigen. Freimut hat, wer frei von Anklage ist (→ zu 2,28); und das ist der, der sich in der Bruderliebe der Liebe Gottes nicht widersetzt, sondern ihr entspricht. Deshalb ist der Freimut am Gerichtstag kein erleichtertes Aufatmen nach großem Bangen, sondern die Erfüllung schon jetzt bestehender Gewißheit. Diese Gewißheit aber hat ihre Kraft nicht in unserer Liebe, sondern allein darin, daß die zur Vollendung gelangte Liebe die Liebe *Gottes* ist. Wenn es zutrifft, daß in dem Satz »Gott ist Liebe« (16) Gott unumkehrbar Subjekt ist und bleibt (→ zu 4,8), es also *seine* Liebe ist, die er hat und uns erweist, und es nicht um die Vergöttlichung eines menschlichen Liebesvermögens oder eines Ideals geht, dann meint auch die in Vers 17 genannte Liebe zuerst und vor allem die Liebe Gottes selbst. Weil es aber die Liebe *Gottes* ist und hier nicht eine statische Begriffsbestimmung erfolgt, setzt sie sich gegen uns durch, nimmt uns in den Vollzug des Liebens hinein, gelangt sie *»bei uns«* zur Vollendung und gibt Freimut bis hin zum Gerichtstag.

Daß es wirklich der Liebende ist, der den Freimut am Gerichtstag hat, ergibt sich auch, wenn der Verfasser in Vers 17c diesen Freimut darin begründet, daß wir dem Vorbild Jesu folgen: »Denn wie jener ist, sind auch wir in dieser Welt.«

Dieser Text ist in einzelnen Handschriften verändert worden. Eine hat lediglich »wir sind« ins Futur gesetzt: »wir werden sein«. Zwei Handschriften haben darüber hinaus weitergehende Zusätze: »Denn wie jener in der Welt untadelig und rein war, so werden auch wir in dieser Welt sein.« Aber hier handelt es sich deutlich um sekundäre Glättung und Klarstellung. Auch moderne Konjekturen können nicht überzeugen, da der überlieferte Text durchaus verständlich ist.

Daß der Verfasser hier an das begründende Vorbild Jesu denkt, legen die übrigen Stellen nahe, an denen er mit »wie jener« einsetzt und die eindeutig in diesem Sinne verstanden werden müssen (2,6; 3,3.7; vgl. auch 3,16). Gegen ein solches Verständnis spricht nicht, daß hier im Unterschied zu 2,6 in bezug auf Jesus nicht in einer Form der Vergangenheit gesprochen wird. Denn auch in 3,3.7 (vgl. 2,29; 3,5) steht das Präsens. Wenn es hier aber anders als dort, wo Jesus durch »rein« und »gerecht« näher bestimmt wird, lediglich heißt: »wie jener ist«, so soll er, in dem die Liebe Gottes offenbar wurde (4,9f.), damit wohl als der Liebende schlechthin (vgl. 3,16) gekennzeichnet werden. Und weil er das ist, sind auch wir Liebende; und als Liebende haben wir Freimut. Der Begründungssatz sagt der Sache nach nichts anderes, als was die These von Vers 17a.b schon damit enthält, daß die dort genannte Liebe die in Jesus Christus erwiesene Liebe Gottes ist. Das ist ja gerade ihre Wirkung, daß sie uns »in dieser Welt« in Konformität mit Jesus bringt (→ zu 2,6), daß sie uns schon jetzt inmitten einer vom Haß geprägten Welt zur Liebe bestimmt. Es geht hier also um eine Gleichheit mit Jesus im Lebensvollzug, die eine Gleichheit liebenden Verhaltens und Tuns ist – im Unterschied zu 3,2, wo auf die künftige Gleichheit mit ihm ausgeblickt wurde, »wie er ist« als der, der er »von Anfang an war«.

Nachdem der Verfasser von der Vollendung der Liebe im endzeitlichen Freimut gesprochen hat, sagt er inhaltlich noch einmal dasselbe, indem er vom negativen Gegenstück zum Freimut, von der Furcht, ausgeht. Die Entgegensetzung von Furcht und Freimut findet sich auch in Joh 7,13, wo es von Leuten, die in sehr verschiedener Weise zu Jesus Stellung beziehen, heißt: »Keiner allerdings redete freimütig über ihn aus Furcht vor den Juden.« Nur innerhalb dieser Wendung begegnet das Wort »Furcht« noch zweimal im JohEv (19,38; 20,19; vgl. 9,22). Im Brief, wo dieser Begriff mehrmals in 4,17d.18 steht, ist er theologisch wesentlich stärker gefüllt. Wenn nämlich der Verfasser in Vers 17d sagt: »Furcht ist nicht in der Liebe«, so formuliert er keinen Satz der allgemeinen Erfahrung, wie er sich in ähnlicher Weise auch bei dem Philosophen Seneca findet: »Es kann nicht Liebe mit Furcht vermischt werden« (Ep. 47,18). Als solcher Satz könnte er von dieser Erfahrung ebensogut auch als bloßes Postulat bestritten werden. Gegen die Annahme eines Allgemeinsatzes sprechen hier zwei Gründe. Da einmal die Furcht das negative Gegenstück zum Freimut am Gerichtstag ist, dürfte auch sie sich auf den Gerichtstag beziehen: Furcht hat somit, wer Anklage und Strafe im Endgericht erwarten muß. Zum anderen gehört Vers 17d ganz eng mit Vers 18a zusammen, der eindeutig macht, welche Liebe hier gemeint ist: »Sondern die vollkommene Liebe treibt die Furcht aus.« »Die *vollkommene* Liebe« – das kann doch nur die Liebe Gottes selbst sein, die zur Vollendung gelangt ist, indem sie sich »bei uns« Raum schafft in unserer Liebe untereinander und damit Freimut schenkt. Diese Liebe Gottes »bei uns« ist nicht nur frei von Furcht, sondern sie vertreibt die Furcht geradezu. Wo sie Raum greift, ist kein Platz mehr für die Furcht. Denn der Gott, der Liebe ist, wird als der Richter nicht diejenigen verurteilen, die er selbst zu Liebenden gemacht hat.

Auch dieser These, daß die Liebe die Furcht ausschließt, gibt der Verfasser eine Begründung. Und zwar argumentiert er hier nicht positiv von der Liebe her, sondern negativ von der Furcht her. Er zeigt auf, daß mit der Furcht etwas unlösbar zusammengehört, von dem es ganz offensichtlich ist, daß es mit Liebe schlechterdings nichts zu tun hat: »Denn die Furcht bezieht sich auf Strafe« (18b). Wörtlich übersetzt lautet dieser Satz: »Denn die Furcht hat Strafe.« Das könnte so verstanden werden, daß die Furcht als solche schon Strafe ist, ihre Strafe bereits in sich selbst trägt. Aber da der Kontext die Furcht auf den Gerichtstag bezieht, muß auch »Strafe« die an ihm verhängte meinen. In diesem Zusammenhang begegnet das hier für »Strafe« gebrauchte griechische Wort auch sonst im Judentum (TestRub 5,5; Lev 4,1; Gad 7,5) und Urchristentum (Mt 25,46; 2 Clem 6,7; Herm sim 9,18,1f.; vgl. Diogn 9,2). Diese Strafe aber und die Liebe schließen radikal einander aus. Wer liebt, erwartet keine Strafe von dem Gott, der sich selbst als Liebe offenbart und damit den Lebensraum der Liebe geschaffen hat. Er ist frei von Furcht und hat Freimut. Der Verfasser macht hier sachlich dieselbe Aussage wie Paulus in Röm 8,15. Wie dort dem von ständiger Furcht vor Strafe geprägten Knechtschaftsverhältnis das kindliche Vertrauen zum Vater entgegengesetzt ist, so hier der Furcht der von der Liebe geschenkte Freimut.

Am Schluß dieses Unterabschnittes formuliert der Verfasser in Vers 18c einen Satz, der in Antithese zu den beiden auf Freimut und Furcht bezogenen vorangegangenen Sätzen steht. Hieß es dort, daß die Liebe im endzeitlichen Freimut zur Vollendung gelangt ist und daß die vollkommene Liebe die Furcht austreibt, so hier: »Wer sich aber fürchtet, ist in der Liebe nicht zur Vollendung gelangt.« Wer Furcht vor der Strafe im Endgericht hat, zeigt damit, daß er sich etwas vorzuwerfen hat, aufgrund dessen er Strafe erwartet, daß er in seinem Handeln der ihm erwiesenen Liebe Gottes nicht entsprochen hat und ihr nicht voll vertraut. Es ist auffällig, daß der Verfasser hier im Negativen nicht in genauer antithetischer Entsprechung zu Vers 17a von der Liebe her formuliert: »Bei dem, der sich fürchtet, ist die Liebe nicht zur Vollendung gelangt.« Vielmehr läßt er hier den sich fürchtenden Menschen Subjekt sein: *Er* »ist in der Liebe nicht zur Vollendung gelangt«. Wie er so im Positiven zum Ausdruck bringt, daß es Gott ist, der unser Lieben wirkt und uns Freimut gibt und damit seine Liebe vollendet, so macht er im Negativen die Verantwortlichkeit des Menschen kenntlich, der der Liebe Gottes widerstrebt.

4. Die Bruderliebe als Form der Liebe zu Gott (4,19–21)

19 Wir lieben, weil er uns zuerst geliebt hat.
20 Wenn jemand sagt: Ich liebe Gott,
   und er haßt seinen Bruder,
     ist er ein Lügner.
Denn wer seinen Bruder nicht liebt, den er gesehen hat, kann nicht Gott lieben, den er nicht gesehen hat. 21 Und dieses Gebot haben wir von ihm, daß, wer Gott liebt, auch seinen Bruder liebe.

Mit diesen Versen beschließt der Verfasser den Abschnitt über die Entfaltung der Liebe untereinander, an der sich die Gemeinde als Gemeinde erweist. Sie erhalten ihre besondere Ausrichtung dadurch, daß hier wieder die Gegner in den Blick kommen und wörtlich zitiert werden. Auch sie sprechen von Liebe, von direkter Liebe zu Gott. Demgegenüber stellt der Verfasser heraus, daß es Liebe zum unsichtbaren Gott nicht am sichtbaren Bruder vorbei gibt.
Nachdem er am Schluß von Vers 18 auf denjenigen hingewiesen hatte, der sich fürchtet und der mit seiner Furcht zeigt, daß er nicht in der Liebe zur Vollendung gelangt ist, geht er jetzt von der Feststellung aus, daß es in der Gemeinde Liebe gibt, und begründet sie sofort damit, daß Gott zuerst seine Liebe erwiesen hat (19). Diese Feststellung und ihre Begründung, mit der das 4,7–13 Ausgeführte aufgenommen ist, bilden Rahmen und Voraussetzung der folgenden

Argumentation und geben ihr Durchschlagskraft. Er zitiert eine These der Gegner (Liebe zu Gott – 20a), kontrastiert sie mit einem ihr widersprechenden Verhalten (Bruderhaß – 20b) und zieht daraus die Folgerung, daß der Sprecher der These ein Lügner ist (20c). Die Richtigkeit dieser Folgerung begründet er noch einmal ausdrücklich damit, daß derjenige, der den sichtbaren Bruder nicht liebt, den unsichtbaren Gott nicht lieben kann (20d). Im Sinne einer weiteren Begründung führt er abschließend an, daß gerade die Liebe zu Gott als Liebe zum Bruder Gottes Gebot ist (21).
Im Unterschied zu demjenigen, der Furcht hat und also in der Liebe nicht zur Vollendung gelangt ist, stellt der Verfasser in Vers 19a von der Gemeinde fest: »Wir lieben.« Er verweist damit auf das, was sie als Gemeinde auszeichnet, worin sich ihr Hinübergeschrittensein vom Tod zum Leben manifestiert (3,14). Sie ist als liebende Gemeinde eine Versammlung der Freimütigen und Furchtlosen.

Grammatisch ist allerdings genausogut die Übersetzung möglich: »Laßt uns lieben!« Es läßt sich wohl kaum sicher entscheiden, ob hier indikativisch oder imperativisch verstanden werden muß. Für den Imperativ spricht, daß er auch in 4,7.11 vorliegt, es sich hier dann also um eine Wiederaufnahme dieser Forderungen handelt. Andererseits fällt für den Indikativ ins Gewicht – und dieses Argument scheint stärker zu sein –, daß in Vers 19 im Unterschied zu Vers 7 ein betontes »Wir« voransteht. Wenn der Verfasser sonst ein solches »Wir« setzt und eine Forderung zum Ausdruck bringen will, dann macht er das durch »wir müssen« eindeutig klar (3,16; 4,11). Im übrigen aber dient dieses betonte »Wir«, wo er es nicht auf den Kreis der ursprünglichen Zeugen begrenzt (1,4; 4,6.14), ebenso wie das betonte »Ihr« oft der Vergewisserung der Gemeinde (3,14; 4,16; 2,20.27; 4,4). Das ist wahrscheinlich auch hier der Fall.

Wenn der Verfasser ohne jedes Wenn und Aber und in großer Selbstverständlichkeit feststellt, daß wir lieben, dann kann er das nur deshalb tun, weil er sofort anschließend in Vers 19b deutlich macht, daß »unsere Liebe nicht aus uns selbst heraus entstanden ist« (Brooke 125), sondern außerhalb von uns ihren Ursprung hat. Er weist »den Gedanken ab, daß die Liebe, die zur Überwindung der Furcht führt, unser Werk ist« (Schneider 179), indem er als ihren Grund angibt: »weil er uns zuerst geliebt hat«. Damit nimmt er die Aussagen von 4,9–11a auf, daß Gott uns in der Sendung des Sohnes seine Liebe erwiesen und daß allein darin die Liebe ihren Bestand hat. Gottes Liebe setzt sich durch bis in unser Lieben hinein. Diese sachliche Vorordnung der Liebe Gottes wird hier durch das »Zuerst« betont herausgestellt.

Daß bei der Aussage »wir lieben« nicht »Gott« als Gegenstand unserer Liebe hinzugesetzt werden darf, wie es bereits zahlreiche Handschriften getan haben, ist offenkundig. Denn dann wäre genau der Kurzschluß hergestellt, den der Verfasser in Vers 11 bewußt vermieden und den er in Vers 12a ausdrücklich abgewehrt hat. Dort hatte er gezeigt, daß Gottes Liebe zu uns unsere Liebe untereinander will und wirkt. Und wenn er hier sagt: »wir lieben«, dann denkt er selbstverständlich an unsere Liebe untereinander, an die Liebe zum Bruder. Es gibt für ihn nicht unsere Liebe an und für sich; Liebe ist immer konkret, wie er auch gleich in Vers 20 darlegt. Dennoch hat es seinen Grund, daß er hier einen Gegenstand unserer Liebe nicht ausdrücklich nennt. Denn worauf sich unsere Liebe – ist sie wirkliche Liebe – bezieht, will er anschließend in der Auseinandersetzung mit einer These der Gegner deutlich machen.

Die gegnerische Aussage bringt er in Vers 20a-c innerhalb eines Satzes, der in Form und Argumentation an ähnlich geprägte Sätze in 1,6–10; 2,3–6.9–11 erinnert: »Wenn jemand sagt: Ich liebe Gott, und er haßt seinen Bruder, ist er ein Lügner.« Genau parallel geformt ist 2,9, wo ebenfalls Gegnerthese, ihr kontrastierendes Verhalten und einzeilige Folgerung nacheinander stehen. Mit 1,6 und 2,4 verhält es sich fast genau so, nur daß dort die Folgerung zweizeilig ist. Ebenso besteht eine inhaltliche Übereinstimmung, insofern die Gegnerthese immer einen direkten Bezug zu Gott behauptet, das dazu in Gegensatz gestellte Verhalten die Verfehlung von Bruderliebe meint und die Folgerung den durch These und Verhalten Gekennzeichneten als in Lüge und Unwirklichkeit stehend erweist. Auch hier schreibt der Verfasser These und Verhalten nicht ausdrücklich den Gegnern zu, sondern spricht allgemein von »jemand«, womit er die angegriffene, von den Gegnern eingenommene Position als Gefährdung der Gemeinde hinstellt.

Seine Folgerung, daß der Bruderhaß, daß das Fehlen mitmenschlicher Solidarität die Behauptung von Liebe zu Gott als Lüge ausweist, ist nur zwingend auf der Grundlage der vorher gemachten Ausführungen, daß Gott uns zuerst geliebt hat, daß sich Gott, der wirkliche Gott, in Jesus Christus als liebender Gott offenbart hat, der selbst Liebe ist und deshalb unsere Liebe will und wirkt. Auf *dieser* Grundlage, im Blick auf *diesen* Gott kann es allerdings keine andere Folgerung geben. Ja mehr noch: Wer Liebe zu Gott behauptet und Liebe zum Bruder vermissen läßt, ist nicht nur insofern ein Lügner, als er die Unwahrheit sagt, sondern er verfehlt die Wirklichkeit des wirklichen Gottes und stellt sich damit selbst in die Unwirklichkeit. Wen immer seine »Liebe« treffen mag, sie trifft jedenfalls nicht diesen wirklichen Gott, allenfalls einen vermeintlichen und eingebildeten Gott; sie geht ins Leere.

In Vers 20d gibt der Verfasser seiner Folgerung, daß der Liebe zu Gott behauptende Bruderhasser ein Lügner ist, noch eine besondere Begründung: »Denn wer seinen Bruder nicht liebt, den er gesehen hat, kann nicht Gott lieben, den er nicht gesehen hat.« Diese Aussage ist immer wieder im Sinne eines Schlusses vom Leichteren auf das Schwerere mißverstanden worden. »Wer nicht einmal zur Liebe von Personen, die er sieht ..., fähig ist, vermag erst recht nicht den unsichtbaren Gott zu lieben« (Schnackenburg 250). Wo gibt der Verfasser Anlaß, Stufen der Liebe mit verschiedenen Schwierigkeitsgraden zu unterscheiden? Worin soll denn die über der Bruderliebe stehende Liebe zu Gott bestehen? In einer besonderen Anstrengung des inneren Menschen? Was soll ihre größere Schwierigkeit ausmachen? Wieso ist es, wenn man schon in dieser Kategorie denkt, »dem Menschen viel leichter, das Sichtbare zu lieben als das Unsichtbare« (Vrede 171)? Wo doch der sichtbare Bruder oft genug alles andere als liebenswürdig erscheint! Es ist bezeichnend, daß in diesem Zusammenhang gelegentlich das Wort »Leistung« gebraucht wird. So sieht Büchsel hier »die Unmöglichkeit« ausgedrückt, »das Größere zu vollbringen, wenn man zur Leistung des Kleineren sich unfähig erwiesen hat« (78). Dem Verfasser geht es nicht um unsere Leistung und Fähigkeit. Wenn darauf unser Verhältnis zu Gott und dem Bruder begründet ist, hat es keinen Grund. Es geht ihm vielmehr um die Antwort auf die uns erwiesene Liebe Gottes in unserem Lieben untereinander. Gegen die hochmütig über die Not des Bruders hinweggehende Behauptung einer direkten Liebe zu Gott stellt er mit der Kennzeichnung des Bruders als dessen, der im Unterschied zu Gott »vor Augen« ist – das bringt das griechische Perfekt zum Ausdruck –, heraus, daß es wirkliche Liebe nur in bezug auf das konkrete Gegenüber des Bruders gibt und daß sich nur darin auch die Liebe zu Gott erweist und betätigt. Er behauptet hier nicht in einfacher Antithese zu den Gegnern ganz allgemein, daß man den unsichtbaren Gott überhaupt nicht lieben könne und deshalb ihr Anspruch ein falscher sei. Er bestreitet jedoch ganz entschieden, daß der Bruderhasser Gott liebt. Es ist »trügerische Prahlerei, wenn einer behauptet, Gott zu lieben, und dessen Ebenbild übersieht, das vor Augen ist« (Calvin 326). Liebe zu Gott gibt es konkret nur in menschlicher Solidarität und nicht außerhalb ihrer.

In Vers 21 stützt der Verfasser seine Argumentation, daß sich die Liebe zu Gott nur in der Form der Bruderliebe konkretisiert, indem er diese Aussage als das Gebot anführt, das die Gemeinde hat: »Und dieses Gebot haben wir von ihm, daß, wer Gott liebt, auch seinen Bruder liebe.« Ein Bezug auf das synoptische Doppelgebot der Liebe liegt deutlich auf der Hand (Mk 12,28-34parr), wo erstens die Forderung, Gott über alles zu lieben, und zweitens die Forderung, den Nächsten wie sich selbst zu lieben, als das oberste Gebot miteinander verbunden sind. Im JohEv gibt Jesus das »neue Gebot«, einander zu lieben (13,34f.; vgl. 15,12.17), was der Verfasser des 1Joh in dieser Formulierung aufnimmt und in der Formulierung, den Bruder zu lieben. Man kann daher annehmen, er habe »den synoptischen Bericht mit dem johanneischen ›neuen Gebot‹ in Einklang gebracht. Die Nächstenliebe wird ihm zur Bruderliebe; er sieht diese als die konkrete Anwendung jener für das christliche Gemeindeleben an« (Schnakkenburg 251). Aber seine wesentliche Intention in diesem Kontext, in dem er die Isolierung der Liebe zu Gott von der Bruderliebe als Lüge bloßstellt, geht darauf, die Liebe zu Gott und die Liebe zum Bruder nicht als ein Nebeneinander hinzustellen, sondern als ein Ineinander. Die von Gott erwiesene Liebe ruft nicht die bloße Gegenliebe des Menschen zu Gott hervor; sie ist nicht aus auf ein erbauliches Privatverhältnis des einzelnen Menschen zu seinem Gott. »Wahres Christentum kann gar nicht Privatchristentum, d. h. aber ein räuberisches Christentum sein« (Karl Barth, KD IV/2, 1955, 498). Gottes Liebe zielt auf die Liebe der Menschen untereinander, auf ihre solidarische Gemeinschaft. Nur in ihr, in der Bruderliebe, nicht abgesehen von ihr, gibt es auch Liebe zu Gott.

C. Glaube und Liebe als Sieg über die Welt und ewiges Leben (5,1–12)

In den Abschnitten 4,1-6 und 4,7-21 hatte der Verfasser den Doppelaspekt des einen Gebotes von 3,23, den Glauben an den Gottessohn Jesus Christus und die Liebe zueinander, breit entfaltet. In einer letzten Darlegung stellt er jetzt heraus, daß der im Bekenntnis formulierte Glaube den Sieg über die Welt und ewiges Leben hat. Dieser Glaube ist wirksam im Halten der Gebote, und das heißt in der Liebe zum Bruder. Nur so ist er wirklicher Glaube; nur als solcher besiegt er die Welt, weil er nicht dem die Welt bestimmenden Prinzip des Mehr-Sein- und Mehr-Haben-Wollens als der Mitmensch (2,15) unterliegt, sondern weil er in der Verweigerung gegenüber diesem Prinzip dem Gott vertraut, der durch Jesus Liebe untereinander gestiftet hat (1-4). Gegen die Irrlehrer hebt der Verfasser noch einmal unmißverständlich hervor, daß der Glaube an den

Sohn Gottes Glaube an *Jesus* ist, noch pointierter: Glaube an den gewaltsam zu Tode gekommenen Jesus. Gerade dieser Jesus hat das Zeugnis Gottes, gerade in ihm hat Gott gehandelt. Und wie der Glaube an ihn den Sieg über die Welt hat, so hat er auch das Leben, weil es Leben nicht im Haß, sondern nur in seiner Überwindung gibt; und dieses Leben hat trotz aller ihm widersprechenden Tatbestände die Verheißung der Dauer: Es ist ewiges Leben (5-12).

1. Der in der Liebe tätige Glaube als Sieger über die Welt (5,1–4)

1 Jeder, der glaubt, daß Jesus der Christus ist, ist aus Gott gezeugt, und jeder, der den Erzeuger liebt, liebt den aus ihm Gezeugten. 2 Daran erkennen wir, daß wir die Kinder Gottes lieben, wenn wir Gott lieben und seine Gebote tun. 3 Denn das ist die Liebe zu Gott, daß wir seine Gebote halten; und seine Gebote sind nicht schwer. 4 Denn alles, was aus Gott gezeugt ist, besiegt die Welt. Und das ist der Sieg, der die Welt besiegt hat, unser Glaube.

Literatur: *Kittler, R.:* Erweis der Bruderliebe an der Bruderliebe?! Versuch der Auslegung eines »fast unverständlichen« Satzes im 1. Johannesbrief, KuD 16, 1970, 223–228.

So deutlich die Verse 1–4 mit dem Thema des Glaubens einen neuen Ton anschlagen und sich dadurch als zusammengehörig mit den Versen 5–12 erweisen, so besteht doch auch ein enger Zusammenhang mit dem unmittelbar Vorangehenden, insofern hier ein weiteres Argument dafür erscheint, daß es die Liebe zu Gott nicht ohne die Bruderliebe geben kann. Doch bringt der Verfasser dieses Argument in der Weise, daß er es von Ausführungen über den Glauben umschlossen sein läßt und damit die Zusammengehörigkeit von Glaube und Liebe herausstellt. Er beginnt mit einer These als Grundlage seiner folgenden Ausführungen: Jeder gemäß dem Bekenntnis Glaubende ist aus Gott gezeugt (1 a). Unter Voraussetzung des unausgesprochenen Zwischengedankens, daß der Glaubende selbstverständlich Gott liebt, der ihn zu dem gemacht hat, der er ist, wertet er die These in bestimmter Richtung aus: Wer den Erzeuger liebt, liebt den aus ihm Gezeugten, also die anderen Kinder Gottes, seine Brüder (1 b). Für die Liebe zu den Kindern Gottes gibt er dann als Kriterium an: Gott lieben und seine Gebote tun (2). Die beiden hier genannten Punkte ordnet er anschließend so einander zu, daß das Halten der Gebote als Inhalt der Liebe zu Gott erscheint (3 a). Zu den Geboten gibt er die Erläuterung ab, sie seien nicht schwer (3 b), und begründet diese Erläuterung damit, daß alles aus Gott Gezeugte die Welt besiegt (4 a). Den hier schon hergestellten Bezug zu Vers 1 macht er noch enger, wenn er abschließend als den Sieg, der die Welt besiegt hat, den Glauben nennt (4 b).

Mit einem betont vorangestellten »jeder« setzt der Verfasser in Vers 1 neu ein. Es hat, wie auch an anderen Stellen des Briefes, polemische Bedeutung, indem es herausstellt, daß die folgende Aussage allein für den durch es Gekennzeichneten gilt: jeder, der ..., und *nur* er. Die polemische Abzweckung ergibt sich auch von daher, daß der Verfasser jetzt wieder das zwischen Rechtgläubigkeit und Ketzerei scheidende Bekenntnis zitiert: »Jeder, der glaubt, daß Jesus der Christus ist, ist aus Gott gezeugt.« Gegen die Irrlehrer behauptet er mit dem Bekenntnis die Identität von Jesus und Christus (→ zu 2,22). Gegen ihre Leugnung der Offenbarung Gottes in der Niedrigkeit des Menschen Jesus erkennt er gerade hier die sich selbst hingebende Liebe als Wirklichkeit Gottes. Indem er nun in Vers 1 die Zeugung aus Gott mit dem im Bekenntnis artikulierten Glauben zusammenbindet, bestreitet er den Gegnern ihren Anspruch auf Zeugung aus Gott. Das hatte er schon früher im Brief getan, indem er die Zeugung aus Gott in 2,29 mit dem Tun der Gerechtigkeit verband und in 4,7 mit der Liebe, was beides sachlich identisch ist (vgl. 3,9f.). Wenn er jetzt den Glauben und die Zeugung aus Gott in Zusammenhang miteinander bringt, so nimmt er damit möglicherweise Joh 1,12f. auf, präzisiert aber gegenüber dieser Stelle des Evangeliums den Glauben durch das Bekenntnis. Wer gemäß diesem Bekenntnis glaubt, wer den in *Jesus* als sich hingebende Liebe offenbar gewordenen Gott anerkennt, den hat Gott der Geschichte der Sünde entrissen (→ zu 3,8), den hat er von der Bestimmung durch das die Welt zur Welt machende Prinzip befreit (→ zu 2,15), den hat er neu gemacht – der ist aus Gott gezeugt.

Diese These, die in Antithese zu den Gegnern definiert, wer wirklich der aus Gott Gezeugte ist, wertet der Verfasser in Vers 1 b in einer bestimmten Richtung aus: »Und jeder, der den Erzeuger liebt, liebt den aus ihm Gezeugten.« Vorausgesetzt ist hier der Zwischengedanke, daß der Glaubende als aus Gott Gezeugter Gott als seinen Erzeuger liebt. Und so ist mit dem allgemein gehaltenen Satz, daß Liebe zum Erzeuger, zum Vater, die Liebe zum Gezeugten, zum Bruder, einschließt, sofort gemeint, daß es Liebe des aus Gott Gezeugten, des wirklich Glaubenden, zu Gott nur gibt zusammen mit der Liebe zum anderen Glaubenden, der ebenfalls aus Gott gezeugt ist, und nicht isoliert von ihr (vgl. die strukturell ähnliche Argumentation in Joh 8,42). Das richtet sich wie die Ausführungen in 4,20 gegen die Irrlehrer, die behaupten, Gott zu lieben, und sich zugleich mit ihren theologischen Spekulationen verächtlich über die Gemeinde erheben, womit sie von Gottes wirklicher Offenbarung ebenso absehen wie vom bedürftigen Bruder (vgl. 3,17). Wenn der Verfasser im Gegenzug dazu die Zeugung aus Gott mit dem rechtgläubigen Bekenntnis zusammenbindet und die Notwendigkeit der Liebe zum in der gleichen Weise glaubenden Mitchristen unterstreicht, so geht es ihm nicht darum, die Liebe grundsätzlich auf den Kreis der Glaubenden einzugrenzen, sondern er betont die Selbstverständlichkeit, daß der Glaubende nur wirklich Glaubender in der Gemeinde ist, im Miteinander der Brüder, daß er nicht für sich glauben und erkennen und dabei den Bruder aus seiner Liebe ausschließen kann.

In Vers 2 gibt der Verfasser ein Kriterium für diese Liebe zu den Brüdern an, die er hier im Zusammenhang mit der Redeweise vom Gezeugtsein »Kinder Gottes« nennt (vgl. 3,1f. mit 2,29 und 3,10 mit 3,9): »Daran erkennen wir, daß wir die Kinder Gottes lieben, wenn wir Gott lieben und seine Gebote tun.« Hier scheint auf den ersten Blick die Argumentation plötzlich umgekehrt zu sein, wenn als Kennzeichen der Liebe zu den Kindern Gottes die Liebe zu Gott angegeben wird. Nun hatte der Verfasser aber gerade in 4,20 die Möglichkeit einer isolierten Liebe zu Gott, der nicht vor Augen ist, ausgeschlossen; und es kann hier nicht seine Absicht sein, den Gegnern, die Gott zu lieben behaupten, nachträglich recht zu geben. Denn daß die von ihnen vorgegebene Gottesliebe ihre Liebe zu den Kindern Gottes ausweise, hätten sie auch selbst sagen können. Da sie nämlich für sich Zeugung aus Gott beanspruchten (→ zu 2,29), haben sie wahrscheinlich auch von sich exklusiv als den Kindern Gottes gesprochen, wofür sie Joh 1,12f.; 11,52 auswerten konnten. Die Liebe zu Gott, der Geist ist, schließt dann die Liebe zu den Kindern Gottes als geistigen Wesen ein. Für den Verfasser aber liegt die Spitze von Vers 2 im letzten Satzteil, wenn er neben die Liebe zu Gott – damit diese Liebe interpretierend – das Tun seiner Gebote stellt. Das heißt dann aber, daß man die Liebe zu den Kindern Gottes an derjenigen Liebe zu Gott erkennt, die im Tun seiner Gebote besteht. Es ist also nicht von einer abstrakten Liebe zu Gott die Rede, sondern diese Liebe wird sofort als ein bestimmtes Tun gefaßt. Nach 2,3–11 und 3,23 ist das Tun seiner Gebote nichts anderes als das Tun der Bruderliebe und das Bekennen des rechten Glaubens.

Dann aber liegt hier ein Zirkelschluß vor: Daß wir die Kinder Gottes lieben, erkennen wir an nichts anderem als eben dem Ausüben dieser im Glauben gegründeten Liebe. Die Liebe zu Gott kann nicht eine davon isolierte sein, weil es die Liebe zu dem Gott ist, der – um im Bild zu reden – nicht lauter Einzelkinder gezeugt hat, sondern mit seiner Zeugung, die die Liebe zum Vater hervorruft, in Bruderschaft stellt. Als in Jesus Christus offenbar gewordener Gott ist er nicht sozusagen reiner Geist geblieben, sondern hat sich materialisiert; und so erzeugt er nicht einen exklusiven Kreis erleuchteter Geister, sondern versetzt in die Gemeinschaft bedürftiger Brüder. Der Zirkelschluß von Vers 2 ist sinnvoll. Mit ihm ist gesagt, daß die von Gott gewirkte Liebe keinen Erkenntnisgrund außerhalb ihrer selbst hat, und das heißt außerhalb ihres Vollzuges. Ob wir die Brüder lieben, ist keine Frage theoretischer Erörterungen, sondern erweist sich allein darin, daß wir uns im Gehorsam gegen Gottes Gebot wirklich und tatsächlich auf die Praxis der Bruderliebe einlassen; und nur in solchem Gehorsam gibt es Liebe zu Gott.

Daß das die vom Verfasser beabsichtigte Aussage ist und er gewiß nicht eine für sich konstatierbare Liebe zu Gott als Kriterium einführen will, macht er in Vers 3a eindeutig klar, wenn er die Liebe zu Gott und das Halten seiner Gebote, die in Vers 2 nebeneinander standen, in dieser Weise einander zuordnet: »Denn das ist die Liebe zu Gott, daß wir seine Gebote halten.« Er beschreibt die Liebe zu Gott als Halten seiner Gebote und damit faktisch als Bruderliebe. Die Liebe zu Gott besteht in einem Tun, im Ausführen dessen, was Gott geboten hat. Damit nimmt er in bezug auf die Liebe zu Gott das auf, was das JohEv über die Liebe zu Jesus sagt: »Wenn ihr mich liebt, werdet ihr meine Gebote halten« (14,15; vgl. den inhaltlichen Tausch von »Bedingung« und »Folge« in 14,21a, der deutlich macht, daß die Liebe zu Jesus und das Halten seiner Gebote ein und dasselbe ist; vgl. weiter 14,23; 15,10). Es gibt keine Liebe der Jünger zu Jesus vorbei an ihrer Liebe untereinander. Jesus wird geliebt, indem seine Jünger sein Vermächtnis (13,34f.) erfüllen und sich in ihrer Liebe untereinander als seine Jünger erweisen.

Nachdem er festgestellt hat, daß Liebe zu Gott das Halten seiner Gebote ist, gibt der Verfasser in Vers 3b zu den Geboten eine Erläuterung: »Und seine Gebote sind nicht schwer.« Sie sind keine dem Glaubenden aufgebürdete Last, die ihn niederdrückt (vgl. Mt 23,4), keine Forderungen, denen er nur unter Stöhnen nachkommen kann. Wenn der Verfasser sie als »nicht schwer« (vgl. Mt 11,30) kennzeichnet, lädt er seine Leser dazu ein, muntert er sie auf, ihnen doch zu folgen, sich auf die Praxis der Bruderliebe einzulassen.

Diese Erläuterung zum Charakter der Gebote begründet der Verfasser in Vers 4a: »Denn alles, was aus Gott gezeugt ist, besiegt die Welt.« Die auffällige neutrische Formulierung soll die Grundsätzlichkeit und Allgemeingültigkeit der Aussage unterstreichen. Sie ist eine bedingungslose Zusage, die jedem aus Gott Gezeugten, jedem Glaubenden, gilt. Sie gilt deshalb, weil sie den Glaubenden nicht auf seine eigene Kraft stellt, die es ihm erlaubte, Gottes Gebote als »nicht schwer« anzusehen, sondern weil er aus *Gott* gezeugt ist, weil ihm vergeben ist und wird, weil er der Geschichte des Hasses und der Unbrüderlichkeit entnommen und zugleich damit in eine Kampfgeschichte gegen Haß und Unbrüderlichkeit versetzt ist, deren siegreicher Ausgang feststeht. Das Besiegen der Welt meint ja dasselbe wie das Besiegthaben des Bösen (2,13 f.) und der Irrlehrer (4,4) und das Nicht-Lieben der Welt (2,15–17). In der Überwindung des Hasses wird die Welt besiegt, in der Bruderliebe. Der Sieg über die Welt vollzieht sich also im Halten der Gebote, die für den aus Gott Gezeugten deshalb nicht schwer sind, weil er als Glaubender, der den in Jesus als Liebe offenbar gewordenen Gott anerkennt, mit dem Vollzug der Bruderliebe nichts anderes tut, als der Wirklichkeit dieses Gottes zu trauen.

Daß der Verfasser den aus Gott Gezeugten als Glaubenden im Blick hat, zeigt sich in Vers 4b, wo der Bezug auf Vers 1 klar hervortritt: »Und das ist der Sieg, der die Welt besiegt hat, unser Glaube.« Wenn der Sieg über die Welt in der Überwindung des Hasses besteht, in der Erfüllung der Gebote Gottes und also in der Bruderliebe, als das Subjekt dieses Sieges jetzt aber der Glaube angegeben wird, der sich auf das Vers 1 zitierte Bekenntnis bezieht (vgl. 5), dann sind auch hier Glaube und Bekenntnis auf der einen Seite und Bruderliebe auf der anderen in einen unlösbaren Zusammenhang miteinander gebracht, in dem ein eindeutiges Gefälle besteht. Der Glaube – nur an dieser Stelle wird von ihm im johanneischen Schrifttum substantivisch gesprochen – hat schon die Welt besiegt, weil er in seinem Bezug auf das Bekenntnis von dem Gott lebt, der in Jesus ein für allemal als liebender und vergebender Gott offenbar geworden ist. Der Glaube ist der Sieg, weil er sich von daher in der Liebe untereinander betätigt und verwirklicht. Er ist deshalb »*unser* Glaube«, der als im gemeinsamen Bekenntnis formulierter im brüderlichen Miteinander der Gemeinde seine konkrete Wirklichkeit hat.

Der Verfasser nimmt hier Joh 16,33 b auf, wo der in den Tod gehende Jesus sagt: »In der Welt werdet ihr bedrängt; aber habt Mut! Ich habe die Welt besiegt.« Der Mut, der hier der vom Haß der Welt bedrängten Gemeinde zugesprochen wird, ist darin begründet, daß Jesus die Welt besiegt hat. Er hat das nicht anders getan, als daß er schmählich starb – und daß sich Gott zu dem von der Welt Geächteten und Gehenkten bekannte, indem er sich mit seinem Tod identifizierte und so die sich hingebende Liebe als seine dennoch siegreiche Wirklichkeit auswies. Damit ist die Welt ins Unrecht gesetzt und ihr Haß zur Un-Wirklichkeit geworden, die zwar noch bedrängen, aber die Wirklichkeit der Liebe und den von ihr gewährten Frieden (33 a) nicht mehr verdrängen kann. Wenn in 1 Joh 5,4 nicht Jesus das Subjekt des Sieges über die Welt ist, sondern »unser Glaube«, so bedeutet das keine sachliche Verschiebung, da der auf das Bekenntnis bezogene Glaube keine eigenständigen Siege erringt, sondern allein siegt in der »Teilhabe an dem einen Sieg Christi« (Gaugler 257).

2. Ewiges Leben für den das bezeugte Bekenntnis Glaubenden (5,5–12)

5 Wer aber ist es, der die Welt besiegt, wenn nicht derjenige, der glaubt, daß Jesus der Sohn Gottes ist?   6 Dieser ist es, der durch Wasser und Blut gekommen ist, Jesus Christus. Nicht im Wasser allein, sondern im Wasser und im Blut. Und der Geist ist es, der bezeugt, denn der Geist ist die Wahrheit.
   7 Denn drei sind es, die bezeugen,   8 der Geist, das Wasser und das Blut; und die drei sind eins.   9 Wenn wir das Zeugnis der Menschen annehmen – das Zeugnis Gottes ist größer. Denn das ist das Zeugnis Gottes, daß er über seinen Sohn Zeugnis abgelegt hat.   10 Wer an den Sohn Gottes glaubt, hat das Zeugnis in sich. Wer Gott nicht glaubt, hat ihn zum Lügner gemacht. Denn er hat nicht an das Zeugnis geglaubt, das Gott über seinen Sohn bezeugt hat.   11 Und das ist das Zeugnis, daß Gott uns ewiges Leben gegeben hat, und dieses Leben ist in seinem Sohn.   12 Wer den Sohn hat, hat das Leben; wer den Sohn Gottes nicht hat, hat das Leben nicht.

Literatur: *Brox, N.:* Zeuge und Märtyrer, StANT 5, 1961, 86–90.

Dieser letzte Unterabschnitt des Briefes schließt eng an den Schluß des vorigen an. Im Blick auf die Gegner fixiert der Verfasser den Glauben, der die Welt besiegt hat, indem er noch einmal das Bekenntnis zitiert (5). Das präzisiert er in Auseinandersetzung mit der

gegnerischen Ansicht, daß der himmlische Christus und Gottessohn sich nur zeitweilig, von der Taufe bis zur Passion, mit dem irdischen Jesus verbunden habe: Der als Gottessohn identifizierte Jesus ist durch Wasser *und Blut* gekommen; Jesus ist nicht nur durch den Beginn seiner öffentlichen Wirksamkeit als Gottessohn gekennzeichnet, sondern gerade auch durch ihr Ende; gerade und besonders als der gewaltsam am Kreuz Gestorbene ist er der Sohn Gottes. Dafür setzt der Verfasser betont den einen Doppelnamen: Jesus Christus (6a.b). Anschließend geht er auf die Bezeugung des in dieser Weise präzisierten Bekenntnisses ein (6c–11). Zunächst führt er den Geist als Zeugen an (6c). Sodann nennt er nach dem Geist auch Wasser und Blut als Zeugen: In Verbindung mit dem Geist sind die geschichtlichen Daten von Jesu Taufe und Tod bleibendes Zeugnis seiner Gottessohnschaft und damit Zeugen für die Richtigkeit des Bekenntnisses (7f.). Schließlich führt er aus, daß das Zeugnis dieser Zeugen das Zeugnis Gottes selbst ist (9–11). Von ihm hebt er drei Gesichtspunkte hervor. Erstens gilt, daß es – weil es das Zeugnis Gottes über seinen Sohn ist – größer ist als menschliches Zeugnis (9). Zweitens gibt er die Folgerung für den das Zeugnis Anerkennenden und für den es Verweigernden an in bezug auf ihre jeweilige Stellung zum Zeugnis und zum Zeugnisgeber: Der eine hat das Zeugnis »in sich«, der andere erklärt Gott zum Lügner (10). Drittens bestimmt er es als das uns mit dem Sohn gegebene ewige Leben (11). Aus all dem zieht er abschließend die Konsequenz: Wer diesen Sohn hat, der selbst das Leben ist – und den Sohn »hat«, wer gemäß dem bezeugten Bekenntnis glaubt –, hat das Leben (12).
Hatte der Verfasser in 2,22 gefragt: »Wer ist der Lügner, wenn nicht derjenige, der leugnet, daß Jesus der Christus ist?«, so fragt er jetzt in Vers 5: »Wer aber ist es, der die Welt besiegt, wenn nicht derjenige, der glaubt, daß Jesus der Sohn Gottes ist?« Wie derjenige, der das Bekenntnis leugnet, Gott da verleugnet, wo er als wirklicher Gott offenbar geworden ist, in Jesus, und sich damit selbst in die Unwirklichkeit stellt, so ist derjenige Sieger über die Welt, der das Bekenntnis spricht und damit auf die in Jesus zutage getretene Wirklichkeit Gottes vertraut, sich auf sie einläßt und an ihr teilhat. »Unser Glaube« als »der Sieg, der die Welt besiegt hat« (4), wird hier näher bestimmt als der Glaube desjenigen, der gemäß dem Bekenntnis glaubt; und so erhält der Glaube seine Eindeutigkeit nicht von seinem Subjekt her, sondern durch seinen Gegenstand. Wie in 4,15 zitiert der Verfasser das Taufbekenntnis zu Jesus als dem Gottessohn, und wie dort liegt auch hier der Ton darauf, daß *Jesus* der Sohn Gottes ist. Weil das die Gegner bestreiten, wird das Bekenntnis

angesichts solcher Bestreitung zur Glaubensregel (→ zu 2,22). Es hält unverrückbar fest, daß nicht an Jesus vorbei über Gott spekuliert werden kann, sondern daß Gott in diesem Menschen – und in ihm allein – irdisch manifest geworden ist, in seiner Hingabe den Haß der Welt überwunden hat. Darum ist, wer Gott hier anerkennt, Teilhaber dieser Überwindung, ist er Sieger über die Welt.

Nachdem der Verfasser durch die Zitierung des Bekenntnisses den Glauben eindeutig bestimmt hat, arbeitet er in Vers 6 a.b den Sinn des Bekenntnisses in seiner Spitze gegen den christologischen Irrtum der Gegner noch schärfer heraus: »Dieser ist es, der durch Wasser und Blut gekommen ist, Jesus Christus. Nicht im Wasser allein, sondern im Wasser und im Blut.« Daß hier eine polemische Entgegenstellung gegen eine andere Ansicht vorliegt, ist unverkennbar an der Verneinung und Wiederholung. Diese Art der Formulierung ist nur verständlich, wenn sie sich gegen Leute wendet, die gerade das behaupten, was der Verfasser verneint, und das bestreiten, was er betont; die also vertreten, der Gesandte Gottes sei »im Wasser allein« gekommen und keineswegs »im Blut«. Da der Verfasser von »Wasser« und »Blut« als Merkmalen spricht, die je für sich das »Gekommensein« des von ihm mit Jesus identifizierten Gottessohnes charakterisieren, müssen sie sich auf bestimmte, voneinander unterschiedene geschichtliche Daten des Lebens Jesu beziehen. Daher ist es das Nächstliegende, daß »Wasser« die Taufe Jesu durch Johannes meint und »Blut« seinen Tod am Kreuz.

Zum Sprachgebrauch »Wasser« = Taufwasser bzw. Taufe vgl. Mk 1,8 par. 10 par; Joh 1,26.31.33; Apg 1,5; 8,36.38 f.; 11,16; Eph 5,26; Hebr 10,22; 1 Petr 3,20 f.; Did 7,1–3; Barn 11,1.8.11; IgnEph 18,2; Herm vis III,3; mand IV,3; sim IX,16; »Blut« zur Bezeichnung gewaltsamen Todes steht in Mt 23,35/Lk 11,50 f.; Mt 27,4.6.8.24 f.; Apg 1,19; 5,28; 18,6; 20,26; Hebr 12,4; Offb 6,10; 19,2; 1 Clem 55,1; IgnSm 6,1; Pol 2 Phil 2,1.

Die Gegner halten demnach dafür, daß der Gottessohn bei der Taufe Jesu durch Johannes auf diesen herabkam, sich zeitweilig mit ihm verband, mit seinem niedrigen Todesschicksal aber nichts zu tun hat. Demgegenüber vertritt der Verfasser in Auslegung des Bekenntnisses, das die Identität von Jesus und Gottessohn festhält: Nicht nur der Beginn seiner öffentlichen Wirksamkeit, die Taufe durch Johannes, kennzeichnet Jesus als Gottessohn. Der Verfasser denkt hier sicherlich an das Zeugnis des Täufers in Joh 1,32–34. Aber der Ton liegt auf der anderen Aussage: Gerade vom gewaltsamen Ende der Wirksamkeit Jesu, von seinem schmählichen Tod am Kreuz, darf theologisch nicht abgesehen werden. Gerade der *Gottessohn* Jesus, der selber das Leben ist (1,2), ist diesen Tod gestorben. Gott ist kein Gott, der mit der Niedrigkeit dieses Todes nichts zu tun hätte und über sie erhaben wäre. Gerade hier ist er Gott, wirklicher Gott, deshalb auch wirklich Heil schaffender Gott, der den erniedrigten und getöteten Jesus nicht dem Tode überläßt, sondern Niedrigkeit und Tod überwindet und Leben schafft und Anteil am Leben gibt, indem er Vergebung wirkt (→ zu 1,7). Diesen Sinn des Bekenntnisses, das es verhindert, einen Gottessohn und Christus von Jesus abzutrennen, und das das »Gott in Jesus« bis zu dessen Tod festhält, bringt der Verfasser auch mit dem Doppelnamen »Jesus Christus« zum Ausdruck, den er betont am Schluß von Vers 6a setzt, zum letztenmal in seinem Schreiben.

Daß sich der Verfasser bei der Erwähnung von »Wasser« und »Blut« auf die Stelle Joh 19,34 b bezieht – falls er sie überhaupt gelesen hat und es sich nicht um eine spätere Hinzufügung handelt –, wonach auf den Lanzenstich hin aus der Seite Jesu »Blut und Wasser« herauskam, ist nach allem Gesagten ausgeschlossen. Bei einem Bezug hierauf wäre die Formulierung, daß Jesus durch bzw. im Wasser und Blut *»gekommen«* ist, unverständlich.

Wenn der Verfasser in Vers 6c fortfährt: »Und der Geist ist es, der bezeugt«, so erfolgt wohl auch diese Formulierung zur Abwehr der Gegner. Wenn sie die These verträten, daß der Gottessohn bei der Johannestaufe auf Jesus herabgekommen sei, dann werden sie den Geist, der auch nach johanneischer Tradition in Gestalt einer Taube auf Jesus herabgestiegen ist (Joh 1,32f.), mit dem Gottessohn bzw. Christus identifiziert haben. Demgegenüber weist der Verfasser dem Geist lediglich eine Zeugenfunktion zu. Er ist »der Bezeugende«, wie es wörtlich heißt. Diese betonte Formulierung bezieht sich »nicht darauf, dass der Geist und kein anderer zeugt, sondern darauf, dass er dem Thun Christi gegenüber nur das Zeugen zu seinem Geschäfte hat, nicht etwa auch ein gründendes Thun« (Haupt 264). Ist also die Bestimmung des Geistes als Zeuge durch die Entgegenstellung zur gegnerischen Interpretation der Überlieferung über die Taufe Jesu veranlaßt, so hat der Verfasser hier doch nicht nur die Situation der Taufe Jesu im Blick. Seine Bestimmung des Geistes als Zeuge ist vielmehr grundsätzlicher Art, wie die Begründung am Schluß des Verses zeigt: »Denn der Geist ist die Wahrheit.« Der Verfasser nimmt hier die Verheißung des Parakleten aus dem JohEv auf, der 14,17; 15,26 und 16,13 »Geist der Wahrheit« genannt wird; nach 15,26 ist es wie hier seine Funktion, über Jesus Zeugnis abzulegen. Er ist ein solcher Zeuge, weil er die Wahrheit ist. Die Wahrheit aber ist die in Jesus offenbar gewordene Wirklichkeit

Gottes, die sich selbst bezeugt. Daß sich diese Wirklichkeit in der Welt selbst erschließt und durchsetzt, daß sie nicht ein bloß vergangenes Ereignis war, sondern gegenwärtig ist und daß sie in ihren irdischen Konkretionen doch unverfügbar *Gottes* Wirklichkeit bleibt – das ist der Sinn der Rede vom Geist. Dem fügt es sich, daß nach 2,27 und 4,2 der Geist das Bekenntnis lehrt und spricht, das im Festhalten an der Identität von Jesus und Gottessohn die Wirklichkeit Gottes aussagt. Auch hier in 5,6 steht das Zeugnis des Geistes für die Richtigkeit des dahingehend präzisierten Bekenntnisses, daß die Identität von Jesus und Gottessohn gerade und besonders auch den Tod Jesu einschließt. Es ist deutlich, daß hier keine Zeugenschaft vorliegt, die außerhalb der bezeugten Wirklichkeit steht und die so »für neutrales Urteil die Richtigkeit der Glaubensbehauptung feststellen könnte« (Bultmann 83), sondern hier handelt es sich um Selbstbezeugung.

Das tritt auch klar in den folgenden beiden Versen 7 und 8 hervor: »Denn drei sind es, die bezeugen, der Geist, das Wasser und das Blut; und die drei sind eins.«

In drei griechischen Handschriften des 14.–16. Jahrhunderts, in einer späten Randglosse einer griechischen Handschrift des 12. Jh., in einigen altlateinischen Handschriften und in späteren Handschriften der Vulgata, darunter vor allem in den offiziellen Ausgaben von 1590 und 1592, lauten diese Verse, wobei sich Umstellungen der beiden Satzhälften und Varianten im Wortlaut finden: »Denn drei sind es, die bezeugen *im Himmel, der Vater, das Wort und der heilige Geist; und diese drei sind eins. Und drei sind es, die bezeugen auf der Erde*, der Geist, das Wasser und das Blut; und die drei sind eins.« Bei den kursiv gesetzten Worten handelt es sich um das berühmte *comma* (= Satz, Satzteil) *iohanneum*, dessen ältester sicherer Zeuge Priscillian (Ende 4. Jh.) ist. Ob es schon von Cyprian (3. Jh.) bezeugt wird und ob es Bestandteil des griechischen Textes war, ist umstritten. Jedenfalls ist es ein sekundärer Zusatz, der aus dogmatischen Gründen (Beleg für die Trinitätslehre) im 3. oder 4. Jh. in Nordafrika oder Spanien dem Text hinzugefügt wurde. Wäre es ursprünglich, ließe sich das Ausfallen einer solchen Aussage in den meisten und in den besten Handschriften schlechterdings nicht erklären. Erasmus nahm das *comma iohanneum* voller Zweifel 1522 in seine dritte Ausgabe des griechischen NT auf, nachdem es ihm in einer griechischen Handschrift (Minuskel 61) nachgewiesen worden war. Von daher wurde es allgemein anerkannter Text. In Luthers Übersetzung gelangte es 1581. Die *Congregatio Sanctae Inquisitionis*, die höchste päpstliche Behörde, behauptete noch 1897 ausdrücklich seine Echtheit und untersagte es, an ihr zu zweifeln. Erst eine neuerliche Entscheidung dieses (inzwischen *Congregatio Sancti Officii* genannten) Gremiums von 1927 erlaubte seine freie wissenschaftliche Erforschung. – Literatur: *Thiele, W.:* Betrachtungen zum Comma Iohanneum (1 Joh 5,7f.), ZNW 50, 1959, 61–73. – *Schnackenburg* 44–46.

Der Satz von den drei Zeugen ist als Begründung angeschlossen. Er kann aber weder die unmittelbar vorangehende Aussage, daß der Geist die Wahrheit ist, begründen noch auch die von der Zeugenschaft des Geistes; denn auch in Vers 8 begegnet der Geist als Zeuge. Er muß sich daher auf die Aussage des Bekenntnisses in Vers 5 und seine Präzisierung in Vers 6 a.b beziehen; er ist ein Beleg für die Richtigkeit des in dieser Weise präzisierten Bekenntnisses. Aber inwiefern sind das die drei hier genannten Zeugen: der Geist, das Wasser und das Blut? Wieso werden nach dem einen Zeugen jetzt drei genannt? Und was ist mit »Wasser« und »Blut« an dieser Stelle gemeint? Will man nicht annehmen, daß der Verfasser hier unter der Hand und ohne jeden Hinweis für »Wasser« und »Blut« eine andere Bedeutung voraussetzt als vorher, so sind darunter auch hier die Taufe und der Tod Jesu zu verstehen – geschichtliche Daten also, die die öffentliche Wirksamkeit Jesu eingrenzen, Anfang und Ende seines Auftretens kennzeichnen. Da diese Daten vorher schon zur Verdeutlichung des Bekenntnisses angeführt wurden und sie jetzt als Zeugen eben dieses Bekenntnisses erscheinen, ist es klar, daß diese Zeugen ebensowenig wie der Geist außerhalb der Wirklichkeit stehen, die sie bezeugen, sondern daß es bei ihrer Zeugenschaft um die Selbstevidenz der mit ihnen bezeichneten Wirklichkeit des Menschen Jesus als Wirklichkeit Gottes geht. Deshalb ist das Zeugnis dieser Zeugen, obwohl sie vergangene Tatbestände bezeichnen, ein gegenwärtiges, und deshalb wird mit ihnen zusammen und vor ihnen noch einmal der Geist als Zeuge genannt. Die ausdrückliche Nennung von Wasser und Blut als Zeugen führt damit nur aus, was schon in Vers 6 eingeschlossen war. Die Bemerkung, daß »die drei eins sind«, ihr Zeugnis also übereinstimmt, weist daraufhin, daß die Anführung von *drei* Zeugen veranlaßt ist durch den biblischen Grundsatz, eine Sache solle auf die Aussage von zwei oder drei Zeugen hin gelten (5 Mose 19,15; vgl. 17,6), der in mancherlei Hinsicht im Urchristentum aufgenommen worden ist (Mt 18,16; Joh 8,17; 2 Kor 13,1; Hebr 10,28).

Für Vers 6 ist der Bezug von »Wasser« und »Blut« auf die geschichtlichen Daten von Taufe und Tod Jesu heute fast durchweg anerkannt und die früher oft geübte Deutung auf die beiden christlichen Sakramente Taufe und Abendmahl abgelehnt. Dagegen wird sie für Vers 8, weil Vers 7 von gegenwärtigen Zeugen spricht, häufig vertreten. Doch abgesehen davon, daß der Verfasser dann einen stillschweigenden Bedeutungswechsel für die Begriffe »Wasser« und »Blut« vornähme und so einen neuen Gesichtspunkt einführte, dessen Sinn im Zusammenhang er nicht darlegt, ist eine solche Deutung auch vom Sprachgebrauch her unwahrscheinlich. Zwar kann »Wasser« für die Taufe stehen, aber es gibt keine einzige Stelle in den urchristlichen Schriften, an der eindeutig mit dem bloßen Wort »Blut« das Abendmahl bezeichnet wäre.

In Vers 9 macht der Verfasser deutlich, daß das Zeugnis, von dem er in diesem Zusammenhang spricht, das Zeugnis Gottes selber ist, und hebt zugleich dessen verpflichtenden Charakter in einer Argumentation vom Kleineren zum Größeren hervor: »Wenn wir das Zeugnis der Menschen annehmen – das Zeugnis Gottes ist größer.« Es liegt hier keine alternative Gegenüberstellung von Menschenzeugnis und Gotteszeugnis vor, sondern eine Überbietung des ersten durch das zweite, die dessen größere Verpflichtung hervorhebt. Dieselbe Satzstruktur fand sich 3,19b.20. Dort war das verurteilende Herz keine sich ausschließende Alternative zu dem größeren Gott; es handelte ja zu Recht. Wohl aber wurde das Gewicht seines Urteils von Gottes Gnade überboten. So ist auch hier nicht anzunehmen, daß das Zeugnis der Menschen ein falsches Zeugnis sei, also etwa das von den Irrlehrern gegebene im Blick wäre. Es ist vielmehr ein Zeugnis, das Menschen zu Recht geben. »Wir sind fortwährend genötigt, auf den Bericht von Menschen uns zu stützen und ihnen Glauben zu erweisen. Wer jedermann als Lügner behandeln und sich über jedes Zeugnis der andern hinwegsetzen wollte, würde sich das Leben arm und zur Qual machen. Denn er würde die Gemeinschaft aufheben, in der wir allein gedeihen« (Schlatter 168). In diesem allgemeinen Sinn dürfte »das Zeugnis der Menschen« verstanden sein. Ein direkter Bezug auf Joh 5,34, wo Jesus im Blick auf den Täufer feststellt, daß er nicht von einem Menschen das Zeugnis annimmt, ist nicht wahrscheinlich, da der Verfasser im Plural (das Zeugnis *der* Menschen) formuliert. Aber wie Joh 5,36 betont er, daß das Zeugnis Gottes größer ist.

Doch diese Aussage gilt nicht einfach bloß formal deshalb, weil eben Gott überhaupt und grundsätzlich größer ist als der Mensch, sondern sie wird vom Inhalt des Gotteszeugnisses her begründet: »Denn das ist das Zeugnis Gottes, daß er über seinen Sohn Zeugnis abgelegt hat.« Von hier aus wird auch deutlich, daß die Gegenüberstellung von Menschenzeugnis und Gotteszeugnis keine einfache Relation von kleiner und größer darstellt. »Das ›größer‹ ist nicht ein gewöhnlicher Komparativ, sondern deutet die völlig neue Dimension an, in die das Zeugnis Gottes gegenüber dem der Menschen führt« (Brox 89). Das Zeugnis Gottes überragt das der Menschen schlechthin, weil es einen einzigartigen Inhalt hat, den nur Gott selbst bezeugen kann; es »handelt von einem Gegenstand, über den zu sprechen Gott, und Gott allein, die volle Zuständigkeit besitzt. Es betrifft seinen Sohn« (Brooke 138); es betrifft seine in Jesus erfolgte Selbstoffenbarung. Darüber, über Gott, kann nur Gott selbst gültig Zeugnis ablegen. Vom Inhalt des Gotteszeugnisses her ergibt es sich eindeutig, daß es kein anderes Zeugnis ist als das vorher genannte Zeugnis des Geistes und das Zeugnis von Wasser und Blut. Das hier in bezug auf das Gotteszeugnis gebrauchte griechische Perfekt, das die Abgabe des Zeugnisses als in der Vergangenheit erfolgt und dessen bleibende, bis in die Gegenwart fortdauernde Gültigkeit zugleich aussagt, faßt Vers 6a (Vergangenheitsform: »der gekommen ist«) und die Verse 6c und 7 (Gegenwartsformen: »der bezeugt«, »die bezeugen«) zusammen. Über Gott kann nur Gott selbst Zeugnis ablegen – aber er hat es getan, indem er über seinen Sohn Zeugnis ablegte, der kein anderer ist als Jesus, »der durch Wasser und Blut gekommen ist«; er hat es getan, indem er sich hier in konkrete Geschichte hineinbegab, sich hier irdisch manifestierte. Und er tut es im Zeugnis des Geistes, das die gültige Vergegenwärtigung dieser Manifestation ist, wie sie das Bekenntnis verwahrt; er tut es im Bekenntnis der Glaubenden. Sachlich nimmt der Verfasser damit auf, was der Evangelist in 5,31–38 und 15,26f. ausführt: Jesus zeugt nicht über sich selbst, sondern ein anderer, Gott selbst, ist sein Zeuge; und doch gibt es dieses Zeugnis Gottes nur im Selbstzeugnis Jesu. Und das Zeugnis des Geistes, das das Selbstzeugnis Jesu aufnimmt, erfolgt im Zeugnis der Jünger.

Es ist also immer wieder deutlich geworden, daß die genannten Zeugen und ihre Zeugnisse keine Instanzen sind, die einer neutralen Beurteilung zugänglich wären, sondern als Zeugen sind sie nur dem Glauben erkennbar. Nun lenkt der Verfasser, nachdem er die unvergleichliche Größe des Gotteszeugnisses herausgestellt hat, in Vers 10 den Blick wieder ausdrücklich auf den Glauben, indem er aus der Annahme und Ablehnung dieses Zeugnisses jeweils eine Folgerung zieht. Er beschreibt zunächst den positiven Fall: »Wer an den Sohn Gottes glaubt, hat das Zeugnis in sich.« Glaube an den Sohn Gottes ist Annahme des Zeugnisses, das Gott über seinen Sohn gegeben hat und wie es das Bekenntnis formuliert, das nach Vers 5 ja den Glauben zum Inhalt hat, daß Jesus der Sohn Gottes ist. Wer gemäß diesem Bekenntnis glaubt, das das Zeugnis Gottes selbst hat, hält mit dem Bekenntnis dieses Zeugnis fest, ist sich selbst (und anderen) als so Glaubender zum Zeugnis geworden. »Das Ereignis des Glaubens ist das Zeugnis« (Bultmann 86) – des Glaubens aber, dessen Gegenstand durch das Bekenntnis klar und unmißverständlich bestimmt ist.

Statt »in sich« kann allerdings auch übersetzt werden »in ihm«, wobei »in« im Sinne von »durch« zu verstehen wäre: Wer an den Gottessohn glaubt und also das Zeugnis angenommen hat, das Gott über seinen Sohn gab, darf gewiß sein, dieses Zeugnis nicht durch irgendwen, sondern durch Gott selbst zu haben.

Anschließend beschreibt der Verfasser den negativen Fall: »Wer Gott nicht glaubt, hat ihn zum Lügner gemacht.« Dem Glauben an den Gottessohn am Anfang des Verses steht hier in antithetischer Parallele gegenüber, Gott nicht zu glauben. Gott glauben und an den Gottessohn glauben ist offensichtlich identisch. Das zeigt auch die Begründung, die der Verfasser folgen läßt: »Denn er hat nicht an das Zeugnis geglaubt, das Gott über seinen Sohn bezeugt hat.« Gott glaubt nicht, wer dem Zeugnis Gottes über seinen Sohn die Anerkennung verweigert. Glaube an Gott gibt es nur in der Anerkenntnis dieses Zeugnisses; Gott glaubt nur, wer an Jesus glaubt, weil in ihm Gott gezeigt hat, wer er wirklich ist. Und dieser Glaube ist im Bekenntnis formuliert. Wer ihm die Anerkennung verweigert und damit *Jesus* verwirft, hat so *Gott* zum Lügner erklärt, der gerade über Jesus Zeugnis abgelegt hat. Hier ist negativ formuliert, was der Evangelist 3,33 in ähnlicher Weise positiv ausführt: »Wer sein (Jesu) Zeugnis aufnimmt, hat besiegelt, daß Gott wahrhaftig ist.« Der Glaube ist das Siegel des Menschen auf die wahre Wirklichkeit Gottes, wie sie im Selbstzeugnis Jesu begegnet, ist seine Zustimmung zu ihr.

Nach der Herausstellung seiner Größe und nach der Angabe einer Konsequenz seiner Annahme oder Ablehnung führt der Verfasser in Vers 11 als dritten Aspekt des Gotteszeugnisses an: »Und das ist das Zeugnis, daß Gott uns ewiges Leben gegeben hat, und dieses Leben ist in seinem Sohn.« War nach Vers 10a der das Zeugnis Gottes Annehmende und damit das Bekenntnis Bejahende als so Glaubender sich selbst (und anderen) zum Zeugnis geworden, so gilt jetzt als Zeugnis das Leben, das die Gemeinde hat (vgl. 3,14) – das sie aber nur hat als Gabe Gottes, der den Sohn gegeben hat (4,9), der selbst das Leben ist (1,2). Er ist es aber gerade auch als der, der »im Blut gekommen« ist, der eines gewaltsamen und schmählichen Todes starb. Das Zeugnis über diesen elend umgekommenen Menschen als Zeugnis *Gottes* – das ist ein Zeugnis gegen den Tod, das ist Leben, ewiges Leben, an dem die Gemeinde, die dieses Zeugnis annahm, teilhat.

Der abschließende Vers 12 gibt in einem strengen antithetischen Parallelismus den Ertrag des gesamten Unterabschnittes an: »Wer den Sohn hat, hat das Leben; wer den Sohn Gottes nicht hat, hat das

Leben nicht.« Nach den vorangegangenen Darlegungen »hat« den Sohn, wer an den Sohn Gottes glaubt (10), und zwar gemäß dem Zeugnis, das der Sohn hat (6 c–9), und dieses Zeugnis ist im Bekenntnis verwahrt (5). Diese Bindung an das Bekenntnis ist das Besondere dieser Stelle gegenüber der ansonsten engen Parallele in Joh 3,36: »Wer an den Sohn glaubt, hat ewiges Leben; wer aber dem Sohn ungehorsam ist, wird das Leben nicht sehen, sondern der Zorn Gottes bleibt auf ihm.« Die Bindung an das Bekenntnis ist notwendig in einer Situation, in der andere meinen, den »Vater« (2,23) und den »Sohn« bei gleichzeitiger Verwerfung von Jesus zu »haben«, indem sie Gott in ihrem eigenen innersten Wesen entdecken. Den Sohn hat, wer das Bekenntnis spricht; und wer diesen Sohn hat, den das Bekenntnis nennt, hat auch Leben. Denn das Bekenntnis hält mit seinem Bezug auf Jesus die Leben schenkende Tat Gottes fest, auf deren Wirklichkeit sich die Glaubenden in ihrer Liebe untereinander einlassen und darin schon jetzt Leben haben.

Schluß (5,13)

13 Das habe ich euch geschrieben, damit ihr wißt, daß ihr ewiges Leben habt, die ihr an den Namen des Sohnes Gottes glaubt.

Mit diesem Satz beendet der Verfasser sein Schreiben; er blickt auf sein ganzes Werk zurück, indem er ihm eine abschließende Zweckbestimmung gibt und noch einmal seine Leser kennzeichnet. Der Begriff »Leben« bzw. »ewiges Leben«, den er hier aufnimmt, war schon in der Einleitung von zentraler Bedeutung (1,1 f.). Das Leben, das dort mit Jesus Christus identifiziert und als Gegenstand der Verkündigung genannt worden war, das nach 2,25 verheißen ist, das sich nach 3,14 f. in der Bruderliebe realisiert, das nach 5,11 f. im Sohn ist und das derjenige hat, der den Sohn hat, indem er glaubt, was das Bekenntnis sagt – dieses Leben haben die Leser als Glaubende. Sie glauben an den Namen des Gottessohnes, d. h. an den Gottessohn selbst (→ zu 3,23), der das Leben ist und durch den sie leben (4,9). Mit diesen Aussagen weist der Vers 5,13 große Ähnlichkeit mit Joh 20,31 auf: »Das aber ist geschrieben, damit ihr glaubt, daß Jesus der Christus ist, der Sohn Gottes, und damit ihr als Glaubende Leben habt durch seinen Namen.« Nicht nur die Einleitung des Briefes ist also dem Prolog des Evangeliums nachgebildet, sondern auch sein (ursprünglicher) Schluß dem (ursprünglichen) Schluß des Evangeliums, die beide jeweils den Zweck des Schreibens angeben. Der Briefschluß hat seinen besonderen Akzent darin, daß er als Zweck nicht die Erlangung des Lebens angibt, sondern das Wissen um seinen Besitz. Die Leser haben schon das Leben; sie sollen es nur auch *wissen* und dieses Wissen festhalten trotz dem Leben widersprechender Erfahrungen, trotz scheinbar siegreicher Todeswirklichkeit. Der Zweck des Briefes ist also Vergewisserung und Festigung. Die Leser sollen in ihrem Glauben gestärkt werden durch das Wissen des Glaubens, durch die Besinnung auf den Glaubensgrund, durch die theologische Reflexion des Glaubensinhaltes. Und dementsprechend wird als Zweck des Schreibens auch nicht die Wekkung von Glauben angegeben, sondern der Verfasser kennzeichnet seine Leser ein letztes Mal als Glaubende (vgl. 2,12–14.20f.27) und nennt den unvergleichlichen Gegenstand ihres Glaubens, wobei er eine Formulierung aus Joh 1,12 aufnimmt. Er schreibt an Christen, die er für rechtgläubig hält; sie will er bestärken, ihren Glauben will er durch theologische Argumentation festigen; sie sollen für die Auseinandersetzung mit den Irrlehrern Kriterien des rechten Glaubens an die Hand bekommen und in der Bindung an den Namen Jesus des ihnen geschenkten Lebens gewiß sein.

Anhang (5,14–21)

14 Und das ist die Zuversicht, die wir zu ihm haben: Wenn wir etwas seinem Willen gemäß bitten, hört er uns.   15 Und wenn wir wissen, daß er uns hört, was immer wir bitten, wissen wir, daß wir die Bitten erfüllt erhalten, die wir von ihm erbeten haben.   16 Wenn jemand seinen Bruder eine Sünde begehen sieht, die nicht zum Tode ist, soll er bitten; und er wird ihm Leben geben, denen, die nicht zum Tode sündigen. Es gibt Sünde zum Tode; nicht in bezug auf jene sage ich, daß er bitte.   17 Jede Ungerechtigkeit ist Sünde; und es gibt Sünde, die nicht zum Tode ist.   18 Wir wissen, daß keiner, der aus Gott gezeugt ist, sündigt, sondern der aus Gott Gezeugte bewahrt ihn; und der Böse rührt ihn nicht an.   19 Wir wissen, daß wir aus Gott sind, und die ganze Welt liegt im Bösen. 20 Wir wissen aber, daß der Sohn Gottes gekommen ist, und er hat uns Einsicht gegeben, damit wir den Wahrhaftigen erkennen; und wir sind in dem Wahrhaftigen, in seinem Sohn Jesus Christus. Dieser ist der wahrhaftige Gott und ewiges Leben.   21 Kinderchen, hütet euch vor den Götzen!

Literatur: *Bauernfeind, O.:* Die Fürbitte angesichts der »Sünde zum Tode«, in: Von der Antike zum Christentum. Festgabe für Victor Schultze, Stettin 1931, 43–54.

Eine Zusammenfassung der Argumente, die es wahrscheinlich machen, daß in diesen Versen ein sekundärer Anhang von fremder Hand vorliegt, ist in der Einführung gegeben worden (→ 2.). Auf dieses Problem wird in der Einzelexegese immer wieder einzugehen sein. Liegt aber ein Anhang vor, muß zumindest gefragt werden, was er in welcher Situation beabsichtigt. Eine Antwort darauf soll am Schluß der Besprechung versucht werden. Ein solcher Versuch setzt voraus, daß der Anhang einer einheitlichen Konzeption entspringt und nicht das Ergebnis einer mehr oder weniger zufälligen Ansammlung verschiedenen Materials ist. Diese Voraussetzung trifft zu, wie schon der Aufbau zeigt. Der Anhang beginnt mit der traditionellen These, daß Gott seinem Willen entsprechende Bitten erhört (14), und stellt betont die Gewißheit (zweimaliges »wir wissen«) der Erfüllung solcher Bitten heraus (15). Diese allgemeine These wird dann auf einen speziellen Fall angewandt, nämlich die Fürbitte für den sündigenden Bruder. Doch dabei erfolgt eine stark herausgestellte Unterscheidung zwischen »Sünde zum Tode« und »Sünde nicht zum Tode«; die Fürbitte soll sich nur auf letztere beziehen (16f.). Da durch die Erwähnung der Möglichkeit von Todsünde die Heilsgewißheit der Gemeinde problematisiert erscheint, gibt der Anhang anschließend eine kräftige Vergewisserung (dreimaliges »wir wissen«). Er tut das so, indem er zunächst eine allgemein gehaltene These zitiert, daß der aus Gott Gezeugte nicht sündigt (18). Die wird dann auf die Gemeinde bezogen: Sie ist aus Gott, sie hat Erkenntnis des Wahrhaftigen und ist in ihm (19f.). Auf diese Vergewisserung folgt abschließend die Mahnung, sich vor den Götzen zu hüten (21).

Der Anhang beginnt in Vers 14 mit einer für den Brief typischen Wendung (vgl. zuletzt 5,11); und auch der Begriff, der – mit ihr eingeleitet – näher bestimmt wird, ist dem Brief entnommen: »Und das ist die Zuversicht, die wir zu ihm haben.« Das mit »Zuversicht« übersetzte griechische Wort *parrhēsia* begegnete vorher in 2,28; 3,21 und 4,17. An allen drei Stellen fand es sich in einem gerichtlichen Zusammenhang, weshalb es mit »Freimut« übersetzt wurde. 2,28 und 4,17 stand es in bezug auf das Endgericht, 3,21 in bezug auf das gegenwärtig verurteilende Herz. Aus der Freiheit ihm gegenüber folgte dort der Freimut, der sich nach 3,22 vor allem im erfüllungsgewissen Bitten artikulierte (→ zu 3,21f.). Allein dieser letzte Zusammenhang – ohne jeden gerichtlichen Aspekt – ist in 5,14 als Inhalt der *parrhēsia* aufgenommen: »Wenn wir etwas seinem Willen gemäß bitten, hört er uns.« Die hier ausgedrückte *parrhēsia* ist also Zuversicht, genauer: Gebetszuversicht. Sie gilt gegenüber dem, der auch die Bitten erfüllt; daher ist wahrscheinlich Gott selbst gemeint. Die nähere Bestimmung des Bittens als »gemäß seinem Willen« findet sich in der Formulierung lediglich hier in urchristlichen Schriften, der Sache nach ist aber auch in 3,22 nur ein solches Bitten im Blick. Anderes Bitten hat keine Erfüllung (vgl. Jak 4,3). Die Zuversicht bezieht sich darauf, daß Gott »hört«. Das bedeutet kein bloßes Anhören, sondern dieses Hören Gottes ist – wie Joh 9,31; 11,41 f. – zugleich ein *Er*hören. Vers 15 unterstreicht die Gewißheit dieses Erhörens: »Und wenn wir wissen, daß er uns hört, was immer wir bitten, wissen wir, daß wir die Bitten erfüllt erhalten, die wir von ihm erbeten haben.« Der Anhang beruft sich auf ein Wissen, wie es auch häufig im Brief geschah (»wir wissen«, »ihr wißt«). Wie dort dürfte damit hier ein in der Überlieferung der Gemeinde verwahrtes Wissen gemeint sein (vgl. die zu 3,22 angeführten Stellen). Dieses überlieferte Wissen lebt in der gegenwärtigen Gewißheit seiner Richtigkeit. Was nach Joh 11,42 Jesus sagte: »Ich aber wußte, daß du mich immer hörst«, das sagt hier die Gemeinde. Und ihre Gewißheit, gehört zu werden, schließt die andere Gewißheit ein, das Erbetene schon zu »haben«, wie es wörtlich heißt (zur Verbindung von »bitten« und »haben« vgl. Jak 4,2). »Das Erbetene ist aber doch immer nur das uns Mangelnde, da wir es ja nur erbitten, weil wir es noch nicht haben; und die Spitze der Rede liegt gerade darin, dass in der wahren Zuversicht zu Gott das Nichthaben durch das Gebet sich unmittelbar in das Haben verwandelt« (Weiß 166). Die Gewißheit, schon zu haben, ist nicht die Folge vorweisbaren Besitzens, sondern gründet allein im Vertrauen darauf, daß Gottes gnädiger Wille, gemäß dem und an den die Bittenden appellieren, auch wirksam ist.

Diese Aufnahme und breite Darlegung eines Motivs des Briefes dient dem Anhang als Rahmen, innerhalb dessen er nun ein spezielles Thema abhandelt, das vorher noch nicht zur Sprache kam, auf das es ihm aber besonders ankommt. Dieses Thema ist das der Fürbitte für den sündigenden Bruder, das heißt, es kommt das Problem der Sünde der Glaubenden in den Blick; und zwar in einer bestimmten Zuspitzung, insofern zwischen »Sünde zum Tode« und »Sünde nicht zum Tode« unterschieden wird. In bezug auf die »Sünde zum Tode« gibt es keine Fürbitte. Die Fürbitte für den sündigenden Bruder und die Gewißheit ihres Erfolges stellt der Anhang im ersten

Teil von Vers 16 heraus: »Wenn jemand seinen Bruder eine Sünde begehen sieht, die nicht zum Tode ist, soll er bitten; und er wird ihm Leben geben.« Der Anfang klingt dem Beginn von Mt 18,15 sehr ähnlich: »Wenn aber dein Bruder sündigt«. In Mt 18,15–17 folgen dann Anweisungen, wie mit diesem Bruder zu verfahren ist: Zunächst Ermahnung durch den, der die Sünde bemerkt hat; hört der Sünder nicht, Hinzunahme von einem oder zwei Zeugen; bleibt er ungehorsam, Meldung in der Gemeindeversammlung; hilft auch das nichts, soll er als »Heide und Zöllner« gelten. Der Ausgangspunkt ist in 1 Joh 5,16 genau derselbe wie in Mt 18,15; aber der Anhang des 1 Joh zeigt nicht die mindesten Ansätze zu kirchenrechtlichen Folgerungen, wie das in Mt 18,15–17 der Fall ist. Er fordert nicht einmal dazu auf, mit dem sündigenden Bruder zu reden (wie Lk 17,3; vgl. Gal 6,1), sondern stellt in schlichter Selbstverständlichkeit lediglich fest, daß der Bruder für den sündigenden Bruder bitten wird. Und mit derselben Selbstverständlichkeit beschreibt er den Erfolg dieser Bitte: »Er wird ihm Leben geben.« Das grammatische Subjekt dieser Aussage ist der Bittende (vgl. Jak 5,15.20). »Denn ein Subjektswechsel zwischen ›er wird bitten‹ und ›er wird geben‹ und dem folgenden ›er bitte‹ ist unwahrscheinlich« (Bultmann 90 Anm. 1). Aber da er es als *Bittender* ist, ergibt sich, daß der wirkliche Täter, der Leben gibt, der die Bitten erfüllende Gott ist. Die grundsätzliche Aussage der Verse 15 und 16, daß Gott unsere Bitten erhört, gilt. Darauf bezieht sich der Anhang auch für den Fall der Sünde des Glaubenden. Er schreibt keine Disziplinarmaßnahmen vor, sondern vertraut auch hier auf den gnädigen Willen Gottes, der Leben gibt und nicht Tod.

Aber er hat von vornherein eine Einschränkung gemacht, indem er die Sünde, die der Bruder begeht, kennzeichnet als eine, die »nicht zum Tode« führt. Und am Ende des Satzes, der vom Leben für den Sünder sprach, wiederholt er diese Einschränkung und verallgemeinert sie, indem er den Plural gebraucht: »denen, die nicht zum Tode sündigen«. Daran zeigt sich, daß hier ein für ihn ganz wesentlicher Punkt behandelt wird. Seine Gewichtigkeit unterstreicht auch der Schluß von Vers 16: »Es gibt Sünde zum Tode; nicht in bezug auf jene sage ich, daß er bitte.« Diese Unterscheidung von »Sünde nicht zum Tode« und »Sünde zum Tode« ist im Brief, der nicht selten von »Sünde« sprach, in keiner Weise angedeutet und durch nichts vorbereitet, ja sie steht im Gegensatz zu ihm. Dort war Sünde ganz wesentlich verstanden als Unbrüderlichkeit und Haß, was selbst schon als Tod galt. »Leben« ohne Liebe, »Leben« im Haß ist schon Tod (vgl. 3,14f.). Von hier aus ist weder eine Unterscheidung von

Todsünde und anderer Sünde möglich noch auch die Formulierung »Sünde zum Tode« (= Sünde, die zum Tod führt; vgl. Joh 11,4: »Krankheit zum Tode«), weil Sünde als Haß selbst schon Tod ist und nicht ein Mittel, das erst noch in den Tod führt. Sodann ist vom Brief her höchst problematisch die Aussage, daß sich die Fürbitte auf bestimmte Sünde nicht beziehen soll. Nach 1,7 »reinigt uns das Blut Jesu, seines Sohnes, von *jeder* Sünde« (vgl. 1,9), nach 2,2 ist Jesus Christus Sühnung nicht nur für unsere Sünden, »sondern auch für die ganze Welt«, nach 3,5 hat er die Sünden fortgeschafft, nach 3,8 die Werke des Teufels zerstört. Wer und was dürfte angesichts solcher Aussagen von unserer Fürbitte ausgeschlossen sein? Vom Text des Briefes her ist also diese Aussage des Anhangs zu kritisieren. Auslegungsversuche, die sie positiv aufnehmen wollen, können kaum überzeugen. Dürfen wir etwa den Fall setzen: »wenn wir mit aller Gewißheit wissen können, daß Gott selbst ... ihn (einen Bruder) von dem Leben abgeschnitten hat und so unsere Fürbitte Trotz und Auflehnung gegen die göttliche Entscheidung wäre« (Gaugler 274)? Woher sollen wir *solche* Gewißheit nehmen? Wäre sie nicht in jedem Falle Anmaßung? Darf man daraus, daß das Gebet als Bitte »die Schranken des göttlichen Willens achten muß«, auf eine Grenze für die Fürbitte schließen: »sie liegt da, wo die Grenze der göttlichen Gnade liegt« (Büchsel 87)? Wer will so vermessen sein, hier eine Grenze zu bestimmen, der er doch selbst nur als Sünder dank dieser Gnade vom Tod zum Leben gekommen ist? »Wir können nicht glauben, daß es jemals dem Willen Dessen, der kam, die Sünder zur Buße zu rufen, widersprechen kann, daß wir auch für die schlimmsten Sünder beten sollen (die schließlich – wir selbst sein könnten)« (Dodd 137). Wie immer auch die Todsünde inhaltlich bestimmt wird, erscheint eine solche Unterscheidung und die daraus gezogene Folgerung für die Fürbitte theologisch nicht gerechtfertigt.

Was aber meint der Anhang mit der »Sünde zum Tode«? Diese Formulierung begegnet im urchristlichen Schrifttum nur hier. Sie ist im AT und Judentum vorgeprägt. 4 Mose 15 unterscheidet zwischen versehentlichen Gebotsverletzungen (22–29; vgl. 3 Mose 4,2.13.22.27) und solchen »mit erhobener Hand« (= vorsätzlich, freventlich – 30f.). Wer letztere begeht, »soll aus der Mitte seines Volkes ausgerottet werden« (vgl. 3 Mose 18,29; 19,8; 20,1–18.27). Eine »Todsünde« wäre hiernach also ein Vergehen, das die Ausrottung aus dem Volk, das heißt die Todesstrafe, nach sich zieht. Ausdrücklich ist in dieser Weise von ihr die Rede in Jub 21,22; 26,34; 33,13.18; TestIss 7,1 (zum Gegenteil, der Sünde »in Unwissenheit«, vgl. Jub 22,14; TestJud 19,3). 1 QS 8,21f. heißt es: »Jeden

Mann unter ihnen, der ein Wort aus dem Gesetz Moses absichtlich oder aus Nachlässigkeit übertritt, soll man aus dem Rat der Gemeinschaft fortschicken.« Und dann folgen in 8,23–9,2 Angaben, wie in beiden Fällen disziplinarisch zu verfahren ist. Wenn auch der Begriff »Sünde zum Tode« in 1 Joh 5,16 aus dieser Tradition stammen dürfte, läßt sich doch sein Inhalt nicht von ihr her bestimmen; und zwar deshalb nicht, weil hier weder die Todesstrafe noch Maßnahmen der Kirchenzucht im Blick sind und weil vorausgesetzt wird, daß es für bloßes »Sehen« klar ist, ob es sich um eine Todsünde handelt oder nicht. Da diese Sünde offensichtlich nur von einem »Bruder« begangen werden kann, liegt es am nächsten, daß mit ihr der Abfall gemeint ist. Dafür gibt es sachliche Parallelen im urchristlichen Schrifttum. Hier ist weniger an das rätselhafte Wort von der Sünde gegen den heiligen Geist zu denken (Mk 3,28f.parr; vgl. seine Aufnahme in Did 11,7), sondern an Hebr 6,4–8, wo die Unmöglichkeit einer erneuten Buße für die Abgefallenen behauptet wird (vgl. 10,26–31; 12,14–17; vgl. weiter 2 Petr 2,20–22). Auch nach Herm sim 6,2,3 gibt es für die von Gott Abgefallenen keine »Buße zum Leben«, sondern ihnen gehört der Tod; dieser Tod aber »hat ewiges Verderben« (4).

In Vers 17 stellt der Anhang zunächst summarisch fest, was unter dem Begriff »Sünde« zu fassen ist: »Jede Ungerechtigkeit ist Sünde.« »Ungerechtigkeit« ist hier zweifellos der weitere Begriff. Alles, was mit ihm beschrieben werden kann und muß, ist keine Belanglosigkeit, über die zur Tagesordnung übergegangen werden könnte, sondern trägt das Merkmal der Sünde. Diese allgemeine Feststellung differenziert der Anhang anschließend sofort, indem er hervorhebt: »Und es gibt Sünde, die nicht zum Tode ist.« Wenn auch jede Ungerechtigkeit Sünde ist, so führt doch nicht jede Sünde zum Tod, sondern es gibt Sünde, in bezug auf die Fürbitte geboten ist und in bezug auf die sie Verheißung hat, Leben zu geben. Zweierlei ist hieran gegenüber dem Brief auffällig: a) In 1,9 wurden »Sünde« und »Ungerechtigkeit« fraglos als parallele Begriffe gebraucht; hier muß offensichtlich »jede Ungerechtigkeit« erst noch ausdrücklich als »Sünde« gekennzeichnet werden. b) In 3,4 galt jede Sünde unterschiedslos als Gesetzlosigkeit, also als besonderer Frevel; hier aber wird nach der Bezeichnung jeder Ungerechtigkeit als Sünde sofort wieder zwischen Sünde zum Tode und Sünde nicht zum Tode unterschieden.

Wenn es aber die Möglichkeit einer Sünde gibt, die unwiderruflich in den Tod führt, muß dann nicht jeder in der Gemeinde ständig in der Furcht leben, diese Sünde einmal begehen zu können? Bedeutet das aber nicht eine fundamentale Ungewißheit? Demgegenüber wollen die Verse 18–20 Gewißheit verschaffen. Sie geben Vergewisserung, indem sie immer wieder auf ein Wissen hinweisen, das die Gemeinde hat, also auf Inhalte ihrer Tradition. Daraus führt der Anfang von Vers 18 in thetischer Form an: »Jeder aus Gott Gezeugte sündigt nicht.« Der Anhang nimmt hier eine Aussage auf, die der Brief in (→) 3,9 anführte. Dessen Verfasser hatte sich dort eine Gegnerthese zu eigen gemacht und durch den Kontext zugleich verdeutlicht, daß sie nur innerhalb eines Kampfgeschehens gilt, in dem Gott seine den Sünder überwindende Wirklichkeit setzt. Ob der Verfasser des Anhangs in derselben Weise versteht, ist zumindest fraglich. Denn einmal fällt auf, daß das Thema der Zeugung aus Gott im Brief immer nur in polemischer Abgrenzung begegnet, nämlich in unlösbarer Verbindung mit der Bruderliebe und dem Bekenntnis. Das ist hier nicht der Fall. Was also dort eine von den Gegnern übernommene Aussage war, die in einen anderen, gegen sie gerichteten Bezugsrahmen gestellt wurde, das ist hier ein für sich stehender Bestandteil der Tradition. Zum anderen deutet die vorher erfolgte Differenzierung zwischen »Sünde zum Tode« und »Sünde nicht zum Tode« einen Unterschied im Verständnis des Satzes an, daß der aus Gott Gezeugte nicht sündigt. Denn da es die Möglichkeit der »Sünde zum Tode« ist, die Ungewißheit verursacht und nach Vergewisserung suchen läßt, die dieser Satz geben soll, besagt er an dieser Stelle faktisch nur die Unmöglichkeit von Todsünde für den aus Gott Gezeugten, auch wenn er der Tradition gemäß allgemeiner formuliert ist.

Die weiteren Ausführungen in Vers 18 unterstreichen die Aussage des ersten Satzes. Doch ist das Verständnis von Vers 18b umstritten. Es gibt vier Möglichkeiten: a) »Der aus Gott Gezeugte« in 18b (Partizip Aorist) ist mit dem in 18a (Partizip Perfekt) identisch, und die Satzaussage ist reflexiv zu verstehen: Der Glaubende bewahrt sich. – Dagegen spricht, daß das Wort »bewahren« »in den johanneischen Schriften nie mit dem Akkusativ des Reflexivpronomens gebraucht wird oder im NT mit solch einem absoluten Akkusativ« (Brooke 149), sondern dann etwa mit einem Prädikatsnomen (vgl. 1 Tim 5,22). b) Subjekt ist wieder der Glaubende, Objekt aber Gott. – Doch eine solche Verwendung von »bewahren« wäre singulär. c) Es liegt ein Semitismus vor. Das Partizip ist konditional zu verstehen, und Subjekt der Satzaussage ist Gott: »Wenn einer aus Gott gezeugt ist, den bewahrt er (Gott).« – Aber ein solches Verständnis ist für griechische Leser kaum erschwinglich. d) Der Wechsel vom Perfekt zum Aorist zeigt auch einen Wechsel der Person an. Mit dem aus Gott Gezeugten in 18b ist Jesus Christus gemeint: Er bewahrt den Glaubenden. – Dagegen ist eingewandt worden, daß die Bezeichnung Jesu Christi als des aus Gott Gezeugten im

Urchristentum sonst nicht belegt ist. Doch bedenkt man, daß die (sekundäre) singularische Lesart von Joh 1,13 (»der ... aus Gott gezeugt worden ist«, nämlich Jesus Christus) schon in die Zeit vor Tertullian zurückreicht und daß 1 Joh 5,14–21 ein späterer Anhang zum Brief ist, verliert dieses Argument seine Durchschlagskraft.

Daß »der aus Gott Gezeugte ihn bewahrt«, meint also wahrscheinlich die Bewahrung des Glaubenden durch Jesus Christus, womit Joh 17,12 aufgenommen ist (vgl. 10,28). So verstärkt der Verfasser des Anhangs die vorangehende Aussage, daß der aus Gott Gezeugte nicht sündigt, und vertieft sie, indem er klarmacht, daß die gesuchte Gewißheit nicht auf Leistungen der Glaubenden gründet, sondern aus dem Vertrauen auf das bewahrende Handeln Jesu Christi entspringt. Und so gilt weiter: »Und der Böse rührt ihn nicht an« (18 c). Das bedeutet keine Freiheit von Gefährdung und Versuchung, wohl aber, daß Gefährdung und Versuchung nicht zum Ziel gelangen (vgl. Joh 17,15).

Hatte also Vers 18 herausgestellt, daß der aus Gott Gezeugte Gewißheit haben darf, so wendet Vers 19 a diese Aussage auf die Gemeinde an: »Wir wissen, daß wir aus Gott sind.« Wieder bezieht sich der Anhang auf ein Wissen, also auf Tradition. Hier dürfte 1 Joh 4,4.6 im Blick sein. Die Gotteszeugung ist kein erstrebenswertes Ideal, sondern ein schon erfolgtes Handeln Gottes, das für die Gemeinde gilt. Sie ist überhaupt nur Gemeinde, hat nur von daher ihre Existenz, weil sie »aus Gott« ist, aufgrund seines schöpferischen Handelns zu ihm gehört; »und keiner kann (sie) aus der Hand des Vaters reißen« (Joh 10,29). Im Gegensatz dazu heißt es in Vers 19 b ganz pauschal und absolut: »Und die ganze Welt liegt im Bösen.« Nach Vers 18 kann nicht »das Böse« gemeint sein, sondern nur »der Böse«; und die sonst nicht begegnende Wendung vom Liegen in ihm bedeutet, daß die ganze Welt seiner Macht untersteht.

Im Gegenzug zu der Feststellung, daß die ganze Welt im Machtbereich des Bösen liegt, führt Vers 20 ein weiteres Wissen der Gemeinde an: »Wir wissen, daß der Sohn Gottes gekommen ist, und er hat uns Einsicht gegeben, damit wir den Wahrhaftigen erkennen.« Gegenüber der total erscheinenden Machtausübung des Bösen hat die Gemeinde einen Anhaltspunkt, der sie dieser Macht nicht unterworfen sein läßt. Sie weiß vom Gekommensein des Gottessohnes (zur Formulierung vgl. Joh 8,42). In der Bestimmung von dessen Zweck zeigt sich wieder ein bemerkenswerter Unterschied zum Brief. In 3,8 war nach der Feststellung, daß der Sünder aus dem Teufel ist, und nach deren Begründung, daß der Teufel von Anfang an sündigt, als

Zweck dessen, daß der Gottessohn offenbar geworden ist, die Zerstörung der Werke des Teufels angegeben worden (vgl. 3,5). Hier aber ist der Blick nicht kämpferisch gegen den Machtbereich des Bösen gerichtet, sondern nach der resignativ anmutenden Kenntnisnahme dieses Machtbereiches wird er nach innen gewandt und als Zweck des Gekommenseins des Gottessohnes die Gabe von Einsicht (*dianoia* – nur hier in den johanneischen Schriften) an die Gemeinde angegeben. Da es um die Einsicht geht, den Wahrhaftigen zu erkennen, gewinnt hier »Einsicht« die besondere Bedeutung von Fähigkeit zur Erkenntnis. Auch im Gebrauch von »erkennen« zeigt sich insofern ein Unterschied zum Brief, als dort dieser Begriff, der für die Gegner zentral war, immer polemisch im Blick auf sie verwandt wurde. Gegenstand des Erkennens ist hier »der Wahrhaftige«. Der »kann nach üblichem Sprachgebrauch nur Gott sein« (Bultmann 92; vgl. Jes 65,16; 1 Thess 1,9; Offb 3,7; 6,10; 1 Clem 43,6). Die nächste Parallele ist Joh 17,3, wo das Erkennen »den wahrhaftigen Gott« zum Gegenstand hat und seinen Gesandten Jesus Christus. Auf diese Stelle bezieht sich wohl auch das Wissen der Gemeinde. Der Feststellung scheinbar totaler Machtausübung des Bösen steht also gegenüber die vom Kommen des Gottessohnes bezweckte Fähigkeit der Gemeinde, *die* Wirklichkeit, *den* Wirklichen, den wahrhaftigen Gott zu erkennen. Die Fortführung von Vers 20 zeigt, daß dieser Zweck erreicht ist: »Und wir sind in dem Wahrhaftigen.« Erkenntnis dieser Wirklichkeit gibt es nur so, daß der Erkennende in sie hineingenommen wird; er kann nicht »von außen« erkennen. Die Gemeinde ist »drin«; das wird hier thetisch festgestellt (vgl. dagegen die polemische Aufnahme dieses Motivs in 2,5). Sie ist »in dem Wahrhaftigen«, indem sie, wie es in Vers 20 weiter heißt, »in seinem Sohn Jesus Christus« ist. Es liegt hier keine Apposition vor, sondern eine Erläuterung. Die Gemeinde ist nur so in Gott, daß sie in Jesus Christus ist; sie erkennt nur so den Wahrhaftigen, daß sie Jesus Christus als Offenbarung seiner Wirklichkeit erkennt. »Wer Gott unter Umgehung Christi haben will, hat nicht den wirklichen Gott« (Balz 204). Und so heißt es am Schluß von Vers 20: »Dieser ist der wahrhaftige Gott und ewiges Leben.« Es liegt am nächsten, daß sich diese Aussage auf die zuletzt genannte Person, also Jesus Christus, bezieht. Andernfalls läge bloße Wiederholung vor. Jesus Christus ist selbst wahrhaftiger Gott, in dem Gott Leben, ewiges Leben, gibt (→ zu 1,2; 4,9; 5,11 f.; »ewiges Leben« in einem ähnlichen Zusammenhang auch Joh 17,3). »Ursprung des Lebens ist zwar der Vater, aber die Quelle, aus der man schöpfen kann, ist Christus« (Calvin 340). Deshalb gehört zu Gott selbst, wer zu Jesus Christus gehört. Die

Prägnanz der Formulierung, Jesus Christus ist »der wahrhaftige Gott«, begegnet nur an dieser Stelle (vgl. Schnackenburg 291), aber sie liegt in der Konsequenz sowohl des JohEv (vgl. 1,1.18; 20,28) als auch des 1 Joh (vgl. 1,1 f.).

Nach der Vergewisserung, die die Verse 18-20 gegeben haben, schließt der Anhang mit einer Mahnung: »Kinderchen, hütet euch vor den Götzen!« Diese Wendung am Schluß erscheint reichlich unvermittelt, da ihr Inhalt weder im Brief noch im Anhang angeklungen ist. Das hier gebrauchte griechische Wort *eidōlon*, das nur an dieser Stelle in den johanneischen Schriften begegnet, meint das Götterbild und im Judentum und Christentum dann auch den falschen Gott, den Götzen. Daß jetzt vor den Götzen gewarnt wird, ist möglicherweise durch die vorangehende Bezeichnung Gottes als des Wahrhaftigen und Jesu Christi als des wahrhaftigen Gottes veranlaßt. Denn die Entgegensetzung des wahrhaftigen Gottes zu den nichtigen Götzen ist traditionell, wie schon der Anfang des von Paulus in 1 Thess 1,9 f. zitierten Missionssummariums zeigt: »Ihr habt euch Gott zugewandt weg von den Götzen, um dem lebendigen und wahrhaftigen Gott zu dienen.« Aber wenn man nicht unterstellen will, Vers 21 sei nur deshalb geschrieben, um ein traditionelles Motiv zu vervollständigen – aber warum dann gerade in Form einer Warnung? –, welchen Sinn hat dann diese Warnung? Bevor dieser Frage nachgegangen wird, sei aber herausgestellt, daß Vers 21 ein weiterer Beleg für den Anhangscharakter der Verse 14-21 ist. »Als Warnung vor Götzenbildern und heidnischen Kulten wäre dieser Satz am Ende des 1 Joh sinnlos« (Balz 204). Denn daß hier ein aktuelles Problem vorliege, das die Warnung notwendig machte, ist im ganzen Brief durch nichts angedeutet. Als Schluß des Briefes wäre diese Warnung verständlich, wenn sie einen Bezug auf die im Brief durchgängig bekämpften Gegner hätte, also eine Warnung »vor dem Gottesbild der Christusleugner« (Balz 204) wäre. Aber daß *eidōla* (= Götterbilder, Götzen) ohne jeden weiteren Hinweis und ohne jede Vorbereitung – nirgends bezeichnet der Verfasser das Treiben der Gegner als Rückfall ins Heidentum – das Gottesbild der Gegner meinen kann, ist mehr als unwahrscheinlich. Auch ein weiterer Versuch, das Wort »Götzen« übertragen zu verstehen, muß als gescheitert gelten: »Die Schlußmahnung besagt nichts anderes als dies: Hütet euch vor der Sünde!« (Nauck 137; aufgenommen von Schnackenburg 292) Aber in den zum Beweis angeführten Stellen aus Qumranschriften ergibt sich der übertragene Sinn des entsprechenden hebräischen Wortes immer nur aus parallelen Begriffen im Kontext. Ein Beleg dafür, daß ein absolut stehendes »Götze(n)« die

Bedeutung »Sünde« haben kann, ist nicht erbracht. Wenn also *eidōla* hier keine andere als die übliche Bedeutung haben kann, nämlich »Götterbilder«, die für Christen selbstverständlich »Götzen« sind, andererseits aber die Warnung davor überhaupt keine Berührung mit den im Brief geführten Auseinandersetzungen aufweist, dann ist das ein Hinweis darauf, daß sie nicht zum ursprünglichen Brief gehörte. Aber kann sie einen Sinn für den Anhang haben? Was soll eine Warnung vor den Götzen, und das heißt vor Rückfall ins Heidentum, nach der starken Vergewisserung in den Versen 18–20? Eine solche Warnung erscheint dann als sinnvoll, wenn für den Anhang eine Situation vorausgesetzt werden darf, in der Götterbilder für die frühe Christenheit eine nicht unerhebliche Rolle spielten, nämlich die Situation der Verfolgung von seiten des Staates. Wie schon der die Christen betreffende Brief des Plinius an Kaiser Trajan (10,96) und dann zahlreiche Stellen in den Märtyrerakten zeigen, war Vollzug oder Verweigerung der den Christen befohlenen Opferung vor den Götterbildern Kennzeichen dafür, ob einer abfiel oder Christ blieb. Von hier aus ergibt sich ein unmittelbarer Zusammenhang zwischen der Schlußmahnung und der vorher erwähnten »Sünde zum Tode«. Diese wäre dann der Abfall, wie er sich in der Opferung vor den Götterbildern dokumentiert. Dem kommt im Martyrium des Apollonius die Antwort des Märtyrers auf die Aufforderung nahe, beim Glück des Kaisers zu schwören: »Wer sich von den gerechten, guten und bewundernswerten Geboten Gottes abwendet, ist frevelhaft, unheilig und wahrhaft gottlos« (4). Und im Martyrium des Pionius setzt der Märtyrer die Möglichkeit eines Übergangs zur Synagoge mit der unvergebbaren Sünde der Lästerung des heiligen Geistes gleich (13,1). Auch für die im Blick auf die Todsünde des Abfalls gemachte Aussage, daß der aus Gott Gezeugte nicht sündigt, gibt es Sachparallelen in den Märtyrerakten. So heißt es im Martyrium Polykarps: »Unmöglich ist für uns die Bekehrung vom Besseren zum Schlechteren« (11,1; vgl. Martyrium Justins 5,4; Martyrium des Karpus 6.22). Die Annahme einer solchen Situation macht auch die ebenso scharfe wie pauschale Entgegenstellung von Gemeinde und Welt in Vers 19 verständlich. Und schließlich leuchtet es von hier aus ein, daß ein solcher Anhang gerade dem 1 Joh hinzugefügt wurde, der aus der Gemeinde hervorgegangene Antichristen bekämpft, die das Bekenntnis leugneten, daß Jesus der Gottessohn und Christus ist. Das Bekenntnis zu Jesus Christus – die Frage, bei ihm zu bleiben oder es zu verleugnen – war in einer geradezu brennenden Weise wieder aktuell geworden, die auch den 1 Joh neu sprechen ließ.

Die Annahme, daß der Anhang der Situation staatlicher Verfolgung entspringt, ist nur eine Hypothese. Sie vermag es aber, ihn sowohl als sinnvolle Einheit verstehen als auch als Zusatz zum 1 Joh begreifen zu können.

Der zweite und dritte Brief des Johannes

Einführung

1. Bezeugung

Literatur: *Katz, P.:* The Johannine Epistles in the Muratorian Canon, JThS NS 8, 1957, 273 f. – *Manson, T. W.:* Entry into Membership of the Early Church, JThS 48, 1947, 25–33 (Additional Note: The Johannine Epistles and the Canon of the New Testament, 32 f.).

Die Bezeugung der beiden kleinen Johannesbriefe ist längst nicht so gut wie die des ersten, was sicherlich daran liegt, daß sie in ihrer Kürze wenig Zitierfähiges bieten. Irenäus zitiert aus dem 2 Joh, ohne diesen aber als Quelle anzugeben. Haer. I, 16,3 führt er die Verse 10 und 11 an und nennt als ihren Autor »Johannes, den Schüler des Herrn«. III, 16,8 bringt er die Verse 7 und 8 in der Meinung, aus dem 1 Joh zu zitieren. Ob der *Canon Muratori* nur den ersten und zweiten Johannesbrief kennt oder ob die Zeilen 68 f. so zu verstehen sind, daß zu dem ersten noch zwei weitere kommen (Katz), ist umstritten. Da aber die lateinische Version des 3 Joh einen anderen Übersetzer hat als die der beiden anderen, ist es wahrscheinlich, daß es in der Westkirche eine Zeit gab, in der allein diese in Gebrauch waren (Manson). Sicher bezeugt ist der 3 Joh von Clemens von Alexandrien, der nach Euseb »Auslegungen der ganzen Bibel« gegeben hat, »ohne die bestrittenen Schriften wie den Brief des Judas, die übrigen katholischen Briefe, den Brief des Barnabas und die sogenannte Petrusapokalypse zu übergehen« (KG VI, 14,1). Da Euseb die kleinen Johannesbriefe kennt, hätte er es angezeigt, wären sie beide oder einer von Clemens ausgelassen worden. Origenes berichtet, daß sie »nicht allgemein als echt anerkannt« werden (bei Euseb, KG VI, 25,10). Auch Euseb selbst zählt sie zu den bestrittenen Schriften, »welche indes gleichwohl bei den meisten in Ansehen stehen« (KG III, 25,3; vgl. 24,17; II, 23,25). Als ihren Verfasser nennt er »entweder den Evangelisten oder einen anderen Johannes«. Hieronymus überliefert die Meinung, ihr Verfasser sei der vom Apostel Johannes zu unterscheidende Alte Johannes (vir. inl. 9.18).

Daß aber diese beiden Briefe schließlich allgemein in der Kirche akzeptiert wurden, »werden sie vor allem der sich durchsetzenden Überzeugung verdanken, daß auch sie echte Schreiben des Apostels Johannes sind« (Schnackenburg 303).

2. Form und Zweck

Literatur: *Deißmann, A.:* Licht vom Osten, Tübingen ⁴1923, 116–213.

Anders als der 1 Joh haben die beiden kleinen Briefe die Form wirklicher Briefe, für die es auf Bleitäfelchen, Tonscherben und Papyrusblättern zahlreiche antike Belege gibt. Beide Briefe sind etwa gleich lang; sie füllen jeweils ein Papyrusblatt derselben Größe. Im Präskript, im Briefschluß und in der Art der Eröffnung des Hauptteils ähneln sie einander stark, sowohl in der Aufnahme konventioneller Formen und Formeln als auch in bestimmten Eigentümlichkeiten. Sie unterscheiden sich durch ihre Adressaten; 2 Joh ist ein Gemeindebrief, 3 Joh ein Privatbrief. Von daher verfolgen sie auch einen jeweils verschiedenen Zweck. Der 2 Joh warnt die Gemeinde, Wanderprediger aufzunehmen, die sich als Irrlehrer erweisen. Der 3 Joh bittet den Adressaten um Aufnahme von Wanderpredigern, die mit dem Absender in einer engen Verbindung stehen.

3. Verhältnis der beiden Briefe zueinander

Beide Briefe wollen vom selben Verfasser geschrieben sein. Sie haben dieselbe eigentümliche Absenderangabe, dasselbe Briefformular am Beginn und am Schluß, ohne doch sklavisch übereinzustimmen. Beide gebrauchen markante Wendungen, die sich im übrigen urchristlichen Schrifttum nicht finden: »in Wahrheit lieben« (2.3 Joh 1), »in der Wahrheit das Leben führen« (2 Joh 4; 3 Joh 3 f.). Daß der 3 Joh ein wirklicher Brief ist, von einer Person an eine andere aus gegebenem Anlaß zu bestimmtem Zweck geschrieben, läßt sich nicht gut bestreiten. »Er ist so kurz und so unbedeutend im Inhalt, daß wir gut verstehen können, daß es kaum Gelegenheit gab, ihn zu zitieren; aber wir könnten nicht verstehen, warum sich jemand die Mühe gemacht haben sollte, ihn zu erdichten« (Dodd lxiii). Muß aber nicht der 2 Joh als Fiktion gelten? Dessen Verfasser hätte dann die Formalien aus dem 3 Joh und den Inhalt aus dem 1 Joh übernommen (Bultmann 103 f.; Heise 164–170). Doch welchen Zweck sollte eine solche Fiktion haben? Der 2 Joh verfolgt ein zu begrenztes Ziel und ist inhaltlich zu dürftig, als daß man in ihm den Versuch sehen könnte, »die johanneische Theologie im Sinne der offiziellen Kirche zu korrigieren« (Heise 170). Daher gilt: »Die Ähnlichkeit ihres Stils« – nämlich von 2.3 Joh – »und der Parallelismus ihrer Struktur weisen deutlich nicht nur auf eine gemeinsame Autorschaft, sondern auch auf die Nähe der Abfassungsdaten« (Brooke lxxiii).

4. Verhältnis zum ersten Johannesbrief

Literatur: *Bergmeier, R.:* Zum Verfasserproblem des II. und III. Johannesbriefes, ZNW 57, 1966, 93–100. – *Schnackenburg, R.:* Zum Begriff der »Wahrheit« in den beiden kleinen Johannesbriefen, BZ NS 11, 1967, 253–258.

Daß die beiden kleinen Briefe in johanneischer Tradition stehen, leidet keinen Zweifel. Fraglich aber ist eine genauere Einordnung. Daß die traditionelle Ansicht, alle johanneischen Schriften hätten denselben Verfasser, einer Nachprüfung nicht standhält, hat schon die Besprechung des 1 Joh ergeben. Er hat einen anderen Verfasser als das JohEv, der später geschrieben hat als der Evangelist. Doch auch die meisten derjenigen, die diese These vertreten, nehmen für die drei Briefe eine gemeinsame Verfasserschaft an. Allerdings stehen ihr gewichtige Argumente entgegen. Wenn auch der Versuch, am Gebrauch des Begriffes »Wahrheit« verschiedene Verfasser nachzuweisen (Bergmeier), als nicht gelungen bezeichnet werden muß (Schnackenburg), so gibt es doch eine Reihe anderer Punkte, die es evident machen, daß der Verfasser der kleinen Briefe ein anderer ist als der des großen und später geschrieben hat als dieser. Besonders hervorzuheben sind (zum einzelnen vgl. die Besprechung der betreffenden Stellen in der Auslegung): a) Dasselbe Gebot, das Joh 13,34 ein neues genannt wird und 1 Joh 2,7f. ein zugleich altes und neues, gilt 2 Joh 5 als ein nur altes. Hier zeigt sich eine klare Entwicklungslinie vom JohEv über den 1 Joh zum 2 Joh (vgl. Klein 306f.). b) Mit der Bezeichnung der Gegner als Antichristen wird 2 Joh 7 wie 1 Joh 2,18; 4,3 die Eschatologie historisiert, aber im Unterschied zu dort nicht umgekehrt auch die Geschichte eschatologisch qualifiziert. c) Die am Ende von 2 Joh 12 wörtlich wiederkehrende Wendung von der Vervollkommnung der Freude aus 1 Joh 1,4 zeigt in ihrer Verwendung an dieser Stelle, daß sie zur Floskel geworden ist. d) Das Motiv vom Gesehenhaben Gottes in 3 Joh 11 ist nur verständlich als Aufnahme eines traditionellen Topos, während 1 Joh 3,6 sich auf einen Anspruch der Gegner bezieht und ihn bestreitet.

Vor allem aber ergibt sich die Verschiedenheit der Verfasser aus dem unterschiedlichen Umgang mit theologischen Gegnern. Der Verfasser des 1 Joh ist um eine theologische Auseinandersetzung mit seinen Gegnern bemüht. Er nimmt ihre Thesen und ihre Terminologie auf und verarbeitet sie. Diejenigen ihrer Thesen, die er schlechthin ablehnen muß, bringt er doch in einer solchen Weise, daß die Gemeinde als ihr möglicher Sprecher erscheint. In der Auseinandersetzung gewinnt er auf der Grundlage der gemeinsamen Tradition immer wieder Kriterien für rechtes Christsein, wobei er vor allem einen unlöslichen Zusammenhang von Zuspruch und Anspruch herausarbeitet. Die Gemeinde mahnt er, anhand der gegebenen Kriterien die Geister zu prüfen; er fordert sie also auf, die Auseinandersetzung selbst zu bestehen. Von all dem enthält der 2 Joh, der dieselbe gegnerische Front im Blick hat, nichts. Wie sein Verfasser selbst keine Auseinandersetzung führt, so mutet er sie auch der Gemeinde nicht zu. Er gibt kurz ein dogmatisches Kriterium an und befiehlt dann die Anwendung organisatorischer Maßnahmen, die jede Auseinandersetzung von vornherein verhindern.

5. Absender

Literatur: *Bornkamm, G.:* Artikel *presbys* usw., ThWNT VI, 1959, 651–683.

Im Unterschied zum 1 Joh enthalten die beiden kleinen Briefe eine Absenderangabe. Aber es steht kein Name. Wenn ihr Verfasser sich lediglich als der *presbyteros* bezeichnet, nimmt er natürlich an, von seinen Adressaten identifiziert zu werden. Das aber setzt voraus, daß er eine herausragende, auch überörtlich bedeutsame Stellung einnimmt, da er sich mit dieser Bezeichnung nicht nur gegenüber einer Einzelperson ausweist, sondern auch gegenüber einer Gemeinde. Die Möglichkeit, darin eine Amtsbezeichnung zu erkennen, scheidet aus. Das vom Judentum im Urchristentum übernommene Presbyteramt ist ein Kollegialamt. Als Inhaber eines solchen Amtes, also als ein »Ältester« unter anderen, wäre der Verfasser von seinen Lesern nicht eindeutig zu identifizieren. Die Auskunft, er sei *praeses presbyterii* (Haenchen 310), hilft nicht weiter. Davon steht nichts da; außerdem wäre auch damit keine Identifizierung möglich, da eine Ortsangabe fehlt. Käsemanns Hypothese, der Verfasser sei ein von Diotrephes exkommunizierter Presbyter »und darum notgedrungen ein Einzelgänger« (177), macht es unerklärlich, wieso er darauf hoffen kann, bei einem Besuch in der Gemeinde des Diotrephes reden zu können und gar damit Erfolg zu haben. Aussichtsreicher scheint ein anderer Versuch zu sein: »Man wird sich den ›Ältesten‹ ... als einen besondere Hochschätzung genießenden Lehrer ... oder Propheten der älteren Zeit zu denken haben und seinen Titel im Sinne der ›Alten‹ verstehen müssen, die Papias und einige der späteren Kirchenväter ... als Schüler der Apostel und Garanten der auf sie zurückgehenden Tradition bezeichnen« (Bornkamm 671 f.; vgl. vor allem die Papias-Zitate bei Euseb, KG III, 39). Aber unterliegt diese Ableitung nicht derselben Schwierigkeit wie die Amtshypothese, daß nämlich nicht kenntlich gemacht ist, welcher »Alte« hier schreibt, da es doch mehrere dieser Traditionsträger gab? Das ist dann nicht der Fall, wenn »der Alte« der beiden kleinen Johannesbriefe Träger »speziell johanneischer Traditionen« ist und so innerhalb des johanneischen Kreises als »der Alte« schlechthin gilt, »freilich ohne daß dem institutionellen Amt dabei irgendeine Bedeutung gegeben würde, ja dafür überhaupt noch irgendein Raum bliebe« (Bornkamm 672). »Vielmehr steht er mit seinem Wollen und Wirken noch diesseits jeder kirchlichen Verfassung« (Campenhausen 132).

Die hervorragende Stellung des Alten geht aus weiteren Hinweisen der Briefe hervor. Die im 3 Joh mehrfach erwähnten »Brüder« (3.5–8) sind Wanderprediger (7), die von ihm beauftragt sind; denn die Ablehnung des Alten durch Diotrephes (9) zeigt sich konkret darin, daß er »die Brüder« nicht aufnimmt (10). Diese legen Rechenschaft in der Gemeinde des Alten ab (6). In ihr ist er offensichtlich unangefochten; denn er schreibt den 2 Joh in eigener Autorität (1) und bestellt am Schluß Grüße von der Gemeinde als ganzer (13). Da er der im 2 Joh angeschriebenen Gemeinde Anweisungen erteilt, scheint er auch dort besonderes Ansehen genossen zu haben.

Den Alten dieser Briefe mit dem von Papias erwähnten und in Ephesus lokalisierten Alten Johannes zu identifizieren, besteht kein Anlaß. Die von Irenäus in Haer. V, 33,3 auf diesen Johannes zurückgeführte Überlieferung, die apokalyptischen Inhalts ist, macht das im Gegenteil unwahrscheinlich.

6. Situation

Literatur: *Harnack. – Käsemann.*

Die Lage, auf die sich der 2 Joh bezieht, ist durch das Auftreten von Irrlehrern gekennzeichnet. Wie aus Vers 7 hervorgeht, handelt es sich um dieselbe Gegnerschaft, die auch der 1 Joh bekämpft. Doch scheint hier ein fortgeschrittenes Stadium vorzuliegen. Die Fronten, um deren Klärung sich der 1 Joh bemühte, sind offensichtlich klar abgesteckt. Die Gegner dringen von außen in die angeschriebene Gemeinde ein. Ihnen gegenüber, die aus dem eigenen Traditionsbereich hervorgegangen sind, versucht der Alte seinen Kreis völlig abzugrenzen.

Die Situation im 3 Joh ist durch den Gegensatz des Diotrephes zum Alten bestimmt. Welche Stellung nimmt Diotrephes ein? Der Alte charakterisiert ihn als jemanden, der in seiner Gemeinde »der Erste sein will« (9). Sein Handeln zeigt aber eindeutig, daß er das auch *ist*: a) Der Alte hat der Gemeinde geschrieben; aber Diotrephes läßt entweder den Brief der Gemeinde erst gar nicht bekannt werden oder vereitelt es zumindest, daß er seinen Zweck erreicht. Das ist nur denkbar, wenn er *die* führende Rolle in der Gemeinde spielt. b) In der Weigerung, die Wanderprediger aufzunehmen, handelt Diotrephes nicht bloß für seine Person, sondern er verlangt ein entsprechendes Handeln von allen in der Gemeinde. Er verhindert es – doch wohl durch Verbot –, daß Beherbergungswillige ihren Willen in die Tat umsetzen. c) Zuwiderhandelnde schließt er aus der Gemeinde aus. Wer so handeln kann, muß unangefochten »der Erste« sein. Diotrephes übt nicht nur faktisch Macht aus, sondern diese Machtausübung ist von der Mehrheit seiner Gemeinde auch anerkannt. Er »ist der erste monarchische Bischof, dessen Namen wir kennen« (Harnack 21). Und zwar ein rechtgläubiger, kein ketzerischer! Gehörte Diotrephes zu denen, die »die Lehre Christi« nicht bringen (2 Joh 10) – die man ja nicht einmal grüßen darf! –, hätte der Alte gewiß nicht ein Auftreten in der von diesem geleiteten Gemeindeversammlung ins Auge gefaßt, sondern ihn im Brief deutlich als Irrlehrer gekennzeichnet. Hält aber der Alte Diotrephes für rechtgläubig, ist es sicherlich nicht Aufgabe der von ihm beauftragten Wanderprediger, in dessen Gemeinde sozusagen dogmatische Korrekturen vorzunehmen. Sie sind ja auch deutlich als Missionare gegenüber Heiden gekennzeichnet (7). Was aber hat dann Diotrephes zu den außerordentlich scharfen Maßnahmen gegen den Alten herausgefordert? Gegen missionarische Verkündigung als solche kann er doch nichts einzuwenden haben, jedenfalls nicht in dieser Schärfe vorgehen, auch wenn sie von Leuten ausgeübt wird, die ihm nicht unterstehen. Da einerseits das monarchische Bischofsamt, das Diotrephes bekleidet, erst im Entstehen begriffen ist und andererseits weder das JohEv (abgesehen vom Nachtragskapitel) noch die Johannesbriefe den mindesten Ansatzpunkt für ein Amtsverständnis oder für die Begründung einer Ämterhierarchie zeigen, sondern nur die Gemeinschaft gleicher Brüder kennen, ist es erwägenswert, die unmittelbare Herausforderung für Diotrephes in der anderen Struktur des johanneischen Kreises zu erblicken. In diese Richtung weist es auch, wenn der Alte von Diotrephes als jemandem spricht, der in seiner Gemeinde »der Erste sein will«. Das könnte so verstanden werden, als sollte Diotrephes die persönliche Qualifikation für das Führungsamt abgesprochen werden – unter der selbstverständlichen Voraussetzung, daß es ein solches Amt geben muß. Aber müßte das nicht anders ausgedrückt werden? Wenn jemand, der faktisch – und offensichtlich auch rechtlich abgesichert – der Erste ist, als solcher bezeichnet wird, der »der Erste sein will«, dann ist es wahrscheinlicher, daß diese Bezeichnung eine Kritik am Führungsanspruch überhaupt bedeutet. Ein solches Verständnis ist zumal in johanneischer Tradition das nächstliegende, wenn nicht das einzig mögliche. Was Diotrephes herausfordert, ist also die andere Gemeindestruktur des johanneischen Kreises, die keine Hierarchie verträgt. Sie gerät hier in Konflikt mit dem aufkommenden monarchischen Episkopat. Die Wanderprediger des Alten unterminieren – ob sie das ausdrücklich wollen oder nicht – die Stellung des Diotrephes. Deshalb geht er gegen sie vor, indem er alle Machtmittel seines Amtes ausnutzt.

Dieses Vorgehen hat er wahrscheinlich damit begründet, daß er den Alten dogmatisch verketzert. Dafür gibt es zwei Hinweise: a) Das drastische Mittel des Ausschlusses aus der Gemeinde setzt eine sehr gewichtige Anklage voraus. Da der Vorwurf einer groben sittlichen Verfehlung (vgl. 1 Kor 5,1 ff.) ausscheidet, liegt es nahe, daß sie auf Häresie lautete. b) Der Alte fühlt sich zu Unrecht von Diotrephes angeklagt. Er kann damit kaum Beschuldigungen der Art meinen, er mische sich in die Angelegenheiten anderer Gemeinden ein. Das könnte er nicht schlechthin als Verleumdung erklären, da er ja in der Tat Wanderprediger schickt. Nur wenn sich die – seiner Meinung nach unberechtigten – Anklagen auf dogmatische Verketzerung beziehen, erklärt sich seine Zuversicht, sie bei seinem persönlichen Auftreten als unbegründet erweisen zu können. Er ist sich ja bewußt, mit Diotrephes in dogmatischer Hinsicht einig zu sein. Daß er in dem Brief an Gaius diese Anklagepunkte nicht aufführt und seine Rechtgläubigkeit verteidigt, ist alles andere als verwunderlich; das hat er gegenüber dem Freund nicht nötig.

Anlaß zur Verketzerung bietet Diotrephes die Tatsache, daß der Alte als Träger johanneischer Überlieferung ein hervorragendes Mitglied des johanneischen Kreises ist. Der aber hat sich gespalten (1 Joh 2,18f.); und auf einer Seite stehen gnostisierende Christen, die auch zur Abfassungszeit der beiden kleinen Johannesbriefe noch rührig sind (2 Joh 7 ff.). Diotrephes hat leichtes Spiel, indem er den

Alten und die Seinen mit diesen johanneischen Gnostikern in einen Topf wirft.

Auf dem Hintergrund dieser Situation wird die Schärfe der Trennung verständlich, die der Alte 2 Joh 10 f. vornimmt. Er muß sich in aller Klarheit gegen andere johanneische Christen abgrenzen, die sich auf dieselbe Tradition berufen wie er und die durch ihre Ketzerei sowohl diese gemeinsame Tradition in Verruf bringen als auch alle diejenigen, die sie gebrauchen.

7. Zeit und Ort der Abfassung

Wie der Vergleich mit dem 1 Joh zeigt (→ 4.), sind die beiden kleinen Briefe später abgefaßt als dieser. Das Bild, das der 3 Joh vom monarchischen Episkopat andeutet, weist in dieselbe Zeit, für die die Ignatiusbriefe die Ausbildung dieses Amtes bezeugen. Der Alte dürfte also etwa 110 bis 115 geschrieben haben. Gehört der 1 Joh nach Kleinasien, wird das auch für den zweiten und dritten gelten.

Kommentar zum zweiten Brief des Johannes

1. Das Präskript (1–3)

1 Der Alte an die auserwählte Herrin und ihre Kinder, die ich in Wahrheit liebe – und nicht ich allein, sondern auch alle, die die Wahrheit erkannt haben – 2 um der Wahrheit willen, die unter uns bleibt, und sie wird ewig bei uns sein. 3 Es wird bei uns sein Gnade, Erbarmen und Friede von Gott, dem Vater, und von Jesus Christus, dem Sohn des Vaters, in Wahrheit und Liebe.

Literatur: *Dölger, F. J.:* Domina Mater Ecclesia und die »Herrin« im zweiten Johannesbrief, AuC 5, 1936, 211–217.

Der Rahmen des antiken Briefes hatte feste Formen. Den Anfang bildete das Präskript mit Nennung des Absenders und des Adressaten und einem Gruß. Wie fast alle urchristlichen Briefe weist der 2 Joh gegenüber dem einfachen Grundschema Besonderheiten auf. Das Verhältnis zwischen Absender und Adressat wird erläutert; der Gruß ist breit ausgeführt und hat die Form einer Verheißung.
Die Angabe des Absenders in Vers 1 bietet keinen Namen; der Verfasser stellt sich als »der Alte« vor (→ Einführung 5.). Unter dieser Bezeichnung war er den Adressaten offensichtlich unverwechselbar bekannt. Daß es sich bei ihnen um eine christliche Frau und ihre Kinder handelt, ist vom gesamten Brief und besonders auch vom Wechsel zwischen Singular und Plural in der Anrede (5 f.!) her unwahrscheinlich. Es gibt Belege, daß »die bürgerliche Gemeinde als ›Herrin‹ gepriesen« wurde (Dölger 214 f.). »So wird sich dieser Sprachgebrauch von der profanen Kultur her auch in die religiöse verpflanzt haben, so daß man nun auch von einer Christengemeinde als der ›Herrin‹ sprechen konnte« (215 f.). Der Alte schreibt also, ohne eine Ortsangabe zu machen, an eine einzelne Gemeinde – nicht an die ganze Kirche, wie Vers 13 deutlich macht –, die er in ihrer

Gesamtheit (»Herrin«) und als einzelne Mitglieder (»Kinder«) anspricht. Er charakterisiert sie als »auserwählt« – ein Kennzeichen, das sie mit jeder christlichen Gemeinde gemeinsam hat (13; vgl. 1 Petr 1,1; 5,13; IgnTrall inscr.). Sie gründet nicht auf dem Willen ihrer Mitglieder, sondern in Gottes gnädiger Wahl.
Anschließend beschreibt der Alte sein Verhältnis zu der angeredeten Gemeinde als aufrichtige Liebe. In einem Zwischengedanken faßt er sich diesbezüglich zusammen mit allen, »die die Wahrheit erkannt haben«. Das ist eine Umschreibung für Christen. Sie sind solche, die Jesus Christus als Wirklichkeit Gottes anerkannt und darin die Wahrheit erkannt haben. Diese Wahrheit bedingt es offensichtlich, daß sich ihre Erkenner untereinander als Liebende verhalten. Nur deshalb kann der Alte sagen, daß seine Liebe zu der angeschriebenen Gemeinde von allen Christen geteilt wird. Damit ist aber auch deutlich, daß sie kein zufälliger Affekt ist, der genausogut fehlen könnte, sondern daß sie notwendig mit seinem und seiner Leser Christsein gegeben ist. Das hebt er in Vers 2 ausdrücklich hervor, wenn er in Fortführung des unterbrochenen Satzes als Grund seiner aufrichtigen Liebe »die unter uns bleibende Wahrheit« angibt. Es ist möglich, daß er dabei schon an die Vers 9 genannte Lehre denkt, die das Bekenntnis zu »Jesus Christus im Fleisch« festhält und also die Offenbarung von Gottes Wirklichkeit in ihm aussagt. Aber die Wahrheit ist nicht einfach identisch mit der Lehre. Sie bleibt nicht bloß so in der Gemeinde, daß diese die überlieferte Lehre weiter überliefert. Wenn die Wahrheit als Grund der Liebe erscheint, dann bleibt sie auch gerade in dieser Liebe untereinander. Nur weil er von der Wahrheit spricht, die die Wirklichkeit Gottes selbst ist, kann der Alte anschließend versichern: »Und sie wird ewig bei uns sein.« In bezug auf die Überlieferung der Lehre und in bezug auf noch so aufrichtige Liebe untereinander wäre solche Gewißheit unmöglich; sie gilt nur in bezug auf die Wahrheit schlechthin, von der die Lehre Zeugnis ablegt und die sich in der Liebe manifestiert.
Der das Präskript abschließende Gruß ist nicht als Wunsch formuliert, sondern als Verheißung. Nach der vorangegangenen Aussage über das ewige Bleiben der Wahrheit wäre ein Wunsch zu schwach. Daß Gottes durch Jesus Christus vermittelte Gnade, sein Erbarmen und sein Friede (vgl. 1.2 Tim 1,2) bei der Gemeinde sein werden, ist vielmehr gewisse Hoffnung. Wie in Vers 2 formuliert der Alte auch hier in der 1. Person. Besonders auffällig ist die Hinzufügung am Schluß: »in Wahrheit und Liebe«. Gottes Gaben sind in der Gemeinde gegenwärtig und verbleiben bei ihr in der von der Wahrheit, der in Jesus Christus offenbar gewordenen Wirklichkeit Gottes,

bewirkten und darum wahrhaftigen und wirklichen Liebe untereinander. Darin empfängt die Gemeinde seine Gnade und sein Erbarmen, und darin hat sie Frieden.

2. Das alte Gebot, einander zu lieben (4–6)

4 Ich habe mich sehr gefreut, daß ich unter deinen Kindern solche gefunden habe, die das Leben in der Wahrheit führen, wie wir ein Gebot vom Vater empfangen haben. 5 Und nun bitte ich dich, Herrin, nicht als ob ich dir ein neues Gebot schriebe, sondern das wir von Anfang an hatten, daß wir einander lieben sollen. 6 Und das ist die Liebe, daß wir gemäß seinen Geboten das Leben führen; das ist das Gebot, wie ihr von Anfang an gehört habt, daß ihr in ihr das Leben führt.

Dem Briefstil entsprechend nennt der Alte am Beginn des Hauptteils einen die Leser betreffenden Tatbestand, über den er Freude bekunden kann (vgl. Pol 2 Phil 1,1). Es gibt in der Gemeinde Leute, deren Verhalten dem von Gott Gebotenen entspricht. Sie führen ihr Leben »in der Wahrheit«. Daß im griechischen Text – wie in 3 Joh 3 – der Artikel fehlt, besagt nichts, da er 3 Joh 4 steht und diese Wendung dort doch nichts anderes besagen soll als hier. »In (der) Wahrheit« bedeutet an dieser Stelle nicht einfach »aufrichtig« wie in Vers 1, sondern nach den vorangegangenen Ausführungen zu »Wahrheit« bezeichnet diese Wendung den Raum der Wirklichkeit Gottes, den er in seiner Offenbarung in Jesus Christus – wie sie die Lehre beschreibt – eröffnet hat und in dem nun eine ihr entsprechende Lebensführung möglich und geboten ist und sich auch tatsächlich vollzieht.

Wenn sich die Freude des Alten auf etliche »aus deinen Kindern« bezieht, dann schließt das ein, daß es unter den »Kindern« auch andere gibt, die weniger Anlaß zur Freude bieten. In ihnen aber »die gnostisierenden Irrlehrer« zu sehen, »gegen die sich V. 7 ff. wenden« (Bultmann 106), geht nicht an, da diese »Verführer« und »Antichristen« (7) nicht als »Kinder«, also als Mitglieder der Gemeinde, gelten. Vielmehr dürfte es sich um solche Christen handeln, die sich nach Meinung des Alten nicht entschieden genug in gegenseitiger Verbundenheit in der Gemeinde zusammenschließen (5 f.) und sich so nicht scharf genug gegen die Irrlehrer abgrenzen (10 f.).

Damit ergibt sich aus der Bekundung der Freude über einen Teil der Gemeinde von selbst die Bitte an die ganze Gemeinde. »Was er bei einzelnen als erfreuliche Tatsache hervorheben kann ..., das erhebt er nun allgemein zur Mahnung« (Gaugler 285). So nennt er in Vers 5 das Gebot, einander zu lieben. In Aufnahme von 1 Joh 2,7 betont er, daß dieses Joh 13,34 gegebene Gebot kein neues ist, sondern ein solches, das die Gemeinde von Anfang an hat. Daß in 1 Joh 2,8 dieses Gebot als zugleich neues bestimmt wird, ist hier nicht aufgenommen. Während es Joh 13,34 als *neues* gilt und 1 Joh 2,7f. als altes *und* neues, wird es hier als nur *altes* angeführt. Der Evangelist ruft seine Gemeinde zu gegenseitiger Solidarität, zur Bewahrung ihrer sich darin bekundenden besonderen Existenz angesichts einer sie feindlich bedrängenden Umwelt auf und betont so die Neuheit des Gebotes, weil die Gemeinde in seiner Befolgung teilhat an der gegenüber der alten Welt in Jesus neu auf den Plan getretenen Wirklichkeit Gottes. Dem Alten geht es um Sicherung der Gemeinde gegen inneren Zerfall. Deshalb schließt er sie mit diesem Gebot eng zusammen und grenzt sie gegen Häretiker ab. In diesem Gegenüber stellt er das Alter des Gebotes heraus; seine Traditionalität erweist seine Richtigkeit und macht es so verbindlich. Auch der Verfasser des 1 Joh kehrt gegenüber Irrlehrern die Tradition hervor, den unverzichtbaren Bezug auf den Ursprung. Aber er isoliert diesen Aspekt nicht, sondern er betont zugleich, daß *diese* Tradition gegenüber der Welt anders und neu ist. Daß diese Dimension im 2 Joh nicht in den Blick kommt, zeigt demgegenüber eine bedeutsame Verschiebung an, die in einer außerordentlich starken Fixierung auf die Irrlehrer begründet sein dürfte.

Vers 6 bringt keinen Fortschritt des Gedankens, sondern verstärkt lediglich bereits Gesagtes. Die gerade in Zusammenhang gebrachten Begriffe »Gebot« und »lieben« legen sich gegenseitig aus. In für das johanneische Schrifttum typischen Definitionssätzen wird einmal die Liebe als Lebensführung gemäß seinen Geboten beschrieben und zum anderen das Gebot als Lebensführung in der Liebe. »Seine Gebote« sind Ausdruck des Willens Gottes, der in dem einen Gebot der Liebe zusammengefaßt ist, das noch einmal als von Anfang an gehörtes herausgestellt wird. »Der bei dieser Erklärung sich ergebende Cirkel dient nur dazu, die Identität der Bruderliebe und des Gehorsams gegen Gott ins Licht zu stellen« (Huther 279), unterstreicht also die Mahnung, um die es diesem Abschnitt geht.

3. Warnung vor Irrlehrern (7–9)

7 Denn viele Verführer sind in die Welt ausgegangen, die nicht bekennen, daß Jesus Christus im Fleisch kommt; das ist der Verführer und der Antichrist. 8 Seht auf euch, daß ihr nicht verliert, was ihr erarbeitet habt, sondern vollen Lohn empfangt! 9 Jeder, der fortschreitet und nicht in der Lehre Christi bleibt, hat Gott nicht; wer in der Lehre bleibt, der hat sowohl den Vater als auch den Sohn.

Der diesen Abschnitt eröffnende Hinweis auf das Auftreten von Irrlehrern wird als Begründung für die vorangegangene Mahnung eingeführt. Die Liebe untereinander wird so zum Zusammenschluß der Rechtgläubigen, der der scharfen Abgrenzung gegen die Häretiker dient. In einer 1 Joh 4,1 ähnlichen Formulierung ist von ihrem Auftreten in der Welt und ihrer Vielzahl die Rede. Wurden sie dort »Lügenpropheten« genannt, so hier »Verführer«, »Täuscher« (vgl. 1 Joh 2,26; 3,7). Es handelt sich um dieselbe Irrlehre wie dort, wie die nähere Kennzeichnung der »Verführer« als solche deutlich macht, »die Jesus Christus als nicht im Fleische kommend bekennen« (vgl. 1 Joh 4,2f.). Daß hier das Partizip Präsens steht gegenüber dem Partizip Perfekt dort, bedeutet keinen Unterschied in der Sache, sondern betont lediglich »die überzeitliche Bedeutung der Inkarnation« (Schnackenburg 313). Wie 1 Joh 2,18 (vgl. 4,3) gilt jeder, der in dieser Weise nicht bekennt, als »der Antichrist« und – über diese Stelle hinaus – zugleich als »der Verführer«. Das ist wohl keine weitere Gestalt neben dem Antichristen, sondern eine weitere Bezeichnung für dieselbe Gestalt. So heißt der wie der Sohn Gottes auftretende endzeitliche Gegenspieler Christi in Did 16,4 »der Weltverführer«. Während sich in beiden Antichriststellen des 1 Joh ein ausdrücklicher Hinweis findet, daß demnach die Gegenwart Endzeit ist, fehlt er in 2 Joh 7. So wird zwar wie dort eine eschatologische Gestalt historisiert, aber nicht zugleich damit die Gegenwart eschatologisch qualifiziert. Auch darin zeigt sich eine sachliche Verschiebung, die verschiedene Verfasser wahrscheinlich macht.

Nach dem Hinweis auf das Auftreten von Irrlehrern und ihrer Kennzeichnung als Antichristen folgt in Vers 8 eine Mahnung an die Leser. Mit ihr ist der Sache nach gemeint, daß sie sich in keiner Weise auf die Irrlehrer einlassen sollen, weil sie sonst ihr Christsein verspielen. Sie sind nicht mehr Gemeinde, wenn sie den Antichristen darin folgen, Jesus Christus als nicht »im Fleisch kommend« zu bekennen. Wer nicht »im Fleisch« Jesu Christi Gottes Wirklichkeit erkennt und anerkennt, steht außerhalb der Wahrheit, hat es aufgegeben, ein Christ zu sein. Doch bringt der Alte diese Gedanken in einer eigenartigen Form zum Ausdruck. Die Leser sollen auf sich achten, um nicht zu verlieren, was sie erarbeitet haben, sondern um vollen Lohn zu empfangen. Da der Alte nicht der Meinung ist, daß die Leser aufgrund ihrer eigenen Arbeit Christen geworden sind und Gemeinde bleiben (→ zu 1-3), versteht man die Aussagen am besten bildlich von ihrem tatkräftigen Einsatz, mit dem sie sich in ihrer Liebe auf die Wahrheit einlassen, und von ihrer Hoffnung. Sie sollen ihren Stand in der Wahrheit und die ihnen gegebene Verheißung nicht aufs Spiel setzen. Allerdings ist die Ausdrucksweise in Vers 8 nicht davor geschützt, im Sinne eines Leistungsdenkens verstanden zu werden: »Die meisten Mitglieder der Gemeinde hatten einen schönen Glaubensstand aufzuweisen (vgl. V. 4), durch Übung der Frömmigkeit und guter Werke sich Verdienste erworben, sich Schätze angelegt« (Belser 145).

Statt »was ihr erarbeitet habt« lesen einige Handschriften: »was wir erarbeitet haben«. Hier ist der Verfasser als derjenige vorgestellt, der die Leser für den Glauben gewonnen hat (vgl. Gal 4,11; Phil 2,16). Die andere Lesart paßt jedoch besser in den Zusammenhang; »Lohn empfängt man nur für sein eigenes Werk« (Windisch 139).
Die Abfolge vom Hinweis auf die Irrlehrer (7) zur direkten Anrede an die Gemeinde (8) fand sich ebenfalls im 1 Joh. Doch ist auch an diesem Punkt ein bedeutsamer Unterschied zu verzeichnen. Während dort die Anrede zunächst in der Form der Vergewisserung erfolgte (vgl. z. B. 2,20.24.27; 4,4), steht hier eine auf den eigenen Einsatz bezogene Warnung.

In Vers 9 kennzeichnet der Alte unter einem bestimmten Gesichtspunkt noch einmal den Häretiker mit Angabe der negativen Konsequenz seines Tuns und in Antithese dazu den Rechtgläubigen. Dabei nimmt er in den Folgerungen Formulierungen aus 1 Joh 2,23 auf. Der Häretiker ist dadurch charakterisiert, daß er »fortschreitet und nicht in der Lehre Christi bleibt«. Wenn in der Lehre »geblieben« bzw. über sie hinaus »fortgeschritten« werden kann, wenn in Vers 10 von »dieser Lehre« als einer offensichtlich sofort und klar erkennbaren die Rede ist, dann ist »die Lehre« fest umrissen und inhaltlich genau bestimmt. Nach dem Kontext kann es nicht zweifelhaft sein, daß ihr Inhalt das Bekenntnis zu »Jesus Christus im Fleisch« ist. Dann ergibt sich aber auch, daß »die Lehre Christi« nicht die Lehre meint, die Christus gegeben hat, sondern die Lehre über Christus.

Die Stellen des JohEv, die von einer Lehre Jesu sprechen (7,16f.; 18,19), sind anderer Art. Der Begriff »Lehre« hat dort keine Prägnanz; er wird sozusagen von außen an Jesus herangetragen. An seiner Stelle könnte genausogut der Begriff »Wort« stehen (vgl. 14,24 mit 7,16). Jesus ist der Sprecher dieses Wortes, zugleich aber auch – als Gottes Selbstoffenbarung – sein Inhalt. Doch ist dieser Inhalt nicht in eine bekenntnismäßige Formulierung gefaßt. – Der 1 Joh hat das Substantiv »Lehre« nicht. Im Gegensatz zum Lehren der Gegner, das die Gemeinde nicht nötig hat, spricht er vom Lehren des Geistes (2,27). Inhalt dieses Lehrens ist das Bekenntnis, aber das ist noch nicht auf den Begriff »Lehre« gebracht. Am nächsten stehen 2 Joh 9 die Pastoralbriefe, wo ebenfalls gegenüber gnostischer Ketzerei die Lehre (»die gesunde Lehre«!) einen Kanon bezeichnet, an den man sich zu halten hat (z. B. 1 Tim 1,10; 4,6f.; 6,3; 2 Tim 4,3; Tit 1,9; vgl. auch Röm 16,17).

Der Gegensatz zum Bleiben in der fest umrissenen und inhaltlich genau bestimmten Lehre über Christus ist das »Fortschreiten«. Wahrscheinlich nimmt der Alte hier ein Schlagwort der Irrlehrer auf. Da es im 1 Joh nicht begegnet, der sich ausführlich mit Gegnerthesen auseinandersetzt, ist es möglicherweise erst in Reaktion auf den 1 Joh aufgekommen, der so energisch zu dem von Anfang an Gehörten zurückruft. Dagegen postulieren die Irrlehrer, daß man über die Anfänge hinauskommen müsse. Demgegenüber stellt der 2 Joh den Traditionsgedanken erneut und einseitig (→ zu 5) heraus und gibt ihm mit dem Stichwort der »Lehre«, in der es zu bleiben gilt, einen prägnanten Ausdruck.
Wer nicht in ihr bleibt, »hat Gott nicht«, wer in ihr bleibt, »hat sowohl den Vater als auch den Sohn«, heißt es in Anklang an (→) 1 Joh 2,23. Es gibt Gemeinschaft mit Gott nur im Bleiben in der Lehre, die »Jesus Christus im Fleisch« als seinen Sohn bezeugt.

4. Verhalten gegenüber Irrlehrern (10f.)

10 Wenn jemand zu euch kommt und diese Lehre nicht bringt, nehmt ihn nicht ins Haus auf und den Gruß entbietet ihm nicht. 11 Denn wer ihm den Gruß entbietet, hat teil an seinen bösen Werken.

Nach dem Abschnitt, der die Leser davor warnte, den Irrlehrern zu verfallen, gibt der Alte jetzt eine praktische Anweisung, wie konkret mit ihnen zu verfahren ist. Hier kommt er zu dem eigentlichen Zweck seines Briefes. Es ist vorausgesetzt, daß die Irrlehrer als Wanderprediger auftreten und von außen in die angeschriebene

Gemeinde gelangen können (»wenn jemand *kommt*«). Für den Fall des Besuches eines Wanderpredigers gibt der Alte die vorher genannte Lehre als Kriterium, an dem sofort geprüft werden kann und soll, ob er ein Irrlehrer ist oder nicht. Bringt er »diese Lehre« nicht, erweist er sich also als Ketzer, soll er gar nicht erst aufgenommen werden. Der Wanderprediger ist auf Aufnahme und Unterstützung durch die Gemeinden angewiesen (→ zu 3 Joh 5-8). Wird sie ihm nicht gewährt, kann er nicht wirken. »Ihnen jede Gastfreundschaft zu verweigern, war ein wirksamer Weg, um ihre Propagandaversuche zu vereiteln« (Dodd 150). »Die Orthodoxie ist gerettet, wenn der Häretiker wirtschaftlich mattgesetzt wird« (Haenchen 306). Die Abgrenzung ist hier so scharf, daß überhaupt keine Auseinandersetzung in der Sache mehr erfolgt. Wer dem Kriterium der Rechtgläubigkeit nicht genügt, zu dem wird jede Beziehung abgebrochen. Nicht einmal der Gruß darf ihm entboten werden. Vers 11 begründet das damit, daß der Gruß Gemeinschaft stiftet bzw. Ausdruck von Gemeinschaft ist und so der Grüßende Anteil bekommt am Treiben des Irrlehrers, indem er diesen durch den Gruß – gewollt oder ungewollt – bestärkt. Von jeder Beziehung zu den Irrlehrern befürchtet hier die Orthodoxie Förderung des Antichristentums; in ihrer Fixierung auf den häretischen Gegner grenzt sie sich nicht nur radikal ab, sondern wird zugleich damit auch ängstlich.

Ein genau entsprechendes Verhalten gegenüber Irrlehrern rät Ignatius von Antiochien. Man muß sie »wie Bestien meiden« (Eph 7,1; vgl. 9,1; 16,2). Sie sind »menschengestaltige Bestien, die ihr nicht nur nicht aufnehmen, sondern denen ihr nach Möglichkeit auch nicht begegnen dürft; nur beten sollt ihr für sie, ob sie sich vielleicht bekehren, was schwierig ist« (Sm 4,1). Ignatius hält es für »geziemend, sich von solchen Leuten fernzuhalten und weder privat über sie zu reden noch öffentlich« (Sm 7,2). Es soll nicht nur ihnen selbst unmöglich gemacht werden, ihre Lehren zu verbreiten, sondern sie sind darüber hinaus auch totzuschweigen. Vgl. weiter Tit 3,10; Irenäus, Haer. III, 3,4; zu Did 11 und Herm mand 11 → zu 1 Joh 4,1.

»Wie verträgt sich die Schroffheit in der Behandlung der Irrlehrer mit der Betonung der Liebespflicht?« (Büchsel 94) Sie vertragen sich hier so, wie sich enger Zusammenschluß nach innen und scharfe Abgrenzung gegen Einflüsse von außen zueinander verhalten, die geeignet sind, das die eigene Gemeinschaft begründende Fundament zu unterminieren. Doch ist es von der universalen Dimension gerade dieses Fundamentes her, wie sie der 1 Joh deutlich macht, mehr als fraglich, ob es das rechte Mittel ist, bedrohliche Einflüsse dadurch abzuwehren, daß man ihren Trägern die materielle Basis entzieht und jede Berührung mit ihnen meidet. Daß der Alte dieses Mittel anrät, ist unter seinen historischen Bedingungen in gewisser Weise verständlich. Selbst der Ketzerei verdächtigt, grenzt er sich in derselben scharfen Weise gegen sie ab, wie es die sich herausbildende Großkirche tut (→ Einführung 6.). Aber bedeutet es nicht auch ein Stück Aufgabe der eigenen Position, wenn aus Besorgnis um sie der praktische Umgang mit dem theologischen Gegner die Form der Unbrüderlichkeit annimmt?

5. Der Briefschluß (12 f.)

12 Obwohl ich vieles zu schreiben hätte, wollte ich nicht mit Papier und Tinte, sondern ich hoffe, zu euch zu kommen und von Mund zu Mund zu reden, damit unsere Freude vervollkommnet sei.   13 Es grüßen dich die Kinder deiner auserwählten Schwester.

Der Briefschluß enthält üblicherweise Grüße und den Schlußwunsch, der hier fehlt. Vor den Grüßen stehen Wendungen, die sich auf die Kürze des Briefes beziehen und den Eindruck konventioneller Redeweise machen. Daß der Alte noch viel hätte schreiben können, mag gewiß sein. Aber das sich in dem klaren Aufbau seines Briefes zeigende gezielte Vorgehen macht deutlich, daß er gesagt hat, was ihm in dieser Situation wichtig war und was er sagen wollte. Die Formelhaftigkeit des Schlusses ergibt sich besonders deutlich aus der wörtlichen Aufnahme aus 1 Joh 1,4 (vgl. Joh 15,11; 16,24), wenn er als Ziel des mündlichen Austauschs, den der erhoffte Besuch möglich machen wird, angibt: »damit unsere Freude vervollkommnet sei«. Im JohEv geht es um die vollkommene Freude der Jünger, die sie durch ihr Bleiben in der Liebe Jesu haben (15,11) und in der Erfüllung ihrer Bitten (16,24). Im 1 Joh ist die Freude der ursprünglichen Zeugen gemeint, die in der Verwirklichung ihres Auftrags vervollkommnet wird. 2 Joh 12 aber erwartet die vollkommene Freude vom direkten Reden miteinander im Gegensatz zur schriftlichen Mitteilung, ohne daß ein bestimmter Inhalt angegeben wird; das bedeutet: diese Redewendung ist hier zur Floskel geworden.
Der letzte Vers bezieht sich auf die am Anfang gewählte Anrede der angeschriebenen Gemeinde als »auserwählte Herrin und ihre Kinder«, indem der Alte Grüße bestellt von »den Kindern deiner auserwählten Schwester«, also den Mitgliedern der Gemeinde, zu der er selbst gehört.

Kommentar zum dritten Brief des Johannes

1. Das Präskript (1)

1 Der Alte an den geliebten Gaius, den ich in Wahrheit liebe.

Diesem Präskript fehlt der Gruß. Absender ist wie in 2 Joh 1 »der Alte« (→ Einführung 5.). Als Adressat wird ein Gaius genannt und als »geliebter« bezeichnet, womit er im Brief noch dreimal angeredet wird (2.5.11; → zu 1 Joh 2,7). Wie in 2 Joh 1 beteuert der Alte, daß er den Adressaten aufrichtig liebt.

2. Bitte an Gaius zur weiteren Unterstützung von Missionaren (2–8)

2 Geliebter, in jeder Hinsicht wünsche ich dir Wohlergehen und Gesundheit, wie es deiner Seele wohl ergeht.   3 Ich habe mich nämlich sehr gefreut, als Brüder kamen und für deine Wahrheit Zeugnis ablegten, wie du in der Wahrheit das Leben führst.   4 Größere Freude als darüber habe ich nicht, daß ich höre, meine Kinder führten das Leben in der Wahrheit.   5 Geliebter, du handelst treu darin, was du an den Brüdern tust, und das an fremden;   6 die haben für deine Liebe vor der Gemeinde Zeugnis abgelegt; du wirst recht handeln, wenn du sie Gottes würdig versorgst.   7 Denn für den Namen sind sie ausgezogen, ohne von den Heiden etwas anzunehmen. 8 Wir nun müssen solche Leute unterstützen, damit wir Mitarbeiter für die Wahrheit werden.

Der Wunsch für Gesundheit und Wohlergehen des Adressaten in Vers 2 entspricht üblichem Briefstil. Eine Besonderheit bildet lediglich der Schluß des Verses, der dem Wunsch sein Maß im Wohlergehen der »Seele« des Gaius setzt, das der Alte für gegeben ansieht.

»Seele« meint hier nicht einen bestimmten Teil des Gaius, sein »Innenleben« etwa, sondern seine ganze Person als Christ, sein rechtes Christsein, wie es der Alte aus seinem Tun und Verhalten erschließt, auf das er im folgenden Kontext eingeht. Seine Gewißheit, daß es der »Seele« des Gaius wohlergeht, gründet sich auf denselben Tatbestand, den er in Vers 3 als Ursache seiner Freude anführt, von der er – wiederum dem Briefstil entsprechend – wie in 2 Joh 4 spricht. Brüder haben ihm über Gaius berichtet, »für seine Wahrheit Zeugnis abgelegt«. Statt »Wahrheit« steht in Vers 6 in einer ganz parallelen Ausführung »Liebe«. »Seine Wahrheit« ist also sein von der Liebe geprägtes Handeln. Das kann deshalb »seine Wahrheit« genannt werden, weil er sich mit seinem Handeln auf *die* Wahrheit einläßt, auf Gottes Wirklichkeit, die Liebe ist, in ihr das Leben führt und sie sich so zu eigen macht. Wenn der Alte am Schluß von Vers 3 versichert: »wie du in der Wahrheit das Leben führst«, so betont er damit, daß der Bericht der Brüder sein Urteil über den rechten Lebenswandel des Gaius nicht erst begründet hat, sondern ihm lediglich ein Anlaß zur Freude war und eine Bestätigung seines Urteils. Er spricht hier sehr allgemein. Bevor er auf das konkrete Handeln kommt, das den Bericht der Brüder so positiv ausfallen ließ und um dessen Fortsetzung es dem Alten geht, fügt er in Vers 4 eine weitere allgemeine Bemerkung ein, indem er es als seine größte Freude bezeichnet, vom rechten Lebenswandel seiner »Kinder« zu hören. »Kinder« muß nicht solche bezeichnen, die durch seine Predigt Christen geworden sind, die er somit »gezeugt« hat (vgl. Gal 4,19; 1 Kor 4,14f.); das ist sogar unwahrscheinlich in einer Tradition, in der »dieses Bild für den übernatürlichen Vorgang der *Gotteszeugung* gebraucht« wird (Schnackenburg 323). Der Begriff »Kinder« ist hier wohl im Zusammenhang der Bezeichnung des Absenders als »der Alte« zu verstehen: Gemeint sind damit die johanneischen Christen, die zu dem Alten als dem hervorragenden Repräsentanten ihres Kreises in einem Verhältnis der Kinder zu ihrem Vater stehen.

In Vers 5 bezieht sich der Alte auf den konkreten Fall, den der Bericht der Brüder betrifft. Aus dem Zusammenhang geht deutlich hervor, daß diese Brüder Wanderprediger sind, Missionare. Sie haben bei Gaius Aufnahme gefunden und sind für die Weiterreise versorgt worden. Der Alte hebt besonders hervor, daß er diese Gastfreundschaft gegenüber ihm persönlich Fremden erwiesen hat. Ähnlich wie der Alte über das Verhalten des Gaius spricht, lobt Ignatius die Gemeinde von Smyrna: »Ihr habt recht gehandelt, daß ihr Philo und Rheus Agathopus, die mir um Gottes willen nachgereist sind, aufgenommen habt als Diakone des Gottes Christus« (Sm 10,1). Auffällig ist, daß der Alte Gaius gegenüber im Präsens formuliert. Das geschieht nicht ohne Absicht. Er will ja, daß dessen Gastfreundschaft nicht nur ein einmaliger Vorgang war, sondern die Regel ist und daß sie sich bald wieder bewähren soll. Doch bevor er diese Absicht seines Briefes ausdrücklich zur Sprache bringt, hebt er in Vers 6a noch einmal in Parallele zu Vers 3 hervor, daß die Brüder »für deine Liebe vor der Gemeinde Zeugnis abgelegt haben«. Damit kann nur die Gemeinde des Alten gemeint sein. Nach ihrer Rückkehr haben sie vor der Versammlung Bericht erstattet und dabei auch erwähnt, daß Gaius sie gastlich aufgenommen und für die Weiterreise versorgt hat. Damit hat er »seine Liebe« und »seine Wahrheit« bezeugt, für die nun die Brüder ihrerseits Zeugnis ablegen. Wie er in solchem Tun treu handelt, so wird er recht handeln, wenn er sie nun wiederum versorgt (6b). Das hier gebrauchte griechische Wort meint die Ausstattung für die Weiterreise (vgl. Apg 15,3; Röm 15,24; 1 Kor 16,6.11; Pol 2 Phil 1,1). Sie soll »Gottes würdig« erfolgen, in einer Weise, daß nicht das äußere Erscheinungsbild der Wanderprediger ihre Verkündigung sofort in Mißkredit bringt. Der Alte begründet in Vers 7 seine Bitte um ihre Ausstattung damit, daß sie »für den Namen« (vgl. Apg 5,41) unterwegs sind – um den Namen Jesus Christus, der sie zu solchem Tun veranlaßt hat, bekanntzumachen. Das tun sie, »ohne von den Heiden etwas anzunehmen«. Sie treten nicht als Bettler auf, noch ist ihre Verkündigung eine Ware, die sie für Entgelt feilbieten. Um so mehr sind sie auf die Hilfe der Gemeinden angewiesen; ja, deren Mitglieder *müssen* sie unterstützen, folgert der Alte in Vers 8 (vgl. 1 Kor 9,14). So werden sie »Mitarbeiter für die Wahrheit«, haben sie teil daran, daß die im verkündigten Namen Jesus Christus gegenwärtig auf den Plan tretende Wirklichkeit Gottes Raum gewinnt.

3. Die Gegnerschaft des Diotrephes (9f.)

9 Ich habe der Gemeinde etwas geschrieben; aber Diotrephes, der unter ihnen der Erste sein will, erkennt uns nicht an.   10 Deshalb werde ich, wenn ich komme, an seine Werke erinnern, die er tut, indem er mit bösen Worten unberechtigte Anklagen gegen uns vorbringt; und damit begnügt er sich nicht, sondern er nimmt weder selbst die Brüder auf und die dazu Willigen hindert er und stößt sie aus der Gemeinde aus.

Literatur: *Doskocil, W.:* Der Bann in der Urkirche. Eine rechtsgeschichtliche Untersuchung, MThS.K 11, 1958. – *Schnackenburg, R.:* Der Streit zwischen dem Verfasser von 3 Joh und Diotrephes und seine verfassungsgeschichtliche Bedeutung, MThZ 4, 1953, 18–26.

In diesem Abschnitt wird deutlich, was den Alten dazu nötigt, Gaius trotz bereits erwiesener Gastfreundschaft so dringlich zu bitten, diese fortzusetzen: Es gibt in dessen Gemeinde entschiedenen und erfolgreichen Widerstand gegen ihn und die von ihm geschickten Wanderprediger.
Er teilt in Vers 9 mit, an die Gemeinde geschrieben zu haben. Da er den Ort dieser Gemeinde nicht angibt, kann nur die Gemeinde des Briefempfängers, also die des Gaius, gemeint sein. Dem Zusammenhang nach hat dieser Brief die Empfehlung von Wanderpredigern zum Inhalt gehabt (vgl. Apg 18,27; Röm 16,1; 2 Kor 3,1), »kann also nicht mit 2 Joh identifiziert werden« (Schnackenburg 326). Der Brief hat nicht zum gewünschten Erfolg geführt, ist der Gemeinde vielleicht nicht einmal zur Kenntnis gebracht worden, da ein gewisser Diotrephes »uns nicht anerkennt«. »Uns« kann wie in Vers 12b schriftstellerischer Plural sein; der Plural kann aber beide Male auch gewählt sein, weil der Alte sich so als Repräsentanten des johanneischen Kreises bezeichnet. Es ist nämlich auffällig, daß an beiden Stellen, wo vom Verhalten des Diotrephes gegenüber dem Alten gesprochen wird, der Plural steht. Die Angriffe richten sich nicht speziell gegen ihn, sondern gegen den ganzen johanneischen Kreis. Er wird von Diotrephes nicht akzeptiert. Seine Ablehnung bezieht sich nicht nur auf den einen Brief, sondern ist grundsätzlicher Art, wie die Gegenwartsform zeigt. Wenn diese Einstellung und das ihr entsprechende Verhalten eines einzelnen den Zweck eines an die Gemeinde gerichteten Briefes vereiteln kann, dann muß Diotrephes – was Vers 10 bestätigt – die führende Stellung in ihr eingenommen haben, also ihr Bischof gewesen sein. Der Alte spricht freilich von ihm als einem, »der unter ihnen der Erste sein will«. Das hier gebrauchte griechische Wort (*philoprōteuein*) findet sich nur im kirchlichen Sprachgebrauch, wohl auf dieser Stelle beruhend. Doch Adjektiv und Substantiv vom selben Stamm begegnen auch sonst. Da Diotrephes nach Ausweis seiner Taten die Führung ohne Zweifel innehat, dürfte der Alte mit dieser Kennzeichnung grundsätzlich das Streben, der Erste zu sein, disqualifizieren (→ Einführung 6.). Hierfür bietet eine Stelle bei Plutarch eine enge Parallele, die das Drängen zum ersten Rang (*to philoprōton*) und die Begierde nach Tyrannei nebeneinanderstellt (Solon 29,3). Doch geht der Alte in dieser Hin-

sicht nicht zum Angriff über; er läßt es nur anklingen, daß er das Erster-Sein in der Gemeinde grundsätzlich nicht akzeptiert. Daß er hierauf nicht weiter eingeht, hat seinen Grund darin, daß sein Gegner offensichtlich eine außerordentlich starke Stellung innehat, während er der Angegriffene ist und in der Defensive steht.

In Vers 10 kündigt er seine Verteidigung an. Er rechnet noch damit, bei seinem persönlichen Kommen vor der Gemeinde auftreten zu können. Dann will er Diotrephes an seine Taten erinnern, ihm vorhalten, was er Unrechtes getan hat. Als ersten Punkt nennt er, daß er »unberechtigte Anklagen gegen uns vorbringt«. Hier kann nicht an einen solchen Vorwurf gedacht sein, der Alte lasse Wanderprediger im Bereich fremder Gemeinden auftreten. Denn das tut er ja. Wahrscheinlicher ist es, daß Diotrephes den Alten und mit ihm den johanneischen Kreis verketzert, wozu ihm die aus diesem Kreis hervorgegangenen gnostischen Christen, die sich auf johanneische Tradition berufen, eine leichte Handhabe geboten haben werden. Unter dieser Voraussetzung wird einerseits die Empörung des Alten verständlicher; das kann er wirklich nur als Verleumdung »mit bösen Worten« empfinden, da er sich und die Seinen ja in aller Schärfe gegenüber den Irrlehrern aus den eigenen Reihen abgrenzt (vgl. 2 Joh 7–11). Und andererseits erklärt sich so das harte Vorgehen, das Diotrephes als Bischof wählt und das der Alte im einzelnen als weitere Punkte anführt. Diotrephes begnügt sich nämlich nicht mit verbalen Attacken, sondern greift zu außerordentlich handfesten Maßnahmen. Er lehnt es nicht nur strikt ab, die vom Alten geschickten Wanderprediger selbst aufzunehmen, sondern setzt alles daran, daß auch kein anderer in der Gemeinde es tut. Er handelt also gegenüber den Leuten des Alten genauso, wie es dieser von der im 2 Joh angeschriebenen Gemeinde gegenüber den Irrlehrern gefordert hat (→ zu 2 Joh 10). Darüber hinaus stößt er diejenigen Mitglieder seiner Gemeinde, die seinem Verbot zuwider die Wanderprediger aufnehmen, aus der Gemeinde aus, vollzieht also ihnen gegenüber die Exkommunikation. »Diotrephes verurteilt die ihm zuwiderhandelnden Brüder und will sie von der Gemeinde vollständig getrennt wissen. Er will als Amtsperson handeln, und die Gemeindeglieder sollen durch eine Rechtspflicht gebunden sein. Seinem Vorgehen wohnt eine Straftendenz inne« (Doskocil 101). Die Gegenwartsformen »bezeichnen das übliche Verfahren des Diotrephes, sagen aber nichts darüber aus, seit wann und wie oft es schon aktuell geworden ist« (Bultmann 100). Jedenfalls ist Gaius bisher nicht ausgeschlossen worden. Aber er steht offensichtlich unter dieser Bedrohung. Die Aufnahme der Wanderprediger bedeutet für ihn ein Risiko. Gerade deshalb schreibt der Alte den Brief, wie besonders der folgende Abschnitt deutlich macht.

4. Mahnung an Gaius und Empfehlung des Demetrius (11 f.)

11 Geliebter, ahme nicht das Schlechte nach, sondern das Gute! Wer Gutes tut, ist aus Gott; wer Schlechtes tut, hat Gott nicht gesehen. 12 Für Demetrius ist Zeugnis abgelegt von allen und von der Wahrheit selbst; auch wir aber legen Zeugnis ab, und du weißt, daß unser Zeugnis wahr ist.

Angesichts der dargelegten Situation, die der Alte genau kennt und damit auch die schwierige Lage des Gaius, fordert er diesen in Vers 11 mit anderen Worten noch einmal dringlich dazu auf, die Wanderprediger aufzunehmen, wiederholt also die in den Versen 6b und 8 gegebene Mahnung. Er tut das mit sehr allgemeinen Begriffen. Gaius soll nicht das Schlechte nachahmen, also wie Diotrephes den Wanderpredigern die Aufnahme verweigern, sondern das Gute, indem er sie aufnimmt. Im Sinne einer Begründung folgt eine die allgemeine Begrifflichkeit aufnehmende antithetische Sentenz, die an Teile des 1 Joh erinnert. Die positive Aussage erkennt demjenigen, der Gutes tut, das Sein aus Gott zu. Nimmt Gaius die Wanderprediger auf, erweist er sich damit in seinem Wesen von Gott bestimmt. Die negative Aussage spricht es dem Übeltäter ab, Gott gesehen zu haben. Hier ist 1 Joh 3,6 aufgenommen. Dort ging es darum, den Gegnern einen Anspruch zu entwinden; bei der Formulierung vom Gesehenhaben handelte es sich um eine polemische Aufnahme, die der Verfasser nicht positiv verwendet (→ zu 1 Joh 3,6). Hier aber geht es gewiß nicht darum, Diotrephes den Anspruch zu bestreiten, Gott gesehen zu haben. Nichts weist darauf hin, daß er einen solchen Anspruch erhoben hätte. Wenn aber dem hier einzig in den Blick kommenden Gegner Diotrephes kein Anspruch abgestritten werden soll, müßte der Alte auch positiv vom Gesehenhaben Gottes reden können. Aber was sollte er damit meinen? Daß es im übertragenen Sinne für »glauben« stehen könnte, so daß Diotrephes »der wirkliche Glaube abgesprochen« wird (Gaugler 294), ist unwahrscheinlich; hielte der Alte ihn nicht für rechtgläubig, würde er ganz anders reden (vgl. 2 Joh). Er hat also wohl bewußt nicht dem Sein aus Gott das Nicht-Sein aus Gott oder das Sein aus dem Teufel oder aus der

Welt entgegengestellt, sondern eine Wendung gewählt, die ihm
schwächer zu sein schien. Eine im 1 Joh in der aktuellen Auseinandersetzung von den Gegnern aufgegriffene Aussage ist hier als vorgegebene Tradition übernommen und in einen anderen Zusammenhang gestellt worden. Vers 11b ist also alles andere als »ein starker
Anhalt für die Identität des Verfassers von 1 Joh und 3 Joh«
(Schnackenburg 330), sondern weist im Gegenteil auf verschiedene
Verfasser hin.

Auf die wiederholte Mahnung an Gaius, die Wanderprediger aufzunehmen, folgt in Vers 12 die Empfehlung eines Demetrius. Diese
Abfolge legt die Annahme nahe, daß Demetrius einer der Wanderprediger und der Überbringer des Briefes ist. Ihm ist von allen ein
gutes Zeugnis ausgestellt worden; damit ist sicherlich die Gemeinde
des Alten gemeint, die sich für Demetrius verbürgt. Ja, sogar »von
der Wahrheit selbst« ist ihm ein solches Zeugnis erteilt worden.
Diese betonte Redeweise, »die Wahrheit selbst«, kann nur die Wahrheit als Wirklichkeit Gottes meinen. Wenn Demetrius ihr Zeugnis
hat, ist das wohl näherhin so vorzustellen, daß sein gesamtes Verhalten zeigt: Er hat die Wahrheit erkannt (vgl. 2 Joh 1), er führt in ihr
sein Leben und hat sie sich so zu eigen gemacht (→ zu 3 Joh 3). Weil
sich also sein Verhalten als ein im Raum der Wahrheit gelebtes und
von ihr ganz und gar geprägtes zu erkennen gibt, kann gesagt werden, daß er das Zeugnis der Wahrheit selbst hat. Dem fügt der Alte
am Schluß sein eigenes Zeugnis hinzu, indem er sich selbst für ihn
verbürgt. Er »wünscht es klarzumachen, daß er für seine Garantie
der Rechtschaffenheit des Demetrius persönliche Verantwortung
übernimmt« (Dodd 167). Und Gaius weiß, daß sein Zeugnis wahr ist
(vgl. Joh 21,24); auf seine Bürgschaft ist Verlaß.

5. Der Briefschluß (13–15)

13 Vieles hätte ich dir zu schreiben; aber ich will dir nicht mit
Tinte und Rohr schreiben.   14 Ich hoffe dich aber bald zu
sehen, und wir werden von Mund zu Mund reden.   15 Friede
sei mit dir! Es grüßen dich die Freunde. Grüße die Freunde
namentlich!

Ganz ähnlich wie in 2 Joh 12 betont der Alte, daß er noch vieles zu
schreiben hätte, und stellt seine Hoffnung auf baldiges Kommen
heraus. Das ist hier genau so formelhaft wie dort. Was er Gaius sagen
wollte, hat er geschrieben. Er will, daß dieser die Wanderprediger

ein weiteres Mal aufnimmt und ausstattet; und diesem Zweck gibt
der Brief hinreichend Ausdruck. Anders als im 2 Joh steht hier ein
Schlußwunsch. In griechischen Briefen findet sich an dieser Stelle
üblicherweise ein »Lebewohl!« (vgl. Apg 15,29). Hier steht der
Friedenswunsch, mit dem im JohEv der auferstandene Jesus die
Jünger begrüßt (20,19.21.26). Als Schlußwunsch eines Briefes steht
er auch 1 Petr 5,14 und – stärker ausgeführt – Gal 6,16; Eph 6,23; 2
Thess 3,16. Zum Abschluß grüßt der Alte Gaius von den Freunden
und bittet ihn, seinerseits die dortigen Freunde namentlich zu grüßen. »Daß in dem Privatbrief ... nicht die ganze Gemeinde den Gaius
grüßt, sondern nur dessen Freunde, sollte sich eigentlich von selber
verstehen« (Haenchen 288; vgl. 303). Aus dieser Grußbestellung ist
also nicht zu schließen, daß der 3 Joh ein späteres Stadium wider-
spiegele als der 2 Joh, da dort noch die ganze Gemeinde grüßt. Denn
aus 3 Joh 3.6 geht hervor, daß das Verhältnis des Alten zu seiner
Gemeinde kein anderes ist, als es der 2 Joh erschließen läßt. Sicherlich war seine Position in der Gemeinde des Gaius eine ganz andere.
Aber das führen die Verse 9 und 10 aus und ist nicht aus dem Gruß an
die einzelnen Freunde herauszupressen. »Diese Grußformen sind
Teil eines Allgemeinbestandes brieflicher Korrespondenz« (Brooke
195), die für die Erschließung der historischen Situation nichts her-
geben.

Stellenregister

1. Altes Testament

1Mose	4,1–16: 145f.
	9,6:150
2Mose	34,6f.: 59
3Mose	4,2.13.22.27: 219
	16,2–19: 55
	18,29: 219
	19,8: 219
	20,1–8.27: 219
4Mose	15,22–29.30f.: 219
5Mose	17,6: 210
	19,15: 210
	32,4: 59
1Sam	19,19–24: 166
2Kön	10,7: 146
Hi	22,26f.: 161
	27,9f.: 161
Spr	13,5: 121
	20,9: 121
	28,13: 59
Pred	4,8: 96
Jes	65,16: 223
Jer	42,5: 59
Dan	7: 107
	11,36: 107
Weish	4,20: 121
	5,1: 121
Sir	14,2: 158
	14,9: 96

2. Judentum

PsSal	15,12: 192
4Esr	7,87: 121f.
	7,98: 121f.
	7,113f.: 192
syrBar	36–40: 107
Jub	1,24f.: 124
	21,22: 219
	22,14: 219
	26,34: 219
	33,13.18: 219
aethHen	48,8.10: 121f.
	62,10f.: 121
	63,11: 121
Test XII	Rub 5,5: 194
	Lev 4,1: 194
	Jud 19,3: 219
	Iss 7,1: 219
	Gad 2,1: 150
	4,6: 150
	5,3: 158
	6,2: 150
	7,5: 194
1QS	1,9f.: 97
	8,21f.: 219f.
	8,23–9,2: 220
ApokAbr	24,5: 146
Philo	spec. leg. I,203f.: 120f.

3. Neues Testament

Mt
5,8: 128
5,9: 124.125 f.
5,27–29: 96
6,23: 96
7,7–11: 161
7,15: 167
7,23: 133
10,15: 192
10,32 f.: 122
11,22.24: 192
11,30: 203
12,36: 192
13,41: 133
18,15–17: 218
18,16: 210
18,19: 161
20,15: 96
21,22: 161
23,4: 203
23,28: 132
23,35: 146.207
24,3: 120
24,11: 107.167
24,12: 133
24,24: 107.167
24,27: 120
24.36: 105
24,37.39: 120
24,44: 105
25,13: 105
25,46: 194
27,4.6.8: 207
27,24 f.: 207

Mk
1,8.10: 207
1,24: 110
3,28 f.: 220
6,23: 158
7,15: 94
7,22: 96
8,38: 122
10,45 b: 151
11,24: 161
12,28–34: 199
13,22: 107.167

13,32: 105

Lk
1,2: 33
4,34: 110
6,26: 167
7,12: 182
8,42: 182
9,26: 122
9,38: 182
11,9–13: 161
11,34: 96
11,50 f.: 207
12,8 f.: 122
12,40: 105
17,3: 218

Joh
1,1–18: 27.38 f.
1,1: 224
1,1 f.: 33 f.
1,4: 39
1,9: 79
1,12 f.: 123.142.201.202
1,12: 124.161.215
1,13: 222
1,14: 35.36.40.170.182
1,18: 182.185.224
1,26: 207
1,29: 64.133 f.
1,31: 40 f. 207
1,32–34: 207
1,32 f.: 208
1,33: 207
1,34: 41
2,4: 105
2,5: 158
2,11: 40 f.105
2,23: 161
3,2: 170
3,3–8: 140
3,6: 123
3,11: 37 f.
3,16 f.: 183
3,16: 124.182
3,17: 187
3,18: 161.182
3,19 f.: 147
3,19: 170
3,21: 53 f.

3,31f.: 174
3,32: 37f.41
3,33: 213
3,34: 37f.
3,36: 214
4,21–23: 105f.
4,34: 100
4,42: 187f.
5,18: 84
5,24: 148.150
5,25: 105f.
5,28: 105
5,30: 100
5,31-38: 212
5,34: 211
5,36: 211
5,37f.: 38.125
5,37: 185
5,43: 170
5,45: 128
6,36: 38
6,38: 100
6,39: 105
6,40: 105
6,44: 105
6,46: 37f.185
6,54: 105
6,58: 146
6,69: 110.190
7,4: 40f.
7,7: 95.137.147
7,13: 193
7,16f.: 242
7,18: 134
7,28: 125.170
7,30: 105
7,33: 84
7,34: 84
7,39: 62
8,17: 210
8,19: 125
8,20: 105
8,21: 84
8,23: 174
8,26: 37f.
8,28f.: 160

8,35: 101
8,37: 95
8,38: 37f.
8,39: 142
8,40: 37f.95.137
8,41: 137
8,42: 170.202.222
8,44: 32.95f.136.137.150
8,46: 134
8,47: 176
8,59: 95
9,3: 40f.181f.
9,22: 193
9,31: 100.217
10,3–5: 176
10,11: 151
10,15: 151
10,17f.: 151
10,28: 222
10,29: 222
10,38: 69
11,4: 219
11,24: 105
11,25f.: 148
11,27: 170
11,41f.: 217
11,42: 217
11,52: 124.202
11,55: 129
12,20–36: 84
12,23: 105
12,26: 84
12,27: 105
12,31: 137
12,32f.: 84.137
12,34: 101
12,35f.: 84f.
12,46: 170
12,47: 187
12,48: 105
13,1: 105
13,33: 84
13,34f.: 145.199.203
13,34: 76.77.230.239
13,36: 84
13,37f.: 151

14,7–9: 185
14,7: 69
14,9: 35.38
14,13f.: 160f.
14,13: 158
14,15: 68f.203
14,16f.: 116f.
14,16: 62f.162
14,17: 62.177.208
14,20: 72
14,21: 68f.203
14,23: 203
14,24: 38.242
14,26: 62f.110.117
15,4–7: 72
15,7: 158.160f.
15,10: 68f.203
15,11: 244
15,12: 199
15,13: 151
15,15: 37f.
15,16: 158
15,17–19: 147f.
15,17: 199
15,19: 174
15,26f.: 212
15,26: 62f.177.208
15,27: 32f.
16,4: 33
16,7: 62f.
16,11: 137
16,13: 62.110.177.208
16,16ff.: 84
16,16: 84
16,22: 84
16,23f.: 160f.
16,24: 244
16,25: 105
16,28: 170
16,32: 105
16,33: 204f.
17,1: 105
17,3: 69.223
17,6: 40f.
17,12: 127.222
17,15: 222
17,17: 127
17,21: 72
17,22: 127
17,23: 72
17,24: 84.127f.
18,19: 242
18,37: 156.170.176
19,14: 64
19,34: 208
19,35: 41
19,38: 193
20,19: 193.252
20,21: 252
20,22: 162
20,26: 252
20,28: 224
20,31: 27.214f.
21,17: 159
21,24: 251

Apg 1,5.19: 207
2,17: 105
2,38: 162
2,44f.: 153
3,14: 110
3,23: 158
5,28: 207
5,41: 247
8,15.17.18.19: 162
8,36f.: 113
8,36.38f.: 207
10,47: 162
11,16: 207
13,6: 167
15,3: 247
15,8: 162
15,29: 252
18,6: 207
18,27: 248
19,2: 162
20,26: 207

Röm 1,3f.: 113
3,8: 61
3,25: 64
4,7: 132
5,5: 162
5,6.8: 56

	6,4.6: 76		13,1: 210
	6,19: 132	Gal	2,20: 56
	7,6: 76		3,2.14: 162
	8,9: 162		4,11: 241
	8,15: 162.194		4,19: 246
	8,17: 128		5,10: 158
	8,23: 162		5,16.19–21: 95
	8,29: 128		6,1: 218
	8,32: 56		6,15: 76
	8,34: 63		6,16: 252
	10,5: 123	Eph	1,7: 55.56
	12,2: 168		1,17: 162
	13,11: 105		2,3: 95
	15,24: 247		2,11f.: 157
	16,1: 248		5,25 f.: 56
	16,17: 242		5,26: 207
1Kor	2,12: 162		6,23: 252
	4,14f.: 246	Phil	1,20: 121
	5,1ff.: 234		2,16: 241
	5,7f.: 76		3,21: 128
	7,40: 162	Kol	3,3f.: 126
	9,14: 247		3,4: 40.128
	11,25: 76		3,17.23: 158
	12,3: 169	1Thess	1,9f.: 224
	12,7: 162		1,9: 223
	12,10: 168		2,19: 120
	13,12: 128		3,13: 120
	14,29: 168		4,8: 162
	15,3–5: 56		4,15: 120
	15,3: 134		5,21: 168
	15,23: 120		5,23: 120
	15,52: 105	2Thess	2,1–12: 106
	16,6.11: 247		2,1ff.: 120
2Kor	1,21f.: 110		2,3: 133
	1,22: 162		2,4: 107
	3,1: 248		2,7.8: 133
	3,6.14: 76		3,16: 252
	3,18: 128	1Tim	1,2: 237
	4,13: 162		1,10: 242
	5,5: 162		1,18: 61
	5,10: 40		3,16: 40.170
	5,17: 76		4,6f.: 242
	5,21: 134		5,22: 221
	6,14: 132		6,3: 242
	9,9: 101	2Tim	1,2: 237
	11,4: 162		1,7: 162

	1,13: 38		2,11: 95
	2,1: 61		2,22: 134
	2,2: 38		3,20f.: 207
	3,1: 104		5,4: 40.128
	4,3: 242		5,13: 237
Tit	1,9: 242		5,14: 252
	2,14: 56	2Petr	1,16: 120
	3,10: 243		2,1: 167
Hebr	1,2: 105		2,9: 192
	1,9: 132		2,14: 96
	3,1: 113		2,18: 95
	4,14: 113		2,20–22: 220
	4,15: 134		3,3: 104
	6,4–8: 220		3,4: 120
	6,4–6: 113		3,7: 192
	7,3.24: 101		3,12: 120
	7,25–28: 63	1Joh	(Stellen außerhalb der
	7,26: 63.134		fortlaufenden Kommen-
	9,12.14: 55		tierung; Auswahl)
	9,24: 63		1,1–3: 128f.135
	10,17: 132		1,1f.: 214
	10,22–28: 113		1,1: 126
	10,22: 113.207		1,4: 230.244
	10,23: 113		1,5: 37.144
	10,26–31: 220		1,6–10: 23
	10,28: 210		1,6: 22.115
	10,29: 55		1,7: 70.77.219
	11,4: 146		1,8: 23.26
	11,17: 182		1,9: 22.23.219.220
	12,4: 207		1,10: 26.70.77
	12,14–17: 220		2,1f.: 23
	12,24: 55		2,1: 73.115
	13,12: 55		2,2: 90.98.182.219
Jak	2,15f.: 152		2,3f.: 176
	4,2.3: 217		2,4: 22.23.24
	5,3: 105		2,5: 23.24
	5,7f.: 120		2,6: 23.92.134.134f.151
	5,15.20: 218		2,7f.: 230.239
1Petr	1,1: 237		2,7: 32,37
	1,2: 55		2,9: 22
	1,5: 105		2,10: 92
	1,15: 110		2,13f.: 32.173
	1,18f.: 55		2,14: 129
	1,20: 40.105		2,15: 22
	1,22: 129		2,16: 174
	1,25: 101		2,18f.: 25

2,18: 37.172.230.240
2,19: 27
2,20: 139.162
2,22: 24.25.32.206
2,23: 22.58.214
2,24: 32.37.134f.
2,25: 214
2,27f.: 134f.
2,27: 129.162.209.242
2,28: 40.160.216
2,29: 23.73.135.141.
  142.201
3,1f.: 42.115
3,1: 75.91.142
3,2: 37.40.75.135.141
3,3: 73.110f.151
3,4: 220
3,5: 40.151.219
3,6: 22.23.230.250
3,7: 26.73.151
3,8: 32.40.91f.173.
  219.222f.
3,9: 26.123.221
3,10: 22.91.173
3,11: 32.37.91
3,12: 91
3,13: 61.98.125
3,14f.: 22.214.218
3,14: 158
3,15: 96
3,16: 73.78.124.135.158
3,17: 24.27.81.96.98
3,21: 121.216
3,24: 22.134f.162
4,1: 240
4,2f.: 22.240
4,2: 25.58.91.95.117.
  128f.209
4,3: 25.37.106.230.240
4,4: 91.179.222
4,6: 67.222
4,7: 23.75.91.123.141.
  201
4,9f.: 73
4,9: 40.71.90.124.214
4,10: 90

4,11: 73.75
4,12: 22.71
4,13: 162
4,14: 67.182
4,15: 22.25.58.67.112
4,16: 22.67
4,17: 120.122.151.216
4,20: 22.26
5,1f.: 142
5,1: 22.25.112.123
5,4f.: 91
5,4: 123
5,5: 24.25.112
5,6: 25f.170
5,10: 22.23
5,11f.: 214
5,13: 27
5,14–21: 21
5,14: 121

2Joh
(Stellen außerhalb der
fortlaufenden Kommen-
tierung; Auswahl)
1: 229.232
4: 229
5: 230
7ff.: 234
7f.: 228
7: 106.230.232f.233
9: 237
10f.: 235
10: 228.233.249
11: 228
12: 230
13: 232.236

3Joh
(Stellen außerhalb der
fortlaufenden Kommen-
tierung; Auswahl)
1: 229
3f.: 229
3: 232
5–8: 232
5: 158
6: 232
7: 233
9: 232.233
10: 232.233

	11: 230		12,10: 40
Jud	6: 192		14,5: 40
	11: 146		15,7: 133
	18: 104		16,5: 105
	19: 162		18,2: 133
Offb	1,5: 55		19,10: 192
	2,20: 167		20,2: 63
	3,3: 105		21,6: 192
	3,7: 110.223	1Clem	12,7: 55
	3,10: 105		19,2: 33
	4,8: 110		21,6: 56
	6,10: 110.207.223		27,1: 59
	9,15: 105		31,1: 33
	11,13: 105		43,6: 223
	13: 107		49,6: 56
	14,7.15: 105		55,1: 207
	16,13f.: 107		60,1: 59
	16,13: 167	2Clem	6,7: 194
	19,2: 207		6,9: 63
	19,20: 107.167		8,4: 101
	20,10: 107.167		14,2: 105
	22,4: 128		15,3: 161
	22,11f.: 122		16,3: 192
			17,6: 192
		Ign	Eph 7,1: 243

4. Urchristentum und Alte Kirche

			9,1: 243
			11,1: 104
Did	1,4: 95		16,2: 243
	3,1.3–6: 61		18,2: 207
	4,1: 61		19,3: 40
	5,2: 63		Trall inscr.: 237
	7,1–3: 207		Phld 9,2: 120
	11: 167		Sm 4,1: 243
	11,7: 220		5,2: 170
	16,1: 105		6,1: 207
	16,2f.: 104		7,2: 243
	16,3f.: 107f.167		10,1: 246f.
	16,4: 106f.133.240	Pol2Phil	1,1: 29f.238.247
Barn	4,9: 104		2,1: 207
	5,1: 55f.129		7,1: 20.106
	5,6: 40		7,2: 33
	5,10.11: 170		9,1: 29.30
	6,7.9.14: 40	Herm	vis 2,2: 105
	7,9f.: 122		3,3: 207
	11,1.8.11: 207		mand 4,3: 207
	12,9: 105		11: 167

	11,2: 174f.
	11,3.4.5: 168
	sim 6,2.3.4: 220
	9,12: 105
	9,16: 207
	9,18.1f.: 194
Diogn	9,2: 194
Justin,	
dial.	123,9: 20
Canon	
Muratori:	20.228
Martyrien:	225
Irenäus,	
Haer.	I,6,4: 140
	I,16,3: 228
	I,26,1: 26
	III,3,4: 243
	III,16,8: 228
	V,33,3: 232
Euseb, KG	II,23,25: 228
	III,24,17: 228
	III,25,3: 228
	III,39: 232
	III,39,17: 20
	VI,14,1: 228
	VI,25,10: 228

Hieronymus, vir. inl.
9,18: 228

5. Christliche Gnosis

ActThom	27: 110
EV	30,24–29: 36
	33,26–32: 133
EvPhill	§ 44: 127
HA	144,35–145,3: 110
ApcPl	20,17–23: 133
1ApcJac	40,19–22: 133
ApcPt	70,29f.: 132f.
Protennoia	36,32f.: 50

6. Gnosis und Hellenismus

CH I	19: 83
	21: 50.148f.
	32: 149
Ginza	40,37–41: 153
Seneca, Ep.	47,18: 193
Plinius,	
Briefe	10,96: 225
Plutarch,	
Solon	29,3: 248

Ökumenischer Taschenbuchkommentar zum Neuen Testament

Herausgegeben von Erich Gräßer und Karl Kertelge.

Band 2/1:
Walter Schmithals
Evangelium nach Markus Kapitel 1,1–9,1.
2. Auflage. 397 Seiten. (GTB 503)

Band 2/2:
Walter Schmithals
Evangelium nach Markus Kapitel 9,2–16,20.
2. Auflage. 391 Seiten. (GTB 504)

Band 3/1:
Gerhard Schneider
Das Evangelium nach Lukas Kapitel 1-10
2. Auflage. 256 Seiten. (GTB 500)

Band 3/2:
Gerhard Schneider
Das Evangelium nach Lukas Kapitel 11–24
2. Auflage. 272 Seiten. (GTB 501)

Band 4/1:
Jürgen Becker
Das Evangelium nach Johannes Kapitel 1-10
2. Auflage. 340 Seiten. (GTB 505)

Band 4/2:
Jürgen Becker
Das Evangelium nach Johannes Kapitel 11-21
2. Auflage. 337 Seiten. (GTB 506)

Gütersloher Verlagshaus
Gerd Mohn

Ökumenischer Taschenbuchkommentar zum Neuen Testament

Herausgegeben von Erich Gräßer und Karl Kertelge.

Band 5/1:
Alfons Weiser
Die Apostelgeschichte Kapitel 1–12
2. Auflage. 293 Seiten. (GTB 507)

Band 19:
Ulrich B. Müller
Die Offenbarung des Johannes
372 Seiten. (GTB 510)

Band 5/2:
Alfons Weiser
Die Apostelgeschichte Kapitel 13–28
397 Seiten. (GTB 508)

Band 10:
Franz Mußner
Der Brief an die Epheser
182 Seiten. (GTB 509)

Band 16:
Klaus Wengst
Der erste, zweite und dritte Brief des Johannes
2. Auflage. 261 Seiten. (GTB 502)

Gütersloher Verlagshaus
Gerd Mohn